新编21世纪经济学系列教材

区域经济学

第六版

高洪深 汪 彬 编著

Regional Economics

中国人民大学出版社
·北京·

作者简介

高洪深 北方工业大学经济管理学院经济学教授，长期从事西方经济学、知识经济学和区域经济学的教学与研究工作。1981年在北京科技大学（原北京钢铁学院）获得硕士学位，之后不久赴联邦德国在卡尔·杜易斯堡（Karl Duisburg）基金会进修中心专攻经济管理和计算机应用，回国后，在北方工业大学经济管理学院任教。1991年到德国卡塞尔大学作访问教授，和德方教授合作进行区域经济学和知识经济学的研究工作。

高洪深教授的主要研究兴趣是将经济系统分析的理论、方法和有关经济学与区域经济学的经典理论结合起来，综合、集成地研究区域经济学和知识经济学的前沿课题，并取得了一系列科研成果，曾先后获部级一等奖一项、二等奖一项、三等奖三项，还有五项成果获其他奖；至今已在国内外正式发表学术论文200余篇，出版专著和教材20余部。1992年被国务院表彰为有突出贡献的中青年专家，享受国务院政府特殊津贴。

汪彬 经济学博士，中共中央党校（国家行政学院）经济学教研部副教授、政府经济管理教研室副主任，澳大利亚访问学者，中国企业管理研究会理事，公共经济研究会理事。研究方向为：城市与区域经济学、产业经济学。在权威报纸和核心期刊上公开发表论文40多篇。主持多个国家社会科学基金项目、中共中央党校（国家行政学院）科研课题等国家级、省部级项目。主持及完成地方政府委托的“十三五”规划、产业园区规划、服务民营经济和工业4.0发展研究等课题20多项。主持或参与编写学术专著和干部培训教材10多部。主持或参与撰写内参报告10多篇。在中共中央党校主体班次授课，曾被委派至国外讲授与介绍中国区域发展格局，2019年3月—2020年4月在贵州黔南州长顺县任县委常委、副县长（挂职）。

内容简介

《区域经济学》（第六版）全面系统地论述了现代区域经济理论，增加了新的一章“湾区经济”，对“21世纪区域经济发展的创新模式——‘一带一路’”这一章进行了重大修改、补充和更新。

全书共分十二章。第一、二章主要介绍区域经济学的研究内容、新区域经济观、“一带一路”和区域经济学的基本概念。第三、四章重点论述国际区域经济一体化、国内区划的区域经济、特区经济、我国区域经济发展的布局、粤港澳大湾区的区域经济发展等。第五、六、七、八、九章分别阐述以下区域经济理论：区域经济发展的梯度理论、区域经济发展的辐射理论与增长极理论、区域经济产业结构理论、区域经济的可持续发展理论与循环经济、区域经济发展的比较理论与方法。第十章介绍区域经济与城市群发展。城市群是现代区域经济中一个具有划时代意义的概念，是极其重要的现代区域经济类型。第十一章介绍湾区经济，除了介绍世界三大湾区和我国的粤港澳大湾区、环渤海大湾区、浙江大湾区、福建大湾区以外，还重点介绍长江经济带。长江经济带是湾区经济发展的延伸和拓展，它作为一个纽带将五大城市群紧紧联系在一起，形成区域经济发展的一个T字形结构，为我国东中西部互动合作的协调发展提供了强有力的支撑。第十二章介绍21世纪区域经济发展的创新模式——“一带一路”。“一带一路”建设将开辟一条不同发展水平、不同文化传统、不同资源禀赋、不同社会制度的国家开展平等合作、共享发展成果的有效途径，为最终打造政治互信、经济融合、文化包容的利益共同体、责任共同体和命运共同体提供区域发展环境和区域经济合作平台。

本书可以作为高等院校经济、管理等专业的本科生和研究生教材，也可以作为区域经济研究人员的研究参考书，还可以供不同层次的经济与行政管理人员和企事业单位的有关领导与管理人员使用。

第六版前言

21 世纪已过去 21 年，在这 21 年间，国际上引人注目的重要事件之一就是中国成为世界上第二大经济体，而且发展得越来越快，发展质量不断提升。在这期间，中国区域经济发展的战略布局和“一带一路”倡议成为中国经济发展的两大亮点。“一带一路”建设这个伟大的经济实践为区域经济学的发展、完善和创新提供了强大的经济实践基础，也为区域经济学的理论发展注入了崭新的动能和丰富的内涵。我们深信，现代区域经济学的发展和创新将在中国经济高速发展和迅速崛起的实践中落地生根，并开花结果。

本教材以习近平新时代中国特色社会主义思想为指导，全面落实党的二十大精神，系统地阐释了现代区域经济学的一系列理论：国际区域经济一体化理论、国家区域经济理论、区域经济发展的梯度理论、区域经济发展的辐射理论与增长极理论、区域经济产业结构理论、区域经济的可持续发展理论与循环经济以及区域经济发展的比较理论与方法等。

上述理论和内容是一个有机整体，它们相互联系、相互影响、相互支撑，形成了架构清晰和结构严密的现代区域经济学理论体系。这些理论和内容无论在国际区域经济、国家区域经济，还是在城市群的发展与规划中都获得了广泛的应用。我国改革开放 40 多年的实践充分证明这些理论在区域经济发展中、在理论发展和实践指导上起到了举足轻重的作用。

《区域经济学》（第六版）新增加了一章，即第十一章“湾区经济”。这一章除了介绍世界三大湾区和我国的粤港澳大湾区、环渤海大湾区、浙江大湾区、福建大湾区以外，还重点介绍了长江经济带。长江经济带是湾区经济发展的延伸和拓展，它作为一个纽带将五大城市群紧紧联系在一起，形成区域经济发展的一个 T 字形结构，为我国东中西部互动合作的协调发展提供了强有力的支撑。

我们对第十二章“21 世纪区域经济发展的创新模式——‘一带一路’”做了重大修改、补充和更新。“一带一路”建设将开辟一条不同发展水平、不同文化传统、不同资源禀赋、不同社会制度的国家开展平等合作、共享发展成果的有效途径，为最终打造政治互信、经济融合、文化包容的利益共同体、责任共同体和命运共同体提供区域发展环境和区域经济合作平台。

本版仍然要强调一下“区域经济与城市群发展”一章。城市群是现代经济中一个具有划时代意义的概念，是极其重要的现代区域经济类型。当今大城市发展的一个重要特点是从单体发展向城市群体发展转变。通过加快城市群发展，带动本国或区域经济发展，提升经济竞争力，是发达国家现代化进程中的一条重要经验，也是一些发展中国家或地区经济发展的重要途径。经济学家预言，21 世纪将是城市群的世纪，经济的主要动力将越来越源于城市群特别是大城市群。城市群之间的分工、合作和竞争决定了新的世界经济格局。为适应经济全球化和区域一体化发展态势的要求，我国城市群的构建应运而生并成为各地制定区域发展战略规划的重要选择。本章全面论述了区域经济发展和城市群的关系，系统地介绍了城市群的概念、功能和形成机制以及我国城市群的发展现状与规划。

有些理论虽然首先是由西方学者提出来的，但这些理论的完善、创新和提高都是中国学者经过艰苦的努力和探索在改革开放 40 多年的实践中完成的，使这些理论真正地趋于成熟、臻于完善。为此，应尽快将它们纳入区域经济学教材，让广大从事区域经济研究的读者和高校区域经济学专业的广大学子尽早了解和掌握这些区域经济学的最新理论与方法以及它们的实践应用。

《区域经济学》（第六版）参考了国内外有关学者的最新论著和研究成果，吸收了他们的学术观点和研究精华，并将他们一一列在了参考文献中。为了突出他们在某个方面的成果，在教材中引入了他们的名字，借此机会，向他们致以崇高的敬意和良好的祝愿！

在《区域经济学》（第六版）的出版过程中，中共中央党校（国家行政学院）经济学教研部汪彬副教授参与了本书的编著工作，主要承担了第十一章“湾区经济”的写作，并结合国内外区域经济发展新动向，对第十二章“21 世纪区域经济发展的创新模式——‘一带一路’”的结构、内容和层次做了重大修改、补充和更新。他的出色工作为本书增色不少，对此表示衷心的感谢并致以崇高的敬意！

《区域经济学》（第六版）的顺利出版得到了中国人民大学出版社朱含蓄编辑和王晗霞编辑的大力支持与帮助。在此，致以真诚的谢意！

高洪深

目录

第一章
区域经济学导论

第一节　区域经济学的形成与发展……001
第二节　区域经济学的研究对象及任务……007
第三节　建立新区域经济观与区域经济发展的创新模式——“一带一路”……014

第二章
区域经济学的基本概念

第一节　区位概念……018
第二节　区域与经济区域……020
第三节　区域经济……021
第四节　区域经济学的理论框架……022

第三章
国际区域经济一体化理论

第一节　国际区域经济一体化概述……033
第二节　国际区域经济一体化理论体系……037
第三节　国际区域经济一体化发展模式及新趋势……046

第四章
国家区域经济理论

第一节　国内区划的区域经济……051

第二节　特区经济…… 056
第三节　我国区域经济发展的布局…… 065
第四节　粤港澳大湾区的区域经济发展…… 071

第五章
区域经济发展的梯度理论

第一节　经济发展的梯度概念及梯度转移理论…… 074
第二节　梯度发展理论的动态表象…… 080
第三节　不同梯度上的区域经济发展战略…… 085
第四节　梯度理论在经济发展中的重要意义…… 089

第六章
区域经济发展的辐射理论与增长极理论

第一节　经济发展的辐射理论…… 095
第二节　梯度推进理论和辐射理论的比较…… 102
第三节　辐射理论在中国经济发展中的意义…… 105
第四节　增长极理论及其局限性…… 110

第七章
区域经济产业结构理论

第一节　区域产业结构分析…… 115
第二节　二重结构与产业结构的高级化…… 124
第三节　区域产业结构变动导向理论…… 131
第四节　区域经济的产业发展与转型升级…… 134

第八章
区域经济的可持续发展理论与循环经济

第一节　可持续发展的基本概念…… 140
第二节　可持续发展理论…… 147
第三节　可持续发展的经济发展模式——循环经济…… 152
第四节　循环经济理论与创新分析…… 156

第九章
区域经济发展的比较理论与方法

第一节　区位论…… 163
第二节　地域分工理论…… 165
第三节　区域产业结构比较理论…… 168

第四节 区域经济发展阶段的划分…… 173

第十章
区域经济与城市群发展
第一节 区域经济与城市群的关系…… 181
第二节 城市群的概念与功能…… 185
第三节 城市群的形成机制…… 189
第四节 我国城市群的发展现状与规划…… 192

第十一章
湾区经济
第一节 湾区经济基本概况…… 195
第二节 国外湾区经济发展态势…… 203
第三节 国内湾区经济发展态势与愿景…… 207
第四节 长江经济带…… 224

第十二章
21 世纪区域经济发展的创新模式——“一带一路”
第一节 “一带一路”概述…… 241
第二节 “一带一路”主要内容…… 245
第三节 “一带一路”基本框架…… 249
第四节 “一带一路”理论研究…… 257

参考文献…… 265

第一章

区域经济学导论

重点问题

- 区域经济学的形成与发展
- 区域经济学的研究对象
- 区域经济学的主要研究内容
- 新区域经济观、“一带一路”

第一节　区域经济学的形成与发展

一、西方国家区域经济学的形成

区域经济学的理论渊源最早可以追溯到19世纪初开始创立的区位论。20世纪30年代尤其是第二次世界大战以后，西方国家的区域问题开始暴露出来，各国政府加强了对区域经济活动的干预。这样，以单个厂商区位选择为主要研究对象的区位论，逐渐发展成宏观区域决策的理论。

1. 区位论研究

(1) 古典的区位论。区位论最早可追溯到德国的经济学家杜能。后经过德国经济学家韦伯的研究，以及德国地理学家克里斯・泰勒和德国经济学家廖什的进一步发展，到20世纪40年代形成较为完整的理论体系。

区位是指厂商经营生产活动的位置。如何确定最佳位置就是区位论所关注的核心问题。杜能最早注意到运输费用的影响，指出距消费市场的远近对农作物的布局有重大影响，并以此为依据，把假设的孤立国划分成6个同心农业圈。韦伯继承了杜能的思想，认为运输费用决定着工业区位的基本方向，理想的工业区位是运距最短和运量最少的地点。但除运输费用以外，韦伯又增加了劳动力费用因素与聚集因素，认为由于这两个因素的存在，原有根据运输费用所选择的区位将发生变化。如果工资成本节约和聚集所产生的生产成本节约之和小于运输费用的增加，则原有区位不变；如果前者大于后者，则应当把工厂迁至工资较低的地方或聚集区域。韦伯第一次把工业区位论系统化，综合分析运输费用、劳动力费用和聚集效应，把由此所决定的最小生产成本作为厂商选择最优区位的标准。韦伯以后的区位论学者认为，生产成本最低点并不是厂商最优区位的选择点，因为生产成本的低下不一定意味着利润最大。他们认为现代经济活动中市场对生产活动起着越来越大的作用，因而提出了以市场为中心、以取得最大限度利润为目的的区位论。其中做出很大贡献的学者为克里斯·泰勒。他在德国南部进行调查后认为，组织物质财富的生产与流通的最有效的空间结构是以中心城市为中心，由相应的多级市场区组成的网络体系。在此基础上，泰勒提出了正六边形的中心地网络体系。与泰勒的中心地理论相提并论的是德国经济学家廖什的市场区位论。他在详细考察市场规模和市场需求结构对生产区位影响的基础上，提出了一套具有多种因素变动分析的动态区位模式。他的理论特点是把企业的生产区位与其市场结合起来，并把生产和消费放在市场区位中进行研究。廖什也把寻求最大利润作为工业区位决策的出发点。在此前提下，对每一假定离散的生产和消费点，分别建立消费分布和资源分布的距离函数，并认为每个企业的生产和市场范围都是由资源供应范围和消费市场需求范围共同决定的。特定的消费市场需求范围确定了可能吸收的劳动力及其他资源的空间分布范围，特定的资源供应范围也可以确定特定的市场范围，这两个范围就是厂商的生产区位和市场区位。

（2）第二次世界大战后区位论的发展。第二次世界大战后，区位论的研究与战前相比有一些不同的特点：一是从单个厂商的区位决策发展到地区总体经济结构及其模型的研究；二是从抽象的纯理论模型的推导，转变为力求构造接近区域实际的、具有应用性的区域模型；三是区位决策客体除工业、农业、市场外，又加进了包括运输、商业、服务业、银行、保险、旅游、度假等的第三产业；四是区位决策不仅考虑节约生产成本、实现利润最大化目标，同时也考虑人们的居住、采购、出行、游乐等行为的效用最大化目标。二战后对区位论及区域模型研究做出较大贡献的是以伊萨德、贝里、伯顿、D. M. 史密斯、C. A. 史密斯等为代表的美国学者，以巴兰德尔为代表的挪威学者，以加里森为代表的瑞典学者，以奥特伦巴、博芬特尔为代表的德国学者，以及以哈格特、汉米尔顿为代表的英国学者。与二战前区位论的整个理论体系的建立由德国学者来完成有所不同，二战后区位论主要是由美国学者来进一步发展和延伸的。这是因为，德国为战败国，经济的发展受到很大影响，而美国实现了大规模的社会经济发展，客观上要求在实践中进一步应用和发展区位论。其中，伊萨德对区位论的全面发展所做出的贡献最大。他从20世纪40年代开始研究区位论。在初期，由于受传统区位论的影响较深，他侧重于部门区位的理论和应用研究，撰写了一系列著作。从20世纪50年代开始，他根据区域经济及社会综合发展的客观要求，把研究的重点从部门的区位论转向区域综合研究与分析。他把单个厂商的最佳区位模型加以扩展，转变成区域的综合模型。在他的区域科学模型中，包括了生产企业、商业流通、运输、社会政策、环境生态等各种部门，并在定量分析的基础上加以定性评价。可以说，伊萨德研究的目的是建立区域空间的总体均衡模式，为工业等各种投资项目提供参考。可以看出，伊萨德的研究已超出了传统区位论局部均衡、纯经济要素的研究范围，追求的是区域总体的均衡以及各种要素对区域总体均衡的影响。第二次世界大战之后北欧国家成了区位论研究的又一中心，学者们的研究又涉及了一些新的课题，如信息、技术创新的扩散以及计量地理学研究等等。

第二次世界大战之后，区位论的发展形成了两个既相互联系又有所区别的方向。一是区域科学方向。它是自20世纪50年代末至70年代中期发展起来的介于区域经济学和经济地理学之间的一个新的研究领域，创始人是伊萨德。在他领导的区域科学协会中，有经济学家、地理学家、生态学家、人类学家以及城市规划、区域规划方面的学者。区域科学的研究对象主要以区域经济综合开发和组织为主，常应用计量经济学、系统分析的方法编制区域的总体模型。

二是人文地理学的区域分析方向。它是二战后由美国的贝里、瑞典的赫格尔斯特兰、德国的巴尔特尔斯、英国的哈格特等把区位论与地理研究相结合而发展起来的。它从地理区域的角度，考察区域系统的结构和内部机制，模拟和预测区域的发展过程。常用的方法有数量统计、投入-产出分析、线性规划等数学方法。其方法论上的重要成果之一是计量地理学的产生。

2. 区域经济问题的出现和凯恩斯主义的国家干预政策

早在20世纪20年代，在已实现了工业化的资本主义国家内部，就开始出现老工业区结构性的衰退现象，如英国的北英格兰、北爱尔兰、威尔士和苏格兰地区与美国的新英格兰地区几乎同时陷入了结构性危机之中。到了20世纪30年代又爆发了资本主义经济危机，使得这些萧条地区和贫困地区的经济状况进一步恶化，致使地区间经济的两极分化加剧。这种情况引起了许多国家和经济学家的关注。1936年，凯恩斯出版了《就业、利息和货币通论》一书，他面对20世纪二三十年代英国（当然包括卷入20世纪30年代经济危机的其他国家）的经济困境，明确地承认经济运行存在大量的问题，认为不能再放任自流，必须运用市场机制以外的力量进行调节和干预，才能恢复经济的均衡发展。他对政府的这种调节和干预的“疗法”很有信心，认为只要政策对路，就可以“药到病除”。而行之有效的经济政策必须以正确的理论为指导。他认为他的经济理论是对经济病症的诊断书，是为政府制定经济政策和措施提供的理论依据。虽然凯恩斯的理论并不是针对某一区域经济问题的，然而他所提出的政府对经济活动的调节和干预的思想对当时各国政府采取有效的区域经济政策影响很大。西方国家纷纷采取一系列措施帮助落后地区发展经济，缓和两极分化带来的痛苦与灾难。英国于1936年成立了巴洛委员会，设法遏制产业与人口过度向以伦敦为中心的英格兰东南部地区集中，并通过建立工业开发区、税收优惠等手段促使产业向北英格兰、北爱尔兰、威尔士、苏格兰等萧条地区分散。美国在1941年成立了田纳西河流域管理局，其目的是对这个因棉花凋敝、河流泛滥成灾而陷于困境的区域开展以水土整治为中心的多目标开发。美国田纳西河流域开发给资本主义国家直接干预区域经济发展创造了一个比较成功的先例，它的经验之后为许多国家所借鉴和汲取。

第二次世界大战之后的12年（1945—1957年）是资本主义经济迅速发展的时期。当时人们普遍认为一个国家只要能保持发展的势头，在普遍繁荣中，通过资本与劳动力的自由流动，市场机制就可以调节区域间的不平衡问题。为此，各国都追求更高的发展速度，把大量的财力、物力、人力集中投入经济发达、技术条件好、基础设施良好的地区，以便实现投资少、见效快的目的。然而，这种做法虽然实现了发达地区经济的繁荣，却带来了发达地区和欠发达地区之间的差距拉大。这说明普遍繁荣无法消除地区之间的差距，地区之间的差距不会因市场机制的作用而得到缓和，而且有可能会愈演愈烈。面对这种情况，缪尔达尔于1957年提出了累积因果论。他指出市场力的作用倾向于扩大而不是缩小地区之间的差距，一旦差距出现，发达地区就会获得累积的竞争优势。也就是说，不管由于何种原因，一旦差距出现，条件好而且发展快的地区就会在发展过程中不断地为自己积累有利于发展的因素，从而遏制落后地区的经济发展，使落后地区不利于发展的因素越积累越多，落后地区的处境也就日益恶化。他认为在市场机制的作用下一些地区的繁荣是以另一些地区的贫困为代价得来的。赫希曼在其1958年出版的《经济发展》一书中也提出了类似的观点。他认为区域之间增长不均衡的现象是不可避免的，核心区（又称中心区）的发展会通过涓滴效应在某种程度上带动外围地区的发展；与此同时，极化效应即劳动力与资本从外围地区迅速流入核心区，加强核心区的发展，又起着扩大地区差距的作用。虽然涓滴效应与极化效应同时起作用，但在市场机制的作用下，极化效应起支配作用。要改变这种情况、缩小区际差距，唯一可行的方法是加强国家的干预，采取各种有效的经济政策扶持落后地区的发展。20世纪60年代以后西方国家经济发展的实际情况证明了这种观点的正确性。20世纪60年代初，西方国家经济繁荣期结束，进入长波周期的低潮阶段，普遍出现了高失业率。萧条区、落后地区的处境进一步恶化，社会矛盾迅速激化。尤其令人们感到惊讶的是，随着高速增长而出现的发展差距的扩大，不仅使欠发达地区逐渐丧失购买力，甚至债台高筑，无法偿还，而且发达地区也因这种购买力的下降而使商品外销数量日益萎缩，金融业也遭受了重大损失。这种情况又导致人口从欠发达地区流入发达地区，发达地区的夕阳产业也无法向欠发达地区转移，众多朝夕产业挤在一起，严重影响了发达地区赖以发展的产业结构的不断升级。如英国以伦敦为中心的东南地区、法国以巴黎为中心的中央地区都不同程度地出现过产业结构恶化的征兆。而在其他地区，特别是边缘地区，经济萧条日趋严重。这种情况使许多国家的政府认识到不能顺着老路继续走下去，它们借助凯恩斯的理论加强干预，纷纷采取了相应的措施。大多数国家都成立了专门解决区域经济发展问题的机构，开展区域规划，制定区域经济政策，设立专门基金（如区域开发基金、社会基金、农业基金等）和区域开发银行等，从金融、财政方面支援欠发达地区。如美国政府于1961年制定了《区域开发法案》，1965年又制定了《公共工程与经济开发法》和《阿巴拉契亚区域再开发法案》；日本从1962年开始制定“国土综合开发计划”，提出了以大中城市为中心划分各种类型的城市经济圈的构想；法国也从20世纪50年代初开始进行区域规划，1963年正式成立全国区域发展委员会，实行领土整治计划地区化，并以9大城市或城市群体为核心，将全国划分为9个经济区；英国于1945年制定了二战后第一个《工业布局法》。在整个20世纪60年代，作为政府区域政策的财政援助形式日臻完善。

3. 新兴学科区域经济学的形成

西方国家区域经济活动的实践已充分说明，在完全竞争条件下，以具体企业微观的区位选择为主要研究对象的区位论显然不能适应制定中观和宏观的国家区域发展计划与区域经济政策的需要。

（1）区位论研究的宗旨是为各个厂商寻找最佳的生产区位，以便最大限度地降低生产成本，获得最大限度的利润。研究单个厂商的最佳区位时，往往以完全竞争下的价格理论为基础，无疑这是属于微观经济学的范畴。

（2）单个企业为尽可能地获得最大利润而选择的区位决策，往往不能实现区域整体利益的最优，也就是说，部门最优与整体最优并不一定时时刻刻都完全一致，有时甚至是相互矛盾的。任何区域都具有发展某种产业的有利条件，这种有利条件或许是发展某种产业所需的资源要素、环境，或许是某种产业的发展“传统”。如果只考虑这种有利的资源条件，而要避开新产品进入市场以及技术进步需要大量替代资本等“难题”，只追求某一原有产业的发展（或继续容纳该生产部门的进入），那么就会导致结构性危机，在依靠当地资源禀赋的基础上发展起来的产业更是这样，这最终又会影响该区域的发展。这说明单个企业的最优选择与整体效益最优有时是相悖的，传统的区位论无法回答这些问题。

（3）自由竞争下的自由放任往往会导致区际发展的不平衡。在利润最大化动机下，单个企业的区位选择往往倾向于基础设施条件好、市场容量大的经济发达地区。发达地区不断的创新活动、众多企业聚集而产生的聚集效应、消费水平的不断提高（市场的扩大），将产生累积性的竞争优势。而落后地区将受到资本外流和人口外迁的困扰，加上因无法筹集技术更新所需的大量资金而无法实现产业结构的升级，以及由此所导致的开辟市场能力的微弱，使落后地区的处境日趋恶化，形成一种不断再生贫困的恶性循环。

（4）区位论所研究的是单个企业的经济行为和单个企业的市场范围，研究方法是静态的、局部均衡的方法，忽略了某一企业区位选择对区内、区外经济活动的影响以及这种影响的乘数效应、累积效应。在一个动态化的经济系统中，任何一个企业的行为都直接影响其他企业的行为和整个系统的均衡。单个行为的孤立研究不能很好地解释和分析某一系统的运行或均衡过程，应从相互影响、相互依赖、相互联系的动态过程中去研究各个企业和部门的行为。某一区域的这种经济系统常由相互关联的众多企业组成。从某一区域的投入-产出表中可以看出，某一部门或某一企业生产的扩大或萎缩、新部门的进入或某一部门的退出，都将影响整个产业链条上的各个部门，同时这种影响将产生乘数效应。

（5）区位论研究的是纯粹的经济因素，忽略了创新环境、制度变迁、不确定的政治因素、社会文化背景等对经济活动的巨大影响。其实，现实中的区域经济问题单纯用经济因素是无法解释清楚的。

为了解决区域问题，西方经济学家们跳出区位论的理论限制，根据凯恩斯的理论，开始用宏观经济学的分析方法来研究区域问题。他们利用宏观经济学的分析方法，研究区域内资本积累、劳动力就业、技术创新与国民收入增长的关系，区域内产业结构的演化及升级，投资率、失业率、通货膨胀等与区域经济增长的关系；研究区际合理的劳动分工以及如何采用各种有效的政策手段来解决萧条地区以及欠发达地区的问题；研究如何解决中心城市的过度聚集以及生态条件的恶化问题，以使得中心城市发挥其主导区域经济发展的作用；研究如何建立中心城市各种资源要素向外扩散的通道以及如何实现乡村地区的可持续发展，以便实现整个区域的协调发展；等等。显然，这种研究不同于传统的区位论，包括了微观、中观、宏观的经济理论，运用了动态的综合分析方法，也吸收了其他许多学科（如社会学、人口学、地理学、生态学等）的研究成果。这样，终于形成了经济学的一门新的分支学科——区域经济学。区域经济学在20世纪六七十年代获得了迅速的发展，在此期间区域经济学的理论框架初步形成，各种著述也相继问世。其中具有代表意义的著作是E. M. 胡佛的《区域经济学导论》(1971)和H. W. 理查森的《区域经济学概论》(1969)。在西方，区域经济学已有三四十年的发展史，但其理论仍在发展，其研究领域仍在不断地拓宽。

二、区域经济学的发展

区域经济学是在20世纪50年代适应国际与各国内部地域分工的深化，并针对当时国家间、地区间经济发展不平衡的加剧，从经济学与生产布局学中脱胎出来的一门新兴学科。更具体地说，它是从古典区位论演化而来的一门新学科。但它研究的许多重大问题都是在古典区位论的框架内无法解决的。

经济学研究的主要任务是研究如何使社会有限的资源得到合理利用，以增进社会总财富和福利。因此，资源配置的研究是经济学的基本内容。在既定的制度下，正统的经济学包括宏观经济学和微观经济学。宏观经济学围绕整个国家的经济增长、就业、通货膨胀、国际收支问题展开对资源配置的研究，微观经济学从单个经济人的行为出发研究资源的配置。然而，生产资源在各个区域间和区域内部如何分配，区域国民收入和区域差异变动如何决定，以及区域作为国民经济一个独立层次的行为特征等有关资源配置的问题，无论是宏观经济学还是微观经济学都未涉足。因此，作为介于宏观经济学和微观经济学之间的中间性概念——区域经济学有着极其重要的理论意义和现实意义。

区域作为一个科学的概念并不是首先产生于经济科学，而是渊源于以人地关系的区域差异为研究对象的地理科学。随着工业革命的产生、资本主义世界市场的形成，西方经济地理学得到了长足的发展。这一时期至20世纪初的经济地理学研究突出表现了“地理环境决定论”，其基本观点是，人类社会发展的决定因素是围绕着人类的自然地理环境展开的，并进一步推论认为，各地生产力水平发展的不同、生产类型的区别等由自然环境决定。然而，随着社会生产力的发展，科学技术对区域的作用日益增强，自然因素的作用相对减弱，这种观点逐渐被否决。

随之兴起的空间经济学研究，从古典的单个厂商的生产组织区位研究，扩展到近代的产业区位分析，甚至发展到结构经济分析和宏观经济分析，从而使区域经济发展研究迅速兴起。尤其是第一次世界性经济危机之后，凯恩斯经济学的兴盛使政府对经济的干预和调节得以加强。其中政府干预的重要内容之一就是区域规划和政策，而这些区域规划也取得了极大的成功。从此，空间经济学开始扩展到区域经济结构的研究领域。

20世纪50年代以来，城市和区域经济配置日益成为各国政府促进资源合理配置的主要任务之一。为适应社会经济发展的这种要求，经济科学对区域经济的研究兴趣日益浓厚。例如：在美国，伊萨德领导创立了区域科学，成立了区域科学协会，主要从事空间与区域分析的理论和方法研究；在苏联，20世纪70年代，苏联科学院院士H. 涅克拉索夫开辟了经济学研究的新领域——区域经济学。以区域经济为研究对象的学说名称多样，如“空间经济学”“空间科学”“区域科学”“区域发展规划学”等。

第二节 区域经济学的研究对象及任务

一、研究对象及其内涵

区域经济学是经济学的重要分支，也是当今经济学研究最活跃的领域之一。随着21世纪的到来，国际经济趋向一体化，知识经济已露端倪，为区域经济学的研究范围、实践基础、理论方法注入了崭新的内容。所以，它的研究范围不再是一个国家内的区域经济，重点也不再是城市区域经济。进入21世纪，国际区域经济正在如火如荼地发展，例如亚太经济合作组织（APEC，简称亚太经合组织）、北美自由贸易区和欧洲联盟区域经济等，国际区域经济研究区域内的协调发展和双赢策略，探讨区域内的经济体如何充分发挥各自的资源优势，实现资源共享。

科技工业园区是人类进入21世纪后所选择的最佳区域经济模式，这种产业发展和科技活动的结合彻底解决了科技与经济相脱离的世界性难题，为人类的科技发现或发明迅速转化为生产力提供了一个极好的区域经济环境。科技工业园区以其所创造的增长奇迹，向世人证实了在科技智力高度密集的地区蕴藏着多么大的发展潜力。它们所实现的突发式、跨越式、阶段式的发展使区域经济的能量大大超出常规的界限，而远播于世界的各个角落。美国的硅谷、日本的筑波、中国台湾的新竹等成为具有世界意义的区域经济的杰出代表，甚至被称为创新核和世界增长极。因此，科技工业园区产业结构的发展战略、创新机制及其模式、科技工业园区的辐射与扩展功能及其相应的理论都应纳入区域经济学的研究对象范围之内。

任何一门独立的学科都有其排他性的研究对象和研究领域。每个学科的发展都是源远流长的，不能割断历史。因此，为了讨论的方便，我们仍然要讨论一下几种传统的有关区域经济学研究对象的观点。

第一种观点是从人类经济活动的地理分布和空间组织角度来定义区域经济学的。这种观点的基本出发点是强调经济学家长期视而不见的空间维。H.O.诺斯把区域经济学定义为“研究为人们所忽视的经济空间秩序，研究稀有资源的地理分布的科学”。H.W.理查森认为，区域经济学是经济学家在研究中一直不愿承认的经济的空间组织规律。胡佛认为，区域或空间经济学可以归纳为这样一个问题：“何事”在“何地”、“为何”以及“应该如何”。他认为：“何事”包括每一种经济活动和各种经济活动单位；“何地”是指与其活动有关的区位，包括集中、分散、空间模式的相似性与差异性等问题，“何地”的问题既可以在广义的层次上进行讨论，也可以从微观的角度如地带、地段或地点的角度进行讨论；“为何”以及“应该如何”的问题，是经济学家根据其研究能力而做出的对经济现象的种种解释。可以看出，胡佛的观点可以代表以上几位学者的基本观点，强调经济活动的区位以及空间组织。他特别强调指出，这些问题是经济学家仍视而不见的问题。我国有些学者也认为，区域经济学的研究对象是国民经济发展的地域组织规律。其实，以上观点与目前我国区域经济地理学所定义的研究对象虽然在字面上有所不同，但实质是类似的。胡佛认为，传统的地理学家因缺乏从人类行为和体制方面对“为何”的问题做出解释的能力，只能描述和绘制地图。如果地理学家具有这种分析经济现象的能力，则地理学家也能很好地解释这些现象，并能解决“应该如何”的问题。可以看出，这种观点虽然强调“应该如何”的问题，但这种“应该如何”的问题是以分析“何事”为什么会出现在“何地”所得出的结论为依据而提出的，也就是以“事后”的分析或解释来推出同类的“何事”“应该如何”的问题。这种观点虽然不愿意承认其为事后的分析，且对某些经济活动的区位过程能够进行精辟的论述，但其确实是事后的解释，而不是“事前”的预测，这与经济学是不同的。经济学往往是对经济活动的超前预测，因而具有指导意义。这种讨论绝不是一种文字游戏，而是反映了目前区域经济学或经济地理学研究所面临的与实际的经济活动总有一段“距离”的问题。正是因为这种“距离”的存在或习惯上的事后分析，研究所得出的结论只有依据某些现象加以分析的“对策”功效，而缺乏指导性。目前在我国区域经济学界和经济地理学界，一部分人持此种观点或类似的观点。

第二种观点与其说是对区域经济学的界定，倒不如说是区域经济学研究内容的罗列。周起业等在《区域经济学》(1989) 中认为，“区域经济学也叫区域科学”，它是研究如何建立国家经济区域系统，并按照地域分工与合作的原则来组织系统内各区域中第一、第二、第三产业的发展与布局，使之形成一个既能顺乎世界经济发展潮流又能最大限度发挥地区优势的产业结构，组成一个大、中、小企业相结合，聚集与分散相结合，以多层次城市为节点，由运输网、信息网、服务点分布网等网络系统将全区域连成一体的经济有机体的科学。这种观点强调的是通过区际分工和联系，构建一国的区域系统。这与过去生产力布局研究或经济地理分析强调的经济区划没有本质上的差异。类似的观点还有伊萨德在其《区位分析方法》(1960) 一书中所进行的描述，他认为区域经济学研究“确定可在某一区域有效地从事生产并获取利润的单个或集团产业；改善区域内居民的福利，如提高区域内人均收入水平、改善收入分配、有效地衡量收入等；区域内产业的分布，要求最有效地利用区域内资源”。这种观点所强调的是区域内各种经济活动的一般均衡。然而由于区域间的相互联系，实现某一区域众多变量的一般均衡并非易事，除非区域间进出口关系已趋于稳定。与其说伊萨德的这种观点是区域科学的定义，倒不如说是区域研究的方法论观点。

第三种观点是把区域经济学的研究对象界定为区域间的相互关系。V.杜贝认为：“区域经济学是以经济的观点，研究在资源不均匀分配且不能完全自由流动的世界中各个地区的差异以及各地区间的关系的科学。”虽然杜贝也强调了资源不均匀分配以及要素的不完全流动所产生的区域分界，然而他似乎是强调由此产生的区域间的相互联系。

第四种观点是陈栋生主编的《区域经济学》一书所强调的观点，即区域经济学是“从宏观角度研究国内不同区域经济发展及其相互关系的决策性科学”。这种观点不同于前几种观点，强调了如下几个方面：首先，旗帜鲜明地提出了它的宏观性，强调区域经济学并不以区域内单个经济主体的经济行为为考察对象，而是把一个区域的经济活动作为一个整体的经济活动来进行考察。按照这种观点，如果撇开区域，则区域经济学与宏观经济学就没有什么两样，区域经济学就是宏观经济学。如果单纯这么理解区域经济学，我们认为有些不妥。区域经济学虽然是为了解决区域问题而产生的，然而在实际工作中，区域经济学所要回答的并非全是宏观问题，许多区域问题是涉及微观领域的，如城市中经济活动的聚集或分散问题涉及企业组织、企业组织的变化以及企业之间联系的变化等一系列微观行为。落后地区的发展问题也是如此，发展经济学所涉及的是宏观的理论问题，但对某一具体地区的发展路径的选择而言，它涉及的又是微观领域，如根据区域情况重点发展何种产业部门，发展这种产业部门所必需的资源要素的供给状况如何，其产品的市场如何，此种产业与区域内其他产业之间的关联程度如何等。其次，此观点强调在全国的宏观背景中考察某一区域的经济运行，在全国国民经济总体最优的目标下分析各区域之间的资源配置问题。该观点认为区域最优不等于总体最优。最后，它强调区域经济发展、区际分工与联系、区域经济政策为区域经济学的主要研究内容，尤其强调区域经济政策，这一点与前面几种观点不同。此种观点较为全面地概括了区域经济学的研究对象。

以上讨论已经涉及了区域经济学的研究对象和主要研究内容。我们认为，区域经济学是研究区域经济活动的自组织和区际经济联系，以及与此相关的区域决策的科学。

这种界定与其他观点有许多不同。第一，我们的界定强调了区域各组成部分之间在经济上相互依赖而形成的一种结构，正因为这种结构的存在，任何区域都具有经济活动的自组织能力。如果不考虑这种结构的存在以及由此而形成的自组织能力，那么区域经济学与一般经济学中的宏观经济学就无任何差别。任何区域内的经济活动都是通过这种结构来进行组织的，无论发达地区还是落后地区都是如此。若有不同，就是落后地区还没有形成这种比较完善的结构，因而其经济活动的自组织能力弱；发达地区已基本形成这种结构，因而其经济活动的自组织能力强。强调这种区域结构的存在正是区域经济学与其他经济学分支学科的根本区别。

第二，我们的界定强调了如何组织区域内经济活动的问题，也就是强调了区域经济发展的路径问题。区域发展问题是每个区域共同关心的一个普遍问题。然而，区域经济发展问题首先要解决的是发展路径问题。因为区域结构的存在，区域内任何经济活动通过区域结构的联系网络都能将其影响波及每一个角落，带动区域经济的发展。因此，根据区域特性，选择何种产业部门、选取何种发展模式等对区域发展而言是至关重要的。就任何区域都关心的区域经济发展而言，区域经济学与发展经济学没有本质上的区别。但两者还是有差别的，区域经济学更多地注重一般发展理论和模式的“落脚”问题，也就是根据区情选择发展路径的问题。正因为如此，我们强调区域经济的自组织问题。

第三，区域经济学不仅研究区域经济的自组织问题，而且把如何组织区域经济联系放在重要的位置上进行研究。区域经济学并不是孤立地研究某个区域内部的资源配置问题，而是在相互依赖、相互影响、相互联系的整体中研究资源配置问题。两个区域之间向对方出口和从对方进口处于某种均衡状态时，可以说这两个区域之间实现了一种分工。由区域分异的客观基础可知，就创新能力而言，有些创新是具有排他性和竞争性的，而有些创新是具有非排他性和非竞争性的。因为创新的这两种属性，当两个区域之间形成某种动态的均衡时，落后地区从发达地区引进创新、模仿创新就成为可能，也为落后地区快速发展提供了可能性。同时，发达地区也从落后地区引进所需的资源要素。发达地区因其创新能力的垂直效应，外在性技术的向外转移不会影响发达地区的境遇，通过转让外在性技术，反而可以增加产出，而落后地区引进新的技术来改造或优化原有产业结构，可以提高生产率，这时可以实现帕累托最优。因此，可以说当两个区域之间实现某种分工时，可以实现帕累托最优。但在两个区域之间没有形成这种动态的均衡，也就是说没有实现分工时，资源要素的运动在多数情况下是单向运动，落后地区的各种资源要素向发达地区运动，市场被发达地区所占领，落后地区的经济增长受到很大的抑制，境遇将会恶化。这时，对落后地区来讲，如何组织区域内的生产活动极为重要，它不应按比较成本优势来安排生产，而应根据资源要素的丰富情况（也就是区域情况），选择多使用劳动力或多使用区内丰富资源而节约稀缺资源的产品进行生产。而且，国家也应在政策上扶持这些区域的经济活动。这样，落后地区就也能获得某些产品生产的比较优势，当这种比较优势形成时，也可以说实现了一定程度的分工。这时虽不能实现帕累托最优，但可以实现较优或次优，落后地区的境遇会得到改善。

第四，我们的界定强调了该学科的政策性特征。上面的讨论已经涉及了区域经济政策问题。任何区域的经济活动与区外的经济联系，都是由众多企业的行为表现出来的，然而对这种正常的企业经济活动而言，必须有各种经济政策来提供保证和支撑。新古典经济学认为，市场机制能够实现资源的有效配置，因而区域经济问题长期以来一直被排斥在经济学研究领域之外。早先实现工业化的国家的发展历史表明，单纯依靠“看不见的手”是很难实现区域间的均衡发展的，要有“看得见的手”的干预。大多数发达国家都是通过政府干预来刺激欠发达地区的经济发展或通过其他经济手段来缩小区域之间的发展差距的。若没有强有力的政策手段，区域问题是很难自行得到解决的。这就决定了区域经济学必须强调对区域经济政策的研究。

二、主要研究内容

区域经济学所研究的内容极为广泛。根据我们对区域以及区域经济学研究对象的定义，区域经济学的主要研究内容可以概括为区域结构、区域经济活动自组织、区域地域结构（或空间结构）及其组成单元、区际分工与联系、区域经济政策等几个方面。

1. 区域结构

区域结构是区域经济学区别于其他经济学分支学科的重要标志。任何区域空间都具有一定的结构，有些区域已形成了较为完整的结构，而有些区域还没有形成完整的结构；有些区域的结构组织得很紧凑，而有些区域的结构组织得不紧凑。正因为有区域结构的存在，根据其结构的紧凑程度才可以划分出不同的区域。区域结构由中心城市、中心城镇、广大乡村以及各种网络所组成，正是因为这种核心、节点、网络的有机组成，区域内任何经济活动都能够把其影响波及区域的任何部分，并产生乘数效应，带动整个区域经济活动进一步高涨。区域结构并不是先天就有的，而是后天逐步形成和完善起来的。平时我们容易看出的区域经济景观就是某一区域的城镇体系，如果某一区域有众多规模不等的城镇错落有序地排列着，则这一区域一般来讲发展水平是较高的；如果某一区域没有形成这种城镇体系，各种网络也很稀疏，则这一区域是比较落后的。因此，区域结构与区域发展水平之间存在相互依赖、相互影响的函数关系，而且这两者的相互影响是逐渐累积的，形成一种累积循环的过程。对于区域是怎么形成的问题，有些人可能很难接受，但只要承认区域的本质是一种结构，那么区域的形成过程也就可以理解了，因为这种结构的形成过程就是区域的形成过程。因此，本书把区域形成过程的分析放在前面来讨论。区域形成中的核心问题是区域核心即中心城市的形成问题，而城市的形成又与区域分异过程中四个方面的不完全性有直接关系。这四个方面的不完全性是指生产要素的不完全流动性、经济活动的不完全可分性、创新能力的部分排他性和部分竞争性、商品和劳务的不完全流动性等。

2. 区域经济活动自组织

如何组织区域经济，也就是如何发展区域经济的问题，是区域经济研究最主要的内容之一。区域的经济增长是如何发生或决定的？其发展模式如何？它的成长过程和趋势是什么？一个区域根据其资源要素状况应具有何种产业结构？这种产业结构是如何演进并优化的？这些问题不仅涉及区域经济的宏观问题，也涉及区域经济的微观问题。

可以认为，区域经济增长是由资本积累、劳动力增加或素质提高以及技术进步等要素相互作用而引起的区域商品和劳务总产出的增长。传统的增长理论主要强调资本积累的重要性和必要性，认为缺乏资本积累是妨碍经济增长的首要因素。从资本需求方面来看，落后地区由于人均收入水平低，人们的购买力低，因而市场狭小；由于市场狭小，引诱资本投资的力度小；由于引诱资本投资的力度小，因而投资规模小，就业不充分，人均收入水平低，形成一种资本需求方面的恶性循环。从资本供给方面来看，落后地区由于人均收入水平低，人均储蓄水平低；而由于人均储蓄水平低，资本供给不足，这又导致人均收入水平更低下，形成一种资本供给方面的恶性循环。因此，要走出困境，必须推动资本形成和资本加速形成。与这种强调资本形成的古典经济增长理论不同，新的增长理论突出了知识积累在经济增长中的作用。专业化知识的部分排他性与部分竞争性能够保持经济的凹性增长；同时，一般知识的非排他性与非竞争性为落后地区快速发展提供了可能。一般来讲，一提到工业化过程，人们就自然想到发达国家的工业化过程，然而二战后微型工业化国家和地区的发展经验说明，实现工业化有多种模式。这就要求我们正确地分析国情或区情，选择适合于国情或区情的发展路径。

区域发展一方面表现为区域经济总量的增长，另一方面表现为区域产业结构的不断演进和升级。区域产业结构一般由主导产业、关联产业、基础产业组成。从静态上看，某一区域的产业结构，尤其是专业化部门（一般是主导产业）反映了一国劳动地域分工中该区域所担负的分工。从动态上看，区域产业结构也不断地进行置换。这种置换有两种情况：一是替代，就是以新的产业来替代原有产业；二是升级，就是通过更新技术实现产业结构的优化。斯密提出分工理论以后，分工的发展表现在两个方面：一是专业化，二是迂回生产方式所形成的多样化。在分析我国区域产业结构的演进过程时，常有人把这两者对立起来，其表现是把一些地区的效率低下归因于专业化发展，认为片面强调专业化造成结构单一，导致收益递减。还有的人把一些地区的效率低下归因于多样化，认为追求大而全、小而全，无法实现规模经济，导致收益递减。其实，专业化与多样化都是分工发展的结果，与劳动生产率的提高都是正相关的。这也就是斯密定理的核心所在。分工一旦出现，就会发挥双向的作用：一方面，它会产生各种需求，带动其他行业的分工程度的提高，导致处理分工之间关系的商业、运输、通信、信息、金融等行业越来越发达；另一方面，它会使内部分工进一步细化。这两者通常分别表现为多样化和专业化。只要收益是递增的，采取专业化方式还是多样化方式就是无关紧要的。将效率低下或收益递减归因于专业化发展或多样化发展是不合适的。过去我国一些地区的“专业化”发展，就是指当地资源的初级开采或低加工的几十年一贯制，这种由于长期没有进行技术改造和产品结构改造，技术结构严重老化，产品结构无法适应经济发展需要的状况，不是原来意义上的专业化发展。过去我国一些地区的“多样化”发展，就是指企业办社会的过程，这也不是原来意义上的多样化。多样化经济的一大特点是应变能力很强，因而竞争能力很强，然而过去我国一些地区的多样化经济恰恰是应变能力弱，无竞争能力可言。要改变这种局面，从理论上讲就是：在“专业化”地区，应不断引进或开发新的技术，加快技术改造，提高产品档次，并开发新的系列产品；在“多样化”地区，应恢复企业原来的面貌，通过社会保障体制的改革，使企业甩掉包袱。当然，解决这些问题并非易事。因此，如何解决这些历史遗留问题，如何重构区域产业结构，是目前我国区域经济学研究所面临的极其重要的课题。

3. 区域地域结构（或空间结构）及其组成单元

发展在空间上的分布总是不平衡的，它以不同的强度首先出现在一些增长点或增长极上，然后通过不同的渠道向外扩散，对整个经济产生不同的最终影响。这在一定的空间范围内，必然形成经济活动强度和密度不同的核心区（城市）与外围区，这是两种不同的地域单元。城市形成以后，不断地进行内部结构的调整，其结果是，原先在城市经济中具有举足轻重地位的物质密集型的大批量标准化产品生产部门，在城市中逐渐衰弱并向周边地区转移，高技术产业以及管理和控制职能向城市集中。这种产业区位置换的结果是，在城市外围地区或交通方便的地区逐渐成了多样化的经济活动和经济增长的重要地域。这种变化又导致人口的迁移，以及城市文化、生活方式向农村地区的传播，形成了一种全新的地域单元——城乡边缘区。城乡边缘区的出现标志着原先核心区-外围区的二元地域结构转化为核心区-城乡边缘区-外围区的三元结构。城乡边缘区可能是环状的（在大城市近郊），也可能是片状的（卫星城镇分布区）；有时与城区连在一起，有时与城区隔开（卫星城镇分布区）。在发达地区，城乡边缘区的范围广，包括近郊到中小城镇密集分布的广大地区，在有些地区表现为环状结构，而在有些地区可能表现为片状结构。在落后地区，只有有限的中小城镇零星分布而没有形成集中分布区，因而城乡边缘区没有形成或不明显或范围小，不能作为一种地域单元来考虑。城乡边缘区的形成标志着原有核心区-外围区的二元性开始削弱和城乡一体化过程的开始。

城市是区域的核心，在区域经济发展过程中起着举足轻重的作用，它是区内经济活动和区外经济联系的组织者和领导者。城乡边缘区是多样化经济活动和区域经济增长的重要地域，是城市文明的传播者。外围区，也就是广大乡村地区，是核心区的腹地，而这种腹地支撑着核心区的形成和发展。一般认为，乡村常处于被动的位置，被动地接受城市的影响。其实不是这样，广大乡村地区向城市提供各种生产要素，也是城市产业的主要市场。如果没有这种腹地支撑，城市也无法生存和发展下去。乡村地区的经济活动一般以第一产业为主，如何实现农业的可持续发展将是农业经济进一步发展的关键。

4. 区际分工与联系

区际分工是社会生产分工的空间形式，它不仅决定区域生产的专业化水平、区际联系的性质和规模，同时也决定各个区域内部的部门比例和一国国民经济整体结构的动态变化。区际分工与联系是一个事物的两个方面，其根本目标是实现区域经济利益以及一国整体效益的最优，然而有时这两个目标是相矛盾的，这已在前面讨论过了。一般来讲，区域之间的分工取决于比较优势，这比较容易理解。然而，资源禀赋相同或技术水平类似的两个区域之间也能形成分工，这时的比较优势取决于两个因素，即规模经济和产品差异化。

区际分工具有可发挥区域优势、提高劳动生产率的好处，但不同的分工形式对不同的区域经济而言，会产生不同的影响。第一，享受的利益不同。以初级产品和低加工产品为主要分工的一方，所获得的利益相对低下或绝对低下；而生产资本和技术密集型产品的一方，往往获得巨大的利润。第二，对区内经济发展的影响不同。在落后地区，资源产品的出口对该区域经济的带动作用比较小，劳动密集型产品的出口往往使该区域面临产业结构滞后的问题。而发达地区高技术产品的出口则会有效地带动该区域产业结构的升级，有利于区内经济长期稳定发展。第三，区际竞争的前景不同。立足于资源或劳动密集优势，夕阳产业总是面临着被淘汰的风险；而以现代科技为基础的优势产业具有广阔的发展空间。正因为分工上的这种差异，落后地区不断追赶发达地区的分工优势，而发达地区的分工优势也在不断地更新，出现了一国总体生产力水平不断进步的过程。同时这种分工与联系的存在也促成了区际生产要素的流动，如资本得以转化、技术得到传播、管理相互示范等等。然而，在一定时期内，分工与联系对两种经济的影响和作用的差异将会存在下去。如果处理不好，就会出现发展差距加大的趋势。在我国，过去在传统体制下所形成的内地资源省份以能源、原材料和初级产品为主，沿海省份以加工制成品为主的生产和贸易格局中，内地往往处于不利的位置。目前这种格局正逐渐被打破，然而又出现了多地重复建设、低水平竞争、区域产业结构趋同、经济效益低下等问题。因此，如何形成既能充分发挥各地区的优势又能使各地区获得大体相近的经济利益的新型区际分工，将是我国区域经济研究亟待解决的重要课题。

5. 区域经济政策

发达国家的经济发展历史以及区域经济实践表明，完全竞争的市场机制无法实现区际经济的协调发展。各国无一例外地通过政府的区域政策刺激欠发达地区的经济发展或采取其他经济手段来缩小区域间的发展差距。这种政府为引导和干预区域经济活动所采取的各项政策措施就构成了区域经济政策的主要内容。当然在一个区域内，为有效地组织区内经济活动所采取的各种措施也属于区域经济政策的范畴。然而在一国之内，不同区域为组织区内经济活动所采取的各项措施虽然有些差异，但大体上都是类似的。因此，在一般情况下，区域经济政策主要指为解决区域间经济发展差距问题而采取的各种措施。区域经济政策一般来讲有两个基本目标：一是经济增长目标，也称效率目标；二是均衡目标，也称公平目标。一般认为效率与公平是相矛盾的，若强调效率，则资源在空间配置上就会首先考虑效率高的地区；若强调公平，则就会要求资源在空间上的均衡配置。其实，效率与公平是不矛盾的，关键是如何实现区际的合理分工。当区域间差距拉大时，一方面，落后地区要积极调整区内生产安排；另一方面，国家要在政策上扶持这些地区的经济活动。分税制、税收减免、转移支付、银行贷款、工资补贴、价格调整、物资调配、行政管理等，都是为实现区际分工或缓解矛盾而采取的政策和措施。总之，如何实现区域间的合理分工，如何解决效率与公平问题，是区域经济政策的核心，也是区域经济学研究的重点课题之一。

上述研究内容基本上属于传统区域经济学的内容，本书只做了部分介绍。本书的重点内容是论述新的区域经济学理论和方法。

第三节　建立新区域经济观与区域经济发展的创新模式——“一带一路”

一、新区域经济观的基本内涵

进入 21 世纪，区域经济的发展和研究成为新的经济学热点问题，尤其是国际区划与区域经济的发展导致新概念、新特点和新观念不断出现，产生了许多具有不同特点、不同规模的带有地区性质或国际性质的区域经济组织。另外，在一个国家或地区，特区经济和科技工业园区的区域经济发展也在迅速兴起。究其原因，主要是国际经济领域显现出了两个最大的特点：一是知识经济初露端倪；二是国际经济一体化的大潮不可阻挡。这两大特点为区域经济学实践、理论与方法注入了大量新的内容。我们认为，区域经济领域至少在以下几个方面突破了传统的区域经济学理论与方法，构成了 21 世纪的新区域经济观。

第一，突破了传统区域经济学的理论观念。我们将传统的国家区域经济和城市区域经济扩展到国际区域经济、国内区划的区域经济、特区经济、城市区域经济以及科技工业园区的区域经济，这样就把区域经济由两个层次扩展到五个层次，正像本书第三章和第四章所分析的那样，这完全是国际经济一体化和知识经济的到来所引发的理论观念的突破。

第二，新的区域经济学不仅扩大了它的研究范围和层次，而且丰富和修正了传统区域经济学的一系列理论和方法。例如，区域经济的可持续发展理论；区域经济发展的综合评价及其指标体系的建立；国际区域经济要研究本区划内的协调发展和双赢策略，充分发挥区域内各国家或地区的资源优势以及促进资源共享等理论。又如，传统的区域经济学协调发展理论没有考虑生态环境这一因素，尽管有的书上也提到了自然环境和社会环境等因素，但和本书所论述的生态环境这一协调因素是完全不同的，这里是把生态环境这一因素纳入可持续发展理论中。

第三，科技工业园区是人类进入 21 世纪之后所选择的最佳区域经济模式，它为人类科学技术的发明、发现和创造迅速转化为生产力提供了极好的区域经济环境，所以，人们把科技工业园区的创立视作人类 20 世纪末的伟大创举。按照新的区域经济学的划分，科技工业园区的区域经济发展是 21 世纪知识经济发展的产物。本书第四章比较系统地介绍了科技工业园区的区域经济，扫描该章的二维码即可查看。

第四，我国改革开放以来，国民经济的迅速发展在很大程度上得益于经济特区的设立。有很多证据证明，经济特区的设立大大促进了世界各国的经济发展，比如意大利早在 1547 年就在热那亚湾的里窝那自由港建立了世界上第一个经济特区，而欧洲其他许多国家也于 17 世纪后相继建立了自己的经济特区，20 世纪四五十年代以来，经济特区进入了一个新的阶段。然而，遗憾的是，时至今日，区域经济学仍然没有将它作为自己的研究对象。为此本书将区域经济划分为五个层次，把特区经济作为区域经济学的研究对象，系统地介绍经济特区的发展历程和今后的发展趋势，全面研究设立经济特区的目的、条件及经济特区的类型以及经济特区推动区域经济发展的作用机理等。

二、拓展区域经济学的研究领域，建立新区域经济观

区域经济学的理论渊源可以追溯到 19 世纪初创立的区位论，并借用了经济地理学的一些概念，到 20 世纪 50 年代，区域经济学从经济学与生产布局学中脱胎出来而成为一门新兴学科。以区域经济为研究对象的学说有多种名称，如“空间经济学”“空间科学”“区域科学”“区域发展规划学”等。目前形成了三大流派：新经济地理学派、新制度学派和区域管理学派。区域经济研究领域被一些学者称为“经济学最后的前沿”。

在全球化和高新技术产业不断升温、我国区域经济快速发展的背景下，从宏观和微观角度对区域经济的发展进行深入分析，总结、提炼区域经济学的新理论极为必要。知识经济的兴起和国际经济呈现一体化趋势，为区域经济的实践、区域经济学的理论与方法注入了大量新的内容，国内外学者对此做了大量的研究和探讨工作，也取得了一些重要的研究成果。

新区域经济观把区域经济学定义为“研究区域经济活动的自组织和区域经济联系，以及与此相关的区域决策的科学”。这种界定较有新意：第一，强调了区域各组成部分之间在经济上相互依赖而形成的一种结构，任何区域都有经济活动的自组织能力；第二，强调了如何组织区域内经济活动的问题，亦即强调了区域经济发展的路径问题；第三，不仅研究区域经济的自组织问题，而且把如何组织区域经济联系放在重要的位置上进行研究；第四，强调了该学科的政策性特征。

区域经济的案例分析也体现了新区域经济观。本书将中关村科技园区的产业结构发展作为科技工业园区这一层次的区域经济案例，系统介绍了科技工业园区的区域经济，这是本书编著者高洪深的研究成果，其中有的已被北京市政府在中关村科技园区产业结构发展的决策中采纳。

我们在构筑区域经济学五个层次的理论框架中，紧紧抓住国际区域经济一体化的特点，深入分析国际区划和国际区域经济发展的规律、条件、积极作用和消极影响，重点介绍了欧洲联盟（简称欧盟）、北美自由贸易区、亚太经合组织的区域经济特点。在国家区域经济范围内，探讨了国内区划的区域经济、特区经济、城市区域经济、科技工业园区的区域经济等的发展。

区域经济一体化与经济全球化两种趋势并存，是当前国际经济一体化的显著特点。区域经济一体化有利于内部贸易的发展，有利于各成员之间的国际分工和专业化生产，

从而有利于提高劳动生产率和降低产品成本，提高国际竞争力；有利于各成员产业结构的调整和资源的合理配置；有利于使各成员联合起来采取一致的行动，扩大和加强同区域经济一体化以外各国和地区的经济关系。但是，区域经济一体化对世界经济的发展也存在一定的负面影响：其一，区域经济一体化组织具有区域化直接利益的独享性和“对内自由、对外保护”的排他性，对这两种特性如不加遏制，必然形成对外壁垒，导致国际竞争加剧、贸易保护主义抬头和世界市场的分割，不利于经济全球化的发展；其二，随着区域经济一体化组织的增加、扩大和发展而形成的区域化组织之间的竞争，同国与国之间的竞争相比，交锋更多，其结果会影响世界经济的稳定和发展。区域经济的研究还有很多值得探讨的问题。我们应拓展研究领域，建立新区域经济观。

三、“一带一路”是 21 世纪区域经济发展的创新模式

“一带一路”倡议的提出是我国对 21 世纪国际区域经济发展的创新贡献和引领。“一带一路”建设彰显了中国推动全球均衡发展和共同繁荣的智慧与胸怀。它着眼于推动构建人类命运共同体、构建 21 世纪人类新文明的目标，坚持共商、共建、共享的原则，弘扬和平发展、开放包容、互学互鉴、互利共赢的丝路精神，有利于激发沿线国家人民创造美好未来、实现共同梦想的内在动力，开启更高层次、更大范围、更宽领域的崭新的经济全球化进程。当今世界是一个多元多样的世界，不同国家因不同的历史传统、文化基因和宗教信仰选择了不同的社会制度和发展道路，处于不同的发展阶段。“一带一路”建设将众多国家和地区紧密联系起来，携手构建利益共同体、责任共同体、命运共同体，激发参与各方持续发展的动力，成为引领世界经济增长的重要力量。“一带一路”倡议提出后，从无到有、由点及面，取得了长足进步，进度和成果超出预期。在已取得的建设成果的基础上，习近平主席进一步提出聚焦构建互利合作网络、新型合作模式、多元合作平台，携手打造绿色丝绸之路、健康丝绸之路、智力丝绸之路、和平丝绸之路的宏伟目标。黄色的陆上丝绸之路、蓝色的海上丝绸之路、银色的空中丝绸之路和多彩的网上丝绸之路，展示了“一带一路”的绚丽色彩。绿色丝绸之路、健康丝绸之路、智力丝绸之路、和平丝绸之路建设，形成了立体化、智能化、生态化与机制化的链接，在纷繁复杂的世界中寻找到了最多的利益交汇点。“一带一路”建设通过形成内外联动、海陆联动、产业布局调整的内在力量，重构全球产业链、供应链、服务链、价值链，塑造全球互联互通的超级版图。“一带一路”建设将开辟一条不同发展水平、不同文化传统、不同资源禀赋、不同社会制度的国家开展平等合作、共享发展成果的有效途径，为最终打造政治互信、经济融合、文化包容的利益共同体、责任共同体和命运共同体提供载体、平台和渠道。“一带一路”建设激活了人类向好、向善、向新、向远的憧憬与期待，从多边、双边和国家等多层面推进人类命运共同体构建。它借助既有的、行之有效的区域合作平台，促进了多方互动、互利与共赢。比如，携手共建中国—中南半岛经济走廊，既推进了《区域全面经济伙伴关系协定》（RCEP）谈判，也有利于推动中国与中南半岛特别是与东南亚国家和地区形成命运共同体。这个项目旨在推进中国与东盟地区的合作，加强政策沟通、设施联通、贸易畅通、资金融通、民心相通等多方面的互联互通；推进

大湄公河次区域合作，充分发挥该区域国家山水相连、人文相通的优势，在次区域合作中体现构建人类命运共同体的理念和要求；推进中国与东南亚各国合作，逐步形成关系密切、基础扎实、互信度高的国与国之间的关系，使中国与周边国家成为共享发展机遇的近邻和伙伴。务实推进“一带一路”建设，将把世界的多样性和各国的差异性转化为促进各国联动发展的活力和动力，推动沿线国家形成联动发展大格局。“一带一路”正成为增进各国人民友谊的桥梁、纽带、平台与渠道，成为维护世界和平的润滑剂与稳定器，成为推动全球经济走出低迷的重要引擎。

中国和“一带一路”沿线国家一道规划的若干个经济带，亦称六大经济走廊，分别是：中蒙俄经济走廊、新亚欧大陆桥经济走廊、中国—中亚—西亚经济走廊、中国—中南半岛经济走廊、中巴经济走廊、孟中印缅经济走廊。它们为“一带一路”的建设和发展提供了强有力的支撑和合作平台。“一带一路”倡议已经成为范围最广、规模最大的国际合作平台和最受欢迎的国际公共产品。它植根于历史，但面向未来；来源于中国，但属于世界。

关键术语

区域结构　区位论　区域经济　新区域经济观　“一带一路”

思考题

1. 传统的有关区域经济学研究的观点有哪几种？请分别论述。
2. 区域经济问题与凯恩斯主义的国家干预政策有什么关系？
3. 第二次世界大战后的区位论有哪些特点？
4. 从五个层次上阐述新区域经济观。
5. 区域经济发展的创新模式“一带一路”的重大意义是什么？

主要参考文献

[1] 郝寿义，等．区域经济学．北京：经济科学出版社，1999.
[2] 高洪深，杨宏志．知识经济学教程．北京：中国人民大学出版社，2001.
[3] 朱文玲．引领新型经济全球化的重要力量，人民日报，2017-05-11.

第二章

区域经济学的基本概念

重点问题

- 区位概念
- 区域与经济区域的内涵
- 区域经济的含义
- 区域经济学的理论框架

第一节 区位概念

一、经济区位

所谓区位（location），即为某一主体或事物所占据的场所，具体可标志为一定的空间坐标。而经济区位则是某一经济体为其社会经济活动所占有的场所。从这一角度讲，工业生产所占有的场所即为工业区位；而居住活动所占据的场所则为居住区位；各城市经济活动所占据的场所则为城市区位。

在经济空间系统中，区位概念具有更为丰富的内涵。在一定的经济系统中，由于社会经济活动的相互依存性、资源空间布局的非均匀性和分工与交易的地域性等特征，各空间位置具有不同的市场约束、成本约束、资源约束、技术约束，从而具有不同的经济利益。在这一意义上，经济区位更多地强调由地理坐标（空间位置）所标志的经济利益差异。

在区域经济学中，为了具体说明经济活动的空间布局问题，经济区位往往被描述为离某一个或几个特殊地点的不同距离（即所处的不同位置）所反映的市场、供求、（运输）成本等方面的差异问题，如距离城市中心的远近、离自然资源供给源的距离、各空间位置上的市场供求状况等所形成的经济利益差异。

二、区位单位

所谓区位单位，是指布局于某一区位上的某一社会经济统一体内的各个组成部分。它是经济区位的布局主体。研究的层次不同，区位单位的具体内涵也不相同。例如，在研究工业区位时，某一工业整体即可视为一个区位单位；而在更微观的研究层次上，区位单位则可能是指一个工厂、大楼、公司的业务部门等。可见，区位单位是经济区位的主体因素，是社会经济活动区位布局的物质实体。我们知道，区域经济学的一个重要任务就是研究区位单位的空间配置问题，这也是区位论的核心内容之一。

三、区位因素

如果说区位单位是经济区位的布局主体，那么区位因素则是指区位单位进行空间配置的外部约束因素。在不同的区位上，人口分布、市场供求、资源分布等状况不同，从而其区位利益就具有很大差异，区位单位的布局状况也就不同。正是各区位上区位因素的差异决定了各区位的优劣，才有了区位差异。如果各区位上的区位因素相同，则各区位的经济利益是无差异的，此时，区位差异是不存在的，因而区位研究也就毫无意义。

根据埃德加·M.胡佛的总结，一个区位的相对优劣主要取决于四类区位因素：

（1）地区性投入：该区位上不易转移的投入的供应情况。它具体是指存在于某一区位、难以从他处移入的原料供应品或服务等。

（2）地区性需求：该区位上对不易转移的产出的需求状况。

（3）输入的投入：从外部供给源输入该区位的可转移投入的供应情况。

（4）外部需求：从向外部市场销售可转移产出中得到的净收入情况。

在不同的区位上，上述四类区位因素不同，其区位利益具有很大的差异，从而也就决定了各个区位的相对优劣。

四、区位决策

区位决策亦即决策主体（又称区位决策单位）的区位选择过程。如前所述，在一定的经济空间中，各区位所处的地位不同，其区位因素各异，从而其市场、成本、技术、资源约束不同。为追逐最大的经济利益，各决策主体将根据自身的需要和相应的约束条件选择最佳的区位，这就是区位决策。

必须指出的是，区位决策单位与前面所说的区位单位并不相同。尽管有的区位单位如居民个人、组织机构、管理机构等可以自主地选择区位，因而是自己的区位决策单位，但在多数情况下，区位单位与其决策单位并不一致，例如，在工商界，公司是制定区位决策的单位（即区位决策单位），而具体的企业（如工厂、商店、银行分行等）则是由外部决策确定区位的单位（即区位单位）。换言之，只有当决策主体与区位单位一致时，区位单位的区位选择才是自主的；否则，就是由外部决策决定的。

第二节 区域与经济区域

一、区域

1950 年，佩鲁在其著名的论文《经济空间：理论和应用》中吸收现代数学的理论成果，采用拓扑空间的概念来探讨经济空间的理论和应用。他把经济空间相应地定义为经济变量的结构关系，并分为三类：（1）统计学上同一或均质的经济空间；（2）作为势力场的空间；（3）计划经济空间或政策运用的经济空间。

20 世纪 60 年代中期，法国著名经济学家布德维尔（Boudville）指出，佩鲁在经济研究中系统引进的空间方法本质上只是一种数学空间。他吸收佩鲁空间方法的框架，并吸收地理学的区域思想，将区域划分为三类：

（1）均质区域（homogeneous region），即这类区域内各变量的一致性最大，而区际分异也最大。

（2）极化区域（polarizable region），是指地理空间中地方化的异质连续地域，其不同部分通过围绕区域增长极（在经济发展中起决定作用的带动单位）的相互关联而相互依存。

（3）计划区域（planning region），是指实际存在的管理区域，它为一定的管理目的而创造，是政府计划、政策的实施地区。

上述划分区域的方法已成为经济学家普遍遵循的规范方法。概括来说，区域是按一定标准划分的连续的有限空间范围，是具有自然、经济或社会特征的某一方面或几个方面的同质性的地域单位。

二、经济区域

经济区域是人的经济活动所造就的、围绕经济中心而客观存在的、具有特定地域构成要素并且不可无限分割的经济社会综合体。经济区域是劳动地域分工的必然结果。与地理学中的区域相比，经济区域具有如下特点：

（1）经济区域是人的经济活动的产物。

（2）经济区域不能无限划分。

（3）经济区域不是固定不变的。

（4）经济区域是开放的，其界限是模糊的。

经济区域系统是一个非平衡的、非线性的开放系统。非平衡性是指组成经济区域系统的子系统及其单元的功能、作用不是同等的、均匀的，这就导致经济单元之间及各子系统之间互补、重组的协作及势差的动态作用。非线性是指经济区域系统中各子系统的增长不成比例、系统的整体功能不可加和与之相关的放大作用。开放性一方面是指经济区域系统从外部环境获得物质、能量和信息，同时又向外界耗散物质、能量并传递信息；另一方面是指各子系统是相互联系的，而不是孤立的、封闭的。

第三节 区域经济

一、区域经济的含义

经济发展，通常是指一个国家或地区按人口平均的实际福利增长过程，它不仅是一种财富和经济机体的量的增加和扩张，而且还意味着其质的方面的变化，即经济结构、社会结构的创新以及社会生活质量和投入-产出效益的提高。

历史上，西方经济理论界曾长期认为经济发展就是经济增长，即国民生产总值的增加。20 世纪 70 年代以后，在经济理论中开始严格区分这两个概念。新古典经济学派的代表人物迈耶教授认为，经济发展可这样定义：在处于贫困线以下的居民人数不增加、收入分配不变的条件下，一个国家按人口平均的实际收入在一个长期（至少 20 年）内增长的过程。这一定义虽然比较深刻，但有两点不足之处：(1) 对经济发展的目的和质的方面描述得不够突出和准确；(2) 没有具体指出导致发展的力量是什么。另一位美国经济学家金德尔伯格对经济发展做了更为全面深刻的解释，他认为：经济发展的目标是多重的，既包括物质福利的改进，也包括经济结构及其机能的变化，由此决定反映经济发展的尺度也必须是多样的，其中包括总产出的增加、收入分配的合理、就业状况的改善、人口素质的提高、文化与技术的进步，以及政治、生活、经济与政策决策结构的相应变化等。

借用发展经济学理论，我们认为区域经济发展的含义至少应包括以下几个方面：

(1) 按人口平均的国民生产总值和居民人均实际收入在一个长时期内持续而稳定地增长。

(2) 居民生活环境包括全面的公共福利设施、自然生态环境、社会政治环境等不断得到改善，人们有相当程度的安全感。

(3) 生产要素，包括人力资本、社会资本、物力资本及自然资源等，其数量不断增加，足以满足生产投入的客观需要，从而保证社会总产出长期持续且稳定地增长。

(4) 经济结构包括生产的组织制度结构、生产关系结构、国民经济的产业结构、产品结构、技术结构、空间布局结构等发生重大的转变，形成持续的高级化变化过程。

(5) 社会结构不断完善，收入分配不断趋向公平与合理，居民间的收入及实际生活水平差距日益缩小，社会不再产生新的贫富阶级。

(6) 社会事业和社会保障发展与经济的增长相适应，在经济-社会-自然环境之间建立起一个良性的循环系统及运行机制。

(7) 文化发展、观念习俗与经济发展相协调，不适合或不利于经济发展的传统陋习、陈旧观念能够得以及时、彻底地更新或废除，新的文化或新的观念能够迅速地成长、发育起来。

(8) 经济运行及其调控机制趋于完善和健全，经济系统、社会系统和与经济发展相关联的自然生态系统的自我调控、自我调节、自我平衡、自我发展能力以及相互间的反应能力、变化适应能力不断增强等。

二、研究区域经济的现实意义

第二次世界大战之后出现了众多发展中国家，这些国家大多除了经济上落后、政治上不稳定以外，有一个共同的问题，即区域发展不平衡，呈现出典型的区域发展的“二元性”。20世纪60年代兴起的发展经济学，只是寻求从经济上解决经济增长和发展的不对称问题，平衡二元经济的利益冲突，但是在调节区域发展不平衡问题上却没有进一步的突破。而且，随着经济的发展，区域经济发展不平衡已经成为世界范围内的普遍现象。因此，研究区域发展的理论问题，显得尤为重要和迫切。

自20世纪80年代末90年代初以来，区域经济发展差距问题已成为我国经济研究中讨论得最热烈的话题之一。

我国是一个幅员辽阔的大国，各地自然条件、社会发展程度、历史背景和社会人文条件的差异很大，区域经济发展存在一定程度的差异是正常的，也是必然的。我国区域经济发展的差异主要是发展水平和发展速度上的差异，具体表现在：一是东部地区和中西部地区的产业结构及工业化、城市化进程处于不同的发展阶段；二是这两大区域的市场发育程度和对外开放程度不同，经济体制的转换速度和程度也不同；三是东部地区和中西部地区之间存在两个相反又互补的梯度差，即东部地区的经济技术远远高于中西部地区，而中西部地区的自然资源又比东部地区丰富得多；四是经济发展速度不同造成了人均产出和人均生活水平的差距。

区域之间适度的经济发展差距能保证经济发展的效率，但目前我国这种地区之间较大的经济发展差距不利于我国国民经济整体水平的提高，也不利于国民经济的协调发展。例如，党中央提出了实施西部大开发战略，并明确指出：实施西部地区大开发是全国发展的一个大战略、大思想；加快中西部发展的条件已经基本具备，时机已经成熟；要将其作为党和国家的一项重大的战略任务，摆到更加突出的位置。

历史的与国际的经验都清楚地表明，必须妥善地解决一个国家内部的区域发展问题，区域问题解决的好坏将直接影响我国迈入世界性经济增长的进程和国家的实力。

综上所述，对区域经济发展差异进行系统的分析，并对其指标体系加以研究，无论在理论上还是在现实问题的对策研究上都具有重大意义。

第四节　区域经济学的理论框架

区域经济是一个系统的概念，影响区域经济发展的因素有外部的国际影响、政府行为、区际互动三方面和区域内部影响经济发展的诸多要素。从这一思想出发，可以这样来构建区域经济学的理论框架：关于区域经济发展差异的形成机制，即区域结构变动的理论——地域分工理论；大国经济的区域化发展规律——区域经济非均衡增长理论；关于单个区域经济发展的静态研究理论——经济增长理论。此外，还有区域经济发展的梯度理论、区域经济的可持续发展理论、区域经济产业结构理论等，关于这三个理论，本书后面将有详细的介绍。

一、研究区域结构变动的理论——地域分工理论

现代经济科学的产生和发展从某种意义上说是人们对经济结构不断考察和研究的结果。经济结构不是人们强加给现实的预想的秩序，而是对客观现实的反映。当经济发展引起的社会分工发展到一定程度时，势必会引起社会劳动的地域分工。所谓社会劳动的地域分工就是指相互关联的社会生产体系在地理空间上的分布。地域分工和部门分工共同构成社会分工。两者的区别在于，部门分工是指不同部门形成和分离的过程，它最终形成产业结构；而地域分工是指分离出来的部门在一定地域上的组合，也就是区域结构。区域结构往往以各地区的产业结构差异表现出来。对区域结构变动的研究是研究区域经济发展差异的基本出发点。地域分工理论是科学认识区域结构变动的理论基础。地域分工理论主要包括绝对优势理论、比较优势理论及要素禀赋理论等，其中比较优势理论是其核心内容。

1. 绝对优势理论

绝对优势（absolute advantage）理论源于英国古典经济学家亚当·斯密的地域分工理论。亚当·斯密对不同国家的同种产品的成本进行直接比较，认为在某种产品的生产上所花成本绝对值低，就称之为具有“绝对优势”。只有具有这种绝对优势的产品才应该被生产，并用于出口来换回自己在生产上不具备绝对优势的产品。这就是绝对优势理论。

按照绝对优势理论，一个没有任何绝对优势产品的地区就不能从贸易中获利。然而，现实中的地域分工与贸易并非如此。

2. 比较优势理论

比较优势（comparative advantage）理论源于英国古典经济学家大卫·李嘉图的国际分工理论。他发展了亚当·斯密的绝对优势理论，通过分析两个国家在单一生产要素上的差异，从理论上证明了比较优势的存在和贸易的互利性，奠定了比较优势理论的基础。

比较优势概念是从比较成本演化而来的。比较成本是指本国不同产品的成本比例同国外同类产品的成本比例的比较，即不同国家的产品成本比例或机会成本的比较。只要成本比例在各国间存在差异，各国就能生产各自的比较优势产品，并在国家间进行交换，通过贸易增进收益。

李嘉图的比较优势理论的积极意义在于：（1）指出了区域贸易的理论基础，即只要有相对成本优势，发展区际贸易就能以较少的劳动耗费取得较多的使用价值；（2）提出了区域交换的特殊规则，即选择标准不是绝对值的高低，而是相对值的高低。

比较优势理论与绝对优势理论的不同之处，也就是前者相对于后者的先进之处在于：比较优势理论认为区域是一个具有整体利益的综合体，区域的竞争是在区际收支平衡的基础上的竞争，因而受到竞争法则的支配；而绝对优势理论把区域仅仅视为商品生产的区位，忽略了其作为一个综合主体具有整体利益的作用。

比较优势理论虽然得到了认同，但李嘉图的简单模型中只包含一种生产要素——劳

动，生产技术被认为是给定的外生变量，生产的规模报酬假定不变，把相对成本差异仅仅归结为商品生产中劳动生产率的差异，显得过于简单。

3. 要素禀赋理论

在赫克歇尔-俄林的要素禀赋理论中，劳动不再是比较优势形成的唯一原因，这使得对比较优势形成原因的研究向前迈进了一大步。

要素禀赋理论解释了导致产品比较成本区域差异的关键原因在于要素比例不同。根据这一理论，在同种产品不同地区的生产函数相同的假设前提下，同一区域生产不同产品的各部门所使用的技术不同，因此在不同产品中投入的生产要素的比例也是不同的。产品的劳动成本所占比例较大的是劳动密集型产品；资本成本所占比例较大的是资本密集型产品。同时，不同区域的各种生产要素禀赋不同。供给量较丰富的要素，其相对价格较低，密集使用这种要素的产品的相对成本也会较低；而供给量相对稀缺的要素，其相对价格就会较高，密集使用这种要素的产品的相对成本也必然较高。每个区域都应专门生产密集使用其相对丰裕要素而较少使用其相对稀缺要素的产品，以换回其要素比例正好相反的产品。如果各个区域都以自己的要素禀赋比例差距为基础进行分工和贸易，其结果将是贸易提高了相对丰裕的生产要素的价格，降低了相对稀缺的生产要素的价格，并促进了它们之间的相互替代，从而逐渐达到实际生产要素价格均等化，区域差异也将归于消失。

要素禀赋理论和比较优势理论都使用相对比较原则来说明比较优势。只不过李嘉图的比较优势理论着眼于产品本身的差异，而要素禀赋理论则引入资本这一生产要素，对导致比较优势产生的原因做了深刻、科学的研究，从而更加完善地论证了李嘉图的比较优势理论。但要素禀赋理论假设各区域拥有的生产要素总量既定不变且得到充分利用，采用的是短期静态比较分析，缺乏长期动态的观点，忽略了各国拥有的资源量是不断变化的这一事实。尤其是它把经济活动中最具活力的技术因素视为无差别的、相对静止的既定因素，显然有悖于事实。

4. 比较优势理论的发展

比较优势理论是地域分工理论的基础，但它仍需要进一步发展和完善。20 世纪 60 年代以来，各发达国家之间的要素禀赋变得越来越相似，而发达国家与欠发达国家之间仍差别鲜明。按照赫克歇尔-俄林理论，各发达国家之间的贸易应越来越少，而南北国家之间的贸易将扩大。然而事实恰恰相反，区域贸易是逐渐向着相近国家间的贸易及相似产品间的贸易发展的。这些现象暴露了赫克歇尔-俄林理论的局限性，从而也推动了比较优势理论的进一步发展，其中比较有影响的主要有：人力资本论、技术要素论、产品生命周期理论、规模经济贸易理论和动态比较优势理论。

二、大国经济的区域化发展规律——区域经济非均衡增长理论

在区域经济非均衡增长理论产生之前，新古典经济学的区域经济均衡增长理论一直处于支配地位。这种理论认为，区域差异是均衡机制失灵的表现，而这种失灵主要产生于市场的不完善以及妨碍要素流动的制度性瓶颈，但在经济增长过程中，随着统一市场

的形成和经济一体化，区域差异将自动消失。这一点体现了著名经济学家俄林的要素禀赋理论。

但是新古典区域经济均衡增长理论存在众多缺点：一是把发展中国家的经济视为同质的一元经济，忽视了发展中国家的区域差异不仅表现为多层次的经济发展水平，而且表现为多类型的经济形态；二是假定发展中国家的市场体系和市场机制已经成熟，从而把要素流动和经济均衡增长直接联系起来；三是忽略了规模效应和技术进步因素，认为供求关系就能决定工资报酬率和资本收益率的高低与平均化。新古典区域经济均衡增长理论显然是从理性观念出发，采用静态分析方法，把问题过于简单化，与发展中国家的客观现实差距太大，无法解释现实的经济增长过程，无法为区域发展问题找到出路。因此，区域经济非均衡增长理论及其相应的发展战略受到了发展经济学家和发展中国家经济决策者的重视。

20世纪50年代，针对区域经济均衡增长理论的不足，形成了一些区域经济非均衡增长理论，这些理论大体可分为两类：无时间变量的区域经济非均衡增长理论和有时间变量的区域经济非均衡增长理论。

1. 无时间变量的区域经济非均衡增长理论

无时间变量的区域经济非均衡增长理论中具有代表性的有以下三种。

（1）二元经济结构理论。1957年，经济学家缪尔达尔（Myrdal）提出了“地理上的二元经济”概念和“二元空间结构”理论。这种理论认为，发展中国家的区域经济发展中的一个基本特征是地理上的二元经济，即经济发达区域和不发达区域并存的二元结构。产生这种二元经济的原因在于各地区经济发展的差别性，主要是由于区际人均收入及工资水平和利润率都是大致相同的，而且生产要素可以自由流动。这时某些区域如果受到外部因素的影响，经济增长速度快于其他区域，经济发展就会出现不平衡。这种不平衡发展到一定程度，就会使区际经济发展、人均收入及工资水平和利润率等产生差距，这种差距的产生会进而引起“累积性因果循环”，产生马太效应，使发展快的区域发展更快、发展慢的区域发展更慢，从而逐步拉大区际经济差距，形成区域性的二元经济结构。对发展中国家来说，现代工业总是先集中在少数区域，而余下的空间成为区域上不发达的边缘，在空间组织上表现为“二元结构”或“核心-边缘结构”，即由先进的、相应发达的核心区与落后的、不发达的边缘区组成的空间系统。缪尔达尔进一步指出，在循环和累积因果的作用过程中，从发达区域与不发达区域、核心区与边缘区的相互作用来看，存在着两种不同的效应：扩散效应（spread effect）和回流效应（back wash effect）。扩散效应是指发达区域和核心区为了保持自身的发展，不断从不发达区域和边缘区采购原材料、燃料和产品，向它们输出资本技术和设备，帮助它们发展经济，缩小区域经济发展差距。回流效应是指为了在发达区域获得更高的报酬，不发达区域输出其劳动和资本；发达区域和核心区凭借自身的优势，从不发达区域和边缘区输入要素与资源来壮大自己，引起不发达区域和边缘区的衰落，扩大区域经济发展差距。在经济发展过程中，尤其在经济发展初期，回流效应往往大于扩散效应；随着经济的深化发展，扩散效应的作用才日益增强。因此，如果没有政府的干预，区域经济发展差距将不断扩大。

（2）区域经济发展的梯度转移理论。这种理论以产品生命周期为基础，以梯度来表示区域间经济发展水平的差异，认为区域经济发展是不平衡的。这种不平衡是产品生命周期的空间表现形式。区域间客观上形成一种技术梯度，有梯度就必然有空间上的转移。区域可被分为低梯度区域和高梯度区域。高梯度区域的产业主要由处于创新阶段的兴旺部门所组成，而低梯度区域的主导专业化部门由处于成熟阶段后期或衰老阶段的衰退部门所组成。生产力的空间推移，首先是高梯度区域应用先进技术先发展一步，新的产业部门、新产品、新技术、新思想等大都发源于高梯度区域，然后随着时间的推移，逐步有序地从高梯度区域向处于二级梯度、三级梯度的低梯度区域转移。随着经济的发展、转移速度的加快，区域间的差距就可以逐步缩小，最终实现经济分布的相对均衡。

这种理论认为区域经济的盛衰主要取决于区域产业结构的优势及产业转移；产业结构的更新是区域经济向高梯度发展的根本动力；产业结构的更新随着产业有秩序地从高梯度区域向低梯度区域转移而完成。在动态上极化效应（polarized effect）和涓滴效应（trickling-down effect）的共同作用会使生产向高梯度区域进一步集中，从而造成区域发展的两极分化。

（3）增长极理论。“增长极”这一概念是20世纪50年代由法国著名经济学家佩鲁首次提出来的。这一概念的出发点是抽象的经济空间，佩鲁把经济空间划分为计划经济空间、力场作用经济空间和均质经济空间三种类型。此时的增长极思想所关心的主要是增长极的结构特点，尤其是产业间的关联效益，而忽略了增长极的空间含义。

20世纪60年代初，罗德温（L. Rodwin）首次提出增长极的空间含义。20世纪60年代中期，布德维尔又重新系统分析了经济空间的概念，改进了佩鲁的增长极理论，首次基于外部经济和聚集经济分析，系统地从理论上将增长极的经济含义推广到地理含义，认为经济空间不仅包含了与一定地理范围相联系的经济变量之间的结构关系，而且包含了经济现象的区位关系（或称地域结构关系），着重强调了增长极的空间特征。美国著名经济学家赫希曼（Herchman）指出增长极对区域经济发展的两种影响：极化效应和涓滴效应。在经济发展初期，极化效应居主导地位，这会扩大区域经济发展差距。从长期来看，涓滴效应将缩小区域经济发展差距。他认为：“通过涓滴效应与极化效应显示的市场力量，如果导致极化的暂时优势，周密的经济政策将会应运而生，以改变这种状态。”

以上三种理论有一个共性，都强调区域经济增长是非均衡的。其中缪尔达尔和赫希曼的假说在本质上没有什么分歧。他们都认为区域经济发展差距必然随着经济增长而扩大，在此过程中政府的干预是必要的。只不过缪尔达尔认为政府的干预是一个外生因素，而赫希曼认为审慎的政府干预是涓滴效应的一个必要组成部分。所以他们的假说被合称为缪尔达尔-赫希曼假说（Myrdal-Herchman prognosis）。卡尔多（N. Kaldor）进一步发展了缪尔达尔-赫希曼模型。1970年，他提出“相对有效工资”概念，即货币工资与生产率增长率的比例。通常相对有效工资越低，产出增长率就越高。由于制度的原因，货币工资及其增长率在所有的区域都有可能是一样的，但产出增长率较高的区域相比低速增长区域具有积累性优势，产出增长率的上升导致了较高的生产率，高生产率降低了有效工资；反过来，有效工资的下降导致了较高的产出增长率，如此反复。

卡尔多及缪尔达尔-赫希曼模型的局限性在于：第一，这些模型都是循环模型，缺乏对初始优势条件的有力解释；第二，卡尔多模型中的相对有效工资概念无法解释生产力行为引起较快增长的机制。

2. 有时间变量的区域经济非均衡增长理论

无时间变量的区域经济非均衡增长理论认为区域经济的发展是趋异的。这引起了理论界的一场争论，但关于区域经济发展是趋同还是趋异，在美国经济学家威廉逊的著名论文《区域不平等和国家的发展进程：一个描述模型》发表之前，一直缺乏实证基础。1965 年，威廉逊受库兹涅茨关于收入分配的“倒 U 形假说”的启发，用 24 个国家 1940—1961 年的有关统计数据，计算不同类型国家人均收入水平的短期与长期数列的区域间不平等程度。他发现，经济增长过程中区域间不平等程度的变化呈倒 U 形，亦即随着时间的推移，区域间经济发展趋同。1991 年，威廉逊再次深入研究这个问题，指出发达国家的人均收入差距并非一贯如此。在第一次世界大战以前，欧洲和美洲的区际收入不均衡达到巅峰，类似今天的某些发展中国家。威廉逊的倒 U 形假说得到了许多研究成果的支持，它揭示了区域经济发展差距变化的共性。

3. 评述

非均衡增长理论都把经济增长建立在拉开区际经济发展差距上。但是，是否增长无论处于哪一阶段都存在对非均衡的依赖性？增长对非均衡的依赖性是否存在某种客观限制？一定的经济增长速度所要求的区域经济发展差距是由什么因素决定的？怎样判断区域经济发展差距的合理性？这些都还是悬而未决的基本理论问题。

这些理论及前面提到的地域分工理论在我国“六五”时期以来的各个五年规划（计划）、地区发展战略研究和中长期规划中，都得到了普遍应用。20 世纪 90 年代以来，我国区域经济理论界摒弃了以往区域经济均衡增长理论和区域经济非均衡增长理论，提出了区域经济协调发展理论。该理论认为，地区间的分工应建立在发挥各自优势的基础上，中央和地方政府应积极支持和促进这种分工的形成；国家对地区的倾斜政策应与国家的产业政策和地区优势有机结合起来，即只对重点发展地区的优势产业或国家重点支持发展的产业实行倾斜；国家在加快条件较好地区的发展的同时，也要重视落后地区的发展，将地区差距控制在社会能够承受的范围内。

三、经济增长理论

经济增长，是指后期的国民经济产出量在规模上比前期有所增加。美国经济学家库兹涅茨给经济增长下了一个典型的定义：“一个国家的经济增长，可以定义为给居民提供种类繁多的经济产品的能力长期上升。”

经济增长的方式，从内容上看，一种是以大规模的物质财富增长为主，另一种是以大规模的信息和服务的增长为主。经济增长以哪种方式为主，取决于经济发展阶段。在较低的经济发展阶段，经济增长是由大规模的物质经济推动的，经济增长体现为物质财富的增长；而在较高的经济发展阶段，人们的生活向非物质的服务和享受转变，这时增长的方式也开始向信息和服务转变。

推动经济增长的要素包括劳动、物质资本、人力资本、土地、技术等。这些要素在规模和形态上的组合形式被称为增长要素结构，如粗放型要素结构和集约型要素结构。经济增长从效果状态来看有两种方式：一种是高投入、高消耗、高速度、低质量、低效率；另一种是低投入、低消耗、高速度、高质量、高效率。

在对经济增长进行研究的过程中，经济学家们创建了许多经济增长理论，其中著名的有哈罗德-多马增长模型、新古典增长理论、新经济增长理论等。

四、现代区域经济理论

新区域经济观突破了传统的区域经济学的理论观念，把区域经济划分为五个层次，即国际区域经济、国内区划的区域经济、特区经济、城市区域经济以及科技工业园区的区域经济。在这个理论观念的指导下，现代区域经济学系统地阐释了一系列理论：国际区域经济一体化理论、国家区域经济理论、总部经济理论、区域经济发展的梯度理论、区域经济发展的辐射理论与增长极理论、区域经济产业结构理论、区域经济的可持续发展理论与循环经济以及区域经济发展的比较理论与方法等。

现代区域经济理论是一个有机的整体，它们相互联系、相互影响、相互支撑，形成了架构清晰和结构严密的现代区域经济学理论体系。这些理论和内容无论在国际区域经济、国家区域经济，还是在城市群的发展与规划中都获得了广泛的应用。我国改革开放 40 多年的实践充分证明了这些理论在区域经济发展中、在理论发展和实践指导上起到了举足轻重的作用。

1. 国际区域经济一体化理论

国际区域经济一体化正向更高层次和更广范围发展，并已成为当代世界经济发展的主要趋势之一，世界大多数国家和地区已积极参与到国际区域经济一体化进程中。随着中国的对外开放在深度和广度上的发展，中国成为国际区域经济一体化的积极参与者和推动者。为此，本书对国际区域经济一体化理论进行梳理，结合中国经济的特点和实践经验，以充分发挥国际区域经济一体化理论的指导作用。这里介绍的主要理论有：

- 关税同盟理论。关税同盟是经济一体化组织的基本形式，也是国际区域经济一体化进程的核心内容。关税同盟理论主要研究对内取消关税和对外统一关税所引起的贸易变化，该理论一直在国际区域经济一体化理论中居于主导地位，并且比较成熟和完善。
- 自由贸易区理论。自由贸易区是国际区域经济一体化最基本的形式，它通过消除区内贸易壁垒来实现成员之间的贸易自由化，是比关税同盟在一定程度上应用更为广泛的一体化形式。
- 共同市场理论。共同市场是比关税同盟高一个层次的国际区域经济一体化形式，它不仅通过关税同盟所形成的贸易自由化实现了产品市场的一体化，而且通过消除区域内要素自由流动的障碍，实现了要素市场的一体化。共同市场理论主要探讨在关税同盟的基础上消除生产要素自由流动的障碍以后，成员所获得的经济效益。
- 协议性国际分工原理。日本学者小岛清提出的协议性国际分工原理的主要内容是：

在实行分工之前两国分别生产两种产品，但由于市场狭小，产量很小、成本很高，两国经过协议性分工以后，各自生产一种不同的产品，导致市场规模扩大、产量增加、成本下降。协议各国都享受到了规模经济的好处。

- 综合发展战略理论。国际区域经济一体化的不断加强以及发达国家国际区域经济一体化的成功实践使得发展中国家的国际区域经济一体化近年来成为人们讨论的重要话题。综合发展战略理论突破了以往的国际区域经济一体化的研究方法，把国际区域经济一体化视为发展中国家的一种发展战略，认为发展中国家不必在所有情况下都追求尽可能高级的其他一体化。另外，它考虑了经济、政治和机构等多种要素，而不是从贸易、投资等层面来考虑国际区域经济一体化的效应。

2. 总部经济理论

总部经济是城市经济学研究的范畴，它是城市经济发展的重大突破和战略转移，也是国际经济一体化和知识经济初露端倪的产物。总部经济作为一种新的经济形态，表现出若干知识经济和区域经济的特征。它在我国的兴起和发展已走过十几个年头，其实践发展和理论体系都日趋成熟和规范。这是我国学者对区域经济学的发展做出的独特贡献。深入研究和发展总部经济，能极大地提升城市功能，加快和促进城市传统产业的转型。

总部经济的最大特点就是将企业经营管理和企业的生产基地分开，也就是“总部＋生产基地”的空间组织模式，它实现了两种不同地域的要素优势在一个企业内的优化配置，企业生产经营过程需要两类不同性质的资源和要素。一是战略管理、研发、中试、营销策划和资本运作等企业总部所需要的信息、高端人才、资本、技术等要素；二是企业产品生产过程中需要的土地、能源、材料以及一般加工工人等常规要素。在发展水平差距比较大的不同区域之间，两类资源的禀赋差异很大，取得成本差异也很大。在发达的中心城市，战略资源密集且成本较低，常规资源稀缺且成本较高；在欠发达地区，常规资源密集且成本较低，战略资源稀缺且成本较高。如果企业布局在发达的中心城市，企业可以用较低的价格取得战略资源；如果企业布局在欠发达地区，情形正好相反，尽管常规资源的取得成本较低，但由于战略资源稀缺，企业要取得同样的战略资源，不得不支付较中心城市高得多的成本，甚至一些资源即使愿意付出更高的成本也难以取得。如果企业按照“总部＋生产基地”的模式进行空间布局，把总部布局在发达的中心城市，而将生产基地布局在欠发达地区，则企业就能够以较低的成本取得中心城市的战略资源和欠发达地区的常规资源，从而实现两个不同区域的优势资源在一个企业内的集中优化配置。

总部经济的这种空间组织模式为区域经济的协调发展、加快和促进传统产业转型提供了强大的实践基础和理论支撑。

3. 区域经济发展的梯度理论

几十年来，区域经济理论几经蜕变，衍生出了多种理论和学说，但至今还没有哪一种理论或学说能起到像梯度理论曾经起到的对国家经济发展战略的主导作用。

经济社会发展是一个复杂的系统。一般来说，经济社会发展程度是一定社会生产力发展水平和生产关系完善程度的表现，反映了一个国家或地区变动着的经济社会实态。所谓经济社会发展，通常是指后工业化时期的社会经济、政治制度、人文环境等的发展。经济社会发展是多种因素相互影响、相互作用所产生的一种运动，它具有梯度性的特征和发展规律，研究这个特征，正确认识和把握这个规律有助于实现经济社会的全面、协调和可持续发展。

首先，科学发展梯度理论坚持发展的规律性与目的性的统一，对以往只注重发展结果、忽视发展过程，或只注重发展过程、忽视发展结果的发展理论都提出了挑战，主张发展过程与发展结果相统一的发展理论，是对以往发展理论的突破。

其次，科学发展梯度理论吸纳了后现代主义的合理内核，如后现代主义的全球意识、强调事物的共生关系和相互依存关系、重视对自然物理的认识传统、重视人与自然的和谐、重视人际关系与代际关系的和谐，扬弃了后现代主义的极端的相对主义、非理性主义、无政府主义和乌托邦色彩等消极理念，否定了它的宗教神学色彩和唯心主义，追求一种真正能够为全人类提供参考价值的科学发展观。

科学发展梯度理论本身也是一个发展过程理论，这个理论从改革开放初期经济、政治、文化等领域的百废待兴，到改革开放中期因经济快速发展、忽略环境等其他方面而带来的改革成本的提高，再到改革开放鼎盛时期的现阶段提出的“以人为本”“全面协调可持续发展”“创新、协调、绿色、开放、共享的新发展理念”等，表现出了肯定-否定-否定之否定的辩证发展过程。

4. 区域经济发展的辐射理论与增长极理论

现代化和经济发展水平较高的城市与地区可以被看成是能量高的物体，现代化和经济发展水平较低的城市与地区可以被看成是能量低的物体，因此，两者之间会存在类似于物理学中的辐射现象。

区域经济发展的辐射理论有以下四个基本点：

第一，区域经济发展的辐射理论可以很好地解释现代化和经济发展中的相互影响和扩散问题。现代化和经济发展水平较高的城市与地区（即高梯度区域）向现代化和经济发展水平较低的城市与地区（即低梯度区域）扩散和辐射，而后者也向前者扩散和辐射，两者是相互的。然而，两者之间的差距是进一步扩大还是缩小，则取决于经济运作模式，总部经济是缩小差距的最好模式。

第二，高梯度区域向低梯度区域辐射，则辐射的范围取决于其现代化和经济发展的水平。如果在辐射中能充分实现优势互补，则辐射不仅能促进后者的发展，而且前者的经济发展和现代化进程也能够加快，这也是两者之间双向辐射的效应。在发展总部经济时，要充分注意辐射理论的指导作用。

第三，辐射的媒介主要是交通运输和通信等基础设施，它们直接决定着辐射的有效性。因此，发展总部经济一定要优先考虑基础设施的建设。

第四，物理学中辐射的是能量，而在现代化和经济发展中辐射的是所有影响现代化和经济发展的积极因素和消极因素，包括技术、资金、人才、自然资源、市场信息、文化、环境和法律、制度等因素。

增长极理论自提出以来，被许多国家用来解决不同的区域发展和规划问题，这是因为它具有其他区域经济理论所无法比拟的优点：

（1）增长极理论对社会发展过程的描述更加真实。新古典经济学学者信奉均衡说，认为空间经济要素配置可以达到帕累托最优，即使短期内出现偏离，长期内也会回到均衡位置。佩鲁则认同非对称的支配关系，认为经济一旦偏离初始均衡，就会继续沿着这个方向运动，除非有外在的反方向力量推动，它才会回到均衡位置。这一点非常符合地区差异存在的现实。

（2）增长极概念非常重视创新和推动型企业的重要作用，鼓励技术革新，符合社会进步的动态趋势。

（3）增长极概念形式简单明了，易于了解，对政策制定者很有吸引力。同时，增长极理论提出了一些便于操作的有效政策，使政策制定者易于接受。例如，佩鲁认为现代市场充满了垄断和不完善，无法自行实现对推动型企业的理性选择和环境管理，因此，提出政府应对某些推动型企业进行补贴和规划。

5. 区域经济的可持续发展理论与循环经济

作为一个具有强大综合性和交叉性的研究领域，可持续发展涉及众多学科，可以作不同重点地展开。例如，生态学家着重从自然方面把握可持续发展，理解可持续发展是不超越环境系统更新能力的人类社会的发展；经济学家着重从经济方面把握可持续发展，理解可持续发展是在保持自然资源质量和其持久供应能力的前提下，使经济增长的净利益增加到最大限度；社会学家从社会角度把握可持续发展，理解可持续发展是在不超出维持生态系统涵容能力的情况下，尽可能地改善人类的生活品质；科技工作者则更多地从技术角度把握可持续发展，把可持续发展理解为建立极少产生废料和污染物的绿色工艺或技术系统。我们这里重点讨论可持续发展鼓励经济可持续发展的方面——经济增长，而不是以环境保护为名取消经济增长，因为经济发展是国家实力和社会财富的基础。但可持续发展不仅重视经济增长的数量，更追求经济发展的质量。可持续发展要求改变传统的以“高投入、高消耗、高污染”为特征的生产模式和消费模式，实施清洁生产和文明消费，以提高经济活动中的效益、节约资源和减少废弃物。从某种角度上可以说集约型的经济增长方式就是可持续发展在经济方面的体现。

循环经济作为一种科学的发展观、一种全新的经济发展模式，具有自身的独立特征，对分析人类的经济活动提供了崭新的思维模式和方法：

（1）新的系统观。循环是指在一定系统内的运动过程，循环经济的系统是由人、自然资源和科学技术等要素构成的大系统。

（2）新的经济观。在传统工业经济的各要素中，资本在循环，劳动力在循环，而唯独自然资源没有形成循环。循环经济观要求运用生态学规律而不是仅仅沿用19世纪以来机械工程学的规律来指导经济活动。不仅要考虑工程承载能力，还要考虑生态承载能力。在生态系统中，经济活动超过资源承载能力的循环是恶性循环，会造成生态系统退化；只有在资源承载能力之内的良性循环，才能使生态系统平衡地发展。

（3）新的价值观。在考虑人自身的发展时，不仅要考虑人对自然的征服能力，而且更要重视人与自然和谐相处的能力，促进人的全面发展。

（4）新的生产观。循环经济的生产观念是要充分考虑自然生态系统的承载能力，尽可能地节约自然资源，不断提高自然资源的利用效率，循环使用资源，创造良性的社会财富。

（5）新的消费观。循环经济观要求走出传统工业经济“拼命生产、拼命消费”的误区，提倡物质的适度消费、层次消费，在消费的同时就考虑到废弃物的资源化，建立循环生产和消费的观念。

关键术语

经济区位　经济区域　区域经济　区域经济学　现代区域经济理论

思考题

1. 经济区位的含义是什么？
2. 经济区域和区域经济的区别与联系是什么？
3. 研究区域经济的意义是什么？
4. 区域经济学的基本理论有哪些内容？

主要参考文献

[1] 郝寿义，等. 区域经济学. 北京：经济科学出版社，1999.
[2] 张友国. 区域经济发展差异及其指标体系的研究. 北京：北方工业大学，2001.
[3] 高洪深. 城市经济学. 北京：中国人民大学出版社，2011.

第三章

国际区域经济一体化理论

重点问题

- 国际区域经济一体化
- 国际区域经济一体化理论体系
- 国际区域经济一体化的发展趋势及模式
- 国际区域经济一体化的典型合作组织

第一节　国际区域经济一体化概述

当代世界经济的一个重要特征是国际经济一体化。在国际经济一体化的进程中，区域经济一体化趋势日益加强。作为生产力高度发展的产物，区域经济一体化以区域经济集团化的形式在世界经济生活中发挥着重要作用。

一、区域经济一体化的概念

所谓区域经济一体化，是指地理上邻近的国家或地区，为了维护共同的经济利益和加强经济联系与合作，相互间通过契约和协定，在区域内逐步消除成员间的贸易与非贸易壁垒，进而协调成员国的社会经济政策，形成一个跨越国界的商品、资本、人员和劳务等自由流通的统一的经济区域的过程。其目的是通过区域经济组织，在成员之间进行分工协作，更有效地利用成员的资源，获取国际分工的利益，促进成员经济的共同发展和繁荣。

经济一体化涉及使用资源的效率问题。为了实现资源的有效利用，最基本的条件应该得到满足，即生产产品和要素的自由流动以及消除歧视。此外，要素是通过市场进行配置的，有必要采取措施以保证市场正常运作，并且需要必要的制度对市场的联合力量产生作用。因此，经济一体化过程会产生积极和消极作用。消极一体化，是指贸易自由化过程所带来的歧视性做法等；积极一体化，是指为使市场有效率而对现存的措施和制度进行修正以及在同盟内实现更为广泛的政策目标所带来的结果。

经济一体化包括在不同层次上的经济联合的过程：（1）国家内部的一体化，是指在一国境内的各区域之间的一体化；（2）国际经济一体化，是指在若干国家之间的经济一体化，亦即区域一体化；（3）全球一体化，是指全球范围内的一体化现象。在每一层次上还可能有某一特定部门的一体化，例如农业、工业和能源等部门。通常意义上的经济一体化研究指国际经济一体化，而非全球的、国家内部的一体化或低层次的部门一体化。

二、区域经济一体化组织的类型与特点

区域经济一体化组织的类型多种多样，按其一体化水平来分，有特惠关税区、自由贸易区、关税同盟、共同市场、经济同盟和完全的经济一体化。

（1）特惠关税区。在特惠关税区中，成员相互间只课征远低于对第三方所课征的关税，小部分商品可能完全免税。

（2）自由贸易区。这种形式取消了各成员之间的贸易限制，在一体化组织内部实行商品免税流通，但各自保持对成员以外国家和地区的独立的关税壁垒。对内政策也是独立的。自由贸易区不存在超国家的权力机构。

（3）关税同盟。这种形式不仅要求各成员相互取消外贸限制，而且要求各成员规定统一的外贸税率和实行共同的外贸政策。因此关税同盟具有超国家调节的因素。

（4）共同市场。这种形式既包含关税同盟的内容，又要求资本、劳动力等生产要素能在共同体内自由流动，也就是说，在共同市场内，产品市场和生产要素市场是互相结合的。

（5）经济同盟。这种形式不仅包括共同市场的内容，而且要求成员在货币、财政以及其他政策方面实行一定程度的协调。资本、劳动力的自由流动要求实行这种协调。因此，超国家的经济调节超出了商品流通领域而扩展至生产领域和整个国民经济领域。

（6）完全的经济一体化。它要求成员在贸易、货币、财政等政策上完全一致，以便让商品、资本、劳动力能在共同体内真正做到完全的自由流通。

国际经济一体化的不同形式反映了经济一体化不同的发展阶段。在这些不同的形式和发展阶段之间，并不存在前一阶段要向后一阶段过渡，后一阶段要经过前一阶段的必然性。在不同的一体化形式中，一体化的目的不同决定了权力让渡程度的不同。成员向共同体让渡的权力越多，共同体对成员的经济影响就越大。

区域经济一体化组织有这样几个特点：

第一，具有较大的影响力且在世界经济中占有相当份额的区域经济一体化组织不多。

第二，区域经济一体化组织的覆盖面趋于重叠，规模较大的组织与规模较小的组织齐头并进，而且包括小组织的大组织越来越多。例如，中非国家经济共同体（ECCAS）中就包括了中非关税与经济联盟（UDEAC）的全部成员；而目前世界上最大的区域经济一体化组织——亚太经合组织中则包括了北美自由贸易区的全部成员。

第三，发达国家区域经济一体化组织的数目虽不多，但建立的时间往往比较早，发展得比较成熟。尤其是发达国家的经济实力雄厚，其区域经济一体化组织的影响力较大，这就使经济落后的发展中国家感受到某种压力，面临被排挤的威胁。区域经济一体化组织越是增多、越是发展，那些尚未加入区域经济一体化组织的被排除在外的国家和地区

的压力就越大，这样也就越会促使它们纷纷加入区域经济一体化组织，或建立自己的区域经济一体化组织。这是进入 20 世纪 90 年代以后区域经济一体化组织数量迅速增加的一个重要原因。

三、区域经济一体化组织的作用

由于区域经济一体化是与经济全球化并存的两种趋势，二者既有统一的一面，又有对立的一面，所以区域经济一体化组织对世界经济发展的作用也就必然是一分为二的，既有积极作用，又有消极影响。其积极作用有：

第一，区域经济一体化有利于内部贸易的发展。区域经济一体化组织的建立有利于贸易的自由化。区域内取消种种不利于商品流通和其他生产要素流通的限制，成员之间相互开放和扩大市场，使贸易量大大增长。

第二，区域经济一体化有利于各成员之间的国际分工和专业化生产，从而有利于提高劳动生产率和降低产品成本，提高国际竞争力。同时，在激烈竞争的压力下，企业不得不努力改进经营管理，采用最新的科技成果，生产新产品，从而带动和促进世界科技研发水平的提高。

第三，区域经济一体化有利于各成员产业结构的调整和资源的合理配置。在区域经济一体化组织中，生产力发展水平不同的国家和地区间的经济互补性将不断增强。对发达国家来说，在集中力量发展高新技术产业的同时，通过与发展中国家的经济互补，能使其薄弱产业的劳动力得到补充。而对发展中国家来说，一方面，利用发达国家对当地新兴工业部门的直接投资，能促使产业结构得到调整；另一方面，通过减少国家干预，使企业更具活力，能在一定程度上推动发展中国家的经济结构调整。同时，区域内各成员之间壁垒的消除有利于资源的跨国界流动，也就必然导致资源在区域范围内更有效、更合理地配置。

除此以外，区域经济一体化还有利于使各成员以联合的力量采取一致的行动共同对外，扩大和加强同区域经济一体化组织以外各国和地区的经济联系。

除上述积极作用以外，区域经济一体化对世界经济的发展也存在一定的消极影响。一方面，区域经济一体化组织具有区域化直接利益的独享性和“对内自由、对外保护”的排他性，对这两种特性若不加以遏制，任其发展，必然形成对外壁垒，导致国际竞争加剧、贸易保护主义抬头和世界市场的分割，不利于经济全球化的发展；另一方面，随着区域经济一体化组织的增加、扩大和发展而形成的区域化组织之间的竞争同国与国之间的竞争相比，交锋更多、层次更高、范围更广、内容更复杂、程度更激烈，其结果会影响世界经济的稳定和发展。

四、区域经济一体化组织的发展趋势

近几十年来，区域经济一体化组织的数量增长得很快。在世界贸易组织（World Trade Organization，WTO）于 1995 年成立时，除日本及中国香港以外，几乎所有

WTO成员均是一个或多个区域经济一体化组织的成员。从关税同盟到自由贸易区以及非互惠性的优惠协定，这些组织存在很大的不同。此外，这些组织在处理如劳工、资本流动、投资、生产比例等问题上也不相同，有些比当时的关税及贸易总协定（General Agreement on Tariffs and Trade，GATT）范围要广，如加拿大-美国自由贸易协定中的服务业以及北美自由贸易协定中的环境与劳工标准方面的合作。但是，归纳起来，区域经济一体化组织的发展主要沿着以下三个轨迹。

第一，现存的区域经济一体化组织的深化。原来的区域经济一体化组织从对制成品与农产品关税和配额的硬约束转到对以下问题的软约束，如卫生和环境标准、以前的贸易政策不能够涵盖的服务业和知识产权问题，以及贸易政策涉及的投资和资本流动问题。其中比较突出的是欧盟，从原来的共同市场性质的欧共体转变为欧洲联盟，从关税同盟向单一市场转变，进而形成经济联盟，拥有单一货币。

第二，现存的区域经济一体化组织的扩展，即新成员的加入。比较突出的是北美自由贸易协定，将墨西哥纳入美加自由贸易区；一些欧洲自由贸易协定的成员加入欧盟也是如此。

第三，订立新的区域贸易协定，或者沉寂多年的区域经济一体化组织复苏。最突出的是南方共同市场（又称南锥体共同市场），其他的如中美洲民主共同体。

五、区域经济一体化与经济全球化的关系

区域经济一体化与经济全球化是并存的两种世界经济发展趋势。这两种趋势都是生产国际化、资本国际化发展到一定阶段的产物，不过经济全球化在范围上比区域经济一体化更广，而区域经济一体化在层次上则比经济全球化更高。经济全球化与区域经济一体化两种趋势不能相互取代。世界上所有的国家或地区都要参与全球范围内的资源流动，以便在更广阔的国际空间中合理地配置自己的资源，从而更有效地发挥自己的比较优势，得到发展本国或本地区经济的条件和好处，这就是经济全球化得以发展的原动力。与此相适应，全球性的经济组织和协调机制，如世界贸易组织、国际货币基金组织、世界银行等，也纷纷建立、发展和完善起来。经济全球化由于其范围广泛、参与者众多且差异较大，利益协调比较困难，从而一体化程度、层次不易提高。在此情况下，地缘经济关系密切、相对经济差异不大从而一体化程度较高的区域经济一体化以及相应的区域经济合作组织及其协调机制便迅速发展起来。

由此可见，无论经济全球化怎么发展，都是不可能完全取代区域经济一体化的；但是，经济全球化的发展能给区域经济一体化的进一步发展带来新的刺激和推动。这就是在20世纪80年代末和90年代初经济全球化迅速发展的同时，区域经济一体化也再掀新浪潮的真正原因所在。

当然，经济全球化与区域经济一体化两种趋势之间是对立统一的，其对立的根源在于区域经济一体化组织经济利益的独享性和排他性。这两种倾向若不加以限制，任其发展，就会对经济全球化的发展造成极为不利的影响。同时，区域经济一体化毕竟是经济全球化的组成部分，区域经济一体化组织内部的经济自由度的增强，意味着世界经济整

体变得更为自由与开放。而且，区域经济一体化有着范围、广度上的局限性，它总是力图冲破区域的限制，向更广阔的全球空间开放与扩张。因此，只要设法减少区域经济一体化组织的排他性，增加其开放性，作为经济全球化组成部分的区域经济一体化就会促进前者的发展，同时区域经济一体化自身也会得到更好的发展。从这个意义上说，二者是可以并行不悖的。

第二节　国际区域经济一体化理论体系

国际区域经济一体化正向更高层次和更广范围发展，并已成为当代世界经济发展的主要趋势之一，世界大多数国家和地区已积极参与到国际区域经济一体化进程之中。随着中国的对外开放在深度和广度上的发展，中国已成为国际区域经济一体化的积极参与者和推动者。为此，需要对国际区域经济一体化理论进行梳理，结合中国经济的特点和实践经验，充分发挥国际区域经济一体化理论体系的指导作用。

一、关税同盟理论

关税同盟是经济一体化组织的基本形式，也是国际区域经济一体化进程的核心内容。关税同盟理论主要研究对内取消关税和对外统一关税所引起的贸易变化，该理论一直在国际区域经济一体化理论中居于主导地位，也是其最为完善的部分。关税同盟可以给参与国带来经济利益的观点早在二战之前就已存在，这些早期的关税同盟理论认为：以比较利益为基础的自由贸易可扩大各国的经济利益，带来生产和消费的有益变化。关税同盟在区域内实行关税减免，从而趋向于自由贸易，这必然导致成员国的福利增加，而对于整个世界来讲，福利也是增加的。对关税同盟的真正系统的研究是在 20 世纪五六十年代，这一时期正是国际区域经济一体化的第一次高潮时期，当时许多国家汲取战前贸易壁垒导致世界经济大危机的教训，纷纷建立区域性贸易集团，实现区域内的贸易自由化。1950 年，美国经济学家雅各布·维纳（Jacob Viner）在其代表作《关税同盟问题》中系统地提出了关税同盟理论。传统理论认为，关税同盟一定可以增加成员国的福利。维纳认为，任何形式的区域经济一体化对于成员国和集团外国家都将产生一定的影响，这便是区域经济一体化的效应。于是维纳指出了这些早期关税同盟理论的不确定性，区分了贸易创造（trade creation）和贸易转移（trade diversion），认为关税同盟是否带来增益取决于二者的最终结果，从而将定量分析应用于关税同盟的经济效应研究，奠定了关税同盟理论的坚实基础。在研究贸易创造效应和贸易转移效应方面，维纳主要侧重于生产效应，而忽略了消费效应。继维纳之后，关税同盟理论经过许多经济学家的补充研究，逐渐成为一种较为成熟的经济理论。学术界一般把国际区域经济一体化的效应分析区分为静态效应和动态效应。

（一）静态效应

1. 贸易转移效应与贸易创造效应

对区域经济一体化效应的分析最早可以追溯到维纳 1950 年的《关税同盟问题》一书。维纳认为，关税同盟能够产生两种重要的效应：贸易转移效应和贸易创造效应。贸易转移效应是指一国参加关税同盟，使得原来从外部世界进口低成本的产品变为向同盟内成员国购买高成本的产品。贸易创造效应是指关税同盟中一些国家高成本的产品被来自另一成员国的低成本的进口品所替代。维纳指出，贸易转移效应会减少成员国的福利，而贸易创造效应会增加成员国的福利。而且，贸易转移效应通常大于贸易创造效应，所以代表着国际贸易自由化的关税同盟会降低世界的福利水平。虽然维纳关于关税同盟会降低福利的观点具有重要的理论和实践意义，但是很多经济学者对此提出了质疑。首先，如卡斯滕·科瓦尔奇克（Carsten Kowalczyk，2000）认为，如果组成关税同盟的国家间发生了贸易转移，也就是产品进口转向高成本成员国，从贸易条件来看，贸易条件恶化，成员国的福利水平降低，但是，如果成员国之间的关税下降到足够补偿成员国（当前的进口国）与非成员国（原进口国）之间的价格差的水平，则贸易转移也能提高成员国的福利水平。其次，关税同盟形成能增加同盟内贸易，而且由于产品之间的互补性，贸易自由化提高而非降低了成员国对非成员国的进口需求；除此之外，同盟内成员国收入水平的提高也促进了成员国对正常商品的需求。这些效应既不能归结于贸易转移效应，也不能归结于贸易创造效应。再次，维纳的贸易转移效应和贸易创造效应术语也没有包括同盟形成后带来的价格效应。最后，关税同盟产生的贸易创造和贸易转移能对福利产生正反两方面的效应，成员国最终的福利变化就取决于二者的大小。如果从经验上利用贸易数量的变化来估计贸易转移效应而不考虑价格效应，则会导致错误的福利水平估计。

张二震（1994）认为，国际经济学界普遍认为贸易转移型关税同盟既可以导致贸易创造又可以导致贸易转移的观点是不正确的。从组成关税同盟的成员国角度看，不管结盟前是否征收关税，结盟后由高价购买转向低价购买就是贸易创造，由低价购买转向高价购买就是贸易转移，而不管出口国的实际成本是多少。他认为，一般来说，组成经济一体化集团，对集团内成员国的福利影响及对经济发展的作用是积极的，否则难以解释经济一体化何以成为国际性现象。

2. 交易成本效应和资源配置效应

在区域经济一体化形成之前，各个国家或地区间在商品贸易上存在较高的贸易壁垒，并且相互之间由于对贸易、投资等活动进行管理会发生一定的行政成本，厂商也因必须了解这些烦琐的行政管理手续和程序会发生一定的信息搜寻成本，同时还要因履行这些手续而发生一定的费用和耗费一定的时间。在区域经济一体化形成之后，因不同程度地取消各种产品和要素流动壁垒以及进行一定程度的经济政策协调，这些交易成本必将大大降低。成员之间部分产品和要素流动壁垒的拆除，必然引起资源在区域内部市场中的重新配置，并在总体上能够提高资源配置和使用效率。

3. 其他静态效应

除了以上效应外，区域经济一体化的静态效应还包括其他几个方面，如贸易扩大效应。贸易扩大效应是从需求方面形成的概念，而贸易创造效应和贸易转移效应则是从生产方面形成的概念。此外，关税同盟建立后，可以减少行政支出、减少走私、改善贸易条件、加强集体谈判力量等。

（二）动态效应

关税同盟的动态效应是指关税同盟对成员的就业、产出、国民收入、国际收支和物价水平会造成的影响。动态效应主要包括规模经济效应、竞争效应和投资效应。

1. 规模经济效应

关税同盟建立以后，突破了单个国内市场的限制，原来分散的国内小市场结合成了统一的大市场，使得市场容量迅速扩大。各成员国的生产者可以通过提高专业化分工程度，组织大规模生产，降低生产成本，使企业获得规模经济的递增效益。尽管向世界其他国家出口也可以达到规模经济的要求，但是世界市场存在激烈竞争和许多不确定性，而区域性经济集团的建立则可以使企业得到已实现规模经济的稳定市场。但有学者认为，如果成员国的企业规模已经达到最优，则建立区域性经济集团后再扩大规模反而会使平均成本上升。

2. 竞争效应

关税同盟的建立促进了成员国之间的相互了解，但也使成员国之间的竞争更加激烈。参加关税同盟后，由于各国的市场相互开放，各国企业面临着来自其他成员国同类企业的竞争，在这种竞争中，必然有一些企业被淘汰，从而形成在关税同盟内部的垄断企业，这有助于抵御外部企业的竞争，甚至有助于关税同盟的企业在第三国市场上与别国企业竞争。

3. 投资效应

关税同盟的建立会促使投资增加。一方面，市场容量的扩大将促使同盟内企业为了生存和发展不断增加投资；另一方面，同盟外的企业为了避开关税同盟贸易壁垒的限制，会相继到同盟内进行投资，在同盟内部设立“关税工厂”(tariff factory)，这样，客观上就增加了来自关税同盟以外的投资。关税同盟理论是国际区域经济一体化理论中较为完善的一部分，且在欧盟等发达国家的国际区域经济一体化组织中得到了应用，但是关税同盟理论是以发达国家为基础建立起来的，所以不太适用于发展中国家。因此，发展中国家要想实现区域经济一体化，必须探寻适合发展中国家的一体化理论。

二、自由贸易区理论

自由贸易区是国际区域经济一体化最基本的形式，它通过消除区内贸易壁垒来实现成员之间的贸易自由化，是比关税同盟在一定程度上应用更为广泛的一体化形式。按照国际经济学的解释，自由贸易区是指两个或者两个以上的国家或行政上独立的经济体之间达成协议、相互取消关税和与关税具有同等效力的其他措施而形成的国际区域经济一体化组织。

与关税同盟等其他国际区域经济一体化形式相比，自由贸易区有以下两个显著特征：

（1）自由贸易区成员在实行内部自由贸易的同时，对外不实行统一的关税和贸易政策。

（2）实行严格的原产地规则，只有原产于区内或主要在区内生产的产品才能进行自由贸易。

1. 贸易创造效应和贸易转移效应

比较全面地研究自由贸易区理论的是英国学者罗布森（Robson），他将关税同盟理论应用于自由贸易区，提出了专门的自由贸易区理论。与关税同盟的情况一样，自由贸易区也可以产生贸易创造效应和贸易转移效应，但与关税同盟的这两种效应在实际运作中存在差异。他认为，自由贸易区给成员带来的消费者剩余的损失和负的生产效应较关税同盟小，而福利水平的提高优于关税同盟。自由贸易协定可以使生产厂商获得重大的内部与外部规模经济效益。内部规模经济主要来源于对外贸易的增加，以及随之而来的生产规模的扩大和生产成本的降低。外部规模经济则来源于成员内部整体经济或一体化组织内经济的发展。此外，从外部世界来看，在关税同盟条件下，外部世界的出口会减少，社会福利水平随之下降；而在自由贸易区条件下，外部世界的出口不但不会减少，反而还会增加，这样，外部世界的福利水平也可得到提升。国际货币基金组织专家也认为："自由贸易区可以使进口国避免因单边降低壁垒而蒙受不必要的贸易转移损失。这样就可以获得区域外的低成本供应来源。同时，已经实行比较自由的贸易体制或愿意放开贸易政策的成员国将不再受自由贸易区的限制。"

为促进发展中国家的国际区域经济一体化，罗布森等人从发展中国家的实际情况出发，通过扩展传统国际区域经济一体化理论，提出了专门适用于南南型国际区域经济一体化的模型。南南型国际区域经济一体化模型与传统的国际区域经济一体化模型相比有其自身的特点：（1）传统的国际区域经济一体化模型是一种完全的自由贸易模型，而南南型国际区域经济一体化模型认为发展中国家的贸易保护是合理的；（2）传统的国际区域经济一体化模型不存在规模经济，而南南型国际区域经济一体化模型则强调一体化带来的规模经济效应；（3）传统的国际区域经济一体化模型以完全竞争为分析前提，不存在市场扭曲，而南南型国际区域经济一体化模型以不完全竞争为分析前提，存在市场扭曲。罗布森在规模经济和市场扭曲的经济条件下对国际区域经济一体化进行了效应分析，其结论是：南南型国际区域经济一体化可以给发展中国家带来益处，也就是说，可以使发展中国家分享规模经济和其他各种动态效应，有利于发展中国家实现工业化和经济发展目标。

2. 生产转移效应和投资转移效应

克鲁格曼打破了传统新古典经济学研究经济现象时假定市场完全竞争以及规模收益不变或规模收益递减的框架，以规模收益递增和垄断竞争为主要理论基础，研究了经济活动的空间分布，从微观基础上探讨影响企业区位决策的因素，在宏观层次上揭示了现实中存在的各种经济活动的空间集中现象。克鲁格曼等人分析了区域经济一体化所产生的效应及其对居民福利的影响，他们认为，如果几个国家或者地区签订了自由贸易协定，则成员之间贸易壁垒的降低会扩大所有成员的本地市场，本地市场的扩大反过来使得集团内部区位更具有吸引力。换言之，贸易壁垒的降低提高了区内的贸易自由度，在本地市场放大效应的作用下，劳动力和企业向自由贸易区集中，扩大了该区域的市场规模和供给能力，而以利益最大化为主要目标的企业将选择市场规模较大的区域作为生产区位。因此，所谓的生产转移效应就是随着自由贸易区的建立，在本地市场放大效应的作用下，区外的产业向区内转移。除此之外，区内贸易壁垒的降低使区外的产业向区内转移，导致资本也由区外向区内转移，生产转移也就意味着投资转移。自由贸易区内一体化的程度越高，则本地市场放大效应就越大，边际生产转移效应也就越大。

3. 区域经济一体化的福利效应

(1) 首先，在自由贸易区内，贸易壁垒的消除使成员间的商品交易成本降低，从而增加成员的福利。其次，本地市场放大效应带来生产转移，自由贸易区内的产业份额增大，成员从区外进口的商品数量和种类减少，区内可购买的商品种类和数量增多，价格指数降低，在名义收入不变的情况下，成员的实际收入增加。在本地市场放大效应和价格效应的循环累积作用下，成员的福利水平得以提高。相反，对于非成员来说，由于经济一体化的生产转移效应，企业转移到了自由贸易区内，产业份额由此下降，从而降低了非成员的福利水平。

(2) 自由贸易区内的产业空间分布也受到本地市场放大效应的影响。在区内，如果地区或国家间的市场规模不等，则本地市场放大效应也会发挥作用。随着贸易自由度的提高，自由贸易区内市场规模较大的成员相对于区内市场规模较小的成员，就变成了本地市场，产业开始由市场规模较小的成员内转移到市场规模较大的成员内，而且成员间内部市场规模不等程度越大，区内贸易自由度提高导致的产业空间分布就越不平衡，自由贸易区就越容易形成核心-边缘结构，市场规模小的成员也就越容易被边缘化。克鲁格曼分析得出，在贸易自由化过程中，市场规模较大的成员获益更多，市场规模较小的成员福利水平也在提高。但如果自由贸易区内部贸易自由化与外部多边自由化同时进行，则自由贸易区内就不容易形成核心-边缘结构。

三、共同市场理论

关税同盟理论和自由贸易区理论是国际区域经济一体化的基本理论，它们的一个主要假设是成员之间的生产要素不能自由流动。共同市场是比关税同盟高一个层次的国际区域经济一体化形式，它不仅通过关税同盟所形成的贸易自由化实现了产品市场的一体化，而且通过消除区域内要素自由流动的障碍，实现了要素市场的一体化。共同市场的概念早期出现在 1956 年斯巴克的报告中，战后，“共同市场”一词已被广泛使用。在共同市场中，阻碍生产要素流动的壁垒已被消除，使得生产要素在逐利动机的驱使下，向尽可能获得最大收益的地区流动，但由于社会、政治和人类的生活习性等原因，劳动力这种生产要素并不一定会因共同市场的建立而出现大规模的流动；而资本则不然，只要资本存在收益的不相等，即资本的边际生产率在不同地区间存在一定的差异，它就会不停地流动，直到各地区的边际生产率相等为止。

从静态的角度讲，配置收益是共同市场所能产生的高于关税同盟的收益，也就是要素自由流动后经济效率提高所增加的收益。按照传统的理论，在关税同盟的基础上，通过贸易可以实现要素边际生产率的趋同，但是所需条件非常严格。在现实中，诸如成员之间生产函数的不同或生产中规模经济的存在等各种原因都表明，可以预期从关税同盟到共同市场的发展中获得更多的收益。

共同市场理论主要探讨在关税同盟的基础上消除生产要素自由流动的障碍以后，成员所获得的经济效益。在经济一体化演进到共同市场之后，区内不仅实现了贸易自由化，其要素也可以在区内自由流动，从而形成一种超越国界的大市场。一方面，各种生产在共同市场的范围内沿着生产可能性曲线重新组合，从而提高了资源的配置效率；另一方面，区内生产量和贸易量的扩大使生产可能性曲线向外扩张，促进了区内生产的增长和发展。

共同市场的目的就是消除贸易保护主义，把被贸易保护主义分割的市场统一成一个大市场，通过大市场内的激烈竞争，实现专业化、大批量生产等方面的利益。通过对共同市场理论的分析而发展出的大市场理论，是从动态角度来分析国际区域经济一体化所取得的经济效应，其代表人物是经济学家西托夫斯基（T. Scitovsky）和德纽（J. F. Deniau）。这一理论以共同市场为分析基础，主要论述了国际区域经济一体化的竞争效应。大市场理论的核心思想是，扩大市场是获取规模经济效益的前提条件，市场扩大带来的竞争加剧将促使规模经济效益的实现。西托夫斯基和德纽分别从“小市场”和“大市场”的角度分析了大市场理论的经济效应。西托夫斯基认为小市场的经济会出现恶性循环，而在建立共同市场之后，大市场的经济会出现良性循环；德纽认为大市场建立后，经济就会开始滚雪球式的扩张。

四、协议性国际分工原理

多数学者都是依据古典学派提出的比较优势原理来说明国际区域经济一体化的分工原理的，但是日本知名学者小岛清对此提出了疑问：仅靠作为竞争原理的比较优势原理可能获得规模经济的好处吗？完全遵循这一原理，是否会导致以各国为单位的企业集中和垄断、导致各国相互间发展的严重同质化，或导致产业向某个国家积聚的现象？况且传统的国际分工理论是以长期成本递增和规模报酬递减为基础的，而没有考虑到长期成本递减（以及长期成本不变）和规模报酬递增。但事实证明长期成本递减是一种普遍现象，国际区域经济一体化的目的就是要通过大市场化来实现规模经济，这实际上就是长期成本递减的问题。为了说明这个问题，小岛清提出了协议性国际分工原理。协议性国际分工原理的内容是：在实行分工之前两国分别生产两种产品，但由于市场狭小，产量很小、成本很高，两国经过协议性分工以后，各自生产一种不同的产品，导致市场规模扩大、产量增加、成本下降。协议各国都享受到了规模经济的好处。

尽管协议各国都享受到了规模经济的好处，但是要使协议性分工取得成功，必须满足三个条件：(1) 实行协议性分工的两个（或多个）国家的要素比率没有很大差别，工业化水平、经济发展阶段等大致相同，作为协议性分工对象的商品在各国都能进行生产；(2) 作为协议性分工对象的商品，必须是能够获得规模经济效益的商品；(3) 对于参与协议性分工的国家来说，生产任何一种协议性分工对象商品的成本和差别都不大，否则就不容易达成协议。因此，成功的协议性分工必须在处于同等发展阶段的国家间建立，而不能建立在工业国与初级产品生产国之间；同时，发达国家之间可进行协议性分工的商品范围较广，因而利益也较大。另外，生活水平和文化等方面互相接近的国家和地区间容易达成协议，并且容易保证相互需求的均等增长。但是也有学者认为，通过协议性分工获取规模经济效益也不是绝对的，因为在区域内企业生产规模已经达到最优的情况下，由国际区域经济一体化组织的建立导致的生产规模的再扩大反而会因平均成本的上升而出现规模报酬递减。

五、综合发展战略理论

国际区域经济一体化的不断加强以及发达国家国际区域经济一体化的成功实践使得发展中国家的国际区域经济一体化近年来成为人们讨论的重要话题。发展中国家和谁实行国际区域经济一体化以及如何实行国际区域经济一体化，就是所谓的“集体自力更生理论”。该理论又分为结构主义的中心-外围理论和激进主义的国际依附理论。

中心-外围理论的代表人物是缪尔达尔、普雷维什（Raul Prebisch）和辛格（Hans Singer）。普雷维什是最早提出中心-外围理论的学者之一，他认为世界“经济星座”由“中心”即富裕的发达国家和“外围”即生产和出口初级产品的发展中国家组成，中心国家和外围国家组成的现行国际经济体系是不合理的，它只有利于发达国家而阻碍发展中国家经济的发展。缪尔达尔则运用扩散效应和回流效应理论来分析现行国际经济体系给发展中国家带来的利益和损害，认为回流效应的力量超过了扩散效应的力量，经济发展的结果往往不是带来共同富裕，而是加剧贫富悬殊。因此他们建议发展中国家必须实行进口替代的工业化战略，打破旧的国际经济体系，以发展中国家合作的集体力量来与中心国家抗衡。

在对现行国际经济体系的认识问题上，比结构主义的中心-外围理论还要激进的是激进主义的国际依附理论。其主要代表人物有：巴兰（Paul Baran）、阿明（Samir Amin）、弗兰克（Ander Gunder Frank）、卡多佐（F. H. Cardoso）、桑克尔（Osualdo Sunkel）、桑托斯（M. Santos）和伊曼纽尔（A. Emmanuel）等人。这些学者认为发达国家和发展中国家的关系是富国支配穷国、穷国依附于富国并受之剥削的支配-依附关系，因此他们认为发展中国家要实现真正的经济发展，必须进行内部彻底的制度和结构变革，彻底摆脱对发达国家的依附。

虽然上述理论对发展中国家的国际区域经济一体化产生了重要的影响，但是普遍认为对发展中国家的国际区域经济一体化最有影响的是鲍里斯·塞泽尔基的“综合发展战略理论”。该理论的思想包括以下要点：（1）把发展中国家的国际区域经济一体化视为一种发展战略；（2）不限于市场的统一；（3）认为生产和基础设施是其国际区域经济一体化的基本领域；（4）通过区域工业化来加强相互依存性；（5）强调有效的政府干预；（6）把国际区域经济一体化看做是集体自力更生的手段和按照新秩序逐渐变革世界经济的要素。

综合发展战略理论突破了以往的国际区域经济一体化的研究方法，把国际区域经济一体化视为发展中国家的一种发展战略，认为发展中国家不必在所有情况下都追求尽可能高级的其他一体化。另外，它考虑了经济、政治和机构等多种要素，而不是从贸易、投资等层面来考虑国际区域经济一体化的效应。综合发展战略理论为我们进一步探讨发展中国家的国际区域经济一体化问题提供了参考的框架。

国际区域经济一体化已成为必然趋势，各国经济相互依存、相互渗透。目前，我国正在积极地融入世界经济全球化进程，国际区域经济一体化理论对我国参与国际区域经济一体化的理论发展与实践具有重要的借鉴意义。中国作为一个发展中大国，参与的一体化组织既有南南型又有南北型，合作的组织分别处于不同的发展阶段。如亚太经合组织就是南北型，中国与其他成员的合作比较松散，目前主要局限在贸易方面，在经济、技术等其他方面的合作还很有限，因此，协议性国际分工原理具有较强的借鉴价值；中国-东盟自由贸易区是南南型一体化组织形式，目前合作进展较为顺利，但由于成员国之间经济发展阶段不同，发展差距很大，因此，在借鉴传统的自由贸易区理论的基础上，可运用综合发展战略的思想推进自由贸易区的建设进程；而我国正在积极推进的上海合作组织、东北亚次区域经济合作，以及我国正在积极倡导的中国-南亚经济合作，都需要在上述一体化理论的基础上，探索建立符合我国与周边国家经济特点的一体化理论，指导我国的对外开放与国内经济的协调统一发展。

六、区域经济一体化的实现途径

1. 市场一体化是区域经济一体化的基础，区域经济一体化必然要求市场一体化

在计划经济体制下，资源配置主要通过调拨手段进行，生产要素的空间流动与配置不是建立在经济利益基础上的资源优化配置，而是具有很强的行政性、人为性，从而降低了资源的配置效率。在市场经济条件下，市场机制通过“看不见的手”自发调节资源分配和商品供求，通过平均利润调节资本在各生产部门的分布，因而，要保证各种生产要素通过市场自由流动，就必须有发育完善的市场体系和统一市场做基础。市场一体化的基本含义是：经济增长的诸要素通过没有阻碍的市场得以流动，从而提高要素的配置效率。它是各种要素市场的有机统一体，包括一体化的消费品市场、一体化的资本市场、一体化的技术市场、一体化的人力资源市场、一体化的产权市场等。从微观上看，在市场一体化条件下，企业是经济发展的主体。在市场机制的调节下，出于对利润最大化和长久发展的考虑，在规模经济的作用下，企业之间会通过横向联合与纵向兼并，逐步实现区域经济一体化。同时，生产要素在区域之间的自由流动会实现区域之间的合理分工，达到资源优化配置的区域经济一体化目标。随着经济体系的进步和高级化，市场一体化的外延在发生重大变化。20 世纪 80 年代，市场一体化还主要是贸易市场的一体化，WTO 和 WTO 之前的 GATT 对世界贸易市场的一体化起了极其重要的推动作用，提高了货物在不同经济体系之间的流动效率。人类社会进入 20 世纪 90 年代，特别是进入 21 世纪之后，市场一体化的重心正在从贸易市场一体化转向金融市场一体化。在我国，虽然改革开放后市场一体化程度不断加深，但一些企业对政府仍然存在依赖性，没有充分发挥企业的积极性、主动性，完全的市场一体化还没有形成。因此，针对我国的国情，政府应该以企业为主，给企业创造一种合作的政策环境，促使外生发展与内生发展相结合，逐步实现区域经济一体化。

2. 降低交易成本是区域经济一体化的核心

交易成本涉及两方面的内容：一是自然成本，也就是通常所说的运输成本。运输成本是因为空间距离的存在而存在的，是一种自然现象。空间距离越远，交通越不便利，运输成本就越高。二是制度成本，也就是地区间不同的地方性法规、地方性保护政策、人们的观念等所导致的差异，常表现为区际商品、资本以及人员流动方面的限制。

改革开放初期，我国的地方分割问题一度比较突出（地方分割主要是指一国范围内各地方政府为了本地的利益，通过行政管制手段限制外地资源进入本地市场或限制本地资源流向外地的行为）。1978 年以来，中国经济改革采取了财政分税制度，一些地方政府存在保护税收基础的强烈动机，采取措施保护当地企业免受跨地区竞争的威胁。除了财政收入，出于个体利益的考虑，一些地方政府也有保护地区内国有企业的动机。另外，在改革初期中央政府没有颁布禁止地区间贸易壁垒的条例。因此，地方保护形成的市场分割成为我国区域经济一体化的一个制度性障碍。首先，地方保护和市场分割会降低整个国民经济的静态资源配置效率。从要素配置角度来说，生产要素不能按照市场信号的引导在地区之间流动，从而不能配置到边际产出最高的生产环节中。从产品配置角度来说，产品不能按照市场信号的引导在地区之间流动，这就限制了那些最有竞争力的企业扩大生产。另外，限制外地产品流入的地区的居民，其效用水平也会降低。其次，地方保护和市场分割必然会降低经济增长的动态绩效。生产要素的报酬不能够最大化，整个社会的储蓄和资本积累速度减缓，对于一个发展中国家来说，这意味着人均收入向稳态收入水平收敛的速度将降低。而且，地方保护和市场分割限制竞争，会导致两种效应：减缓技术效率提高步伐，进而降低人均收入向稳态收入水平收敛的速度；减缓技术进步步伐，稳态的人均收入增长率也不能够达到潜在最高水平，进而降低长期社会福利水平。最后，市场分割会导致地区之间和人与人之间的收入差距。对自身相对丰裕要素流出、外地相对丰裕要素流入的限制越严重的省份，其要素报酬越低、资本积累越慢、生产成本越高；对外地有竞争力的产品流入限制越严重的省份，本地企业改进生产经营的积极性就越会降低，生产率提高得就越缓慢。这些因素都会导致地区差距扩大，或者难以缩小。

3. 有效的主体组织是区域经济一体化不断发展的保证

新制度经济学的代表人物道格拉斯·诺思（Douglass C. North）教授曾说过："有效的经济组织是经济成长的关键，一个有效率的经济组织在西欧的发展正是西方兴起的原因所在。"因此，区域经济一体化的主体组织机制是一体化进程的"变压器"，能够加快或阻碍一体化的发展。区域经济一体化作为全球经济中前所未有的制度形态，考察它一般的组织机制，对于把握区域经济一体化的发展不无裨益。综观世界各种区域经济一体化组织，无论其组织规模、成员数目和一体化程度如何，其基本的共同点都包括：(1) 一般由政府出面，签订一定的经济一体化协议。如果没有政府参与，而只是民间组织或企业间的经济往来，是不能形成区域经济一体化组织的。(2) 为了推进本地区各国之间的经济贸易合作，地区一体化组织往往需要建立一定的超国家机构，或至少需要由各成员国领导人定期举行会议，形成制度。(3) 既然已经通过签订协议建立了一体化组织，那么参加这个组织的各成员国就既享受协议所规定的权益，也必须承担协议所规定的义务。总之，要按协议办事，而不能各行其是。这就意味着，一体化组织的成员国要把自己的部分主权首先是某些经济决策权让渡给这个一体化组织，由这个超国家组织去执行。这种有效组织的形成及其实施效果与一体化组织内部社会、经济、文化、政治的差异密切相关。比如欧盟经济一体化成功的一个重要原因在于它能够使所有参与国的平均收益总体上不断得到提高，即满足了边际收益递增的条件，从而达到了普遍意义上的帕累托改进，因而成员国有参与和维护新制度并化解新制度遇到的阻力的积极性，所以欧盟一体化制度变化所遇到的阻力不大。

4. 适当的补偿机制是区域经济一体化可持续发展的保障

不管是维纳的贸易转移、贸易创造还是克鲁格曼的生产转移、投资转移，相对于区外的国家或者地区而言，一体化内部的总收益无疑是提高了的，但对于一体化内部的国家或者地区而言，收益是不均等的。克鲁格曼也指出，只要一体化内部的国家或者地区间的市场规模不相等，则随着一体化程度的提高，生产、投资等就会不断集中到一体化内市场规模最大的国家或者地区。彼得·罗布森（2001）也进行了模型分析，他认为，一体化区域内产业在国与国之间转移是必然的，甚至存在产业全部转移到一国的可能。因此，对于政府而言，区域经济一体化首先带来的是利益分配的问题。如果合作后双方的福利大于合作前的福利水平，但一方福利水平的提高小于另一方，那么提高少的一方将会进行政治抵制。只有在合作双方的福利水平共同提高的情况下，双方才可能积极合作。因此，在区域经济一体化的过程中，针对不同的情况制定适当的补偿机制是一体化的重要制度内容。

第三节　国际区域经济一体化发展模式及新趋势

一、国际区域经济一体化发展模式

构建区域经济一体化的目的主要是追求静态贸易福利最大化、改善一国的贸易条件、追求动态效应最大化和其他非传统经济收益等。目的确定后，通过什么样的路径来参与一体化并达成预期目的就成为关键。从现实中不同侧面来看，各国参与区域经济一体化的路径呈现多样性，且在空间扩展和时间延续的过程中，并不单纯选择一种模式来构建一体化，往往是在一定时空阶段以一种模式为主、其他模式为辅，各种模式之间并不互相排斥，反而相辅相成。具体表现为以下几种模式。

（1）由一体化的低级形态向高级形态不断发展。典型的如欧盟，其演进路径是：1952年，欧洲的6个国家法国、联邦德国、意大利、比利时、荷兰和卢森堡建立欧洲煤钢共同体；1958年1月1日，6国成立欧洲经济共同体；20世纪90年代初期，建成包括12个西欧国家的统一市场；1993年11月1日《欧洲联盟条约》正式生效，欧盟成立；2002年1月1日，欧元纸币和硬币开始流通，同年7月1日，欧元成为欧元区唯一的法定货币。

（2）一体化覆盖的内容由少到多。一般来说，在大多数一体化谈判的初期，成员国将较为成熟的货物贸易产品纳入贸易关税减免的谈判内容中，随着相互贸易和投资关系的不断发展，待时机和条件成熟后，再将各国比较关注或敏感的其他产品和服务贸易纳入一体化进程。

(3) 针对各国关注的共同的战略性资源或物资产品，为协调其生产和出口而建立单个商品的区域经济一体化组织。如 1960 年 9 月，伊朗、伊拉克、科威特、沙特阿拉伯和委内瑞拉五国宣告成立石油输出国组织（OPEC），其宗旨是协调和统一各成员国的石油政策，并确定以最适宜的手段来维护其各自和共同的利益。

(4) 地理位置上相邻的国家或地区由于相互经济、政治关系发展的需要而建立一体化组织。如北美自由贸易区（NAFTA）、东盟、西非国家共同体、南非发展共同体和东南非共同市场等，其成员国在地理位置上是相邻的。

(5) 地理位置上不相邻国家之间基于某种目的而建立一体化组织。如美国 2003 年所倡导的要在 10 年内逐步和中东国家建立美国-中东自由贸易区。根据美国的建立自由贸易区的建议，美国将逐步同中东国家签署自由贸易协定，当然，这些国家需要满足一定的条件，如同意降低它们对美国公司贸易和投资设置的门槛等。

(6) 单个国家间建立双边经济一体化组织。如 1983 年澳大利亚-新西兰紧密经贸关系协定、美国 2000 年与约旦达成的双边自由贸易协定（FTA）等。

(7) 单个国家与一个国家集团之间建立一体化组织。往往是某个国家申请加入业已存在的一体化组织。如 2000 年 7 月墨西哥与欧盟达成了双边 FTA；在加勒比地区，2001 年加勒比共同体与古巴达成了双边 FTA；等等。

(8) 集团与集团之间签订一体化协定进行合并。如 1958 年 1 月 1 日，法国、联邦德国、意大利、比利时、荷兰和卢森堡 6 国签署的《罗马条约》生效，欧洲经济共同体据此成立，1965 年 4 月，6 国又在布鲁塞尔签订了《布鲁塞尔条约》，决定将欧洲煤钢共同体、欧洲经济共同体和欧洲原子能共同体合并，统称欧洲共同体。

(9) 已有的一体化集团与一个国家形成一体化。这一过程首先是谈判，达成整体方向性一致以后，该国再单独与该集团的各个国家就各自关心的问题进行谈判来构建一体化。典型例子如中国-东盟自由贸易区谈判。

(10) 地理范围上连接的国家不断扩展形成一体化。如以美国为主导的美洲自由贸易区（FATT）的构建。其主要发展进程可分为三个阶段：第一阶段，1988 年美国与加拿大正式签署 FTA；第二阶段，1994 年美国与加拿大 FTA 正式吸纳墨西哥，扩展为 NAFTA；第三阶段，当前正在进行的以美国为主导的 FTAA 谈判等。

二、国际区域经济一体化发展的新趋势

自 20 世纪 80 年代末 90 年代初以来，在国际上，经济全球化加速发展，在此背景下，世界经济区域化、一体化的浪潮持续升温、席卷全球，显示出其强大的生命力。同时，国际区域经济一体化的发展在许多方面也呈现出前所未有的新趋势、新特点。

1. 国际区域经济一体化的发展出现了明显加速的新趋势

第二次世界大战结束以后，区域经济一体化一直是世界经济发展的重要趋势。特别是近十几年来，区域经济一体化的发展出现了明显加速的新趋势，各种类型的区域经济一体化协议和组织的数量增长迅速，呈席卷全球之势。

目前，所有世贸组织成员都是一个或多个区域自由贸易协定的当事方。有的成员甚至与几十个国家或集团签署了自由贸易协定。协定当事方之间的贸易额已占到全球贸易总额的50%以上。世界各国，包括传统上依赖于多边贸易自由化的国家，逐渐以区域经济一体化作为其贸易政策的核心。

2. 国际区域经济一体化向双边化发展

由于WTO多边自由贸易和一些区域内自由贸易进展缓慢，许多国家开始寻找新的实现贸易自由化的有效途径。与多边自由贸易和区域内自由贸易协定相比，双边自由贸易协定拥有易于达成、灵活多样、运作机制高效、涉及内容既广又深、较少受经济发展水平和地域相邻等方面的限制等无可比拟的诸多优势，成为许多国家区域一体化战略的首选，这导致区域经济一体化发展呈现出双边化趋势。现有的大多数FTA都是两国间或一个国家与一个经济联合组织间的双边自由贸易协定。世贸组织2004年5月公布的107个FTA（不包括东欧10国加入FTA后自动失效的FTA和重复报告的FTA）中，由3个以上国家缔结的区域性自由贸易协定只有25个，其余82个都是双边自由贸易协定，占76.6%。至于2004年缔结的FTA，则几乎全部为双边自由贸易协定。目前正在谈判、协商、意向中的FTA，大多数都是双边自由贸易协定。可以说，世界经济区域化、一体化的发展已经进入了以双边自由贸易为主的新阶段。

3. 国际区域经济一体化向纵深推进

传统的FTA绝大多数仅涉及货物贸易，如今，FTA尤其是双边FTA已经大大超越了传统FTA所涵盖的内容，区域经济一体化呈现出向纵深化发展的态势。随着经济一体化程度的加深，FTA的内容不再仅限于传统的货物贸易自由化，而且还包括服务贸易自由化、农产品贸易自由化、投资自由化、贸易争端解决机制、统一的竞争政策、知识产权保护标准、共同的环境标准、劳工标准，甚至还要求具备共同的民主理念等等，区域贸易自由化的程度已经大大超越了WTO的管辖范围。以美国与新加坡自由贸易协定为例，美国从该协定中将得到新加坡开放金融以及法律、建筑设计与工程等专业服务领域的回报；新加坡还承诺将扩大知识产权保障范围，将美国在新加坡的版权的有效期从50年延长至70年，以向美国提供本区域最好的知识产权保障。而中国内地与中国香港、中国内地与中国澳门《关于建立更紧密经贸关系的安排》(CEPA)，则涉及了电子商务、商品检验检疫与质量认证、中医药产业合作等传统国际区域经济一体化协议中的鲜见领域。在深度一体化方面走得最远的区域一体化组织是欧盟，其合作已经远远超出产品和要素贸易自由化的范围。欧盟已经成立了一系列超国家的机构，负责制定某些领域的政策，发起法规调整计划，并拥有很大程度的自治权。据统计，在欧盟范围内，法规一体化覆盖率目前已超过60%；在经济一体化方面，成员国的主权转让和共享也已超过了85%。

4. 国际区域经济一体化趋向复杂化和多样性

传统的经济一体化组织边界清晰，成员关系单一。然而，随着区域经济一体化的蓬勃发展，区域一体化的组织结构和形态日益复杂化。一些较大的区域经济组织内部出现了若干较小范围的次级区域经济圈，有的国家既参加某一个大区域组织，又成为其中某一个或几个次级区域组织的成员，形成一种“大圈套小圈、小圈扣小圈、圈圈连环套”的格局。比如欧共体内曾存在荷兰、比利时、卢森堡经济联盟；20世纪80年代末成立的亚太经合组织的多层次性则是一个更为典型的例子，在其中不仅有东盟这样的区域性组织的成员，而且一些参与主体既可以是主权国家也可以是主权国家某地区“自然形成”的“经济成长三角”，如东南亚的“新柔廖成长三角”和东北亚的“图们江三角洲开发区”等。这类次级区域经济合作圈目前已成气候并颇有成效。另外，一国“脚踏几只船”的现象也很多，例如美国既是北美自由贸易区的成员，又是亚太经合组织的成员，同时还在筹组美洲自由贸易区。又如澳大利亚不仅与新西兰达成了一体化协定、参加了亚太经合组织，还与印度、南非等国协商筹组印度洋经济圈。值得一提的是，2003 年还出现了两份由“一国两制”下的中国中央政府分别与其两个特别行政区及独立关税区（中国香港、中国澳门）签订的《关于建立更紧密经贸关系的安排》。这既是对区域经济一体化机制的一种创新，同时也增加了其复杂性和多样性。

5. 国际区域经济一体化的空间概念淡化

以前，区域和次区域经济一体化组织在地理位置上基本是连成一片的或者是邻近的，经济体的相邻曾经被认为是构成贸易集团的“先天”条件。然而，20 世纪 90 年代以来，区域经济合作的构成基础发生了较大变化，打破了狭义的地域相邻概念，出现了跨洲、跨洋等跨地区的区域经济合作组织，使得区域经济一体化中的“区域”变得有名无实。例如，2004 年 9 月，日本与墨西哥签署了一项 FTA，该协定于 2005 年 4 月生效，这是日本继与新加坡签订 FTA 后签订的第二项 FTA。欧盟与南非、新加坡、墨西哥、智利签订了 FTA；美国与约旦、澳大利亚、新加坡等签订了 FTA。目前正在进行谈判的双边 FTA 中，有 2/3 是在不同地区的国家之间进行的。与此同时，不同区域经济集团之间也开展了连横合作。1995 年初，南方共同市场和自己的第二大贸易伙伴欧盟之间开始探讨建立自由贸易区的问题，而东盟与欧盟外长会议之间就政治、经济领域内广泛的问题进行探讨业已制度化。北美自由贸易区也将与南方共同市场合作，建立从阿拉斯加到阿根廷的整个美洲范围内的自由贸易区。亚太经合组织自成立后一再吸纳新成员，目前已扩大到包括 21 个成员，地理范畴包括了亚洲、北美洲、拉丁美洲和大洋洲，甚至吸收了政治经济重心在欧洲的俄罗斯为其成员，成为一个囊括环太平洋国家，东西横跨 11 个时区，南北纵穿寒、温、热带，成员的市场总值之和超过世界总产值一半的跨洲的超级区域经济一体化组织。

6. 国际区域经济一体化趋向开放性

过去区域经济一体化组织的建立往往把原先单个国家的贸易保护主义演变扩展为更大范围的区域保护主义。随着区域经济一体化组织形式多样化的发展，区域组织的开放性特点明显增强。亚太经合组织把坚持对外开放作为其组织的宗旨和原则之一，其在《茂物宣言》中强调：“亚太经合组织成员强烈反对成立一个同全球贸易自由化目标相偏离的内向型贸易集团。”欧盟也一再强调其否定封闭性和排他性，实行开放性。美洲国家首脑会议在其《原则宣言》中也强调：“建立美洲自由贸易区，绝不是要建成一个封闭的贸易集团。”显然，越来越多的区域经济组织都强调开放性与合作的多样性。在开放性原则思想的指导下，世界主要的区域经济一体化组织不断吸纳新的成员。例如，欧盟历经六次大规模成员扩大，由原来的 6 个创始成员国发展至 27 个成员国。亚太经合组织也经历了几次成员扩大，达到 21 个成员。

7. 国际区域经济一体化走向南北合作

国际区域经济
一体化典型合作组织

传统的区域经济一体化组织通常是在经济发展水平相近、结构互补的国家之间建立的，而自 20 世纪 90 年代以来，区域经济合作的发展突破了仅在经济水平相近的国家间形成的传统做法，出现了由经济发展水平悬殊的发达国家和发展中国家共同建立并实现区域贸易自由化的新趋势，呈现出南北化的特征。目前世界上最有代表性的三大区域经济合作组织，即东扩后的欧盟、亚太经合组织及北美自由贸易区，都属于南北型的区域经济合作组织。1994 年，美国与加拿大的自由贸易协定正式吸纳墨西哥，北美自由贸易协定由此产生。欧盟关于南北合作的安排，包括将欧盟与处于转型经济中的东欧联系起来的欧洲协定、与土耳其建立的关税联盟以及与众多地中海国家达成的各种协定。欧盟还积极致力于与非洲、加勒比海和环太平洋国家的经济伙伴关系协定的谈判。除此之外，在世界其他地区，建立南北型区域经济一体化组织的谈判也开展得如火如荼。在美洲地区，加拿大与智利达成了双边 FTA，其与南方共同市场的谈判也正在进行中；美国与约旦、智利、韩国、新加坡等达成了双边 FTA；在亚洲地区，南北型的各类 FTA 也正在大量涌现。

关键术语

国际区域经济一体化　关税同盟理论　自由贸易区理论　共同市场理论
综合发展战略理论　亚太经合组织

思考题

1. 国际区域经济一体化组织有哪几种类型？
2. 国际区域经济一体化的各种理论各有哪些优缺点？
3. 怎样理解国际区域经济一体化的发展趋势？
4. 亚太经合组织的制度创新有哪些？查阅有关资料进一步了解创新的内容。

主要参考文献

[1] 宫占奎，等. 区域经济组织研究. 北京：经济科学出版社，2000.
[2] 陈德照. 世界三大经济圈. 北京：世界知识出版社，1990.
[3] 梁双陆，等. 国际区域经济一体化理论综述. 经济问题探索，2007 (1).
[4] 李瑞林. 区域经济一体化：内涵、效应与实现途径. 经济问题探索，2007 (1).
[5] 马强. 世界区域经济一体化发展模式、路径及趋势. 宏观经济管理，2007 (9).
[6] 徐元. 世界区域经济一体化发展的新特点. 黑龙江对外贸易，2006 (12).

第四章

国家区域经济理论

重点问题

- 国内区划的区域经济
- 特区经济
- 我国区域经济发展的布局

第一节　国内区划的区域经济

国内经济区域的划分是指从国情出发，根据社会劳动地域分工的规律，依据一定的区域划分（区划）原则，按客观存在的不同水平、各具特色的地域经济体系或地区生产综合体，本着发挥区域比较优势、扩大区域市场和加强跨地区经济联系的思路，对全国进行战略性的区域划分。经济区域划分是国民经济在地域空间上进行总体部署的基本构架，是有计划地建立与加强区际和区内经济联系、因地制宜地发挥区域优势、提高社会生产地域分工水平和宏观经济效益的有效途径。因此，关于经济区域划分的研究具有重大的现实意义。

一、经济区域划分的目的和任务

划分经济区域的根本目的是揭示各经济区域发展的有利条件、主要优势和发展中的制约因素，指出各经济区域专业化发展的方向和产业结构的特点，建立符合区域比较利益的劳动地域分工体系，明确经济区域建设重点、开发顺序和主要方向，通过区域内部有效的分工与协作形成一个生机勃勃的经济有机体，通过生产力合理的地区安排来提高劳动生产率，推动区域经济发展，促进国民经济稳定增长。社会主义市场经济将按市场经济机制、法则运行，国家只能对市场进行规范和管理。因此，以往作为国家对区域经济的投资依据的这一区域划分目的，将随着投资主体多元化以及国家产业政策的实行而日益淡化，传统计划经济体制下作为区域经济实力平衡布局依据的经济区域划分更将不复存在。经济区域划分将作为国家对地区经济实行分级管理、分类指导的手段，引导区域经济结构朝着全国总体经济效益最大化的目标即全国产业结构合理化的方向发展，通过制定一系列诱导性的区域经济政策，对不同区域不同产业的发展实行宏观调控，实现产业政策和区域政策的有效结合，从而逐步建立起既符合国民经济整体利益，又体现区域自身利益的地区专业化分工与联系。

经济区域划分的主要任务是：根据市场经济规律和地域分工规律以及区域经济的内在联系，合理划分、界定各个层次的经济区域的地域界线，确定区域中心城市；全面分析、评价各经济区域发展的条件和特点，明确各经济区域的比较优势，指明各经济区域在国民经济总格局中的地位和发展方向；确定各经济区域的主导产业和产业发展重点，重点确定各经济区域之间的分工协作与经济区域内的综合发展方案，阐明各经济区域的经济结构特点。经济区划是对大致框架的研究，着重于区域经济的综合分析比较，主要发挥长远计划前期工作的作用。经济区划的地域边界明确，不相互重叠。

二、经济区域的划分

1. 经济区域的类型划分

经济区域的类型划分是对区域经济进行比较研究的重要内容。根据划分经济区域的目的和内容，可以划分出多种经济区域类型。概括起来有类型经济区和综合经济区两大类。

（1）类型经济区。类型经济区是为了认识各区域的经济分布现状和经济结构特征、研究经济现象分布区域分异规律，按均质方法，根据区内的同一性和区际差异性的基本原则，确定不同的区域划分指标，而划分的各种类型经济区，如部门经济区、原料区、加工区、经济发达地区、贫困地区、重点开发区、出口加工区等。类型经济区的划分便于国家在制定区域经济政策时实行分类指导，为制定区域性的经济政策和国民经济各部门的合理布局提供科学依据。类型经济区中包括部门经济区，如工业经济区、农业经济区、交通运输经济区、商品流通经济区等。根据不同需要，在部门经济区下还可以进一步分为各种类型的综合部门经济区和单项部门经济区，如综合农业经济区包括农、林、牧、渔所有农业部门，而畜牧业经济区、林业经济区、棉花经济区等则属于单项农业经济区。一个国家各地区之间的自然条件和社会经济条件往往存在很大差异，应通过部门经济区划使每一个经济部门都尽可能在对它有利的地区发展，从而取得最佳经济效益。

有的经济区域划分类型把部门经济区与类型经济区并列起来，认为部门经济区与类型经济区的划分不同，前者面向未来，主要为国民经济各部门的合理布局提供科学依据。白雪梅博士认为，从经济区划所遵循的均质方法角度来归纳，部门经济区应包括在类型经济区之中，而面向未来并不是部门经济区独具的特征，原料区、加工区等也都不能只依据现状来划分。因此我们把经济区域只归纳为两大类：类型经济区和综合经济区。类型经济区把特征相同的区域划归一类，属于同一类型的区域，其地域面积可大可小，可以连接成片，也可以互不衔接。

类型经济区的划分有利于国家合理分配资金，并针对区域的具体情况制定和执行区域发展战略。其积极作用是明显的，但其局限性也是显而易见的。由于它强调区划的均质性，因而在同一区域内部缺少经济发展上的互补性，致使在区域内部不存在也不大可能建立起重要的地区间经济联系。没有一种内在的凝聚力把整个区域团聚在一起，因而也不可能依靠这种区划来制定整体的综合发展战略。因此，为了合理组织区域经济发展，必须有综合经济区。

（2）综合经济区。综合经济区是一个以中心城市为核心，以交通通信网络系统为脉络，上下级城市密切联系、城乡结合，拥有某些方面优势和一定经济发展实力，可以为实现更高一级（甚至国家）的发展目标独立承担一个方面任务的连接成片的区域。综合经济区的划分是按极化方法，以区内经济结构的非同一性即差异互补和相互联系为前提，强调全区功能上的整体性与区内各部门、各个下级区域间经济联系的紧密性，在全国宏观经济战略布局中形成相对完整的经济结构和体系。综合经济区的区内非一致性既是差异互补和相互联系的前提，也是经济区形成自己的结构和体系的基础；综合经济区是相对完整的区域经济系统，是国民经济大系统中的区域经济子系统。建立综合经济区域系统的目的在于使系统中各个区域都能有计划地建成结构合理、联系密切、相对独立的经济实体，以便最大限度地取得聚集经济效益；同时，使各个区域都有条件发挥其主观能动性，与其他区域一起，分工合作完成全国国民经济总的发展任务。

类型经济区与综合经济区两类经济区域划分有着密切的相互依赖关系，应相互配合、相互补充，为国民经济发展和生产力布局等提供全面、系统、协调一致的科学依据。

2. 分级综合经济区划

经济区在客观上存在着从大到小、由上而下的等级差异，经济区域划分应反映这种客观存在的等级差异，进行多级划分。各级经济区域划分的服务对象不同，要求的繁简程度各异，但上下之间必然彼此衔接，从全国到地方形成一个网络、一个完整的体系。

一个国家经济区划分级系统的确定，主要基于国家领土的大小以及区域自然、经济条件的差异和生产力发展水平。由于各国国情不同，经济区的分级体系应有自己的特色。如法国经济区划是按城市及其影响范围并考虑到省级行政区划而分成国家、经济区、省区三级经济行政区。美国通用的是第一级为全国，第二级为北、南、西三部分，第三级为各由几个州组成的8个区，第四级为各州，第五级为州以下由县结合组成的标准都市统计区。在同一国家经济发展的不同历史阶段，经济区的分级体系不会也不必始终如一。一个经济区域划分方案总是和一定时期的国民经济长远计划相结合的，计划实现了，相应的区域划分方案也就完成了自己的历史使命，然后朝着远景时期的计划目标修改和制定新的经济区域划分方案。因此经济区域划分有着历史继承性和发展远景性。

一般大国有三级或四级经济区。每个经济区一方面横向与同级经济区保持充分的联系，另一方面纵向与上、下一级经济区保持充分的联系。对于上一级经济区来说，下一级经济区只是它的一个有机组成部分。

三、经济区域划分的原则

经济区域划分的原则是经济区域客观规律的反映，它涉及经济发展中的一系列矛盾，如总体和局部、时间和空间、现状和远景、专业化和综合发展、国内和国际等。这些矛盾不是孤立的，也并非等量齐观，而是相互联系、有主有从的。在划分经济区域时，必须遵循经济区域发展的客观规律，在各种错综复杂的矛盾中抓住特定时期内的国民经济发展的主要矛盾。

1. 类型经济区划分的基本原则

（1）以省、直辖市、自治区为基本地域分类单元，其他类型区（欠发达地区、经济衰退区等）可以地级市、县级市或县为基本单元。

（2）经济发展阶段及存在问题和发展方向的相对一致性，即关键的工业化条件、过程及影响因素的类似性。

（3）产业结构特点、功能和发展方向的相似性。

（4）划分结果显现出空间地域的不连续性，允许同一类型经济区在不同区域出现。就个体而言，在地域上是完整连片的，而且不重复出现；就群体而言，同一地域类型在空间分布上是不连片的，且重复出现；就特征而言，同一类型的群体所表现出的特征基本相同。

2. 综合经济区划分的基本原则

（1）国民经济发展需要和区域条件相结合的原则。国民经济是一个统一的有机整体。经济区域划分不仅有必要而且有可能在全国统一规划的指导下，根据各区域经济的特殊性，在全国范围内实行合理的劳动地域分工。我国是实行以公有制为主体的社会主义市场经济的国家，经济区域的划分必须从国家整体利益出发，根据国家经济建设与发展的客观需要，保证国家产业结构和生产力配置的合理性以及全国经济与市场经济的统一性。同时，又要考虑各个地区自然、历史、社会经济条件和发展水平与特点的差异，根据各地区的优势发展经济，但绝不能建立自我封闭的经济体系。

（2）专业化分工与综合发展相结合的原则。生产地域综合体是在现代技术基础上组织起来的专业化和综合发展相结合的生产力地域组织，是经济区域的基本内容。为了促进地区分工协作的发展，应充分发挥各地区的经济优势，形成各具特色的地区专业化生产部门，形成主导产业，提高地区在国内外市场上的竞争能力和在全国劳动地域分工中的地位。同时，为保证专业化生产部门的持续稳定发展，应形成与之相适应的产业结构，增强区域内的自我调剂能力，扩大区域经济的综合效益。根据专业化和综合发展的生产地域综合体来确定经济区域的范围和界线是经济区域划分的重要原则之一。必须彻底改变企业大而全、小而全的组织结构，按专业化要求对企业进行改组，发展各种技术先进的专业化企业，在此基础上组织企业间的密切协作。需要改革落后的生产工艺，加速新技术的运用和新产品的开发，促使产品升级换代。需要按照生产循环要求成组地布局企业，围绕主要生产过程，广泛发展辅助部门，提高对原材料的加工深度，开展综合利用。每个经济区都应拥有三种经济部门：具有全国意义的专业化部门，为专业化服务的辅助或配合部门，满足当地居民消费需求的地方自给性部门。只有三者比例恰当，才能保证整个经济区域的顺利发展。需要加强基础设施建设，改变基础结构滞后的状况，提高企业的综合生产能力。地区经济的综合发展不同于地区经济的“自给自足”。地区经济综合发展的前提是广泛的区际经济联系，不是要求区域内各行各业齐备、各种产品自给，而是要求建立既具有开放性、内部经济又具有相对完整性的地区经济综合体。

（3）经济中心和吸引范围相结合的原则。从空间上看，综合经济区必须由许多大小不等的经济中心及与其紧密相连的广大区域组成。每个经济中心都应有相应的经济区域，作为经济中心赖以发展的基础；而每个经济区域都应有自己的经济中心，作为组织和协调区域发展的核心、枢纽，把区域内的经济活动凝聚成一个整体。经济中心的发展推动着整个生产地域综合体的发展，而生产地域综合体发展水平的不断提高又进一步加强了经济中心在全国劳动地域分工中的地位和作用。根据经济中心所吸引和影响的范围的大小以及经济中心在全国劳动地域分工中的地位和作用，可以把经济中心划分为全国性经济中心和地方性经济中心。一个经济中心城市往往具有多重性，既具有全国意义，又具有区域性和地方性意义。经济中心的吸引范围往往是经济区域界线划分的依据。从经济区域划分着手，明确各类经济中心的吸引范围及其与吸引范围业已形成的经济技术联系，具有重要意义。

（4）经济区域与行政区域相协调的原则。经济区域划分与行政区域划分虽然都是对国土的划分，但两者的目的和性质不同。行政区域划分是国家机器的一部分，它伴随着国家的产生而产生，是经过长期的历史发展形成的，属于上层建筑范畴。经济区域划分却是在经济发展到一定阶段、劳动地域分工达到一定程度从而导致经济区域形成之后，作为经济区域的一种认识手段而出现的，属于经济基础范畴。区域经济协作是以市场为基础、通过各级行政区的地方政府的有效组织与指导来实现的。特别是近年来，各国尤其是西方发达国家的各级政府对地区经济的干预日益增多，完全脱离行政区划而划分的经济区域在实践中难以发挥应有的作用。况且，我国的基本统计资料都是按行政区汇编的，如果经济区与行政区界限不一致，在研究和规划经济区的发展时，就难以利用现有的统计资料，这样会给研究工作带来很多麻烦，甚至使有些重要的数据根本无法得到。尽管经济区与行政区的性质、目的不同，但必须看到行政区的存在对经济区的产生和发展有着不可忽视的影响。行政区从以下几方面对区域经济发展产生影响：第一，在行政区边界设立的关卡对区际经济联系的阻挠作用和对区内联系的促进作用；第二，以行政区省会（首府）所在地为中心的道路系统对辖区的联系作用；第三，以行政区省会（首府）所在地为中心的财富聚敛作用；第四，各行政区独特的经济政策、税收比率、预算使用方向等。行政区的划分虽然是从便于行政管理的目的出发的，但在具体划分时，常以自然地势、人口数量、物产富饶程度、交通运输条件以及某些政治因素等为依据。特别是在社会主义条件下，国家政权直接领导经济生活、控制经济命脉，行政区本身就成为地区经济统一的有利因素，各级政府机关是各级行政区经济的组织者和领导者，它们负责订立地区经济的发展计划并领导完成预定的任务。因此，任何一级行政区的区界一经划定，就会对经济区域形成过程产生使行政区经济统一的积极作用。

经济区域划分既要反映经济区域联系的客观性，又要在宏观经济管理中具有可操作性。因此，经济区域划分及其分级系统应当尽可能保持行政区划的完整性，使经济区域成为规划和管理区域经济的一种组织形式。由于行政区划具有长期稳定性，而经济区域的发展十分活跃，在一定情况下，经济区域划分与行政区域划分会发生矛盾。一旦经济区域的发展超越了行政区划的界线，使得行政区划成为经济区域发展的障碍，就应当调整相应的行政区界，以适应经济区域发展的需要，而不是强迫经济区域的发展迁就行政区划。总之，经济区划的变革总是落后于区内外实际经济联系的变化；行政区划的变革又总是落后于经济区划变革的要求。无论如何，两者要在动态中协调一致。

（5）经济区域与民族聚居区相协调的原则。一个区域的民族在长期历史演变过程中稳固地形成了经济上的共同特点，以及内部的经济联系性和外部的经济差异性。因此，民族构成是一个极为重要的因素。为照顾各民族的特殊利益、促进各民族区域经济的协调发展，经济区域划分要充分考虑到民族聚居状况和民族构成特点，尽可能照顾民族区域的完整性，不应把统一的民族区域割裂开来。但民族区域也不应该是绝对不可分割的，如内蒙古的东部地区，由于地理上、经济上的原因，其与东北三省的联系比与本民族中心地的联系更紧密。民族的区域自治权不一定非在省级不可，可划小自治区域，将它们分别归入经济联系更紧密的行政区域。过于极端地强调民族区域的完整而使经济区域的完整性遭到破坏，最终只能阻碍民族区域的经济发展。

（6）经济现状与发展远景相结合的原则。现状只是划分经济区域的出发点，认识现状的目的不在于简单地分疆划界，而是为了对现实进行变革。经济区域划分不能只是静态地认识现状和反映现实，而是应在认识现状的基础上面向未来，为远景发展服务。但如果对区域现状缺乏全面细致的研究，也不可能做出对远景发展的科学判断。因此，地区远景发展的预测必须以现状为起点，把经济现状与发展远景按发展阶段衔接起来，这样提出的经济区域划分方案才有充足的依据，才切实可行。

（7）国内劳动地域分工与国际分工相结合的原则。国际分工是指世界各国之间的劳动分工，它是国内劳动地域分工的延伸和继续，是社会生产的国际专业化。当今世界在科学技术的推动下，国际分工得到空前的发展，国与国之间在经济上的相互依存关系日益加深。在目前的世界经济格局中，必须积极推行对外开放方针，参加国际分工，努力改善本国经济的外部环境，通过对外贸易和国际经济合作来增强自身的经济实力。在建立生产外贸产品的厂家和基地、扩大出口、维持进出口平衡中，应推动国内劳动地域分工的发展，促进各地区经济优势的发挥。

第二节　特区经济

一、设立经济特区的目的

经济特区是指一个国家或地区通过法令划出一定范围，在对外经济贸易活动中采取较其他地区更开放、更灵活、享有更优惠政策的地区。经济特区通常用减免关税、降低土地使用费以及提供良好的投资环境等优惠政策和条件，吸引外商前来投资和从事各种经营或生产等业务活动，以达到提高土地使用效益、促进对外经济贸易活动开展和加快自身经济发展的目的。设立经济特区的目的和作用主要有以下几个方面。

1. 扩大本国的对外贸易

一个国家可以通过土地有偿定期出让和建立各种形式的经济特区等方式来推动本国

对外贸易的发展。原来以出口贸易和转口贸易为主发展本国经济的国家，可以通过设立经济特区，提供特殊的管理办法和优惠条件，吸引更多的外商前来从事各种业务活动，以进一步促进出口贸易和转口贸易的发展。许多发展中国家为了改变原来实行的不太成功的进口替代工业化战略，转而实行面向出口的工业化战略，纷纷设立以国际市场为导向的出口加工区和自由贸易区，借助于引进国外的资金和先进技术，发展出口加工工业，扩大本国的出口规模。20 世纪 60 年代中后期亚洲地区的出口加工区热，70 年代拉美和加勒比岛国出口自由区的不断涌现，80 年代以来综合型经济特区、保税区、出口工业区和开发区在中国与其他一些国家的大量出现，正是这一工业化战略转型的客观结果。

2. 引进更多的国外资金、技术和管理经验

创立土地要素特殊国际移动的各种形式，特别是经济特区这种形式，都不同程度地包含引进更多的国外资金、技术和管理经验的目的。这一点对发展中国家适用，对发达国家也适用。国外的资金被优惠政策和良好的投资环境吸引进来以后，还会相应地带来先进的技术和企业管理经验。近年来发展较快的科技型经济特区的设立对于引进国外的先进科学技术、促进科技交流和开发、提高生产技术水平起到了尤为突出的作用。

3. 增加就业机会，扩大社会就业

许多发展中国家由于人口增长过快、就业机会少而出现劳动力过剩，产生了显性和隐性失业。在发达国家，由于经济增长缓慢和经济结构调整等原因，也存在大量的失业人员。要解决失业问题，就需要增加就业机会。土地要素国际移动的各种形式都能在一定程度上促进输出国经济的发展，创造出新的就业机会，从而缓解失业问题。从发展中国家和发达国家的实际情况来看，通过设立经济特区等形式实现土地要素的国际移动，确实起到了扩大社会就业的效果。

4. 加快特定地区经济发展与经济开发的速度，形成新的产业结构和社会经济结构，对全国（地区）经济发展形成吸纳和辐射作用

不论是发达国家还是发展中国家，其自身经济发展都存在地区之间不平衡的问题。在落后地区或国家鼓励发展的地区设立各种类型的经济特区，向外商有偿定期出让土地使用权或与外商进行土地合作开发等，都能够加快特定地区经济发展的速度，缩小其与其他地区在经济发展水平上的差距。同时，通过设立经济特区等，还能够带动附近地区乃至全国经济和社会的发展。巴西在马瑞斯设立自由贸易区，俄罗斯在远东的纳霍德卡和东方港开辟经济特区，以及我国设立海南经济特区都是为了加快经济发展的速度。

5. 获得更多的土地出售、出让与出租收益

土地是一种要素商品，其价格也受供求等因素的影响而有高有低。当能以较高的价格把土地出售、出让或出租给外国的自然人或法人时，土地所有者或其使用权所有者自然愿意成交。在发展中国家，通过把土地出售、出让或出租给外国的自然人或法人，还能获得本国比较短缺的外汇收入，所以土地所有者自身的积极性是很高的。例如，1989 年，我国天津经济技术开发区土地管理局一次向美国 MGM 公司出让 5.36 平方千米的开发区土地使用权，出让期限为 70 年，共获得 1 742 万美元的出让费。

二、设立经济特区的条件

经济特区的产生和发展同其他任何事物一样都需要一定的条件。各类经济特区的设置总是与当时当地的具体条件相关，这些条件既包括“硬条件”，也包括“软条件”。从世界各国和地区设立经济特区的成功经验中可以看到，设立经济特区所需要的条件主要有：

1. 优越的地理位置

各种类型经济特区的建立几乎都需要良好的地理环境。港口、码头、铁路要塞、公路枢纽、国际机场等附近地区具有建立经济特区的较好条件。

2. 完善的基础设施

建立经济特区的硬条件不仅包括优越的地理位置，而且包括良好的基础设施，如交通设施，供水、供电、供气、供热设施，环保设施，以及银行、保险、信息、税务、医院和学校等设施。

3. 优惠的经济政策

优惠的经济政策主要体现为外商以同样的资金、技术等在经济特区内进行投资并开展正常的生产经营活动，其收益高于在非经济特区的投资收益。

4. 完善的法律制度

经济特区的建设和发展往往涉及各种复杂的经济和法律关系，因此，在经济特区建立之初就要制定和颁布一整套系统的法律法规。法律的完备可以使投资者有法可依，使投资者能够充分预测投资的风险程度，从而增强他们投资的信心。同时，完备的法律也可以保障设区国的经济和政治利益。

5. 高效率的管理机构

在经济特区，要建立起一个能起政府作用、总揽一切管理大权、指挥整个经济特区建设的高效率的管理机构。这个管理机构的各个部门必须依法办事，减少不必要的工作环节，提高工作透明度，各司其职。是否拥有这样的管理机构往往成为经济特区发展快慢以及成败的关键。

三、经济特区的类型

经济特区的具体类型有以下七种。

1. 贸易型经济特区

其功能在于让外商在区内能够免税（关税）进行商品转运、仓储、分装与贸易。这类经济特区包括自由港、自由贸易区、自由边境区、对外贸易区和保税区等具体形式。在这类经济特区内，一般不实行贸易管制，对一般性的进出口商品不征收关税，而只对少数具有特殊规定的进口商品，根据情况征收少量进口税或禁止进口，或要求按特别规则处理。这种经济特区较多地设在港口、码头、车站、机场和边境地区。例如，巴拿马的科隆自由贸易区和英国的利物浦自由港就属于这种类型的经济特区。

2. 工业型经济特区

其功能在于吸收和利用国外资金与技术在区内投资设厂，利用当地廉价劳动力，从国内外采购原材料进行工业生产和制造，产品全部或大部分出口到国外市场销售。这种经济特区的叫法并不统一，有的国家叫出口加工区或出口工业区，也有的国家叫客户工业区或促进投资区。如新加坡的裕廊出口加工区和韩国的马山出口加工区就属于这种类型。

3. 工贸结合型经济特区

这种经济特区兼具贸易型经济特区和工业型经济特区的功能，外商既可以在区内从事贸易活动，也可以在区内从事投资生产等工业方面的活动。德国的汉堡就属于这种类型的经济特区。另外，一些贸易型或工业型经济特区近年来也开始向工贸结合型经济特区方向发展。

4. 科技型经济特区

其功能在于吸引国内外企业到区内投资设厂，集中发展技术、知识密集型高科技产业及其产品，加速技术商品化、产业化和国际化的步伐，推动技术进步，扩大技术、知识密集型产品的出口。这种经济特区的具体形式有：科学工业园区、科学公园、高新技术产业开发区、高科技园区和尖端工业区等。这种经济特区一般设在大学和科研机构较集中的地区。例如，中国台湾的新竹科学工业园区、新加坡的肯特岗科学工业园区、英国剑桥科学公园都属于这种类型。

5. 金融型经济特区

这种类型经济特区的功能是在国际资本融通的税率、管制、保密和服务等方面提供比区外更为优惠的政策和更为有利的条件，以吸引更多的外资来此设立银行或金融机构，促进该区金融业的繁荣和发展。这种类型经济特区的具体表现形式有：离岸金融中心、国际银行业自由区和金融贸易区等。例如，巴哈马是目前世界上最大的离岸金融中心，美国纽约于 1981 年设立了国际银行业自由区，中国上海浦东开发区内专门设有陆家嘴金融贸易区。

6. 旅游型经济特区

这种类型的经济特区基本上都设在旅游资源比较丰富的地区。其主要功能是通过在区内实行各种优惠政策，吸引国内外投资者前来投资，创办旅游方面的企业，如宾馆、饭店、运输企业、旅游食品和纪念品加工企业以及各种旅行社等，以促进旅游资源的开发和国际旅游业的发展。这种类型经济特区的名称也不统一，有的叫旅游开发区，有的叫旅游度假区。截至 2019 年 5 月，我国已批准设立 30 个具有旅游型经济特区性质的国家级旅游度假区。

7. 综合型经济特区

其功能是加快特定地区经济发展的速度，特别是加快落后地区的开发。这种经济特区不是简单地为某种单一的经济目的而设置的，而是以综合开发某一地区的经济为设区目的，它往往兼有前面几种经济特区的特点和功能。这种经济特区的面积一般都比较大，在其内部可分别设立各种类型的经济特区。如巴西马瑞斯自由贸易区和我国已设立的七个经济特区就属于这种类型。

以上我们把经济特区主要划分为七种具体类型，这主要是依据各类经济特区的特点和功能划分的。按照其他的划分标准，我们还可以把经济特区划分为其他一些具体类型。如根据设区国的经济发展水平，可以把经济特区划分为发达国家的经济特区、新兴工业化国家与地区的经济特区和发展中国家的经济特区几种具体类型。

四、经济特区的发展历程和今后的发展趋势

1. 世界经济特区发展回顾

世界上最早产生的经济特区是以自由港或自由贸易区的形式出现的贸易型经济特区。现在一般认为，世界上第一个经济特区是建于1547年的意大利热那亚湾的里窝那自由港。17世纪以后，欧洲的一些贸易大国为扩大国际贸易，开辟国际市场，先后把一些主要港口城市宣布为自由港，或划出一部分地区建立自由贸易区，实行一些优惠措施，吸引外国商品到此转口，使之发挥商品集散中心的作用，促进当地经济的发展。在17—19世纪期间，被宣布为自由港或自由贸易区的有：德国的汉堡和不来梅、法国的敦刻尔克和勒阿弗尔、丹麦的哥本哈根、意大利的的里雅斯特、葡萄牙的波尔图等。随着殖民帝国主义侵略势力的扩张，许多被英、法等国占领的国家或地区也先后被开辟为自由港或自由贸易区，如西班牙的直布罗陀、摩洛哥的丹吉尔、东非的吉布提、也门的亚丁、马来西亚的槟城等。

进入20世纪以后，经济特区又有了一些新的发展。第一次世界大战后，《凡尔赛和约》把波兰的但泽（今为波兰的格但斯克市）划为国际共管的自由市，市内设有免征关税的自由港区。希腊在塞萨洛尼基港设立了自由贸易区。1923年乌拉圭设立了科洛尼亚自由贸易区，墨西哥在其北部边境设置了蒂华纳和墨西卡利自由边境区，这些是美洲大陆较早建立的经济特区。美国于1936年创办了第一个自由贸易区性质的对外贸易区。到第二次世界大战前，全世界有26个国家和地区建立了75个以自由港和自由贸易区为主要内容的经济特区。

第二次世界大战以后，经济特区的发展进入了一个新的阶段，不仅在量的方面而且在质的方面都有了很大的变化。量的方面的变化表现为：经过战后初期的恢复重建和之后的扩建与新建，世界经济特区的数量大大增加了；质的方面的变化主要表现为：战后出现了新的类型的经济特区，如工业型、综合型、金融型和科技型经济特区。1959年，爱尔兰香农自由贸易区建立，成为世界上第一个以特殊政策吸引外国在出口加工行业进行投资的经济特区。尽管这个经济特区的名称还是自由贸易区，但实际上它的功能是促进出口加工业的发展，因此，它是世界上第一个工业型经济特区。1966年，我国台湾创办高雄出口加工区。这是亚洲第一个出口加工区，而且是世界上第一个正式以“出口加工区”命名的出口加工区。此后，出口加工区在亚洲、非洲、拉丁美洲迅速涌现。出口加工区迅速兴起的一个重要原因是，在20世纪六七十年代进行的世界范围的产业结构调整导致了劳动密集型产业由发达国家向发展中国家的转移。

几乎与工业型经济特区同时出现的是综合型和科技型经济特区。1967年，巴西政府决定建立马瑞斯自由贸易区，并决定把它发展成为兼具贸易、加工制造业、商业、旅游

业等的综合型经济特区。科技型经济特区的最初形式被认为出现在美国，即1951年建立的斯坦福研究公园。但比较典型的科技型经济特区是1979年新加坡建立的肯特岗科学工业园区和1980年中国台湾建立的新竹科学工业园区。我们认为，科技工业园区近40多年来的发展是人类在区域经济领域的重大突破，它有自己的独特发展规律和先进的运作机制。所以，本书将科技工业园区作为独立的区域经济层次加以研究和介绍。这里不再赘述。

世界上经济特区的数量在不断增加，各种经济特区遍布全球五大洲一百多个国家和地区，其中发展中国家和地区拥有的数量略多于发达国家和地区。发达国家和地区的经济特区多属于贸易型、科技型和工贸结合型；而发展中国家和地区的经济特区则是工业型、贸易型和综合型较多。

2. 世界经济特区的发展趋势

世界经济特区的发展已经成为一种超越社会政治制度和超过经济发展水平的经济现象，它已经并将继续对国别经济、区域经济和整个世界经济的发展产生重要影响。综观当代世界经济特区的发展，其总的趋势是正在由初级形态向高级形态发展，正在升级换代。具体来看，世界经济特区的发展有以下几个令人瞩目的新特点和新趋势。

（1）经济特区的数量增长迅速。由于许多国家的政府已经认识到或亲身体验到设立各种类型的经济特区会给本国经济发展带来积极作用，因此，它们纷纷制定有关的法规和政策，鼓励在本国境内设立各种类型的经济特区，使世界经济特区的数量迅速增加。20世纪70年代末，世界经济特区的数量由第二次世界大战前的70多个增加到300多个；20世纪80年代中期时，世界经济特区的数量超过600个；到1996年底，世界经济特区的总数已经超过1 000个。如果把那些具有部分经济特区功能的各种形式的开发区和加工区等也包括在内，目前经济特区将是数以千计甚至数以万计的。

（2）工贸结合型经济特区大量涌现。工贸结合型经济特区是在原来贸易型或工业型经济特区的基础上发展起来的。20世纪70年代以前的经济特区基本上都是单一功能类型的，但后来许多都向工贸结合型转化。如巴拿马的科隆自由贸易区过去仅从事单一的中转贸易业务，但自20世纪70年代以来，它已逐步放宽了对工业加工装配的限制，向着具有工业内容的工贸结合型经济特区方向迈进。

另外，近年来在世界各国新建立的贸易型经济特区，一般都允许外商在区内开展工业生产活动，如中国已批准设立的保税区，既允许外商在区内进行贸易活动，也允许外商在区内进行工业加工制造活动。

（3）占地面积大、功能齐全的综合型经济特区又有了新的发展。在待开发地区所设的经济特区一般占地面积较大，常常兼具贸易型、工业型、科技型、金融型和旅游型等几种具体类型经济特区的功能。设立这种经济特区的目的主要是加快特定地区经济发展的速度，国内外企业可以在区内从事农业、工业、商业和金融业等各方面的生产经营活动。巴西的马瑞斯自由贸易区是世界上最先建立起来的综合型经济特区。中国已经建立起来的7个经济特区也基本上属于综合型经济特区。外国专家认为，中国经济特区取得成功的重要原因之一是走综合型发展的道路，它代表了世界经济特区的一种新的发展方向。实际上，中国香港和澳门经过近些年的发展也已经具有了综合型经济特区的功能。

（4）科技型经济特区蓬勃发展。引进国外更多的科学技术是各国设立经济特区的重要动机之一。随着科技在经济发展中的作用的日趋增强以及国际科技竞争的加剧，各国都开始重视建立科技型经济特区，即以知识、人才、技术高度集中和教育、科研、生产、经营一体化为特点的新型经济特区。科技型经济特区最早形成于20世纪50年代，20世纪80年代以后进入发展的高峰期。其中，具有代表性的有美国的硅谷、英国的剑桥科学公园、日本的筑波科学城和中国台湾的新竹科学工业园区等。

在科技型经济特区不断发展的同时，原有的一些其他类型的经济特区也开始由劳动密集型向技术和知识密集型过渡，以推动产品结构的升级换代和产业结构的高级化。

（5）经济特区的类型日渐增多。随着设立经济特区目的的多样化，具有新的特点和功能的新型经济特区不断涌现。第二次世界大战前，经济特区只有贸易型这一种类型。第二次世界大战后，又出现了工业型、工贸结合型、科技型、金融型以及综合型等类型的经济特区。近些年来，旅游型经济特区大量出现，而有的国家和地区已开始筹划设立研究开发型研究发展专区。

（6）跨国经济特区开始出现。以往的经济特区都是由一个国家或地区管辖，是为扩大与国家或地区外的经济联系而开辟的特别经济区。但是，近几年世界上开始出现由几个国家共同管辖的跨国经济特区。欧洲共同体于1988年底兴建欧洲第一个跨越国界的开发区。这一开发区的范围包括法国的隆维、比利时的阿蒂斯和卢森堡的罗当奇。开发区被建成一个国际商业公园，在园区内对外国投资者提供多方面的优惠。

（7）经济特区对一国经济发展所起的作用将越来越大。现在，世界上已有100多个国家和地区先后设立了各种类型的经济特区。经济特区的建立和发展有力地促进了各国对外经济贸易和国内经济的增长。各种类型的经济特区通过其对资本、技术、劳动力等生产要素的吸纳和扩散功能，在经济发展中起到了“桥梁”和“基地”的作用，从而带动了当地和邻近地区经济的快速增长。

五、经济特区推动区域经济发展的作用机理

法国经济学家佩鲁认为，一国或地区实施均衡发展在现实中是不可能的，经济增长通常通过一个或数个经济增长中心逐步向其他地区传导，政府应该采取有关政策，有意识地配置增长极，带动相关产业或地区的发展。

我国地域广阔，各个区域的自然条件、地理区位、历史文化等因素不同，这就决定了在我国当前的经济发展水平条件下，我国的区域经济发展不可能采取全国一盘棋的均衡发展战略。把有限的资源投入特定的区域，使该区域优先于国内其他地区而发展，然后由先富地区带动落后地区的发展，是我国区域经济发展总体战略的必然选择。

深圳等传统经济特区的发展经验表明，特殊政策作为一种特殊的资源，能成为一个地区经济发展的重要推动力量，并使之成为该区域的经济增长极，带动区域内部其他地区乃至其他区域经济的发展，而且在优惠政策普惠化之后仍能保持经济的高速增长，继续发挥带头作用。传统经济特区的发展历程蕴含了一种经济发展模式，即可以在某区域内部选择一个城市或城市群、城市圈作为极点，由国家给予特殊政策（包含一定的优惠

政策）使之成为经济特区，使该城市、城市群或城市圈先于其他地区发展起来，然后再发挥辐射作用，带动其他地区经济的发展，从而缩小区域间和区域内部的差距。从这种意义上说，经济特区的主要功能不再是对外开放的窗口、体制改革的试验田，而是国家把经济特区作为一种经济发展模式，使经济特区成为该区域经济增长的极点。

纵观 21 世纪我国开辟的综合配套改革试验区，它们在功能定位上已经有别于传统的经济特区，这些新特区正是在西部大开发、振兴东北等老工业基地、中部崛起等背景之下设立的。上海浦东新区和天津滨海新区是沿海新特区的代表，它们担负着进一步发展外向型经济，促使经济从外向型向开放型转变，以进一步壮大自身经济，从而成为我国经济发展的火车头的重任；沈北新区则是要找出一条适合东北经济发展的路子，以带动东北老工业基地的振兴；武汉城市圈和长株潭城市群则力求成为中部崛起的先锋；成渝地区是西部地区经济基础较好的地区，统筹城乡发展、消除城乡二元化结构、壮大自身经济、带动西部其他地区经济的发展是它们的主要任务。从这种意义上说，21 世纪的经济特区已经不单纯是改革开放的试验田，经济特区的主要功能已经发生了实质性变化。通过设立新特区，并赋予该地区相关的特殊政策，能够进一步吸引要素聚集，推动新特区经济的发展。

新经济特区推动区域经济发展的作用机理如下。

1. 经济特区的极化效应

极化效应表现为资金、人才、技术等生产要素向中心城市聚集的过程。经济特区作为一种特殊的经济实体，和普通地区产生极化效应的原因略有不同，普通地区产生极化效应的力量主要是市场机制，而经济特区除了市场机制以外还有特殊制度安排的因素（见图 4-1）。

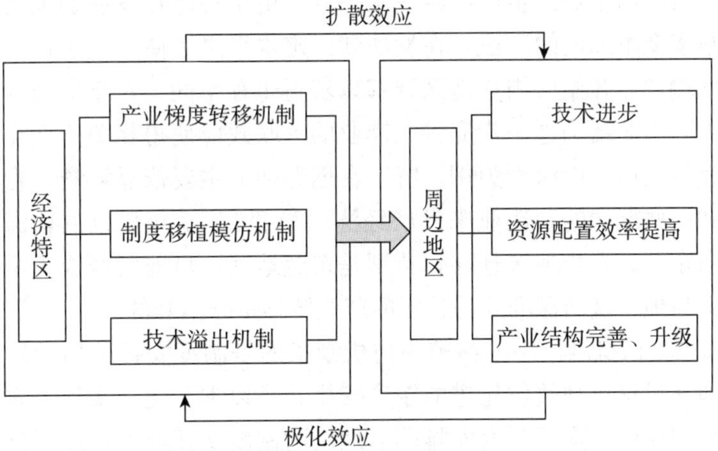

图 4-1 经济特区对区域经济发展的作用机理示意图

（1）基于市场机制的生产要素聚集。生产要素总是从利润率较低的地区向利润率较高的地区转移。经济特区一般具有明显的区位优势和经济基础，相对于周边地区来说，这些地区经济发展水平相对较高，产业相对齐全，基础设施建设相对完备，因此能吸引众多的要素聚集于此。聚集的要素形成一定的规模后就会产生外部规模经济效应，这主要表现为众多企业对基础设施等不可分物品的共享、对中间投入品的共享、对劳动力的共享和对信息的共享所带来的成本节约。聚集经济效应的发生会进一步吸引生产要素的聚集，从而进一步推动特区经济的发展。

（2）基于特殊制度安排的生产要素聚集。制度是影响生产要素聚集和经济增长的重要变量。经济特区建立在实施特殊政策的基础之上，而特殊政策正是一种特殊的制度安排。特殊政策以优惠政策为核心，优惠政策则是能直接给投资者带来经济利益的政策，如税收优惠、土地价格优惠等。因此相对于周边地区，经济特区便形成了一个政策洼地，企业家们为了降低生产成本而到经济特区投资，形成了生产要素在特区的聚集。深圳特区在发展的初期，正是靠特殊的政策吸引包括港资和台资在内的外来企业到深圳落户的。

2. 经济特区的扩散效应

扩散效应是指周围地区随着经济中心地区经济的扩张而从中获得资本、人才、技术等生产要素，推动本地经济的发展。在政府调控和市场机制的作用下，经济特区能在相对较短的时间内吸引要素的聚集，壮大自身的经济，然后发挥扩散效应，推动周边地区经济的发展。扩散效应主要通过以下机制发挥作用：产业梯度转移机制、制度移植模仿机制、技术溢出机制（见图 4-1）。

（1）产业梯度转移机制。产业梯度转移是以企业为主体的市场经济活动，随着经济中心的发展，中心区的一些产业产生了迁移到周边或其他地区的动机，这一动机源于生产要素过度聚集所造成的外部不经济、劳动力等要素成本上升的压力、企业向外围区扩张和中心区产业结构升级换代的要求。产业梯度转移的基础是转出地和转入地在经济发展水平与产业发展水平上的梯度差。

经济特区随着自身经济的发展，本地市场逐渐饱和，土地、劳动力等生产要素的价格逐步攀升，导致区内企业的生产经营成本上升。由于特区在发展初期为了发展自身的经济，引入了很多低附加值的产业，在发展到一定水平之后便产生了产业结构升级换代的要求，这些低端产业开始向周边地区迁移以获得生存空间。对于周边地区而言，由于部分产业的迁入，产业结构进一步完善，产业的关联效应使得相关产业得到发展，从而推动迁入地的经济发展。以深圳为例，特区在创办初期主要依靠港资和台资兴办的“三来一补”企业和一些低端的制造业来发展经济；20 世纪 90 年代以后，深圳的“三来一补”企业大量向东莞、惠州地区迁移；特别是东莞地区，目前已经成为全国最大的“三来一补”企业聚集地，这与深圳经济特区的产业转移是分不开的。

（2）制度移植模仿机制。制度移植模仿机制指的是制度安排落后地区向制度安排先进地区学习，即通过移植和效仿先进的制度安排并予以本土化，来促进本地区经济的发展。制度的移植和模仿能降低制度安排落后地区的制度变迁成本，缩短制度变迁所需的时间，吸收制度安排先进地区在制度变迁过程中的经验和教训等。

制度变迁存在潜在的风险。一套合理的制度能促进经济的发展，反之则会阻碍经济的发展。制度变迁过程也是一个不断试验的过程，降低制度变迁风险的一个较好的办法就是把制度变迁的范围限制在一个较小的区域内，待新的制度安排被证明适应经济发展的时候再推广到其他地区。特殊政策和特殊管理制度是经济特区存在的基础，经济特区本身就有先行试验权，甚至具有“试错权”，这使得经济特区的制度变迁拥有一个相对宽松的政治环境。同时，经济特区担负的改革试验的任务必然要求制度变迁先行，因此与周边地区相比，经济特区处于制度安排的高地。

在经济特区建立一套成熟的制度后，由于这些制度不具有排他性，因此其他地区能够以较低的成本进行制度移植和模仿，然后结合本地区经济发展的实际情况形成新的制度安排，这样能有效地规避制度变迁的潜在风险和节省制度变迁的成本。

（3）技术溢出机制。技术溢出通常是指技术领先企业对同行企业及其他企业的技术进步所产生的积极影响。技术溢出分为主动溢出和无意识的溢出。主动溢出是指企业的技术指导、转让等行为；而无意识的溢出主要是由企业的科研和培训的外部性引起的。

经济特区对周边地区的技术溢出效应主要通过以下途径实现：一是人员的自由流动。特区内的一些大型企业注重研发和对员工的培训，一旦这些企业的科研人才和管理人才流入周边地区，这些地区的一些企业就会受益于他们所掌握的关于经济特区转型研究的技术和管理才能。二是企业发展的示范效应。当特区内的部分企业因先进技术和管理经验而获得较高的利润时，行业内的其他企业对特区内企业的模仿行为会提升周边地区企业的经济效益。三是行业间的上下游关联效应。特区内的一些企业会以供应商、顾客、伙伴等身份与特区外的企业建立紧密的联系，它们往往会为了帮助供应商提高产品质量而向供应商提供培训、技术协助等帮助。特区内部分企业与周边地区的企业、研究机构的技术合作关系也能产生技术溢出效应。

城市区域经济

科技工业园区的区域经济

第三节　我国区域经济发展的布局

一、区域经济发展的定位与布局及相互关系

我国区域经济发展以国内可持续发展战略系列与国际和平发展战略系列为两大支柱，以京津冀协同发展战略、长江经济带建设战略与“一带一路”倡议等为轴心，贯穿国内全面协同发展与国内外发展一盘棋的顶层设计理念，为中国经济转型升级、实现“中国梦”勾画了一幅充满希望的、扎实有效的宏伟蓝图。

1. 区域经济发展的定位、预期及特点

在“四个全面”战略布局的顶层设计中，两大国家战略的战略定位、实施范围与战略预期清晰明确。

京津冀协同发展战略的战略定位是国内区域一体化协同发展的轴心战略，其主要预

期是：建成“以首都为核心的世界级城市群、区域整体协同发展改革引领区、全国创新驱动经济增长新引擎、生态修复环境改善示范区”。它旨在通过疏解北京非首都功能、调整经济结构和空间结构，走出一条内涵集约发展的新路子，探索人口经济密集地区优化开发的模式，促进区域协调发展，形成新的增长极。

长江经济带建设战略的战略定位也是国内区域一体化协同发展的轴心战略；主要预期是建成具有全球影响力的由长江黄金水道支撑的内河经济带，中国东中西部互动合作的协调发展带，沿海、沿江、沿边全面推进的对内对外开放带和生态文明建设的先行示范带，实现沿江流域五大城市群的协同合作发展。五大城市群指长江三角洲城市群、长江中游城市群、成渝城市群、滇中城市群、黔中城市群。

长江经济带是湾区经济发展的延伸和拓展，它作为一个纽带将这五大城市群紧紧联系在一起，形成区域经济发展的一个T字形结构，为我国东中西部地区互动合作的协调发展提供了强有力的支撑。

显然，京津冀协同发展战略和长江经济带建设战略这两个轴心战略的定位基本相同，战略目标也都是引领国内经济转型升级，而且都与进一步对外开放的国际和平发展战略密切关联。

“一带一路”倡议的定位是国际区域自由贸易区建设和积极参与新一轮国际自由贸易规则制定的倡议；主要预期是通过国际区域经济要素有序自由流动、资源高效配置和市场深度融合，协调国内沿线各地区与国际沿线各国的经济贸易关系及中外经济贸易政策，创新国际贸易规则，由中国与沿线各国共同打造开放、包容、均衡、普惠的区域自由贸易一体化架构，促进形成中国对外开放的新格局与世界经济贸易自由化的新局面。

区域经济发展布局尽管战略分工不尽相同，但是也存在一些共同特点：其一，肩负共同的使命。即探索中国经济新常态下的转型升级与国际区域经济合作发展的新动力、新模式，积极参与国际自由贸易规则的制定。其二，战略重点相同。当前的国家战略更关注经济发展结构的优化与经贸规则制度的全面协调与创新；而以往的国家战略一般更注重地理空间的优化利用与开发。其三，选择路径类同。从传统的“点”状发展方式调整为由点连成“线与面”的优化发展方式。国内发展方式创新表现为，从国家开发区、国家级新区的“点”状发展方式，调整为由相对发达城市群带动的更加宽广的城乡一体化的区域协同发展方式。国际发展方式创新表现为，从各国政府间、企业间双边经贸的碎片状联系形式，调整为以开放包容、合作共赢战略为指导，以各国基础设施建设与金融合作为主导，各国经贸制度相协调，各国政府、企业与社会组织广泛参与的欧亚自由贸易区建设。

2. 区域经济发展布局全面破题，引领中国新一轮改革开放

2015年，中央开始对区域经济发展布局全面破题。2015年3月28日，国家发改委、外交部、商务部联合发布了《推动共建丝绸之路经济带和21世纪海上丝绸之路的愿景与行动》(简称“‘一带一路’愿景与行动”)。2015年4月30日，中共中央政治局召开会议审议通过了《京津冀协同发展规划纲要》。2016年3月25日，中共中央政治局召开会议审议通过了《长江经济带发展规划纲要》。

首先，京津冀协同发展与长江经济带建设，采取南、北地区两个经济最发达区域一体化建设并进的形式，合力推进全国东中西部地区协同发展，引领中国经济全面转型升级；同时也为“一带一路”倡议的实施夯实了与国外市场合作互动的国内经贸核心区与枢纽城市的建设基础。

其次，“一带一路”倡议将两大国家战略引领的经济发展空间，从国内进一步拓展到亚太、欧洲等更加广阔的国外，设计了“从中国的空间布局到全世界空间的大布局”，为国内经济转型升级开拓了更加开阔的国际发展空间，为发展中国家的可持续发展与世界经济贸易自由化做出了实实在在的贡献。“一带一路”倡议是党的十八大以来对世界影响最大的倡议，也是中国对外开放的新突破。

随着区域经济发展布局全面破题，国家相关政策开始显现综合效应。中国东、中、西部地区之间的合纵连横已经开始，以点带线、由线到面，新的经济增长极、增长带和城市群正在不断涌现，沿海、沿江、沿边全方位对外开放新局面逐渐显现，国际与国内经济互联互通经脉开始打通。

二、两大国家战略与国内战略系列互动，引领中国经济转型升级

（一）两大国家战略与国内战略系列的互动关系

国内可持续发展战略系列以京津冀协同发展战略与长江经济带建设战略为轴心，两大轴心战略的实施需要国内战略系列的互动配合。

第一，国家开发区战略的互动配合。国家开发区战略是改革开放早期的制度创新，主要适应了 20 世纪 80 年代打破传统行政管理体制束缚、优化少数重要城市和地区的投资环境以及调整经济结构的需要，有利于引进外资与先进技术，并为全面深化改革开放提供了经验。这是一个具有生命力的发展战略。截至 2015 年 5 月，国务院陆续批准了全国 219 个基础设施完善、投资环境符合国际水准、以高新技术产业为主的国家级经济技术开发区。国家开发区是两大区域一体化经济的重要支点与基础。

第二，国家级新区战略的互动配合。国家级新区战略是 20 世纪 90 年代新一轮开发开放和改革阶段提出的制度创新。它实行更加开放和更加优惠的政策，肩负各项制度改革与创新的探索工作，其目标是探索中心城市与周边城市之间的局部地区联动合作与新产业建设。截至 2015 年 7 月，全国建立了 13 个国家级示范新区。国家级新区战略不但在经济贸易、硬实力方面为两大国家战略提供支持，而且在自由贸易规则制度创新的软实力上为两大国家战略提供支持。

（二）两大国家战略引领新一轮可持续发展

国内两大轴心战略的实施代表着中国最发达的东部地区都市群的率先发展。京津冀协同发展战略以三地 13 个国家级经济技术开发区与天津滨海新区为支点，形成了面积达 21.6 万平方公里、人口达 1.1 亿的一体化经济带，其中天津也是海上丝绸之路的枢纽城市之一。长江经济带建设战略以沿江 11 个省市、108 个国家开发区、3 个国家级新区（上海浦东新区、浙江舟山群岛新区与南京江北新区）为支点，形成了面积达 40 万平方公里、人口达 2 亿多的 5 个城市群协同发展的国内最大经济带。随着东部地区都市群与

一体化区域经济建设的推进，全国经济转型升级就有了明晰的方向与强劲的动力。

第一，中部地区 6 省可以依靠与东部发达地区毗邻和经济联系密切的优势，发挥本地区 50 个开发区与 1 个国家级新区的功能，对接东部发达地区经济，承接它们的产业梯度转移，乘势崛起，同时带动西部地区的发展。第二，西部地区 12 个省、自治区、直辖市也可以乘势依靠本地区 47 个国家级经济技术开发区与 4 个国家级新区的功能，借助东、西部地区发展的巨大动能，加快传统资源型产业向制造型产业的结构转型。新疆作为陆上丝绸之路经济带的枢纽省份，可以成为"一带一路"由国内市场向西部国际市场进军的桥头堡，欧亚大陆桥建设也将为西部"走出去"提供交通便利的优势。第三，东北地区三省可以利用毗邻京津冀的经济一体化优势，依靠本地区 22 个国家级经济技术开发区与 1 个国家级新区的功能，借助各地经济发展对重型制造业、现代农业等产业的需求增长以及中蒙俄经济走廊建设，重振"老工业巨人"的雄风。

三、"一带一路"倡议与国际战略系列互动，奠定和平崛起的国际基础

"一带一路"倡议的实施，在国际战略系列的互动配合下，必将奠定中国和平崛起的国际环境条件。

（一）中国自由贸易试验区战略为"一带一路"倡议先行先试

在后金融危机时期，全球经济的区域一体化趋势加大，新一轮世界贸易规则正在酝酿。为了积极参与新一轮国际经贸规则的制定，党的十七大明确提出要"实施自由贸易区战略"；党的十八大强调要"加快实施自由贸易区战略"；党的十八届三中全会再次提出要"以周边为基础加快实施自由贸易区战略"；2014 年李克强总理在《政府工作报告》中再次强调要"积极参与高标准自贸区建设"，"加快与韩国、澳大利亚、海湾合作委员会等自贸区谈判进程"。

2013 年 12 月 4 日，商务部新闻办公室召开"自贸区建设"专题新闻发布会。发言人姚坚在会上介绍，中国正在建设 18 个自由贸易区，涉及 31 个国家和地区，其中已签署了 12 个自由贸易协定。2013 年 9 月我国国内第一个自由贸易区——中国（上海）自由贸易试验区（即上海自贸区）率先挂牌。2015 年 4 月 21 日，广东、福建、天津三大自由贸易试验区同步挂牌，形成了由南到北四大自由贸易试验区的格局。

值得关注的是，中国自由贸易试验区战略的目标已经超越国内开发区、新区，其目标是探索高标准的国际自由贸易规则，并采取国际通行的以负面清单、权力清单与责任清单为主的"三单"管理模式。自由贸易区（自贸区）一般分为两种：一种是国家或地区之间的双边或多边自贸区（FT-Area），如中韩自贸区；另一种则是国内自贸区，也被称为自由贸易园区（FT-Zone），在这部分领土内运入的任何货物都被认为处于关境以外，免于实施惯常的海关监管制度，如上海自贸区。

首先，中国自由贸易试验区建设为进一步对外开放与"一带一路"倡议先行先试。其次，中国自由贸易试验区在国内区域经济一体化发展的雁阵模式中扮演着领头雁角色。以中国第一个自贸区——上海自贸区为例，根据 2015 年 4 月 20 日国务院颁布的《国务

院关于印发进一步深化中国（上海）自由贸易试验区改革开放方案的通知》的要求，上海自贸区建设要坚持“继续积极大胆闯、大胆试、自主改”“探索不停步、深耕试验区”的要求，深化完善以负面清单管理为核心的投资管理制度、以贸易便利化为重点的贸易监管制度、以资本项目可兑换和金融服务业开放为目标的金融创新制度、以政府职能转变为核心的事中事后监管制度，形成与国际投资贸易通行规则相衔接的制度创新体系，充分发挥金融贸易、先进制造、科技创新等重点功能承载区的辐射带动作用，力争建设成为开放度最高的投资贸易便利、货币兑换自由、监管高效便捷、法制环境规范的自由贸易园区。最后，上海自贸区建设的经验与制度创新要求可复制、可推广。显然，上海自贸区建设的实践已经获得了初步成功，它不但孵化了津、粤、闽三个国家自贸区，还发挥了长江经济带建设的领头雁角色。而天津自贸区、福建自贸区、广东自贸区分别扮演京津冀区域协同发展、闽台区域发展、粤港澳区域发展的领头雁角色。

（二）亚太自贸区战略与“一带一路”倡议相呼应，推动世界自由贸易新格局形成

2010 年在日本横滨召开的 APEC 第 18 次领导人非正式会议通过的《横滨宣言》首次正式提出了亚太自由贸易区（Free Trade Area of the Asia-Pacific，FTAAP）建设的倡议，“我们要求亚太经合组织采取具体措施，实现亚太自由贸易区”。2014 年在北京举行的 APEC 第 22 次领导人非正式会议批准了《亚太经合组织推动实现亚太自贸区北京路线图》。2014 年 11 月 4 日在“APEC 第 22 次领导人非正式会议经贸领域合作”中外媒体吹风会上，商务部部长助理王受文表示，建设亚太自贸区“已经得到了可以说是所有成员的一致支持”，成为 APEC 成员的一致愿望。

目前亚太地区有两个自贸区协定谈判在同时进行。一个是原来由美国主导的《跨太平洋伙伴关系协定》（TPP）。美国于 2017 年 1 月宣布退出 TPP，2017 年 11 月除美国以外的 11 个国家就继续推进 TPP 正式达成一致，并于 2018 年 3 月签署了更名后的新的自由贸易协定，即《全面与进步跨太平洋伙伴关系协定》（CPTPP）。2021 年 9 月 16 日，中国提交了正式申请加入 CPTPP 的书面信函。另一个是由东盟主导的《区域全面经济伙伴关系协定》（RCEP）。这是东盟 10 国加上中国、日本、韩国、澳大利亚、新西兰的 15 国的经贸关系一体化协定。但是，CPTPP 中美国缺席，中国的加入申请尚未获得批准，RCEP 中美国缺席。如果中美这两个世界上最大的贸易伙伴都缺席，那么这样的亚太自贸区就不能算是完整意义上的自贸区。

FTAAP 与 CPTPP/TPP 及 RCEP 不是竞争关系，而是繁荣共生的合作关系。FTAAP 更具包容性，更加注重通过建设一体化的基础设施为区域内任何国家和地区提供贸易往来上的便利。《亚太经合组织推动实现亚太自贸区北京路线图》在 APEC 框架下促进了 CPTPP/TPP 与 RCEP 的互动，推动 FTAAP 整合 CPTPP/TPP 与 RCEP，建立统一的亚太自贸区。这是因为，只有在 FTAAP 框架下，中美两国才可以共同参与新一轮自由贸易规则的制定，这是亚太地区国家和地区的最佳选择。然而，FTAAP 能否成功，关键也在于中美自贸区谈判能否顺利实现。能否实现中美自贸区谈判的成功，关键要看中美双边投资协定（BIT）谈判是否能够成功。

在中国积极推动全球贸易自由化、积极参与新一轮国际自由贸易规则制定的努力中，

亚太自贸区战略与“一带一路”倡议形成了相互呼应的关系。“一带一路”倡议是一个西进倡议，它将活跃的中国经济圈与亚太经济圈、发达的欧洲经济圈连成一片，组合成欧亚自贸区；亚太自贸区战略是一个东向战略，它将亚太、大洋洲、南北美洲连成一片，构成另一个自贸区。两者指向东西、相互呼应，合力推进全球经济新秩序的建设，也为中国经济转型升级提供全球范围的空间。

（三）人民币国际化战略为“一带一路”倡议提供金融保障

根据中国人民银行发布的《2021年人民币国际化报告》，人民币的支付货币功能进一步增强，投融资货币功能深化，储备货币功能上升，计价货币功能有新的突破，人民币国际化取得积极进展。截至2020年末，中国人民银行共与40个国家和地区的中央银行或货币当局签署了双边本币互换协议，互换总金额超过3.99万亿元；中国人民银行已在25个国家和地区授权了27家境外人民币清算行。2020年，资本项目人民币跨境收付金额合计为21.61万亿元。截至2020年末，境外主体持有境内人民币股票、债券、贷款以及存款等金融资产金额合计为8.98万亿元，同比增长40.1%。其中，股票市值为3.41万亿元，债券托管余额为3.33万亿元，存款余额为1.28万亿元，贷款余额为0.96万亿元。2020年末，主要离岸市场人民币存款余额超过1.27万亿元。2020年，主要离岸市场人民币贷款余额为5 285.49亿元；有境外人民币清算安排的国家和地区共发行人民币债券3 319.56亿元。

人民币已初具国际主要货币的计价、支付、投资、储备的功能。环球银行金融电信协会（SWIFT）发布的数据显示，2021年6月，在主要国际支付货币中人民币排在第五位。2021年第一季度，在国际货币基金组织（IMF）官方外汇储备货币构成（COFER）中人民币排在第5位。2021年6月环球银行金融电信协会发布外汇即期交易使用排名，人民币排在第5位。伴随人民币国际化的脚步，以人民币为主要融资手段的国际多边金融组织诸如亚洲基础设施投资银行（简称亚投行）、金砖国家新开发银行、上海合作组织银行联合体等，正在积极建设并不断完善。

人民币国际化能够为“一带一路”倡议实施提供坚实的金融服务；而“一带一路”倡议的实施将促进沿线国家和地区更加普遍地使用人民币，从而扩大人民币的国际流通范围，加速人民币国际化进程，使之最终成为国际储备货币。这有利于进一步削弱美元的金融霸权地位，改变现存的国际经济秩序。

但是，中国也需要清醒估计人民币国际化伴随的风险，一旦国内资本市场扩大开放程度，中国政府金融监管能力、中国企业市场生存能力与国家主权信用可靠性都将受到考验。因此，要对人民币国际化可能遭遇的挑战及其对“一带一路”倡议实施可能产生的影响做充分的估计。

（四）“一带一路”倡议擘画沿线国家和地区合作共赢蓝图，奠定中国和平崛起的国际基础

“一带一路”倡议的实施，需要锻造两条基础设施与交通建设的自由贸易通道：一条是陆上的自由贸易通道，另一条则是海上的自由贸易通道。这两条自由贸易通道的一端

是充满活力的中国经济引领的欣欣向荣的亚太经济圈，另一端则是发达的欧洲经济圈，中间又涵盖了中东、北非、中亚、南亚广阔的发展中国家和地区。它的实施将助推中国从“有世界影响力的地区大国”转变为“综合性的世界大国”。

“一带一路”倡议的指导原则是开放包容、合作共赢。它统筹国内与国际两个市场，在充分发挥中国经济活力、巨大消费市场以及中国制造业与资金优势的基础上，通过区域国家经济金融合作、基础设施与交通建设的协同发展，将沿线国家和地区的经济走廊、经济开发区建设与中国的“一带一路”建设衔接，从而将亚太、中东、北非、欧洲的自由贸易区域连成一片。“一带一路”设计既解决了众多发展中国家和地区资金、技术不足与经济发展难以持续的问题，也解决了欧盟及其他发达国家和地区资金与技术优势无用武之地的困扰，同时有助于推进中国经济结构转型升级，真正实现沿线国家和地区的经济贸易优势互补、合作共赢的目标。

当然，“一带一路”倡议的实施可能会面临相关国家在经济制度政策、社会生活习俗、文化宗教信仰以及地缘战略博弈等方面发生的摩擦，因此，中国需要综合利用经贸、金融、外交、社会、政治的多种优势条件，认真研究制定具体可行的对策，通过双边或多边协商合力解决。

关于“一带一路”的系统论述将在第十二章详细展开。

第四节　粤港澳大湾区的区域经济发展

发展湾区经济已是世界经济强国的标志，如世界知名的三大湾区经济——纽约湾区、旧金山湾区与东京湾区凸显了美国和日本强大的经济实力和国力，而粤港澳大湾区的建设也彰显出中国的经济实力和国力逐步踏入“大而渐强”的阶段。粤港澳大湾区未来的发展令外界有诸多的遐想和愿景。

一、粤港澳大湾区的概况

粤港澳大湾区由香港、澳门两个特别行政区和广东省广州、深圳、珠海、佛山、惠州、东莞、中山、江门、肇庆（珠三角）九个地市组成，总面积为5.6万平方公里，2018年末总人口已达7 000万人，是中国开放程度最高、经济活力最强的区域之一，在国家发展大局中具有重要战略地位。粤港澳大湾区是国家建设世界级城市群和参与全球竞争的重要空间载体，是“一带一路”倡议的关键节点之一。

2019年2月18日，中共中央、国务院印发《粤港澳大湾区发展规划纲要》。按照规划纲要，国家不仅要把粤港澳大湾区建成充满活力的世界级城市群、国际科技创新中心、“一带一路”建设的重要支撑、内地与港澳深度合作示范区，还要把粤港澳大湾区打造成宜居宜业宜游的优质生活圈，成为高质量发展的典范。

二、打造粤港澳大湾区的重大意义

打造粤港澳大湾区，建设世界级城市群，有利于丰富“一国两制”实践内涵，进一步密切内地与港澳交流合作，为港澳经济社会发展以及港澳同胞到内地发展提供更多机会，保持港澳长期繁荣稳定；有利于贯彻落实新发展理念，深入推进供给侧结构性改革，加快培育发展新动能、实现创新驱动发展，为我国经济创新力和竞争力不断增强提供支撑；有利于进一步深化改革、扩大开放，建立与国际接轨的开放型经济新体制，建设高水平参与国际经济合作新平台；有利于推进“一带一路”建设，通过区域双向开放，构筑丝绸之路经济带和21世纪海上丝绸之路对接融汇的重要支撑区。

三、粤港澳大湾区的经济发展水平已凸显出来

粤港澳大湾区城市群的地区生产总值之和2016年已经超过1.24万亿美元，已经是人口和经济体量最大的湾区经济之一。粤港澳大湾区的优势有：

（1）深圳前海未来极有望承接香港金融中心职能及深圳CBD功能的地位，地位并不亚于陆家嘴。

（2）与具有同等战略地位的京津冀、长三角相比，粤港澳大湾区的一个重要特征是没有明显的核心城市，经济呈现多极化趋势，没有“一极独大”的区域龙头，经济结构最健康。

粤港澳大湾区拥有政治中心——广州、创新及金融中心——深圳；拥有环绕一圈的强三线城市，它们的经济各有特色、互不相让；除了港澳外有南沙及前海两大自由贸易区；同时有三个世界级大港——南沙港、盐田、香港；拥有三大机场；等等。

（3）粤港澳大湾区已经出现了大都市圈化的雏形，建成区连成一片，深圳周边的东莞、惠州、珠海房价已经得到反映。粤港澳大湾区的未来极有可能类似于旧金山湾区的发展趋势，分工明确，产业全面开花。

（4）“十二五”至“十三五”期间，粤港澳大湾区的轨道交通网络已经基本形成，南北两端从深圳到广州只需要半小时，港珠澳大桥业已通车。

值得一提的是，经过对世界级技术难题5年的攻关，港珠澳大桥珠海连接线拱北隧道实现全线贯通，这也意味着珠海连接线全线贯通。2018年全线通车后，珠海至香港的陆路通行时间由3小时变成半小时。

港珠澳大桥在珠江口形成了连接深港、广佛和珠澳三大经济圈的闭合快速路网，形成了粤港澳大湾区城市群空间结构的重要骨架，充分打开了大湾区发展的想象空间。

（5）粤港澳大湾区移民基因束缚最少，超强民营经济总部聚集，创新能力最强。

旧金山及洛杉矶是美国移民流入的首选区域，使得人口红利持续，相对于美国传统经济重心东北部，当地经济保持着长久的活力。旧金山地区也是美国创新和创投之都，距离旧金山市区往南60公里的硅谷，有着美国最大的科技公司总部群（苹果、脸书、英特尔等）。

相对而言，粤港澳湾区也是中国省外移民人数最多的地区。从第六次全国人口普查数据看，广东省也已经成为中国人口第一大省。粤港澳地区也集中了中国最著名的科技公司，包括腾讯、华为、中兴、网易等。以深圳为代表的移民城市造就了中国市值最大的民营经济巨头，深圳每万人发明专利拥有量居中国各城市首位，被视为中国版的硅谷并不为过。

总之，湾区经济的发展使城市群经济发展达到了空前的形式，也就是说，它使现代区域经济学的发展和创新进入崭新的阶段。关于湾区经济的系统介绍和详细论述将在第十一章全面展开。

关键术语

综合经济区　经济特区　两大国家战略　“一带一路”倡议　粤港澳大湾区

思考题

1. 论述国内综合经济区划的基本原则。
2. 阐述经济特区的基本类型。
3. 论述两大国家战略的内涵。
4. 论述粤港澳大湾区的区域经济发展战略意义。

主要参考文献

[1] 白雪梅. 中国区域经济发展的比较研究. 北京：中国财政经济出版社，1998.
[2] 郝寿义，等. 区域经济学. 北京：经济科学出版社，1999.
[3] 陈建军. 中国高速增长地域的经济发展. 上海：上海人民出版社，2000.
[4] 卢进勇，朱希彦. 国际经济合作与投资理论和实务. 北京：中国审计出版社，1997.
[5] 罗清和，等. 经济特区转型研究. 北京：中国经济出版社，2009.
[6] 京津冀协同发展领导小组办公室负责人答记者问. 人民日报，2015-08-24.
[7] 搜狗百科“粤港澳大湾区”.

第五章

区域经济发展的梯度理论

重点问题

- 经济发展的梯度概念
- 经济发展的梯度转移理论
- 极化效应、扩散效应、回流效应
- 不同梯度上的区域经济发展战略
- 梯度理论在经济发展中的重要意义

第一节　经济发展的梯度概念及梯度转移理论

一、经济发展的梯度概念

从生产布局学诞生之日起，梯度就被广泛用于在地图上表现地区间经济发展水平的差别，以及由低水平地区向高水平地区过渡的空间变化历程。杜能的农业圈理论系统地阐明了农业经济集约化水平由中心城市向四周农牧业区逐级下降，经历多个梯度最终变成荒野的过程。韦伯利用等费线包括等运费线、等电费线、等劳动费线以及在此基础上综合形成的等成本线来探究各种类型工厂的生产成本在地区间的变化梯度，并据此找出工厂的最优区位。在现代生产布局研究中，各国普遍遇到的一个问题是地区间经济发展不平衡，为了解决这个问题，就需要绘制地区经济发展梯度图，表明在国家或地区范围内经济发展水平由高到低的梯度变化状况。编制这类地图的最简单办法是在每个基层行政单位（例如县）中心附近，标出该县人均国民收入数，然后把数值相同的点连接成线。从这种外表与地形图近似的梯度图上可以清楚地看到，在高收入地区与低收入地区，也就是在经济高度发达地区与最落后地区之间总会存在着几个中间梯度。所不同的仅是在有的地区，经济发展水平在短距离内出现很大的升降，梯度变化急剧，形成陡峭的“山崖”，在有的地区，则变化缓慢，形成很长的“坡”。在美国的人均国民收入等值线图上，北部五大湖沿岸城市带、波士顿城市带、南部墨西哥湾沿岸城市带、西部太平洋沿岸城市带形成了环绕美国的“高山峻岭”，由此向内地伸展，坡度下降，出现一个“盆地”，“盆地”位于荒凉的落基山区。

现在很多人都认为仅按人均国民收入来确定地区经济发展水平是不够确切的。有的地区因拥有某种重要资源而致富，如石油生产国；有的甚至靠博彩业发了财，如美国的赌城拉斯韦加斯。这些地区绝对算不上经济高度发达地区。可见，只有采用能综合反映地区国民收入水平、生产力发展水平、科技水平的指标，才能真正衡量出一个地区的经济发展实力，也就是它所处的梯度。德国区域科学家采用多元分析法，用多项经济发展指数来区分地区经济发展水平的梯度，例如，为了把高梯度地区与中梯度地区区分开来，采用高度技术密集型产业部门产值在GNP中所占比重、获得高学历的人员在区域职工中所占比重、近十年获得专利项目在全国所占比重等指标；为了把中梯度地区与低梯度地区区分开来，采用区域失业率、区域中贫穷线以下的户数所占比重、初级产业部门产值在GNP中所占比重、每千人中外迁人数、人均住宅面积等指标，用多元回归法求出对应于各项指数的权数，把每个区域各项指数的加权数相加起来求得该区域的经济发展综合水平。

二、工业生产生命循环阶段论

工业生产生命循环阶段论的首创者为美国哈佛大学的弗农等人。他们认为各工业部门甚至各种工业产品都处在不同的生命循环阶段上。它们也和生物一样，在发展过程中必然要经历创新、发展、成熟、衰退四个阶段。例如，纺织、钢铁、造船等行业在资本主义发展的早期都曾经是欣欣向荣、充满生机的部门，在产业革命中起过先锋作用，但现在已成为衰退部门。为了判断一个产业部门所处的发展阶段和今后的发展前景，我们利用英国经济地理学家埃斯塔尔所采用的方法，他根据美国1947—1967年21年间各产业部门职工人数的增长率、工业增加值的增长率与工业部门在国家产业结构中的比重的升降状况，对各个工业部门进行评分。凡得分在7～10分之间的部门均被归入兴旺部门，得分在3.5～6.9分之间的部门为停滞部门，得分在3.4分及以下的部门为衰退部门（见表5-1）。

表5-1　各工业部门评分

兴旺部门	评分	停滞部门	评分	衰退部门	评分
军火	—	印刷出版	6.0	冶金	3.2
电力设备	9.2	金属制品	5.8	石油与煤	2.4
运输设备	8.5	纸张、纸浆	5.4	食品	2.4
化工产品	8.2	石料、黏土与玻璃制品	4.4	皮革及其制品	0
橡胶与塑料制品	7.8	家具及室内装修	4.4	纺织	0.8
机床	7.6	服装	3.8	木材及其制品	0.7
一般机器制造	7.1				

大致说来，这三种部门在工业生产生命循环中所处的阶段如图5-1所示。

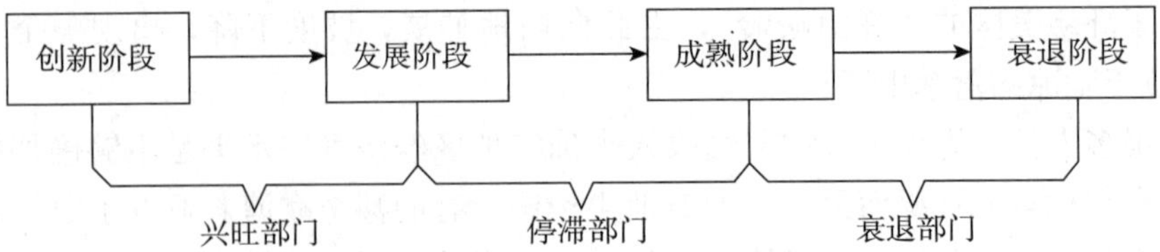

图 5-1　三种工业部门所处阶段示意图

三、经济发展的梯度转移理论

区域经济学者把工业生产生命循环阶段论引用到区域经济学中，创造了经济发展的梯度转移理论。他们的主要论点有：

第一，产业结构优劣是区域经济盛衰的主要影响因素。如果一个区域的主导专业化部门主要是由处在创新阶段的兴旺部门组成的，则说明它经济发展实力雄厚，在今后一个时期内仍然可以保持发展的势头，这种地区因此被列入高梯度地区。如果一个地区的主导专业化部门都是由那些处在成熟阶段后期或衰退阶段的衰退部门组成的，则这种地区属于低梯度地区。

第二，创新活动大都发源于高梯度地区，然后随着时间的推移、生命循环阶段的变化，按顺序逐步由高梯度地区向低梯度地区转移。

第三，梯度转移主要通过多层次城市系统扩展开来。创新在空间上的扩展主要有局部范围的扩展与大范围的扩展两种形式。

之所以会产生这种有序的梯度转移，是由于存在各种影响区域经济发展与生产布局的内在因素。

1. 处在创新阶段的工业部门的布局

工业生产中出现的重要新兴部门与新产品一般都发源于地区发展梯度图上的一些处于第一梯度的地区，它们往往是经济最发达地区的大城市。根据世界各地颁发专利证书的多少等情况判断，世界主要创新发源地有美国大西洋沿岸与五大湖城市带、美国太平洋沿岸城市带、德国莱茵河谷城市带、日本太平洋沿岸城市带、英国盆地与米德兰平原城市密集区，尤其是这些城市密集带中少数科技力量强、产业结构合理、经济实力强、正处在上升阶段的城市。形成这种分布样式的主要原因有：

（1）大城市是科技信息、市场信息等各种信息汇集与传播的中心。在这里既可以最好地了解到市场的动态、消费者的心理以及他们对新产品的需求，又可以了解到世界各地科技发展的现状与趋势，了解到哪些有关科研项目已经有人在研究，并且大致进行到了什么程度，哪些尚属空白。市场信息与科技信息的结合就会给有志于发明创造的人输入种种新思想，这些新思想正是创新的源泉。

（2）大城市集中了大量科研机构、高等院校、图书馆、资料馆，同时也是各方面人才荟萃之地，给发明创造、研究与开发提供了极为有利的条件。而且在这种地方，尤其是在它们的专业方向上，已经形成一批训练有素、技术熟练的专业队伍，新产品一旦研制成功，就可以很快投入批量生产。这就使它们能更早地推出新产品。

（3）大城市可以依靠聚集经济效益来推动与加速发明创造、研究与开发工作的进程，节约所需投资。大城市都在自己的专业发展方向上聚集了一大批专业生产工厂与协作单位、服务企业，因而可以为发明创造、研究与开发提供巨大的聚集经济效益。在任何地区建立新行业、推出新的尖端产品都会遇到两大难题：一是新的尖端产品生产技术复杂，往往要涉及多个有关专业领域，需要得到许多有关单位的协作。这在中小城市是难以办到的，而在大城市却比较容易办到。例如纽约是时装业集中的地点，这里有专门的服装设计店、剪裁缝纫厂、服饰加工厂、刺绣厂、纽扣与拉链缝纫厂、手工缝纫厂，等等。由于分工细，各厂都拥有一批专业技术很高的技师、工人。因此一个厂家只要能设计出一种新颖款式，无论加工技术怎样精致、复杂，自己不能完成的加工业务都可以靠协作厂去完成，从而可以很快地、保质保量地推出新产品。二是新的尖端产品所需的原材料种类复杂，很难配齐，从而会延误出产成品的时间。例如服装业产品的规格、款式变化极快，要想适应市场的需要，就要不断地、迅速地按设计配齐各种所需要的花色品种的衣料、绒布、纽扣、拉链、服饰等，这在中小城市也是难以办到的。时装业如此，其他行业的情况也与之类似。

（4）生产新尖端产品、发展新兴工业可能遇到的风险都较大。因此在多数情况下都是由国家或公司选择某些位于大城市中的基础好、周围协作条件比较完备的老厂试验生产，并给予一定的研究与开发经费，为它分担一部分风险。试制成功再建立新厂或在老厂中设专门车间批量生产。另外，也有少数有技术专长的人在有了某项发明创造以后筹集少量资金设厂生产的，他们承担风险的能力极为有限，因此多数选择在大城市设厂。因为在大城市易于找到所需的设备与废弃的厂房，而且只需集中力量生产出一些关键部件，其他部件都可以靠聚集在大城市的专业厂协作生产。这样即便试生产失败，损失也极为有限。

（5）创新产品一般价格昂贵，销售对象主要限于技术密集型企业或高收入家庭，且即使是它们，也不会经常消费这一类产品。由于产品需求频率低、价值高，其经销单位必须占有很大一片市场才能盈利，因此它们的生产只能布局在高梯度地区的大城市中，那里有伸向全国甚至全世界的强大商业系统。发源于这些地点的创新产品只要质量高、价格合理、适销对路，就完全有可能通过这个批发系统很快行销全国，甚至出口到世界上许多地区。销路能否迅速打开，对创新企业来说是性命攸关的大事。

总之，处在创新阶段的产业及其产品，在布局上主要考虑的是专利保障、技术基础与协作条件、尽可能占有更大的市场。这些正是高梯度地区特别是其中的大城市的优势之所在。这种地区的不利条件则是地税高、生活费用高、工人工资水平也高，同时燃料与原料稀缺，要从远处运来，它们的产品成本也因此比较高。但处在创新阶段的工业产品能享有很高的垄断价格和巨大的超额利润，因此，地租、工资与原材料运费在其销售价格中所占比重不大。

2. 处在发展阶段的工业部门的布局

这一阶段在布局上被称为扩展阶段。随着一个工业部门或一种工业产品的生产由创新阶段进入发展阶段，只要产品符合国内外生产发展或生活的需要，销路就可以迅速扩大、铺开。这时，仅靠原先位于大城市中的个别工厂、车间来生产，无论怎样扩建都无法满足需要。于是首先生产出这种产品的厂家就要通过在外地组建分厂、经营合资企业或转让技术来增加产量，改变布局，一次又一次向更广大的地区扩散。这时第二梯度上一些比较具备条件的城市就会把这些处在发展阶段的产品生产接收过来。这种有序转移之所以有必要，原因如下：

（1）转移之所以必要，首先是因为随着技术的转让，同种工厂增多，竞争也在加剧。这时的工厂已经不能主要靠垄断价格来获利而不计成本。因此，在需要做出新工厂布局的决策时就不能不考虑接近市场区或原料燃料产地以节约运费支出、接近劳动力费用较低廉的地点以节约劳动力费用的问题，同时，还不得不考虑地租和其他生产费用的节约问题。在这些方面，第二梯度地区相比第一梯度地区拥有一定的优势。因此在转移过程中，有的处在第二梯度上的城市甚至可以凭借其在资源或劳动力等方面的优势后来居上，取代处在第一梯度上的创新发源地，逐渐发展成为这种产品的最大生产地。这种现象屡见不鲜。

（2）转移之所以是有序的，处在发展阶段上的产品的生产之所以必须从第一梯度地区转移到第二梯度上某些条件较完备的地区，而不能越级转移到劳动力与原料费用等更低廉的第三、第四梯度地区，是由地区接受能力的差异决定的。在创新产品进入发展阶段以后，生产已开始定型，技术密集程度有所下降，而且随着工厂规模的扩大，一部分外部聚集经济可以转化成内部规模经济，零部件在公司范围内自给的程度可以得到提高，对外部协作的依赖程度也会相对降低，但它们在布局上对技术、协作等多种生产发展的条件要求仍相当严格。处在第二梯度上的城市拥有比较先进的科学文化、较强的科技队伍以及比较优越的信息、交通、金融与外部协作条件，完全可以把处在发展阶段的产品生产从创新发源地接收过来。这些城市所控制的市场范围虽然较小，但在创新产品进入发展阶段后，价格将会下降，需求因而可以增大，这就使得它们要求占有的市场区会相应缩小，以致一个二级城市的市场区就可以达到甚至超过它们所需要的最小销售界限。而处在第三、第四梯度上的地区暂时还不具备这种接收能力。

3. 处在成熟阶段与衰退阶段的工业部门的布局

这一阶段在布局上被称为普及阶段或标准化阶段。这时，经过长期生产，产品已由发展阶段进入成熟阶段进而进入衰退阶段，生产已经完全标准化，技术比较容易掌握。它们的生产由技术密集型逐步转变成简单劳动密集型，产品完全不能享受垄断价格；而且它们在市场上的需求已接近饱和，增长极为缓慢。但在一些落后地区生产这种产品的厂家还在增多。这是因为，这些地区受到资金、技术的限制，除了发展这一类型的企业以外，很难有其他选择。结果，为争夺市场而进行的竞争异常激烈。在竞争中，发达地区，包括最发达地区，往往并不处于优势地位。因为它们的技术优势、聚集经济优势对这些已转变成简单劳动密集型的衰退部门来说，已经没有多大意义。而工资高、地租高、原材料价格高、税重却成为它们致命的弱点。因此，一些落后地区完全可以凭借工资低、地租低、原材料价格低、税轻等方面的优势，在这些领域中打败发达地区的竞争对手。鉴于此，发达地区特别愿意向落后地区转移有关技术，出让设备，扶植它们向这方面发展。这些原因促使处在成熟阶段及衰退阶段的工业部门，向处在经济发展最低梯度上的地区转移。

西方区域经济学者就用这种生产的生命循环阶段论与区域经济发展的梯度转移理论来说明在世界和国家范围内工业布局与经济发展水平的变化及推移模式。例如，在产业革命初期，纺织、钢铁、造船等行业正处在创新阶段，它们是当时发展水平最高的英国的主要经济支柱，英国垄断了这些方面的先进技术与大部分生产能力。在这些行业进入发展阶段以后，它们的发展重点逐渐转移到西欧其他国家以及美国、日本等当时还处在第二梯度上的国家。到了 20 世纪 60 年代以后，这些行业在发达国家的增长已经终止，并开始出现下降的趋势。中国香港、新加坡、韩国、巴西等在这些行业上正在逐步取代它们。

根据梯度转移理论，每个国家与地区都处在一定的经济发展梯度上。世界上每出现一种新行业、新产品、新技术，都会随着时间的推移，像接力赛那样，由处在高梯度上的地区向处在低梯度上的地区一级一级地传递下去。威尔伯、汤普逊把这种情况形象地称为“工业区位向下层渗透”现象。

但是一个区域是处在梯度的顶端、中层还是低层，并不是由它的地理位置而是由它的经济发展水平特别是创新能力决定的。梯度变化总的来说固然有朝着一个方向、由高向低发展的趋势，但这并不是绝对的。正像在地形图上常常能够看到的情况那样，在高山与高原之间有时夹着深谷，在低矮的丘陵与平原上有时会出现凸起的山峰。例如，美国从经济发展水平来看，大致是北高南低、东高西低。但在美国北部，紧靠着东北部沿海最发达的波士顿城市带的就是经济相当落后的阿巴拉契亚山区，由此往西又是经济高度发达的五大湖沿岸城市带与俄亥俄河沿岸城市带，再由此往西，经济发展水平则逐渐下降，直到落基山区，西太平洋沿岸的西雅图—波特兰地区经济又比较发达。美国南部的情况更复杂，这里经济最发达的是位于西部太平洋沿岸的加利福尼亚州，而东部沿海平原却是经济落后的地区，在它以西则是经济比较发达的皮德蒙特工业地带，由此再往西，在南部沿海工业带以北、加利福尼亚以东，又夹杂着一大片经济落后地区。因此，把一个地区或国家笼统划分成东、中、西三部分，把东部地区都放在第一阶梯上，把中部地区都放在第二阶梯上，把西部地区都放在第三阶梯上，并企图在它们之间建立经济与技术的梯度转移关系，是不符合梯度理论的基本原则的。例如，美国的阿巴拉契亚山区正位于最发达的波士顿城市带与比较发达的俄亥俄河沿岸城市带之间，如果根据这一点就把阿巴拉契亚山区放在第二阶梯上，让它担负“承东启西”的使命，它是承担不了的。这是因为，实际上它比处在自己以西的地区还落后得多。美国自建国以来，经济的发展确实是从东向西发展的，但它是顺着一定的路线跳跃式前进的，而不是像拉网那样一字排开、齐头向西推进的。当早期移民在西进过程中遇到像阿巴拉契亚山区这样的障碍时，只是力图穿过它，以便继续前进，只有在找到条件好的地区时，才向四周发展，进行垦殖，并最终选择了芝加哥地区作为向四周发展的据点。只有这种类型的地区才能真正担负起“承东启西”的任务。西进的结果是，在大西洋与太平洋沿岸各自形成了两片发达地区，而在中间内陆腹地，却遗留下了大片比较落后的地区。

第二节　梯度发展理论的动态表象

梯度发展理论一开始曾经是一种静态定位理论。它力图把世界各国、各地区固定在特殊阶段上，以维护现存的资本主义秩序，使富国永远富庶、穷国永远贫穷。但实践粉碎了这种错误的理论。由于资本主义发展的不平衡性，一些原来站在最高发展梯度上的国家、地区逐渐衰败下去，沦为第二流甚至第三流的国家、地区；而另一些原来处在较低发展梯度上的国家、地区却后来居上，成为最发达的国家、地区。这些事实促使人们进一步研究造成区域发展梯度变化的原因及其变化趋势。研究结果表明，在资本主义条件下，地区经济发展的总趋势是贫富两极分化日益加剧，在有关这方面的研究中，最有权威的是缪尔达尔的累积因果论和赫希曼的理论。综合这两种理论，在地区经济发展中有三种效应在同时起作用，这就是极化效应、扩散效应（或涓滴效应）与回流效应。它们共同制约着地区生产分布的集中与分散。极化效应会使生产进一步向条件好的高梯度地区集中，扩散效应会促使生产向其周围的低梯度地区扩散，回流效应则会削弱低梯度地区的发展、促进高梯度地区的进一步发展。这三种力量综合作用的结果是，不断扩大发达地区与不发达地区之间的差别。这是因为，在这里起主导作用的是极化效应，而回流效应在这方面也起着推波助澜的作用。

一、极化效应促使城市带的发展梯度上升

根据缪尔达尔和赫希曼的理论，任何一个区域，不管由于什么原因，只要它的发展达到了一定水平，超过了起飞阶段，就会具有一种自我发展能力，可以不断地积累有利因素，为自己的进一步发展创造条件。这时，即使原先赖以发展的优势已经消失，它也仍可以向前发展。所以在资本主义市场机制自发起作用的情况下，发达地区越来越富有，贫穷地区则越来越贫穷。造成这种两极分化的具体原因有以下几点。

1. 发达地区在经济发展上积累了优势

优势体现在：强大的科技力量，便捷的交通与通信联系，完备的基础设施与优越的协作条件，雄厚的资本，集中的消费市场。

这些有利条件的结合使得发达地区对代表世界经济发展潮流的兴旺工业部门如电子计算机、生物技术、高新材料等行业的布局具有吸引力。它们都是技术密集型行业，在布局上对原料、燃料的依赖小，主要要求配置在信息灵通、技术力量强、协作条件好的地区。而这些行业的发展又能有力地推动地区经济的发展。

此外，特别值得注意的是，当前世界工业布局正在发生巨大的指向性变化，一些过去是原料、燃料地指向的重要传统部门转变成了消费区指向的技术密集型部门，从而进一步突出了发达地区的优势，加剧了极化效应的作用。形成这种转变的原因如下：

第一，由于加工工业技术的进步，一些原料在加工过程中可以将其中越来越大

的一部分转化为成品，这就使得一些原料产地的原料逐渐转变为地方纯原料。例如在石油工业中，早期炼油厂要排出大量废气、残渣，原料中只有一部分可以转化成石油制品。因此，它在布局上有着较强的原料地指向。但近年来，由于催化裂化技术的进步，特别是由于可以把炼油与石化工业结合起来组建联合企业，因而可以将原油转化成数百种产品。由于原油易于运输，而成品难以运输，炼油与石化工业在布局上形成了消费区指向。由于这是一个巨大的工业部门，因此它的布局指向的改变对世界工业布局样式有很大的影响。

第二，许多原料在采用新技术进行来料加工后，可以除掉其中所含的大部分无用成分，使之接近于纯原料，从而大大降低用它来进一步加工的工业原料指数值，削弱原料地对加工工业的吸引力。例如，很多发达国家的铁矿经过长期开采，富矿已经接近枯竭，开采出的矿石的品位越来越低，美国最大的梅萨比铁矿现在开采出的矿石平均品位仅为25%。这样原本会增大原料指数、加强铁矿产地对钢铁厂的吸引力，但由于选矿、造球等技术的进步，便有可能将黄沙矿经过初步加工转变为含铁量在65%以上的球团矿，完全可以经由长距离的运输把它们运到消费区供发展钢铁工业之用。这就使得铁矿产地对选矿、造球以外的其他钢铁业生产过程失去了吸引力。

第三，消费区可以就地从回收利用废旧物资中得到越来越多的原料供应。例如美国炼钢业中耗用的废钢占到45%，这就大大加强了消费区对钢铁业的吸引力。

第四，目前在机电工业中，产品轻型化、小型化的趋势越来越明显。即用重量轻、体积小但生产能力更大、效率更高的机器代替那些笨重的、效率低的机器，以实现原材料、能源、劳动力、工厂用地等多方面的节约。20 世纪 40 年代像一间房那样大的电子计算机现在已被微缩成只比打字机大一点的微型机，而且功能还增强了。从 1977 年到 1982 年，福特汽车公司通过改善汽车设计，以轻型优质材料代替质量较差的材料，把它生产的小汽车重量由 1 400 千克降至 1 000 千克，以省油并降低生产成本，其结果是大大减少了原材料成本在产品成本中的比重，削弱了原料地的吸引力。

第五，随着运输技术的改进，运费率普遍下降，但下降最快的是那些运量大、装卸方便、途中不易腐败损坏的原料、燃料的运费率，而制成品则因产品种类日益增多、交运批量小、装卸不便、途中损失大，运费率下降缓慢。这就使得企业家宁愿运输原料而不愿运输成品，从而增大了消费区的吸引力。

第六，现在一些骨干厂的规模越来越大，耗用原料也越来越多，这就使得一个地点的原料往往难以满足需要。原料地分散而消费区集中，因而会加强消费区的吸引力。此外，很多原料是不能恢复的，因此总有枯竭之日。如果把工厂布局在原料产地，一旦当地的资源枯竭，工厂的生存就会成问题，而消费区的消费量则很少会自己消失，甚至还可能不断增大。

第七，企业的盛衰越来越取决于它的产品能否适销对路，这就使得企业家倾向于把工厂布局在消费区，以便与消费者建立密切联系，随时了解瞬息万变的市场信息。

由于上述原因，许多原来分散在燃料、原料产地的工业在分布上越来越集中到那些控制着巨大市场、拥有较高技术水平的发达地区。新的技术密集型行业是这样，钢铁、水泥、石化等行业也是这样。

2. 发达地区是政治权势集中的地区

在美国北部、西部、南部经济高度发达地区形成的权势集团的力量对比与权势斗争直接左右着美国的总统选举、参众两院的人选及其主要决策，从而影响着地区间研究与开发经费的分配、国防订货与国家建设项目在地区间的分配，使之有利于发达地区而不利于欠发达地区。

3. 发达地区具有规模经济效应

一个地区的经济发展水平越高，就越有可能从规模经济与聚集经济中获益，从而大大增强自己的竞争能力。从现在世界总的发展形势来看，骨干企业的合理规模与区域聚集经济规模仍在向大型化的方向发展。这就使得发达地区在竞争中处于更为有利的地位，因而有必要也有可能不断扩大其聚集规模，加强生产分布的极化。

4. 乘数效应会进一步促成生产分布的极化

由于兴旺的技术密集型工业以及规模大的钢铁业、石化业、建材业等日益向发达地区集中，势必要求一系列为它们服务的生产性与非生产性行业也在这些地区得到相应发展，如运输业、公用事业、商业、银行业、保险业、环保业、零部件生产与修理业，等等，这样就会引起人口的增长。而人口的增多又会引起一系列为居民服务的行业的相应发展，从而促使人口进一步增长。这种乘数效应是一轮又一轮地按乘数增大的，它能大大促成生产分布的极化。

可见，在资本主义制度下，一个地方一旦因某种原因而发展起来，就会在上述几种力的作用下，像滚雪球一样越滚越大，就有可能在那里形成高度发达的城市、城市群，甚至形成绵延千里的城市密集带。这是资本主义地区经济发展梯度变化的主流。现在美国的波士顿城市带，由波士顿向南延伸到华盛顿，占全国土地面积的 1%，但人口却达到 1 000 余万，是美国金融业、工商业、科学文化教育事业最集中的地带。美国与加拿大的五大湖沿岸城市带，其人口与经济实力大致与波士顿城市带相当。日本的太平洋城市带拥有全国大部分的人口与全国经济及科技的精华，是世界上最大、最密集的城市带。英国由伦敦向西北经伯明翰、曼彻斯特到利兹的城市带集中了英国一半以上的人口与经济实力。欧洲从荷兰的阿姆斯特丹港与鹿特丹港向南沿莱茵河经德国鲁尔区到斯图加特的一条城市带包括了 3 000 多万人口与德国、荷兰的经济精华。

从近年来的发展情况看，这几条城市带的发展势头并未减弱，虽然一些大城市中心区出现了人口下降的趋势，但由于郊区迅速扩大，卫星城镇增多，原有城市带内的城市密度、人口数量与经济实力均在增长。根据趋势分析，几个由城市带融合成的特大都市区将主宰资本主义世界的经济。

二、扩散效应在一定程度上促进了较低梯度国家与地区的发展

在极化效应起作用的同时，扩散效应也在起作用。随着城市与城市带的发展梯度上升，周围地区的经济也会在它的带动下得到不同程度的提高。没有扩散效应的配合，极化效应是不可能进一步加强的。在扩散效应的作用下，那些处在较低发展梯度上的国家与地区，可以在下述几个方面得到发展。

1. 初级行业及其产品初步加工工业

随着城市密集带越来越向新的高度发展，它们就必须从越来越大的范围内取得越来越多的农林矿产品等初级产品的供应。先进地区因此必须通过对外投资、技术转让、产品收购等多种方式，促使广大不发达地区增加这些产品的生产，改善它们的供应状况。美国发达地区不但在国内比较不发达的西部山区、南部地区与阿拉斯加地区，还在加拿大、澳大利亚与拉丁美洲广大地区投资发展初级产品的生产，以满足自身日益增长的需求。日本、西欧等发达国家也都是这样做的。

初级产品或是在加工过程中失重过大，或是易于腐败变质，不经初步加工的话，一般不宜远运。这就使得不发达地区随着初级产品生产的增长，其初步加工工业也要相应地增长。

2. 简单劳动密集型工业

前面讲到，在大城市中首创的工业部门总会由创新阶段转到衰退阶段。与此相对应，它们也就由技术密集型工业转为简单劳动密集型工业，它们的最优区位也就由梯度高的发达地区转到梯度低的不发达地区。在生产布局学中通常把这种简单劳动密集型工业由高工资、高技术地区流到低工资、低技术地区的现象称为“外溢”现象。如美国新英格兰地区的纺织业就不断外溢到南部地区，现在又正由美国南部地区外溢到一些发展中国家。

3. 污染严重的工业

在工业与人口高度密集的城市带，工业污染造成的社会损失必然更大，并且更容易激起居民群众的反对。因此在高度发达地区，环境立法一般偏严。这就迫使污染严重的工业到四周城市郊区甚至更远的小城镇去寻求它们的最优区位。这又是一种“外溢”现象。

4. 军事工业

出于国防的考虑，各国都力图使自己的军事工业在布局上比较分散，避免把它们过度集中地配置在发达地区。这对一些原先不发达的地区得以较迅速地发展起到了一定的作用。例如，美国阳光带的加利福尼亚、得克萨斯与佛罗里达等州的经济之所以能迅速发展、后来居上，其原动力在很大程度上就来自军事工业的发展。

5. 旅游业等第三产业的发展

随着城市密集带的发展，这些地区人口拥塞、空气污浊的现象不断加剧，居民们特别向往外出旅游观光。平均收入的增多、假期的延长使得实现这种愿望成为可能。于是那些人口较少、风景秀丽或拥有众多名胜古迹的地区的旅游业得以迅速发展。在一些经济不太发达的地区，旅游业甚至成为支撑当地经济发展的主要支柱，推动了地方旅馆业、游览业、饮食业、某些有关的礼品经营业、银行业、商业、客运业等的发展，成为扩散效应起作用的又一种方式。

6. 先进城市带对落后地区的支持

扩散效应起作用的另一种方式是，由于先进的城市带经济的发展，国家税收增多，因而可以拿出更多的钱来支持落后地区的发展。而且，由于城市带可以提供的就业机会增多，周围地区包括不发达地区与农牧业区进城工作的人也会增多。他们向家乡汇回的款项，对落后地区的经济发展往往也能起到一定的作用。

在不发达地区由于上述种种原因而发展起来的一些企业，在布局上也要求相对集中到一些条件较好的点或交通线上，从而会扩大、兴起一批城镇。它们只要达到了一定规模，在规模经济、聚集经济、乘数效应的作用下，就会不断扩大，甚至有形成新城市带的可能。如美国南部的墨西哥海岸城市带、皮德蒙特城市带、佛罗里达城市带就是在第二次世界大战以后才初具规模的，其实力虽然远比不上那些成熟的城市带，但已经具备了自我发展的能力。这些新城市、城市带的兴起，从美国全国来看、从较长远的历史时期来看，是波士顿、五大湖沿岸等大城市带向外扩散的产物，是扩散效应起作用的结果。但从南部地区来看、从当前的情况来看，它们又在局部范围内产生极化效应，在推动周围地区发展的同时也在壮大自身。

三、回流效应遏制了低梯度地区的发展

回流效应是在极化效应起作用的同时，作为扩散效应的对立物而起作用的。当处在高梯度上的发达地区在极化效应的作用下经济发展欣欣向荣时，它的投资环境、就业机会也会随之得到改善，竞争力日益提高，因而与那些处在低梯度上的贫穷地区相比，具有更大的优势。在这种情况下，回流效应就会在至少三个方面起着削弱低梯度地区、增强高梯度地区的作用。这包括：其一，在资金形成上，发达地区在扩散效应的作用下向不发达地区投放的大量资本、贷款，到一定时期都要还本付息或支付利润。这时，如果不发达地区不能迅速改善投资环境，吸收与消化这一笔资金，这些资金将被源源不断地汇回发达地区。更为严重的是，在这种情况下，不发达地区的企业与人们积蓄的资金也会因当地投资机会少、利率低而通过种种渠道流向繁荣的发达地区。这两者都会严重损害不发达地区的资本形成，而加速发达地区的积累。其二，在移民上，不发达地区的人才倾向于流向发达地区。其三，在竞争能力对比上，发达地区在经济繁荣兴旺的过程中，可以不断扩大其产业规模，增添先进设备，改善经济发展的外部条件；同时开展创新，提高劳动生产率，从而进一步加强其在市场竞争中的优势地位，迫使不发达地区只能发展那些衰退部门，无法改善落后的产业结构。

可见，在国家全局的发展过程中，低梯度地区可能从中获得的发展机会的大小归根结底要取决于扩散效应与回流效应在该地区的作用力的对比。通常情况下，在那些生产发展条件较优越的不发达地区，如在一些文化教育、交通、通信等基础设施较好或者矿产资源较丰富的地区，扩散效应的作用往往较强，回流效应则较弱。如亚洲一些新兴国家与地区的情况正是这样。反之，在那些生产发展条件较差的地区，回流效应的作用往往较强，因而能在相当程度上遏制扩散效应的作用。

由此可见，极化效应不能离开扩散效应而单独起作用，反之亦然。但这两者作用力的大小却相差悬殊。即使在发达地区高速发展的推动下，不发达地区能借以得到发展的也不过是一些没有多大发展前途的部门。再加上回流效应的作用，地区间的不平衡只会进一步扩大。由此可见，在资本主义市场力的作用下，根本不存在可以自动缩小地区差距的均衡机制。缪尔达尔认为，要缩小地区差距，唯一切实可行的办法是加强国家干预。

缪尔达尔理论的根本缺点在于：

第一，他对资本主义制度的社会性质没有一个正确的认识，期望通过政府干预来缩小地区间经济发展水平的差距。多年来在这种思想的影响下，为了减缓地区间存在的越来越尖锐的社会与政治矛盾，许多资本主义国家都成立了经济开发署或类似的组织，致力于落后地区的开发。这样做不能说没有收到一定的效果，但时至今日也没有一个地区因政府的干预而脱贫致富。

第二，他没有看到资本主义经济发展不平衡的必然性。一些已经进入先进行列的地区，如不致力于创新，也可能从发展的高梯度上掉下来，成为经济落后地区，如美国的新英格兰地区、英国的威尔士地区等。

缪尔达尔学派的贡献则在于它揭示了资本主义发展必然会加剧两极分化的规律，并且提出了一些解决问题的办法，其中有些是值得借鉴的。

第三节　不同梯度上的区域经济发展战略

一、处在高梯度上的区域的经济发展战略

这些区域之所以能攀登上经济发展的高峰，主要就是因为它们占有了技术与经济上的优势，建立了一个以技术密集型产业和商贸发达的银行、信息、科研等第三产业为主体的经济结构。但问题是，无论什么样的产业都在经历着一个由创新到衰退、由技术密集型到简单劳动密集型的自然发展过程。一个地区不管它的产业结构过去多么优越，都会随着岁月的流逝而逐渐老化。到那时这一地区就会失去自己的优势，而工资高、原材料价格高、地租高等不利条件则会凸显出来。预防结构老化的唯一行之有效的办法就是不断创新，建立新产业、新企业，创造新产品，保持技术上的领先地位。与此同时，要果断地、有计划地逐步淘汰那些已经进入成熟与衰退阶段的老产业、老企业。不吐故就无法纳新，就会被老产业、老企业无穷无尽的问题所困扰，就不可能集中优势力量来发展与创建新产业部门。纽约地区的实际经验表明，它在经济发展的历程中先后淘汰了多个一度在地区经济结构中领先的传统产业部门，如面粉加工、铸造、肉类加工、纺织、制革等，并不断适应世界经济发展新潮流而推出新部门、新产品，才保持住了今天在全美、全世界梯度中的领先地位。有些原先高度发达的地区在发现自己的产业结构老化时，就采用一系列保护、补贴政策，力图保持住这一块过去好不容易争得的地盘。实践证明，这样做是下策。结果只会使地区丧失创新势头，技术日益老化，设备陈旧，竞争力下降，总有一天会保护不住而沦为萧条区。只有对新生事物、萌芽中的新产业才能进行保护。

日本在《走向 21 世纪的基本战略》中，就确定要有计划地缩小化纤、纺织、服装、钢铁、造船、家用电器、一般机器制造等停滞或衰退行业在国家产业结构中的比重，集中力量发展微电子、新材料、生物工程三大新兴部门。与此同时，大力发展第三产业中的信息、金融、科技等行业，以确立日本在 21 世纪中的金融与技术大国地位。

目前，所有的发达国家为了保持其优势地位，普遍采用的一个重要战略就是集中全

国的精英，建立起一批新产业开发中心，把科研、开发与生产结合成一个整体，以加速创新的进程。在这方面行之有效的办法就是吸取美国建设硅谷的经验，由政府或资本家选择在经济发展水平高、技术力量最雄厚的城市附近围绕一些著名的大学与科研中心建立新技术创业者中心。对已经取得某项重大专利或确有发明创造能力并有志于创建新企业的人提供收费低廉的临时厂房与必要的技术服务，如电话、电传、数据终端、复印设备、会议室以及行政和会计服务等。此外，中心还为创业者安排市场、管理和技术等方面的咨询服务，帮助他们建立各种必要的协作关系，代替他们向银行申请贷款等，从而给创新企业创造一个良好的生长环境。中心还规定在它们那里得到创新机会的企业，在中心停留的时间都有一定的限度，一般不得超过三年。对那些奋发图强的创业者来说，这一段时间足够让他们在生产技术和市场开拓方面取得进展，使他们完全可以脱离创业者中心，到外面建新厂、开辟新天地，并把位置让给新的创业者。如果有的创业者经过三年努力，仍然站不住脚，那么就得离开中心，另谋出路。这样就会在著名大学、科研中心周围发展起一批创业者中心，在创业者中心周围又会建立起一批创新企业，形成一个强大的创新群体。闻名遐迩的硅谷就是在斯坦福工业园区的基础上发展起来的。

如果说硅谷的形成还带有很大的自发性，政府的引导只是次要的，那么日本兴建筑波科学城的经验则为政府、大公司、科研机构共同协作，有意识地创建大型创新基地提供了一个范例，其声势之大是空前的。筑波科学城位于以东京为中心的首都圈内，在这里有著名的筑波大学，并集中了全国30%的国立科研机构，其中包括工业技术院、电子综合技术研究所等一流科研单位。围绕着这些科研单位又建立了一批高度技术密集型创新企业。作为筑波科学城的坚强后盾的是大东京圈强大的科技力量与高技术产业。

英国在一些基础理论研究方面一直处于领先地位，牛津大学、剑桥大学一直以获得较多诺贝尔奖而闻名于世。但英国在生产技术上却越来越落后，甚至有沦为三流技术国的危险。其关键是没有把科研、开发与生产连成一个整体，致使科研成果难以转化成生产力，甚至流到国外，加强了外国在科技竞争中的力量，给本国经济发展造成了威胁。例如，英国在机器人理论研究的许多方面在世界上都是领先的，但却没有使其尽早进入生产阶段，致使世界机器人市场为日本等国所控制。接受这一教训，英国在一些著名的大学城周围建起了高级科技工厂区，共同形成联系密切的科学公园，以促成大学教授、科学家与私人企业家的密切合作以及创新、开发单位与生产企业的紧密结合，促使创新企业迅速发展，使科研成果能最快地转化为生产力。剑桥科学公园在这方面树立了典范，它已被称为英国的“硅谷”。

二、处在中等梯度上的萧条区的经济发展战略

对原先经济很发达，但由于没能适应时代潮流、及时调整产业结构以致陷入危机中的地区来说，唯一切实可行的发展战略是通过大力创建新部门、改造旧部门来改变地区产业结构。在这方面做得比较成功的是美国对新英格兰地区的改造。新英格兰地区在历史上曾经是美国最发达的地区，但曾经赖以发家的纺织、制鞋、皮革等行业在20世纪30年代就已经开始老化，成为衰退部门。新英格兰地区由于没有及时淘汰这些部门并把它

的经济转向新产业部门，因而在以后很长的时期内，经济增长缓慢，失业率上升，坠入了萧条地区的行列。为了改变这种情况，美国政府充分利用这个老工业区科学文化发达、技术力量强、资金雄厚、工业基础较好的优势，采取了三管齐下的方针，逐步改变了该地区的产业结构。三管齐下的方针包括：

(1) 联邦政府与大公司向新英格兰地区划拨大量研究与开发经费，把本地强大的科研、技术力量引向发展以导弹与空间工业为主的军工生产。在军事工业的推动下，在新英格兰地区发展电子、精密机器与仪表、电子计算机等新兴行业，逐渐改变了地区经济结构。

(2) 帮助当地原有的纺织、制鞋、皮革等老部门中那些设备与技术条件较好的企业转向生产高档产品，重新回到生命循环中的创新阶段。因为纺织、服装、皮革等行业的高档产品同样属于技术密集型产品，可以负担高工资、高原料成本，可以给企业主提供较高的利润。这种改造之所以必要，还因为在新英格兰地区，纺织、制鞋等传统工业部门已经发展到很大规模，雇用职工很多，与区内其他产业部门联系密切。在结构改革过程中若不注意对这些老部门进行改造、扶植以使之得到新生，它们就会被迫大量倒闭或外迁，最终将波及区内许多与之直接或间接相关的企业，造成连锁反应，致使失业人数剧增，其后果将不堪设想。

(3) 对那些确实没有可能通过扶植、改造推出创新产品的传统工业部门，则帮助它们关厂、转产或外迁。但对这些部门，政府必须尽可能做好善后工作。如对迁出的工人进行补助，对留下的工人进行培训使之能转入新兴部门工作，对没有条件接受培训的人则加以救济，妥善安排。

三、处在低梯度上的国家与地区的经济发展战略

在这种类型的国家与地区的经济结构中，占主导地位的是初级产业与一些衰退部门。因为扩散效应给它们带来的是一些发达地区淘汰或外溢的产业。如果顺其自然发展，则永无出头之日。低梯度地区为了缓解这种处境，就必须采取一系列策略，集中力量实现经济起飞。按照缪尔达尔的说法，一个已经坠入恶性循环的落后地区，单靠其本身的力量是不可能实现经济起飞的。虽然主要得靠自己努力，但完全没有外援也不行。发达国家内部的落后地区为了实现经济起飞，可以主要依靠国家的财政支持；而一个落后国家在其发展的早期，必须大力引进、善于运用国外的资本与技术，并且要采用一系列政策，制订周密的计划，使得在实现了经济起飞以后，能够逐步摆脱对外国的依赖。

根据梯度发展理论，一个落后地区要实现经济起飞，必须沿阶梯逐级而上，不可跨越梯度。它应该重点发展具有较大优势的初级产业、简单劳动密集型产业与资源密集型产业，积蓄力量尽快接过那些从高梯度地区淘汰、外溢出来的产业，如钢铁、纺织、食品等衰退部门。之所以必须从这里起步，是因为：

第一，这些部门的发展对发达地区来说虽然已经无利可图，甚至可能造成亏损，但不发达地区却完全可以凭借劳动力价格低廉、资源丰富、地租与税收低等方面的优势，依靠发展这些部门来替代进口，扩大出口，创造利润，为地区的进一步发展积累资金。

第二，这些部门虽然在发达地区已进入成熟或衰退阶段，生产能力利用严重不足，但在一些不发达地区，却可能仍是产业结构中的薄弱环节或空白。而在地区经济发展的过程中，这些都是最基本的部门，是对国民经济与人民生活影响重大、实现地区经济起飞所不可或缺的部门。通过它们的发展，可以加速工业的聚集与城市化的过程，积累办厂与管理工厂的经验，培训人才，为地区的进一步发展奠定基础。

第三，只有顺着这个方向发展，才能最容易地取得发达地区的资金援助与技术转让，而这是落后地区在实现经济起飞时极为需要的。落后地区采取这种发展战略不但对自己有利，而且对发达地区也是有利的。

第四，在一个科学文化与经济基础都很落后的地区，若不去发展这些它们占有一定优势的产业部门而想一步登天，超越发展阶段，把主要力量用于发展在本地没有多大市场或不具优势的大型电子计算机、集成电路、高级材料、光学仪器等技术密集型工业，并在这样一些竞争最激烈的领域与最发达地区展开角逐，那么就只能是以失败告终。

但这并不是说，不发达地区永远只能处在发展梯度的最底层，保持一个衰败的产业结构。不发达地区完全可以主要依靠自己的努力，尽量争取外援，从最低的发展梯度向上攀登，进入世界先进行列。日本在第二次世界大战以后不能算作不发达国家，与其他发达国家相比只能算作中梯度国家，当时它的处境十分困难。但日本从实际情况出发，很快就摆脱了 20 世纪 40 年代后期的萧条处境，50 年代靠轻纺工业打入了国际市场，60 年代立即致力于改变产业结构，凭借具有优势的钢铁、造船、光学仪器、合成化工等行业在世界市场上站稳了脚跟；到了 70 年代，它开始在汽车与家用电器生产上处于世界领先地位；到了 80 年代，日本又开始全力以赴，力图在电子计算机及其软件、光导纤维、生物技术、高新材料等最尖端领域与美国、西欧等处在发展最高梯度上的国家和地区争夺领导权。日本就这样一步一步地向世界发展梯度的最高峰攀登，大概每十年上升一个梯度。日本的例子不是唯一的。新加坡在第二次世界大战后尚处于很低的发展梯度上。在 20 世纪五六十年代，趁发达国家第一次产业结构大调整的机会，新加坡先后发展起了轻纺工业、电子产品组装工业与石化工业等在欠发达国家运行的产业部门，到了 60 年代后期，新加坡开始由低工资国转变为中等工资国，加之自己工业所耗费的原料、燃料基本上都靠输入，在这种情况下，新加坡在发展那些处于衰退阶段的简单劳动密集型产业方面就难以与劳动力价格更为低廉、资源更为丰富的马来西亚、印度尼西亚、菲律宾等东南亚邻国竞争，因而出现了简单劳动密集型产业的国际投资避开新加坡而向东南亚其他不发达国家转移的现象。新加坡这时如果仍停留在低发展梯度上裹足不前，则必然会在国际竞争中一败涂地。在 1973 年爆发的资本主义世界性危机中，新加坡的纺织、家具、塑料制品、家用电器组装、胶合板等行业都遭到了沉重打击，企业倒闭现象极为严重。为形势所迫，新加坡只有向更高的梯度攀登才能闯开一条出路。这时，它一手重点抓石油的深加工，使石油与石化制品很快成为主要出口产品；另一手抓电子产品生产，把发展重点由单纯的家用电器组装转向电子元器件、小型计算机、精密仪器的生产。为了保证这一计划的顺利进行，新加坡于 20 世纪 80 年代初在国立新加坡大学附近的肯特岗建立了科学技术园区。这样，到了 80 年代中期，电子产品就逐渐取代石化产品成为新加坡的主要出口产品。事实证明，发展梯度虽然难以超越，但处在低发展梯度上的国家与地区却完全可以用更快的速度向顶峰攀登。今日处在梯度最高峰的国家与地区，一旦停止了发展势头，同样有可能坠落下来。

落后国家与地区能够以更快的速度向上攀登的基本条件有三个。

一是政治上的稳定。这是关键的关键。实践证明，没有一个政局不稳定的国家能在经济发展上取得巨大成就。有些发展中国家尽管在政治上取得了独立，但多年来政局动荡，甚至战火连绵，国家不得不把极为珍贵的少量资金、人力主要用于战争，生产停顿，外债日益加重。在这种情况下，不但不可能从外国、外区吸引投资、人才，而且会迫使本地资金、人才外流。

二是重视科学文化发展。任何落后国家与地区要后来居上，都必须逐步建立起比较先进的产业结构，为此就需要首先建立起比较强大的科技力量与熟练的劳动力队伍。因此，所有志在向上攀登的国家与地区无不把培养人才、用好人才放到重要战略高度上来考虑。实践证明，培养人才固然重要，用好人才更为重要。有人才而不能用，就等于没有人才，就必然会导致人才外流。

三是有一个有远见卓识、决策果断、工作效率高的政府，它能抓住国内外经济发展中的每一个有利时机，制定正确的战略，调整产业结构，把国民经济搞上去。在这里效率是关键。

世界性的梯度大转移高潮是周期性发生的。第二次世界大战后一共出现过三次高潮。第一次始于 20 世纪 60 年代初；第二次始于 1973 年；第三次始于 1987 年。这是经过各种因素的长期积累后产生的一个飞跃。所有新兴国家与地区都是充分利用了这些时机才得以超越梯度而兴起的，为此，这些国家与地区的决策机构必须在高潮到来之前做好种种准备（包括人才与技术准备、政策与法律准备、组织机构调整、资金准备、基础设施准备），搜集信息进行预测，拟定战略，待高潮到来时迅速调集力量，抢在其他同等梯度国家与地区的前面行动，向更高梯度冲刺。如果在这时当断不断，或事先毫无准备、措手不及，那么就会坐失良机，延误十多年的发展。

第四节 梯度理论在经济发展中的重要意义

近年来梯度发展理论正由静态定位理论发展为动态理论。其中最有权威的是缪尔达尔和赫希曼的理论。缪尔达尔认为：随着任何一个国家或地区的经济发展，在生产分布上必然会产生两种趋势，即生产向某些地区集中的回流趋势和生产向广大地区分散的扩展趋势；前者受回流效应支配，后者受扩散效应支配。根据这一原理，处在高梯度的地区的经济发展主要在于预防经济结构老化，行之有效的办法是不断创新，建立新产业、新企业，创造新产品，保持技术上的领先地位；处在低梯度的地区首先应重点发展占有较大优势的初级产业、劳动密集型产业，尽快接过那些从高梯度地区淘汰或外溢出来的产业，发展地区经济，并尽量争取外援，从最低的发展梯度向上攀登，进入世界先进行列。

一、梯度理论研究的价值

经济社会发展是一个复杂的概念。一般来说，经济社会发展程度是一定社会生产力发展水平和生产关系完善程度的表现，反映了一个国家或地区变动着的经济社会实态。所谓经济社会发展，通常是指后工业化时期的社会经济、政治制度、人文环境等的发展。经济社会发展是多种因素相互影响、相互作用所产生的一种运动，它具有梯度性的特征和发展规律，研究这个特征、正确认识和把握这个规律有助于实现经济社会的全面、协调和可持续发展。

1. 研究经济社会梯度发展理论是时代的选择

研究当前我国经济社会发展的梯度性特征，首先要研究改革开放以来我国的国情和发展规律，研究当代我国发展观念的战略调整和发展模式的全面转型，更要研究不同发展阶段之间的相互关系，以考察当前经济社会整体进步和发展的必然趋势。同时，在更高的理论层面解读社会主义初级阶段向社会主义更高阶段梯度发展的必然规律。

科学发展梯度理论认为，按照马克思主义的发展观，任何经济社会发展都有其内在客观自然的历史过程，这个过程在不同的历史时期、不同的社会形态和不同的经济发展背景下有不同的特征表现。在我国，计划经济时期的特点是，一些人为因素阻碍了社会发展内在规律的自然展现，其外在表现形式就是经济在低水平发展的基础上展示相对平等的社会图景。改革开放 40 多年来，我国的经济生活发生了深刻的历史性变化，被誉为“世界经济发展的奇迹”。2010 年，我国经济社会在发展基础极度薄弱的情况下快速成长为世界第二大经济体。这 40 多年来我国经济社会发展呈现出了一系列新的梯度性特征，总体表现是：时间跨度短，发展步伐快。但与此同时，经济和社会、自然环境的协调难度仍然相当大。第一、二、三产业几乎同步发展，其中农业、制造业和信息产业没有较大的时间顺次发展差距；国内市场和国际市场几乎同时打开，沿海地区和内陆地区面临同样的市场，改革和开放并举；传统观念与现代经济社会的新思想相互碰撞和融合，传统道德和新的价值取向相互冲突、磨合及调适；社会阶层出现显著变化，个体的外在社会生产能力发生扩延，内在心灵和精神的成长逐步适应经济社会环境的快速发展。这些现象表明：一方面，经济社会发展的成果日益成为常态，整个经济社会呈现出蓬勃的发展生机；另一方面，在经济社会快速发展的各个阶段，暴露出了一些深层次的问题，困扰着当前经济社会的持续健康发展，对加快我国改革开放的步伐形成了阻力。这些阻力不仅与整个改革开放始终相伴，而且表现在我国经济社会发展的各个阶段。因此，对我国的经济社会发展进行梯度性研究就显得尤为紧迫。

此外，对于我国经济社会发展的梯度研究，不能只是立足于对改革开放以来或某一特定时期的经济发展进行周期性研究，因为单纯的经济研究并不能完全覆盖我国经济社会发展的全部。因此，坚持在科学发展观的指导下研究我国不同发展阶段的个性化特征，以及这些特征的影响，以此来揭示我国经济社会发展的梯度性规律，是经济社会发展的需要。

2. 梯度理论的研究要符合各国经济社会发展的实际

对于经济社会发展的梯度性，历史上国内外都有学者进行过探讨，并提出了各自的理论，但他们大多是从阶段论的角度展开的。如美国经济学家胡佛-费希尔的区域经济增长阶段理论、罗斯托的经济成长阶段理论、约翰·弗里德曼的区域空间成长阶段理论、日本学者井村干男的关于工业化处于初级发展阶段的国家和地区划分理论等。我国也有学者对经济发展阶段做过一些理论上的探索，但他们对改革开放以来的分析，一是偏重于经济增长维度，二是分析的时间跨度短，有的仅到20世纪90年代为止，三是有的甚至连分析的依据和产生的结果都存在争议。总体而言，国内外学者都没能从理论上对特定国家的具体经济社会发展阶段进行考察并得出科学的结论。

之所以出现这种情况，主要是因为在国外，其研究是基于西方国家工业革命以来相当长的历史时期，经济结构呈现出顺次发展和渐次高级化的特征，城市化依次出现分散—聚集—分散的趋势。在国内，虽然这些国外理论对我国的现代化发展进程有较大启发，但由于其研究背景与我国当代经济社会的发展状况有很大不同，因此很难照搬和模仿。首先，我国正处于社会主义市场经济的完善阶段；其次，我国的国情有其特殊性，人口多，底子薄，资源不丰富，在这样的情形下，难以完全复制国外的发展模式和成熟经验。正如诺贝尔经济学奖获得者道格拉斯·诺思2007年7月9日在我国国家统计局举行的学术报告会上所说，中国是一个开创性的国家，在经济发展上没有什么模式可以模仿，其间克服了很多困难，取得了很大的成功；同时，中国经济改革的某些经验对西方经济学理论提出了挑战，它能够丰富其制度经济学的思想。虽然诺思对我国经济社会发展的特殊性有了较深刻的洞察，但同样没有提出关于我国现代经济社会发展梯度的新见解。

科学发展梯度理论研究的关键在于从发展梯度的角度阐述科学发展观，研究科学发展的规律，研究科学发展过程中人与自然、人与社会、人与人、人自身的问题，关注科学发展的中间过程状态，论证我国经济社会发展的规律性与必然逻辑，追求科学发展过程的创造性和谐，为科学发展的未来阶段提供理论支持。

二、梯度理论发展与研究的意义

1. 科学发展梯度理论的理论意义

首先，科学发展梯度理论坚持发展的规律性与目的性的统一，对以往只注重发展结果、忽视发展过程，或只注重发展过程、忽视发展结果的发展理论都提出了挑战，是主张发展过程与发展结果相统一的发展理论，是对以往发展理论的突破。

其次，科学发展梯度理论吸纳了后现代主义的合理内核，如后现代主义的全球意识、强调事物的共生关系和相互依存关系、重视对自然物理的认识传统、重视人与自然的和谐、重视人际关系与代际关系的和谐，扬弃了后现代主义的极端的相对主义、非理性主义、无政府主义和乌托邦色彩等消极理念，否定了它的宗教神学色彩和唯心主义，追求一种真正能够为全人类提供参考价值的科学发展观。

最后，科学发展梯度理论本身也是一个发展过程理论，这个理论从改革开放初期经济、政治、文化等领域的百废待兴，到改革开放中期因经济快速发展、忽略环境等其他方面而带来的改革成本的提高，再到改革开放鼎盛时期的现阶段提出的“以人为本”“全面协调可持续发展”“创新、协调、绿色、开放、共享的新发展理念”等，表现出了肯定—否定—否定之否定的辩证发展过程。

2. 科学发展梯度理论的实践意义

首先，科学发展梯度理论的实践价值在于它从发展阶段的视阈理解“全面协调可持续发展”，这对于以理论自觉的态度去坚持和贯彻科学发展观具有重要的意义。第一，科学发展梯度理论首次提出了在经济增长方式上的时间历程和哲学意义上的动态共生。经济增长方式的变化和发展也是一个持续的过程，不可能以单一突变的方式完成经济增长方式的转变，这是一个规律。第二，科学发展梯度理论开拓了我国科学发展的实践新领域，率先把发展梯度理论引入从自然、社会到精神的一切领域，把发展过程与解决矛盾的实践联系在一起，在时间上相始终，在方法上循序渐进。第三，科学发展梯度理论指明了我国科学发展的实践新途径，提出了发展是发展过程和发展结果的统一，是连续性和阶段性的统一，是稳定性与变动性的统一，是前进性与曲折性的统一。

其次，科学发展梯度理论的实践内涵主要表现在三个方面：一是它能有效地解决我国经济实力的显著增强与人民生活水平低层次小康之间的矛盾。传统的“不患寡而患不均”使人们往往缺乏对发展梯度和层次的认识。科学发展梯度理论主张在经济发展的过程中要让人们同步享受到发展的成果，同时让人们认识到发展是渐进的、有先后的，不可能所有的人同时进入小康。二是它能有效解决我国改革发展的时代要求与影响发展的体制机制障碍之间的矛盾。科学发展梯度理论认为，只有让全体人民深刻理解发展的梯度性，通过对体制机制的不断创新，兼顾、尊重、保护不同群体的利益，并通过制度安排把不同群体利益的矛盾冲突降到最低限度，才能实现体制机制的渐进式完善和突变式改革的统一。单纯的渐进式完善容易导致改革战机的贻误；而盲目追求突变式改革则容易在未被大多数人理解的时候失去群众基础。三是它能有效解决我国社会主义民主政治不断发展与利益格局深刻变化之间的矛盾。在转型期，不同利益主体对分享改革发展成果的要求以及对发展成果的急切占有都明显增强，使统筹协调各方面利益关系的难度加大。要有效解决这些矛盾，必须分步骤、渐进式地推进社会主义民主政治，及时地将现代化所产生的新的社会阶层、社会群体成功地吸纳到政治系统中来，达到利益的动态共生。

最后，科学发展梯度理论的实践方法主要表现在：第一，重视对发展的宏观政策的指导。宏观政策的制定、形成和执行也是一个过程，也呈现出梯度性特征。如从 20 世纪 70 年代末的“计划经济为主、市场调节为辅”的方针，到 80 年代末的“计划经济与市场调节相结合”的方针，再到 90 年代的“建立健全社会主义市场经济体制”，一直到现阶段的“加快构建高水平社会主义市场经济体制”，其中每一个阶段都体现了党和政府求真务实的高度责任感，每一步也都体现了科学发展梯度理论对发展的宏观政策的指导。第二，重视对发展的微观过程的指导。经济发展肯定需要速度，但更需要发展速度和质量的统一。速度是优化结构的重要手段，优化结构才能保证经济发展的真正高速度。我国多年的实践经验表明，在每个微观领域，都要计算发展的成本，还要统筹协调各方面的利益关系，才能维护社会的和谐稳定。第三，重视对发展的具体方法的指导。主要指重视发展的静态和动态相结合的方法。静态方法包括社会实践一般思维方法和一般操作方法两种。动态方法包括决策计划方法、组织指挥方法、操作技术技巧、信息方法、沟通协调方法、监督控制方法、评价总结方法等。无论静态方法还是动态方法，都是在过程中梯度性地形成的，在梯度中发展，在梯度中起作用。离开发展梯度，它们毫无意义。这是科学发展梯度理论的又一重要价值所在。

三、我国“三步走”的发展战略与梯度理论

我国改革开放已经走过了40多年的历程，我国“三步走”的发展战略既相互联系，又各有特征。依据经济社会发展的梯度理论，借鉴公共政策非线性过程学说，结合我国经济社会运行状况的主要变化和矛盾，可以将我国从1978年以来的经济社会发展状况划分为三个阶段。

第一阶段（1978—1990年）：以“反贫困”为特征的经济社会发展初级阶段。

这个阶段的主要特征是“以经济建设为中心”，以“基本解决温饱问题”为战略目标，从农村到城市，经济体制改革全面展开。“让一部分人先富起来”“反贫困”是当时的主流思想和战略方针。这个战略方针的顺利贯彻使温饱工程基本完成，城乡人民生活得到普遍改善，极大地赢得了国际社会舆论的赞许与促进了国内人民期望值的提升。

任何改革都有成本和代价。在这个阶段，改革中暴露出来的问题有：其一，相关制度缺位，如市场制度发育不成熟、法律制度不完善、产权制度不健全、社会保障制度建设不到位、政府管理制度改革滞后等；其二，环境污染增多，如城乡的“三废”、噪声和光污染等；其三，由于国门初开，价值观念多元，外在道德约束弱化、内在道德修养有待提高等问题逐渐显现。

第二阶段（1990—2001年）：以“重效益”为特征的经济社会发展跨越阶段。

这个阶段的主要特征是在“建立健全社会主义市场经济体制”的旗帜下，经济改革进入超常发展阶段。这个阶段的发展思路一是思想解放，为经济发展助跑；二是加快市场化进程；三是促进经济结构优化。在这一阶段，从“计划”走向“市场”的历史性选择使我国经济得以高速发展，社会主义市场经济理论被普遍接受，全国人民的生活水平有了质的飞跃。邓小平的“三个有利于”成为判断改革成败的三条标准。

在这一阶段，产业结构调整、“三农”问题、区域发展差距成为经济发展的三大难题。随着改革开放的深入，经济转型最终带来了社会转型，体制、机制、法制等有待进一步完善，加快经济发展、建设和谐社会成为国人的目标。

第三阶段（2001年至今）：以“讲和谐”为特征的经济社会发展逐步完善阶段。

在这一阶段，由于经济、政治、社会、文化等方面存在的矛盾的交织，以及矛盾之间的共振性关联，建立健全的社会福利指标成为构建和谐社会的刚性需求，如就业问题与其解决途径的探索与衡量，医疗、养老、教育等公共产品分配的社会公平程度的测量，改革时期社会贫困消除的量化与监测等。同时，由于传统的旧伦理观承载不了当代太多的使命，难以提供现代社会生活所需的更厚重的社会教化功能，因此，新伦理建设成为当务之急。毋庸置疑，在一个多元价值体系的时代，人的综合素质的提高是和谐社会发展的前提，道德教养的完善是和谐社会的理想境界，科学素养的培育是和谐社会精神提

升的重要前提，法律素质的提高是和谐社会的基本保障，而社会责任的提倡是构建和谐社会的重要标志。在转型时期，新伦理建设主要涵盖三方面的内容：(1) 新经济伦理建设是和谐社会的价值取向，它要求遵循效率与公平兼顾原则、“求利”与“取义”相协调原则。(2) 新政治伦理建设是和谐社会的执政理念。其核心内容是“科学执政、民主执政、依法执政”。其中，科学执政是基本前提和总体目标，民主执政是本质所在，依法执政是基本途径。三者相互联系，有机结合，共同构成一个不可分割的辩证统一体系。(3) 新生态伦理建设是和谐社会的文明追求。新生态伦理观包括三条基本原则：一是坚持生态与“人态”的和谐共生；二是设定生态“必要伤害”的底线；三是倡导新生态理念的价值判断。

对我国经济社会发展三个阶段的划分，为马克思主义的社会发展阶段理论提供了实践佐证。三个发展阶段虽然各具个性，但其发展都展现了梯度的规律，都富有中国特色，其共性都是对科学、民主、自由、人权等这些人类共同追求的价值观的肯定和高扬，其梯度发展的实践理念是对实践本质的思考，其梯度发展的系统理论是对发展逻辑的尊重，其梯度发展的创新理念是对世界潮流的响应。

关键术语

经济发展梯度　梯度转移理论　极化效应　扩散效应　回流效应

思考题

1. 阐述工业生产生命循环阶段论。
2. 阐述区域经济发展的梯度转移理论的主要论点。
3. 为什么说乘数效应会进一步促成生产分布的极化？
4. 处在较低发展梯度上的国家与地区在扩散效应的作用下，可以在哪些方面得到发展？
5. 梯度理论在经济发展中有哪些重大意义？

主要参考文献

[1] 周起业，等. 区域经济学. 北京：中国人民大学出版社，1989.

[2] 厉以宁. 区域发展新思路——中国社会发展不平衡对现代化进程的影响与对策. 北京：经济日报出版社，2002.

[3] 李国平，等. 梯度理论的发展及其意义. 经济学家，2002 (4).

第六章

区域经济发展的辐射理论与增长极理论

重点问题

- 经济发展中的辐射概念
- 经济发展的辐射理论
- 辐射理论在中国经济发展中的理论意义和实践意义
- 增长极理论及其局限性

第一节 经济发展的辐射理论

一、辐射概念

辐射是一个物理学概念，是指能量高的物体和能量低的物体通过一定的媒介互相传送能量的过程。在这一过程中不仅能量高的物体向能量低的物体辐射能量，而且能量低的物体也向能量高的物体反辐射能量，只不过由于后者小于前者，因此从净辐射的能量数量来看，能量低的物体的能量不断增加，最后两者达到相同水平。辐射有以下特点：(1) 辐射是一个双向的过程，不同能量的物体互相辐射；(2) 辐射的结果是随着能量的传递而逐渐拉平物体之间的能量差；(3) 一个物体的能量只要高于周围其他物体，净辐射出去的能量数量就大于自然吸收的能量数量；(4) 两个物体距离越近，能量辐射就越大，换句话说，一个低能量物体距离高能量物体越近，两者的辐射越充分，前者吸收后者的净能量就越多，两者达到相同能量水平的速度就越快；(5) 两个物体的能量落差越大，辐射越强烈，净辐射的能量数量就越大，即能量低的物体吸收的能量就越多；(6) 辐射的速度和程度还和辐射的媒介有关，辐射媒介越有效，辐射就越充分。

经济发展与现代化进程中的辐射是指经济发展水平和现代化程度相对较高的地区与经济发展水平和现代化程度相对较低的地区进行资本、人才、技术、市场信息等的流动和思想观念、思维方式、生活习惯等方面的传播。通过流动和传播，进一步提高经济资源配置的效率，以现代化的思想观念、思维方式、生活习惯取代与现代化相悖的旧的习惯势力。辐射的媒介就是交通条件、信息传播手段和人员的流动等。这里，我们把经济发展水平和现代化程度相对较高的地区称为辐射源。

经济辐射的特点具体表现为：（1）经济辐射的前提条件是经济对外开放和资源自由充分流动。（2）双向辐射，缩小差距。在经济辐射中，发达国家（地区或城市）与落后国家（地区或城市）存在着互相辐射。前者向后者传递先进的科学技术、资本、管理经验、信息、思想观念、思维习惯和生活方式等，后者向前者提供自然资源、人才、市场等。由于前者向后者传递了先进的生产资源，通过接触能够缩小两者在经济发展水平上的差距。（3）辐射的速度和程度与其距离和关系有关。经济发达的国家（地区或城市）与落后国家（地区或城市）的辐射距离越近、关系越好，其辐射就越充分、辐射的速度就越快，辐射的程度就越高；反之亦然。（4）经济辐射的媒介主要是交通网、信息网、关系网等，即经济辐射是通过交通、信息和各种关系进行的。（5）经济辐射具有积极影响和消极影响两种效应。（6）经济辐射的方式主要有点辐射、线辐射和面辐射。

经济辐射是以空间和产业为途径，以资源（主要是自然资源、资本、技术、劳动等）的流动为纽带来完成的。

二、现代经济发展中的辐射理论

物理学中的辐射理论可以很好地解释现代化和经济发展中的辐射问题，因为两者之间具有很大的相似性。现代化和经济发展水平较高的城市和地区可以被看成是能量高的物体，现代化和经济发展水平较低的城市和地区可以被看成是能量低的物体，因此，两者之间就会存在类似于物理学中的辐射现象。

（1）区域经济发展的辐射理论可以很好地解释现代化和经济发展中的相互影响和扩散问题。现代化和经济发展水平较高的城市或地区（即高梯度区域）与现代化和经济发展水平较低的城市或地区（即低梯度区域）之间的扩散和辐射是相互的。而两者之间的差距是进一步扩大还是缩小，则取决于经济运作模式，总部经济是缩小差距的最好模式。

（2）高梯度区域与低梯度区域之间的辐射的范围取决于两者现代化和经济发展的水平。如果在辐射中充分实现优势互补，则不仅前者能促进后者的发展，而且前者的经济发展和现代化进程也能够加快，这也是两者之间双向辐射的效应。在发展总部经济时，要充分注意辐射理论的指导作用。

（3）辐射的媒介主要是交通运输和通信等基础设施，它们直接决定着辐射的有效性。因此，发展总部经济一定要优先考虑基础设施的建设。

（4）物理学中辐射的是能量，而在现代化和经济发展中辐射的是所有影响现代化和经济发展的积极因素和消极因素，包括技术、资金、人才、自然资源、市场信息、文化、环境和法律、制度等意识形态方面的因素。

三、点辐射、线辐射和面辐射

从地图上来看，中心城市是一个点，沿海、大江大河以及沿湖和铁路干线是一条线，长江三角洲、珠江三角洲等现代化程度和经济发展水平相对较高的发达地区是一个面，这些都可以被看成是现代化程度和经济发展水平相对较高的辐射源。我们可以把由这些地区参与的辐射分别称为点辐射、线辐射和面辐射。这三种辐射分别具有不同的特点。

1. 点辐射

点辐射一般以大中城市为中心向周边地区推开，如同在平静的水面上投入一块石头，产生的波浪由中心向外扩散，逐步扩散到较远的地区。从静态的角度来看，中心城市的现代化程度和经济发展水平相对高，技术、人才、资金相对充裕，居民思想观念、思维方式和生活习惯也比周边地区相对先进，但自然资源和劳动力很可能比较缺乏。而周边落后地区的自然资源和劳动力很可能比较充裕，但资本积累和技术进步的速度可能相对缓慢。这样，如果周边地区和中心城市能够很好地实现优势互补，则可以大大加快以中心城市为核心的地区现代化和经济发展速度。

在辐射过程中资本必然向投资效率高的地区流动。在辐射初期，中心城市资本的边际效率可能较高，于是，资本可能会由周边地区向中心城市流动，这可能会进一步加快中心城市的经济发展速度和现代化进程，并使周边地区资本匮乏的现象进一步恶化，从而对这些地区的经济发展速度和现代化进程产生负面影响。但这一过程不可能持久，因为随着资本向中心城市的流入，中心城市资本的边际效率会逐步下降，周边地区资本的边际效率反而会逐步提高，于是，就会出现资本从中心城市向周边地区逆流的现象，周边地区的经济发展速度和现代化进程就会加快。因此，从长远的角度来看，资本在中心城市和周边地区之间的流动不仅有利于中心城市的经济发展和现代化进程，而且有利于周边地区的经济发展和现代化进程。有一种观点认为，由于周边地区资本相对匮乏，因此应该有效制止资本从这些地区流向中心城市。这是一种从静止的角度分析问题的思维方式，会导致资本效率的重大损失，不仅中心城市无法发展，而且周边地区从长期来看也很难快速发展，共同落后的结果就必然会出现。因此，在应用辐射理论研究地区经济发展水平和现代化程度的差距问题时，我们必须坚持的指导思想是，在长期内求得共同快速发展而不是在短期内求得相互平衡。

在辐射过程中，技术通常由中心城市向周边地区流动。这主要是因为中心城市技术进步的条件和环境较好，技术进步的速度较快，技术供给比较充分。周边落后地区这方面的情况相对较差。由于技术可以共享，因此，从对技术需求的层面上来看，中心城市和周边落后地区之间的技术需求没有太大的差异。当然，因为技术发挥作用的配套条件不同，技术的边际效率在中心城市可能较高，在周边落后地区可能较低。于是，技术进步后，很可能首先在中心城市得到利用，周边落后地区对技术进步的分享会有一个时滞。无论如何，技术的可共享性决定了技术进步对中心城市与周边落后地区的经济发展和现代化进程都有好处，而且技术在中心城市和周边落后地区之间的流动机制越好，流动范围越广，技术发挥的作用就越大。

在辐射过程中，人才流动比较复杂。总的来看，人才流动的要求就是人尽其才。从静态的角度来看，在辐射初期，由于中心城市的发展机会和生活条件都相对较好，因此，周边落后地区的人才可能会向中心城市流动。这一方面促进了中心城市的经济发展和现代化建设进程，另一方面，周边落后地区由于人才的流失可能会出现人才严重不足的情况，从而影响这些地区的经济发展和现代化进程。需要指出，人才的流动不同于资本的流动，资本在短时期内就可以实现回流，而周边落后地区要实现人才的回流，一方面需要较长的时间，另一方面可能会付出较大的成本，即花费巨大的代价来吸引中心城市的人才流入周边落后地区，这主要是由于生存的环境和面临的发展机遇对每个人而言都是十分重要的。由此可见，这两方面都不利于周边落后地区的经济发展和现代化进程。但是，尽管这样，我们依然认为，应该允许人才在中心城市和周边地区充分流动。理由如下：

（1）“十年树木，百年树人”，人才是一个国家最为宝贵的财富，人才的浪费就是最大的浪费。如果周边落后地区不能给这些地区的人才提供良好的发展机会而出现人才浪费现象，如果中心城市能够给人才提供广阔的发展空间，那么对人才从周边落后地区向中心城市的流动就应该予以肯定，因为这样的流动有利于全局的经济发展和现代化进程。

（2）中心城市发展了，周边落后地区必然受益，经济发展速度和现代化进程就会加快，在此基础上才能吸引大量的人才，进一步加快这些地区的经济发展和社会繁荣。

（3）从长期来看，中心城市的发展必然会带动周边落后地区的发展，从而为这些地区的人才创造更多的发展机会。同时，改善这些地区的生活条件和生活环境，人才外流现象才能被有效制止。而且，从根本上说，靠行政手段强行阻止人才的流动，可能会适得其反，不仅不能充分发挥人才在落后地区的作用，而且中心城市的人才需求也得不到满足，因此从根本上来说这种做法会损害经济建设和现代化的进程。

（4）进一步说，周边落后地区的人才回流也只是一个时间问题。从国内外发展历史来看，人才的回流是一个必然的趋势，资本的回流必然带动人才的回流，只是人才的回流表现得相对缓慢一点而已。

那么，在辐射初期，周边落后地区的人才匮乏问题如何解决呢？我们认为，可行的办法有两个：一是加快提高现有人才的素质，例如，可以大量进行职业培训、实施跨地区人才交流等；二是注重培养本地区人才，实施人才开发战略。目前，主要中心城市的人口压力相对较大，上海、北京、天津等大城市的人口已经相对过剩，如果任凭人才流动，这些城市的人口就可能会失控，造成比较严重的后果，同样不利于经济发展和现代化建设。但我们认为，中小城市的人口流动可以逐渐有条件地放开，这是人尽其才的根本保证。

思想观念、思维方式和生活习惯的辐射同样十分重要。辐射的方式可能是，中心城市先进的思想观念、思维方式和生活习惯通过一定方式向周边落后地区传播，传播的途径主要是人员的流动和电视、广播等信息媒体。同时，周边落后地区陈旧的思想观念、思维方式和生活习惯对先进地区会形成一定程度的抵抗，两者在碰撞中会实现新生事物的发展。这一过程很可能持续较长时间，甚至会出现反复，主要是因为旧势力有时会表现得十分顽固，新生事物的产生和发展会受到很大的阻碍。这也是思想观念、思维方式和生活习惯在中心城市和周边落后地区辐射中存在的主要问题，同时也是辐射的主要特点。

自然资源和劳动力的辐射通常表现出单向辐射的特点，即主要是由周边落后地区向中心城市流动。周边落后地区的劳动力流动到中心城市，首先要以所谓打工者的身份在中心城市滞留，在打工过程中，劳动者既可以逐渐积累一些技术、知识和管理经验，也可以积攒相当数量的资金。一定时间后，他们的选择有两个：一是继续在中心城市待下去，寻求进一步发展的机遇；二是打工者用学到的技术、知识、管理经验甚至大量资金“反哺”原来的落后地区，发展自己的事业。无论哪种情况出现，对落后地区的发展都有积极意义。后一种情况自不必说，即使是打工者滞留在中心城市，也和原来的地区有着千丝万缕的联系。他们汇款给家乡的亲人，为家乡尽力引进项目和资金，把中心城市先进的思想观念、思维方式和生活习惯介绍给家乡人民，等等，这些都有利于周边落后地区的经济发展和现代化进程。自然资源通常由周边落后地区向中心城市流动，因为中心城市的自然资源消耗得比较快，容易出现相对不足的现象。特别是非再生性自然资源几乎在所有的中心城市都表现出不足。这样，中心城市只有依靠周边落后地区提供相应的自然资源才能得以发展。一个重要问题是，自然资源如何定价？定价太低，将损害周边落后地区的经济发展；定价太高，会影响中心城市的快速发展。例如，中国目前第三、四类地区自然资源定价太低，主要是由长期以来形成的不合理价格体系所致，从而影响了这些地区的经济发展和现代化进程，导致它们落后的程度进一步加深，这应该引起足够的重视。我们认为，应该建立适合自然资源流动的市场体系，依靠市场对自然资源进行合理的定价，以此消除自然资源定价的不合理现象，减少周边落后地区在自然资源定价方面遭受的损失，促进这些地区经济的进一步发展和现代化进程的加速。为此，逐步取消国家对自然资源的定价权，强化市场在自然资源定价中的决定性作用是十分必要的。

以上我们分析了点辐射的特点和过程。需要指出，点辐射的有效进行，必须依赖良好的辐射媒介，即良好的交通、信息传播手段和市场机制。这是点辐射有效进行的根本保证。在交通方面，在中心城市与周边落后地区之间应该建设发达的铁路、公路网络，尽可能减少辐射过程中的交易成本，提高辐射效率。同时，在信息传播方面应该加大通信网络建设的力度，建立健全现代化的通信体系，这对中心城市和周边落后地区都有好处。例如，中国改革开放以来，山东省、山西省、广西壮族自治区、宁夏回族自治区等都在这方面取得了丰富的经验和很大的成绩。

2. 线辐射

一般以铁路干线、公路干线（尤其是高速公路）、大江大河以及大湖沿边航道和沿海的陆地带为辐射的带状源，向两翼地区或上下游地区推开。这里，我们把铁路干线、公路干线、大江大河以及大湖沿边航道和沿海的陆地带称为辐射干线。和点辐射的分析一样，通常，辐射干线上的城市或地区的经济发展水平和现代化程度相对较高，辐射干线两翼的经济发展水平和现代化程度相对较低。于是，辐射干线上的城市或地区的资本、技术、人才以及先进的思想观念、思维方式和生活方式就会与两翼落后地区相互传播，结果可能会使两者之间实现优势互补，从而在整体上推动整个地区的经济发展和现代化进程。关于这方面的辐射特点和辐射过程，和点辐射是完全一致的，这里不再重复。关于线辐射，我们的分析重点是辐射干线上下游的城市和地区的辐射问题。

我们知道，在辐射干线上，由于历史的以及其他原因，尽管上下游城市和地区的经济发展水平和现代化程度相对于两翼而言是比较高的，但在上下游之间也表现出相应的差距。例如，处于辐射干线上的中心城市的经济发展水平和现代化程度通常比辐射干线上的其他中小城市和地区的经济发展水平和现代化程度高，这就决定了它们之间也有相应的辐射现象存在。在辐射干线上，最大的特点是上下游之间交通方便，人员流动频繁，经济交易中的交易成本比较小，经济资源周转快，信息也相对更加畅通，因此辐射的效率更高。于是，辐射干线上经济发展水平和现代化程度较高的城市或地区在向两翼辐射的同时必然更加容易向上下游辐射。从运输的角度来看，在铁路干线、公路干线和沿海的陆地带上，自然资源的流动没有上下游方向的区别，因为上下游方向运输的成本基本相同。但在大江大河干线上，由于水流的方向问题，自然资源由上游向下游流动的成本比反方向低，因此，从自然资源富裕的城市或地区向下游输出自然资源，是比较经济的，反之，则是不经济的。这里我们可以得出一个区域经济学方面的猜想：在世界各国经济发展和现代化进程的初期，大江大河的下游的经济发展速度通常比上游快，因此下游地区往往先行一步，现代化程度相对较高。中国的情况证明了这一点，长江下游的城市如上海、南京、苏州、无锡等地的经济发展速度和现代化进程就比上游的城市如重庆、宜昌等地的经济发展速度和现代化进程快。

关于线辐射，还有一点需要说明。我们已经说明了线辐射不同于点辐射的重要特点是，线辐射不仅包括辐射干线向两翼的辐射，而且包括辐射干线上下游之间的辐射。这样，上下游的纵向辐射和向两翼的横向辐射就同时向两个方向推开，因此形成了一个有效的线辐射体系，辐射的范围和程度都比点辐射宽广。在这样一个辐射体系中，辐射的过程很可能是这样的：辐射干线上的中心城市把两翼地区和上下游地区联系起来，上下游的资金、技术、人才、自然资源以及思想观念、思维方式和生活习惯等与辐射干线上的中心城市进行相互流动和传播，再由中心城市向两翼地区辐射和传播；或者反过来，两翼地区的资金、技术、人才、自然资源以及思想观念、思维方式和生活习惯等首先与辐射干线上的中心城市进行相互辐射和传播，然后再由中心城市向上下游地区辐射和传播。可见，如果辐射力足够强，那么，线辐射的结果肯定比点辐射好，影响面也更大。因此，我们在高度关注点辐射的同时，应该更加重视线辐射的作用。

沿海陆地带的线辐射也具有不同的特点。沿海的陆地带是指与海洋相接触的海岸线所形成的辐射线，如丹东、大连、营口、秦皇岛、天津、烟台、青岛、连云港、上海、福州、厦门、深圳、珠海、香港、澳门、北海等城市构成了中国的海岸线辐射区域。这些地区辐射的特点不同于铁路干线、公路干线、大江大河以及大湖的沿边区域，主要在于海岸辐射线只能向一翼辐射，即向内陆地区辐射，另一翼是隔海相望的其他国家或地区。但是，这条辐射线却具有极其重要的辐射意义。其原因在于，沿这条辐射线分布的中心城市和地区可以非常方便地与其他国家和地区进行广泛的经济交易和文化交流，成为中国改革开放的前沿地带和窗口，多年来发挥了巨大的作用。在海岸辐射线上，辐射的过程很可能是：海岸辐射线上分布的中心城市首先与周边国家或地区进行相互辐射，在技术、资金、人才、自然资源以及思想观念、思维方式和生活习惯上进行相互流动和传播，然后中心城市再以同样的方式与内陆地区的城市和地区、沿海岸线的其他城市和地区进行相互流动和传播。这种中介作用和龙头优势是十分突出的。

3. 面辐射

点辐射和线辐射大大加快了辐射区域的经济发展速度和现代化进程。结果就会形成以中心城市或辐射干线为核心的经济发展水平和现代化程度相对较高的区域。例如，中国改革开放以来逐步形成了珠江三角洲、长江三角洲、环渤海经济区等经济发展速度和现代化进程相对较快的地区。这些地区的中心城市和小城市连成一片，形成了具有较强辐射能力的辐射源，并进一步和周边落后地区进行相互辐射。由于在地图上这些地区表现为一个面，因此我们将这样的辐射称为面辐射。例如，广东省与福建省、江西省、湖南省、海南省以及广西壮族自治区之间的辐射可以被看成是面与面、面与点、面与线之间的辐射，这样的辐射就是面辐射。

根据辐射的特点，面辐射可以分为两类，一类是摊饼式辐射，另一类是跳跃式辐射，这是我们借用移民理论的概念对辐射所做的分类。摊饼式辐射是指经济发展水平和现代化程度相对较高的地区逐渐与周边地区进行资本、技术、人才、市场信息的交流，以及自然资源、思想观念、思维方式和生活习惯的流动与传播，使后者的发展速度进一步加快，并逐渐向外推移。这样的辐射导致的发展在时间上是渐进的，从空间上来看是连续的，先进地区和落后地区之间没有出现盲区。例如，广东省与周边省份的辐射首先从交界处开始，逐渐向外推移。这种辐射方式很像摊饼时的推移过程，因此得名。跳跃式辐射是各经济发展水平和现代化程度相对较高的地区跨过一些地区直接与落后地区进行资本、技术、人才、市场信息、自然资源以及思想观念、思维方式和生活习惯的流动与传播，使后者的发展速度进一步加快，这种辐射从空间上来看是跳跃式的，先进地区、落后地区之间出现了一个盲区。例如，目前中国政府在积极倡导先进地区和落后地区之间的对口帮扶工作，东部发达地区和西部落后地区之间形成的辐射就是跳跃式辐射。当然，在点辐射和线辐射中也存在这样两种辐射方式，只是不如在面辐射中表现得突出。

在面辐射中，摊饼式辐射通常具有更大的现实性。这是由于：(1) 摊饼式辐射的辐射距离比跳跃式辐射短，资本、技术、人才、市场信息、自然资源和信息的流动成本较小，辐射效率较高。(2) 由于居民之间的思想观念、思维方式和生活习惯差异较小，在推进过程中，摊饼式辐射遇到的阻力也较小。这两点决定了摊饼式辐射比跳跃式辐射具有更大的优越性，辐射的效果通常较好。

四、关于辐射问题的几点说明

辐射理论反映了经济发展和现代化进程中的普遍规律性，揭示了经济发展和现代化进程中影响因素的传导问题。点辐射、线辐射、面辐射三者具有共同的特点：(1) 不管是哪一种辐射形式，都意味着经济资源和人文环境的流动和传播。辐射的结果就是地区之间逐步达到共同发展的目的。(2) 不管是哪一种形式的辐射，都是双向辐射，既有先进地区向落后地区的流动和传播，也有落后地区向先进地区的流动和传播，辐射的目的就是实现地区之间优势的互补。

关于辐射问题，我们还有几点需要进一步展开讨论。

(1) 严格说来，点辐射、线辐射都是一种抽象概念。因为地图上的任何点和线在现实中都表现为一个城市或地区，因此更加具有面辐射的特征。从这个意义上来说，任何的点辐射和线辐射都最终表现为面辐射。但这并不意味着提出点辐射和线辐射的概念没有任何意义。当我们站在全局的角度来分析中国不同地区的经济发展和现代化进程问题时，特别是在分析地区之间的差距和相互影响时，这样的分析就非常有用，前面的分析已经充分说明了这一点。

（2）点辐射、线辐射和面辐射并没有既定的顺序，并不是由点及线、由线及面的过程。在一个辐射体系中，三者可能同时存在。例如，中国广东省对周边地区的辐射可以被看成是面辐射，但在广东省内部，广州市、深圳市又对周边地区和城市形成点辐射，而且广州市和深圳市处在海岸辐射线上，因此又对沿海其他城市和地区形成线辐射。这些不同形式的辐射交织起来，形成一个个复杂的辐射网络，一个个辐射网络又形成整个辐射体系。因此，我们可以说，所谓的点辐射、线辐射和面辐射，是我们把整个辐射体系分拆以后得到的三种基本的辐射形式，它们也是构成辐射体系最基本的元素。

（3）从辐射的机制来看，点辐射是最简单的一种辐射形式，线辐射其实是由大量点辐射构成的更加复杂的辐射网络，或者说，大量的点辐射排列成一条线，就形成了线辐射，而面辐射是最复杂的一种辐射形式。在一个面辐射网络中，既有大量的点辐射，也可能有许多线辐射，这些点辐射和线辐射交织组成的辐射网络向外推开时，就形成了我们所说的面辐射。举例来说，在广东省内部，由于中心城市、小城市和其他地区之间分别存在着经济发展水平和现代化进程的差异，点辐射大量存在，广州市、深圳市等中心城市显然对周边落后地区形成点辐射，并与沿海岸线、公路干线、铁路干线以及江河流域的城市或地区形成线辐射，同时，珠江三角洲又对广东省其他落后地区形成面辐射，广东省这样一个辐射体系又和其他地区如江西省、湖南省等形成面辐射。

第二节　梯度推进理论和辐射理论的比较

关于梯度推进理论，厉以宁教授在《区域发展新思路——中国社会发展不平衡对现代化进程的影响与对策》一书中已经做了初步分析。我们在这个分析的基础上，再对梯度推进战略及其理论依据展开讨论。

一、梯度推进理论的缺陷

梯度推进理论对中国目前的地区状况虽有一定的解释力，但存在缺陷，不能作为中国制定经济发展战略和进行现代化建设的理论依据。进一步分析如下。

（1）按照梯度推进理论把中国划分成东部发达地区、中部欠发达地区和西部落后地区，是一种比较粗略的划分方法。我们知道，在中部和西部地区，也有许多城市和地区的经济发展水平和现代化程度比较高，例如中西部的许多中心城市就是这样。把这些地区划入欠发达地区和落后地区显然是不科学的，因为所谓的发达、欠发达或落后都是相对的概念。同时，东部沿海地区的省份也有许多地区的经济发展水平和现代化程度比较低，例如鲁西地区、苏北地区和粤北地区的某些县就是这样，把这些地区划入发达地区显然也是不科学的。

（2）按照梯度推进理论进行划分，从发展的角度来看，忽略了地区之间经济和文化交流的双向性。我们知道，按照梯度推进理论划分的三个地区的经济资源具有很大的互补性，而梯度推进理论的发展观只能解决东部沿海地区和与之相邻的中部地区的经济及文化交流问题，然后才是中部地区和西部地区的经济及文化交流问题。显然，这样的发展现状会导致严重的资源配置扭曲，从总体上看，不利于经济发展速度的提高和现代化进程的加快。

（3）梯度推进理论忽略了同一地区之内的经济互补性。我们知道，在东部、中部和西部的同一个地区内，中心城市、小城市与其他地区的经济发展水平和现代化程度有很大的差异。由于先进地区和落后地区存在广泛的互补性，两者的互动关系将长期存在，这是经济发展的重要动力，必须加以利用。按照梯度推进理论，地区内部的发展问题就不可能得到很好的解决。

（4）从长期来看，如果西部落后地区等到东部发达地区带动中部欠发达地区发展后再得到推动，那么必然延误西部落后地区和中部欠发达地区的发展，中国的地区差距将在很长时期内进一步扩大，这会对整个中国的经济发展和现代化进程产生严重的不利影响。特别是在广大的中西部地区，由于有许多地区与城市的经济发展和现代化程度相对较高，这些地区虽然与东部沿海城市相比相对落后，但在本地区却处于先进地位，它们完全可以在本地区的经济发展和现代化进程中通过与周边落后地区的辐射效应起到带动地区发展的作用。因此，落后与先进只是一个相对的概念，哪怕是在一个最落后的地区，相对先进的城市或地区也能够通过辐射效应发挥带动作用。这些都被梯度推进理论忽略了。

（5）从理论上来看，梯度推进理论忽略了地区之间在经济发展和现代化进程中的互动性。梯度推进理论只注重发达地区对欠发达地区和落后地区的推动作用，忽略了后者对前者在人才、自然资源、粮食等方面的支撑作用。我们知道，发达地区的发展离不开欠发达地区和落后地区在许多方面的支撑，因此，如果说中国的经济发展和现代化进程是梯度推进的，那么这样的推进必然是双向的推动，而不是单向的推动，即不是单纯的东部发达地区对中部欠发达地区和西部落后地区的推动，后者对前者的发展同样具有推动作用。

以上分析表明，梯度推进理论不能解释中国经济发展和现代化进程的差距。

二、辐射理论的适用性

我们主张采用辐射理论来解释中国经济发展和现代化进程中的地区差距并制定相应的发展战略，原因主要在于辐射理论比梯度推进理论有更强的解释力，在制定发展战略中也有更大的理论价值和实践价值。这表现为以下几点。

（1）梯度推进理论只是辐射理论的一个方面。采用聚类分析法和主成分分析法，我们以反映现代化程度的综合指标为依据把国内各个地区划分为四类地区。辐射理论认为：1）这四类地区之间存在着强烈的线辐射和面辐射，而且这四类地区之间的辐射是交叉的，每类地区都和其他三类地区存在着不同程度的线辐射和面辐射。四类地区之间的相邻地区或城市的辐射主要表现为摊饼式辐射，相隔地区或城市之间的辐射主要表现为跳跃式辐射，因此，四类地区之间存在着广泛的辐射效应。2）每类地区内部都存在着点辐射、线辐射和面辐射。地区内部的中心城市、小城市与周边相对落后地区之间存在着点辐射或线辐射；地区内部的各个小地区之间又广泛存在着面辐射或线辐射。3）不同地区的相邻城市或地区之间广泛存在着点辐射、线辐射或面辐射，相隔地区可能存在着广泛的跳跃式面辐射。上述三个方面的辐射形成了经济资源和思想观念、思维方式、生活习惯的辐射网络。显然梯度推进理论只是辐射理论的一部分，即只反映了四类地区之间的线辐射和面辐射，而忽略了其他辐射方式产生的互动作用。

（2）根据反映经济发达程度的综合指标可把国内各个地区划分为四类地区，并分别标上红、黄、蓝、白四种颜色以示区别。尽管从总体上说，内蒙古自治区属于第四类地区，应该标为白色，但在内蒙古自治区内部，呼和浩特市、包头市、鄂尔多斯市三个地区经济发展水平和现代化程度较高，应该标为红色，而巴彦淖尔市可能被标为黄色。但在巴彦淖尔市范围内，临河区的经济发展和现代化程度相对最高，应该标为红色，如此等等，一直到乡镇一级地区。上述地区或城市之间产生了广泛复杂的点辐射、面辐射和线辐射，形成了多元化的辐射网络。每个红色地区都成为这个地区辐射网络中的节点。显然，这样一种发展思路简单地用梯度推进理论是无法解释的。

（3）在制定发展战略方面，按照辐射理论，我们可以在整个中国范围内，在每一类地区范围内，在每一个省、市、自治区范围内，在每一个行政地区内，甚至在每一个旗县范围内，分别根据红、黄、蓝、白四种颜色，也即经济发展程度采取相应的分析方法。在辐射理论的指导下，通过分析研究地区辐射的特点、辐射的途径和辐射中经济资源的流向以及人文环境因素传播的方式、方法和主要传播途径，可以制定出切实可行的对策以推动一定范围内的经济发展和现代化进程。显然，这样的发展战略依靠梯度推进理论同样是不可能科学地制定出来的。通常我们所说的一个地区在经济发展和现代化进程中把依靠自身力量和借助外力结合起来，就是指首先发挥地区内部通过辐射形成的互补优势，然后充分利用外部辐射形成的有利条件，达到加快经济发展速度和现代化进程的目的。同样，依靠梯度推进理论也无法形成这样的发展思路。

（4）按照辐射理论，我们可以进行跨地区研究，即把若干省份的交界地区、若干行政地区、若干旗县的交界处形成的地域结合起来进行研究，以便制定相应的发展战略。这些地区往往是经济发展落后、现代化进程缓慢的地区。如果我们可以通过分析找到这些地区已有的或潜在的辐射源，找到这些地区与其他相对发达地区的辐射途径，那么尽管这些辐射源与交界地区的一些部分不在同一个行政区域，尽管这些辐射途径可能跨越行政区位，我们也依然可以通过不同行政区域共同制定发展战略、联合采取行动，解决发展问题。这样的措施往往是非常有效的。同样，这样的发展战略和思路是利用梯度推进理论所无法解释的。

（5）此外，辐射理论有助于科学合理地解决就业问题，有助于进一步研究解决中等城市和小城市的布局问题，有助于研究制定房地产业的发展战略，有助于进一步优化经济资源的配置，同时还有助于制定正确的扶贫战略。

当然，我们并不是说辐射理论和梯度推进理论是完全对立的。其实，如果把梯度推进理论看成是一种发展过程的描述而不是一种发展战略，那么，无论是点辐射、线辐射还是面辐射，最终都会表现为梯度推进的过程，点辐射就是以大中城市、小城市和小城镇为中心的梯度推进过程；线辐射就是以铁路干线、公路干线、大江大河以及大湖、海岸线为起始点的梯度推进过程；摊饼式面辐射也同样是先进地区向落后地区的梯度推进过程；至于跳跃式面辐射，一旦跳跃辐射成功，在另一个地区的辐射也会表现出点辐射或面辐射的特点。

第三节　辐射理论在中国经济发展中的意义

以上我们提出并阐述了现代化与经济发展中的辐射理论的基本内容，比较分析了辐射理论的突出优势和梯度推进理论的局限性。在本节中，我们将分析辐射理论对于解决中国现代化进程中社会经济发展不平衡问题的理论意义和实践意义。

一、辐射理论的理论意义

（1）辐射理论认为，任何辐射都是双向的，既包括经济发展水平和现代化程度较高的地区对相对落后地区的辐射，从而促进与推动这些地区的经济发展和现代化进程，也包括后者对前者的辐射和对前者的促进作用。只不过在辐射中流动和传播的要素是不同的，先进地区向落后地区流动的要素主要是资本、技术、市场信息；落后地区向先进地区流动的要素主要是劳动力、自然资源、农产品。在这样的双向辐射中，双方可以合理分工，实现优势互补，从而在总体上提高经济的运行效率和现代化建设的速度。

（2）辐射理论更加强调市场机制在经济发展和现代化进程中的决定性作用。从根本上来看，经济发展和现代化进程必须依托市场对资源配置的决定性作用的充分发挥。经济发展问题最终将被归结为提高经济的资源配置效率，以此带动经济的快速发展，进一步推动现代化进程。辐射理论的基本思想是通过点辐射、线辐射、面辐射，把巨大的辐射网络即中心城市、小城市、小城镇和相关地区联系起来，使它们各自发挥自身在辐射体系中的作用，在市场机制的作用下，以经济利益为最终驱动力，加快各自的经济发展和现代化进程。在这一过程中，不应该而且也不能够对各主体进行太多的干预，原因是辐射理论涉及的主体数量庞大，而且十分分散，辐射的媒介又十分复杂。于是，计划的作用将极大弱化。辐射理论认为，计划只应该在下列方面发挥作用：1）进一步打破市场分割的局面，逐步建立全国一体化的市场体系，有效减少辐射过程中的交易成本，为辐射的有效进行创造条件。2）依据辐射理论综合制定全国的经济发展和现代化建设的总体战略。例如，根据全国或一个地区的辐射网络的分布情况，根据中心地区辐射媒介的基本状况划分出相应的区域，采取进一步的措施，发挥地区的综合优势，从整体上加快全局的经济发展速度和现代化进程。3）不断制定和完善法律法规，为各个辐射主体的经济发展和现代化进程提供高质量的环境，这是经济发展和现代化建设的必然要求和基本条件。可见，辐射理论体现了市场机制和计划调节有机结合的特点，既可以在市场机制的作用下充分发挥各个辐射主体的主观能动性，又可以在计划调节下有效协调各个辐射网络的行为，以保证在总体上实现全局利益的最大化。

（3）辐射理论高度重视事物之间的联系性和依赖性。辐射理论的最大特点就是把中国的现代化进程和经济发展放在整个中国范围内的辐射体系中加以考虑。我们认为处于同一个国家、同一个市场的地区在经济发展和现代化进程中存在着广泛的联系，相互间的影响也比较深刻。于是，一个城市或地区不可能在周边地区十分落后的情况下率先进入现代化行列，除非采取高度有效的行政手段把两者隔绝开来，但这是不可能的。因此，地区之间应该也必须进行协调，在共同发展的基础上步入现代化行列。辐射理论正是非常明确地强调了这一点，通过点辐射、线辐射和面辐射，把任何一个城市或地区都纳入更大的辐射体系内，和其他辐射网络形成多重相互影响的关系。这既是落后地区摆脱落后的外在条件，也是先进地区进一步发展的有利条件。

（4）辐射理论把平衡发展理论和不平衡发展理论结合起来研究解决经济发展和现代化进程中的相关问题。平衡发展理论主要指在产业发展方面，区域间或区域内部各地区间基本保持同步与平衡发展。这种观点主张在区域间或区域内部平衡布局生产力。即在区域间或区域内部对各部门同时进行投资，以便使工农业，轻重工业，第一、二、三产业及原料、加工工业等各部门基本得到协调平衡的发展。不平衡发展理论的主要观点是：区域经济在发展过程中，由于基础条件存在差异，因此经济和社会发展的动力也不同，所以出现不平衡发展的现象就是不可避免的。于是，应该在不同时期选择支配全局的重点地区、重点产业和部门进行优先发展，形成若干个增长极，其他地区可以通过增长极的扩散效应的推动而逐步发展。平衡发展理论和不平衡发展理论是西方学者提出的两种相反的发展理论，应该说，这两种发展理论都有一定的道理，但也都有相应的不足。显然，平衡发展理论不仅忽略了区域间经济发展和社会进步的起始条件方面的差距，而且忽略了由此导致的区域间经济发展和社会进步具有的不同动力。但平衡发展理论考虑到城乡经济和社会的差距对各自进一步发展的负面影响，也考虑到了对公平的严重损害会导致效率的更大损失，这是合理的方面。总的来看，不平衡发展理论比较符合经济和社会发展规律，具有较强的科学性。

辐射理论可以很好地把两者结合起来。辐射理论认为，在条件不变的情况下，区域之间通过三种方式的辐射，可以实现优势互补、共同发展。由于辐射总是双向的，因此，只要辐射的效率能够得到保证，经济资源与非经济因素的流动和传播就可以使双方同时受益，只是受益的程度、发展的速度不同而已。相反，如果两个相邻的区域之间没有良好的辐射媒介，从而两个区域处于相互隔绝的状态，则经济发展和现代化进程的差距可能会进一步拉大。显然，从这个意义上来看，辐射理论和发展理论是完全一致的。与此同时，辐射理论还认为辐射体系中的中心城市和先进地区在整个辐射体系中的作用是不同的，这些中心城市和先进地区就是不平衡发展理论所说的增长极。不言而喻，中心城市和先进地区对区域经济发展和现代化进程的带动作用比其他一般地区更加突出。因此，中心城市和先进地区的优先发展，在区域经济和现代化进程中会通过辐射产生更大的作用，因为中心城市和先进地区发展了，会进一步加强对其他地区的辐射效应，从而使整个区域得到发展。

二、辐射理论的实践意义

与此同时，辐射理论还具有重要的实践意义，主要表现在经济发展和现代化战略的制定、经济资源的流动和优化配置、市场信息的传播、思想观念等非经济因素的扩散等方面。从中国的总体来看，制定经济发展和现代化战略的几个主要问题是：交通等基础设施如何规划？南北、东西的经济优势互补通过什么样的方式实现？中心城市、小城市和小城镇的建设与规划应该注意哪些问题？就业问题怎样才能得到有效解决？所有这些问题都可以用辐射理论得到很好的解释。

就交通等基础设施的规划来看，辐射理论的实践意义是明显的。我们知道，交通等基础设施是地区之间辐射的媒介，媒介的优劣决定着辐射的效率，从而决定着地区之间经济互动力的大小。交通等基础设施建设的总体要求是：（1）从点辐射的角度来看，以城市特别是中心城市为中心建立四通八达的道路交通网络，和其他城市或中心城市的道路交通网络连为一体，从而提高城市和周边地区的辐射效率。我们知道，城市特别是中心城市的辐射力较强，在经济建设和现代化进程中必须充分发挥它们的作用。20 世纪六七十年代，中国以特大项目为依托，在落后地区特别是山区建设了不少城市，这些城市得到了一定程度的发展，但道路交通的落后制约了这些城市的进一步发展，也使得这些城市没有很好地发挥应有的作用。因此，必须从总体上加大道路交通的建设力度。同时，今后的城市规划必须克服类似的缺陷。（2）从线辐射的角度来看，不仅要重视铁路干线、公路干线的建设，还应该重视这些干线建成后与周边路线的配套问题。例如，京九铁路建成后，并没有一劳永逸，因为沿京九铁路干线不仅存在着巨大的纵向辐射效应，而且对其通过的地区存在着强烈的横向辐射效应，必须借助于配套的公路和铁路体系才能充分发挥京九铁路的辐射效应，带动铁路两侧较大范围的地区快速发展。（3）从面辐射的角度来看，辐射理论要求先进地区和落后地区之间建立发达的道路交通网络。要求先进地区内部和落后地区内部分别建立发达的道路交通体系，这是有效进行面辐射的基础。其实，道路交通体系对提高辐射效率的重要作用从民间流传的谚语中也得到了证实，例如“要想富，先修路”和“一条路造就万代富”等。

关于如何实现中国东西、南北的经济互补性问题，辐射理论同样能够给我们以启发。东西、南北的经济互补性问题是当前中国经济发展和现代化进程中的重要问题，必须认真对待。按照辐射理论，远距离的辐射问题只能借助于线辐射和跳跃式面辐射的方式加以解决。因此，可供选择的思路是：（1）在政府的帮助下建立东西、南北的互助合作关系，即我们所说的对口关系。干部的异地培养和交流、技术的转让、劳动力的流动、资金的融通、市场的开拓和市场信息的传播等都可以通过这种互助合作关系的方式加以解决，这是跳跃式面辐射在东西、南北经济互助与合作中发挥的重要作用。（2）充分利用现有的公路干线、航道干线和铁路干线以及航空运输等条件，加快地区间经济资源的流动，这是线辐射在东西、南北经济互助与合作中发挥的重要作用。

在城市和小城镇建设方面，辐射理论强调城市和小城镇的布局要有利于辐射的有效进行。优先发展大城市、中等城市还是小城镇，是一个长期以来一直争论不休的问题。

按照辐射理论，一个地区无论选择哪一种思路，都要根据本地区的实际情况，结合辐射理论制定相应的措施。例如在一个落后地区，中等城市的数量也很少，如果一些小城镇位于交通方便、人口密集的地区，重点发展这样的小城镇就是明智之举。这是因为，小城镇对周边落后地区的辐射力可以大于较远的中等城市对这些地区的辐射力，也可以大于较远的大城市通过线辐射对这些地区的辐射力。而且，小城镇的快速发展可以使这些地区较快地建立起有效的辐射网络，从而加快经济资源和人文环境因素在这些地区的流动和传播。在一些落后地区，有的居民远离小城镇，居住地区的自然环境、道路交通条件相对较差。因此，相对先进的地区对它们的辐射无法有效进行，或者说，即使未来可以逐步改善各方面的条件，也需要花费巨大的代价和很长的时间。于是，如果把这些居民迁入小城镇或相对先进、容易受到小城镇或中等城市辐射的地区，则问题就变得容易解决。从这里也可以看出，辐射理论除了重视面辐射、线辐射和大中城市的点辐射以外，也十分重视发挥小城镇的辐射作用。当然，有的城市布局不可能改变，只能依靠完善和改善辐射媒介的方法进一步发挥城市和小城镇的辐射作用。因此，在未来中国的发展中，城市和小城镇布局应以建立有效的辐射网络为指导方针之一。

就业问题是当前中国经济发展和现代化进程中的重要问题。劳动力是人力资源的重要组成部分，如何以及在何种程度上解决就业问题，关系到经济发展和现代化建设的速度问题，也关系到社会的稳定和发展问题，因此必须认真对待。辐射理论的就业观认为，劳动力是辐射的重要内容，劳动力的流动必须按照辐射规律在市场机制的作用下有序进行。为此，我们认为，如果一个地区劳动力不能被充分利用，失业问题严重，那么就应该允许和帮助这个地区的劳动力在更大的范围内跨地区流动，既可以跨越乡镇、旗县，也可以跨越行政地区甚至省界。例如，一个中心城市很可能处在两个省甚至几个省的交界处。那么，根据辐射理论，这个中心城市就会和周边地区包括与自身不属同省的地区产生辐射，劳动力的流动就成为必然，即周边地区其他省的居民就有可能向这样的中心城市流动或反向流动。辐射理论认为这样的流动对双方都有很大的好处。通过流动，劳动力会得到跨省界的优化配置，经济效率和社会效率自然会得到提高。因此，各省应该为这样的流动创造条件。再如，一条铁路干线、公路干线以及大江、大河、大湖沿边贯穿几个省份，劳动力富余的省份的劳动力就会沿着这样的线流动，流向那些能够实现自身价值或能够维持生存的省份，这就是劳动力的线辐射现象。辐射理论认为，这样的流动也应该得到鼓励和帮助。这是因为，这同样使劳动力在沿线上得到优化配置。上述两种现象也可以被推广到同一地区的相邻行政地区、同一地区的相邻县。改革开放以来，点辐射、线辐射带来的劳动力流动已是司空见惯，面辐射带来的劳动力流动也非常突出。几年来一直存在的所谓自流现象就是跳跃式面辐射的产物，其经济和社会效益是非常明显的。大量劳动力的涌入使广东等沿海省份的劳动力成本普遍下降，经济竞争力明显加强，因此推动了这些地区的经济发展和社会繁荣。与此同时，四川、湖南等劳动力输出地区不仅就业压力减轻了，市场信息渠道发展了，而且有可观的劳务收入被源源不断地汇入这些地区，特别是劳动力的流动带动了这些地区管理水平、思想观念、思维方式和生活习惯的改变。可见，辐射带来的劳动力流动和就业问题的解决对辐射双方都有积极意义。

辐射理论还对中国各省份交界处、各地区交界处的教育和医疗卫生资源的充分利用具有指导意义。在各省份或各地区交界处，可能存在教育和医疗卫生相对发达的地区，周边其他地区的学生和患者可以就近到这些相对发达的地区学习和就诊，这样不仅可以大大降低教育和医疗卫生的成本，而且可以加强地区间的交流和合作，特别是从总体上对这些地区的教育和医疗卫生进行合理布局。我们知道，教育和医疗卫生的规模经济性相对比较突出，地区之间这方面的交流和合作必然可以产生积极的经济和社会效益。这种情况可以推广到沿铁路干线、沿公路干线、沿大江大河、沿湖以及沿海地区的教育和医疗卫生合作上，其效果是相同的，只不过辐射的方式不同而已。

辐射理论对于有效克服地区之间的负面辐射具有重要的实践意义。我们知道，区域之间的辐射既有积极的正面辐射，也有消极的负面辐射。例如，落后的文化和习惯势力等非经济因素通过辐射媒介向先进地区传播，大江大河、大湖沿边的上游地区对下游地区的污染侵害以及沿海地区的海洋污染波及其他地区等，都属于由线辐射带来的负面辐射。这里需要指出，落后的文化和习惯势力向其他地区的辐射，既可以通过点辐射方式也可以通过线辐射和面辐射方式进行扩散与传播。因此，对这样的负面辐射的控制和根除就极其困难，付出的成本和代价也较大，持续的时间也会很长。污染问题以及大江大河、大湖沿边的上游地区造成的水土流失对下游地区的危害通常通过线辐射方式进行扩散，例如通过河流、水道、海岸线辐射到其他地区，因此对这样的负面辐射的控制和根除就会相对容易。但无论是哪一种负面辐射，单纯依靠经济手段都是无法根除的，而必须依靠行政手段的有力配合。因为负面辐射具有极其复杂的一面，落后的文化和习惯势力是在潜移默化中辐射的，而污染问题、大江大河以及大湖沿边上游地区造成的水土流失对下游地区的危害问题又具有明显的外部性，因此必须配合行政手段和地区之间的协调加以解决。

辐射理论也有助于我们进一步加深对经济发展和现代化进程中的区域合作的重要性的认识。辐射理论认为，区域之间由于存在广泛的辐射，因此相互之间的影响非常重要。无论是落后地区还是先进地区得到进一步的发展，都会对对方产生积极影响。通过合作，积极加强正面辐射，有效避免负面辐射，都会在双方之间产生良性的滚动效应。相反，任何一方的停滞和落后都只能导致两败俱伤的结果。因此，区域之间的合作对双方的经济发展和现代化进程就显得十分重要。区域之间的合作主要包括：（1）共同实施道路、交通等基础设施建设项目，降低辐射成本，提高辐射效率。（2）共同制订相邻地区的教育、医疗卫生发展规划，发挥诸多方面的规模优势，充分利用可以共享的一切经济资源。（3）共同制订相邻地区的就业计划以及房地产开发计划等，共同促进这些方面的发展。（4）共同开展人才与技术的交流，落后地区的干部和企业家可以到先进地区挂职锻炼，先进地区的干部和企业家也可以到落后地区短期工作，在技术方面，也可以以多种方式进行技术共享。（5）共同采取措施根除污染、水土流失等带来的不利影响，共同营造良好的发展环境。（6）共同加强市场信息的交流和沟通，共同开发新产品和新市场，促进经济发展。只要相关区域充分认识到彼此的辐射已经形成了命运共同体，上述方面的合作就可以有效进行，产生的积极效应就会越来越显著。

第四节　增长极理论及其局限性

一、增长极概念

增长极概念最初是由法国经济学家弗朗索瓦·佩鲁提出来的，他认为，如果把发生支配效应的经济空间看作力场，那么位于这个力场中的推动型单元就可以被描述为增长极。

增长极是围绕推动型主导工业部门而组织的有活力的高度联合的一组产业，它不仅能迅速增长，而且能通过乘数效应推动其他部门的增长。因此，增长并非出现在所有地方，而是以不同强度首先出现在一些增长点或增长极上，这些增长点或增长极通过不同的渠道向外扩散，对整个经济产生不同的最终影响。

法国的另一位经济学家布德维尔认为，经济空间是经济变量在地理空间之中或之上的运用，增长极在拥有推动型产业的复合体城镇中出现。因此他将增长极定义为在城市中配置不断扩大，并在影响范围内引导经济活动的进一步发展的工业综合体。布德维尔主张，通过“最有效地规划配置增长极并通过其推进工业的机制”，来促进区域经济的发展。

美国经济学家盖尔在研究了各种增长极观点后指出，影响发展的空间再组织过程是扩散-回流过程，如果扩散-回流过程导致的空间影响为绝对发展水平的正增长，即是扩散效应，否则是回流效应。

以上学者分别在不同程度上进一步丰富和发展了这一理论。佩鲁的增长极理论（包括中心-外围理论）虽然揭示了“极”的作用，表明了“极”的重要性，但并未就其生成、演化等问题进行深入研究。

中国学者贾文毓曾对经济“造极”的重要性做了探索，但仍未清楚回答有关人类社会经济活动中增长极的源头、发展和更替的问题。在地理学中，廖什的需求圆锥体模型对于人们理解其市场区位论起了重要作用。贾文毓在廖什需求圆锥体模型的基础上提出了广义需求圆锥体模型，并指出技术创新推动着广义需求圆锥体的不断“胎生”。在现实社会经济活动中，人们在探讨一个区域的增长极时不可能只谈一种产业，而一些区域增长极也常常依靠两种或两种以上产业作为其推动型产业，例如北京、上海等特大城市就具有多种产业。

在打造区域增长极时，增长极的产业结构和推动型产业以及增长极的带动能力的大小等问题都是我们必须研究的重点问题。所以，研究人类历史上各产业的产生、发展及演替与增长极的关系就显得颇有必要，它对当前区域增长极的规划与布局，尤其是对区域增长极的产业结构调整及增长极之间的产业合理分工，具有重要的理论和现实意义，也使我们能更加清晰地认识区域增长极。人文地理学研究者张战军在需求圆锥体相关理论和佩鲁增长极理论以及人类历史上各产业演替规律的基础上，对一定地域范围内经济增长极的产生、发展和演变过程以及增长极的分类、性质等问题做了进一步的探索，提出了与之相应的广义增长极理论及其增长圆锥体模型，并对广义增长极生长的特点做了相关论述。

将增长极概念运用到区域研究中后，出现了语义上的混乱。为此，1969 年 D. F. 达温特建议把地理空间中的增长极称为增长中心。然而，由于在规划中常常不严密地用增长极来概指经济活动的空间聚集，要准确表达它的精确含义仍是困难的。

针对过分强调工业化造成的工业畸形集中于少数都市的问题，很多国家以增长极作为工业分散化的政策手段，企图通过建立增长极，把工业化扩散到广大农村地区并解决不发达地区的问题。一些国家进行了大规模的增长中心规划的尝试，增长极战略被称为“集中的分散化”。

在实际运用增长极时存在一些问题，例如部门间或地区间增长传递的性质、国家提供的基础结构与增长极成功之间的关系、增长极与现有城市分布的关系、自发的与规划的增长极之间的区别，以及如何避免聚集不经济等。规划也有一些技术上的困难，如增长极的数量、门槛规模、内部部门结构、区位和时间的选择等。在亚洲，增长极因吸引劳动的能力有限而受到了质疑。

增长极没有自发的潜在动力，它可能吸引周围地区的劳动力和资金而造成更大的地区差异。因此，增长极对周围地区有扩散的正效应和极化的负效应。一般认为，在建立了推动型工业后，以极化效应为主，由于经济聚集相对地压抑了周围地区的发展机会，增长极与周围地区的差异扩大，这是极化阶段。当扩散效应终于克服极化效应时，增长极的利益和能力扩散到周围地区或腹地，使地区差异减小，到达扩散阶段。极化阶段持续的时间可能相当长，例如 15～25 年。在此期间，贫困地区仍然贫困，政治不安定因素可能增加。20 世纪 80 年代中国在区域发展规划中运用增长极理论着重于经济方面和发展城市中心方面，旨在改变多年来追求平衡布局所造成的人力、物资浪费的局面，发挥聚集经济效益，推动落后地区的经济发展。

二、增长极理论的内容与基本点

增长极理论从物理学的“磁极”概念引申而来，认为受力场的经济空间中存在着若干个中心或极，产生类似“磁极”作用的各种离心力和向心力，每一个中心的吸引力和排斥力都产生相互交汇的一定范围的“场”。这个增长极可以是部门的，也可以是区域的。该理论的主要观点是：区域经济的发展主要依靠条件较好的少数地区和少数产业带动，应把少数区位条件好的地区和少数条件好的产业培育成经济增长极。

增长极理论是指那些通过解释地区的发展过程，说明在增长中的都市中心引起周围地区经济增长的各种假说。这些假说认为，在地理空间上经济增长不是均匀地发生，而是以不同强度呈点状分布，通过各种渠道影响区域经济。把推动型工业嵌入某地区后，将形成聚集经济、产生增长中心而推动整个区域经济的增长。推动型工业应有以下基本特点：规模较大、增长较快、与其他工业的投入-产出联系广泛而且密切、有创新能力。

增长极对地区经济增长产生的作用是巨大的，主要表现在：

（1）区位经济。区位经济是由于从事某项经济活动的若干企业或联系紧密的某几项经济活动集中于同一区位而产生的。例如，从事专业化生产的多个生产部门集中在某一区域，可以共同培养与利用当地的熟练劳动力，加强企业之间的技术交流和共同承担新产品开发的投资，并且可以形成较大的原材料等外购物资的市场需求和所生产产品的市场供给，从而使经济活动活跃，形成良性循环。区位经济的实质是通过地理位置的靠近而获得综合经济效益。

（2）规模经济。规模经济是指由于经济活动范围增大而获得内部的节约。如可以提高分工程度、降低管理成本、减少分摊的广告费和非生产性支出的份额，使边际成本降低，从而获得劳动生产率的提高。

（3）外部经济。外部经济效果是增长极形成的重要原因，也是其重要结果。经济活动在某一区域内的聚集往往使一些厂商可以不花成本或少花成本获得某些产品和劳务，从而获得整体收益的增加。

增长极理论的基本点包括：

第一，其地理空间表现为一定规模的城市。

第二，必须存在推动型主导工业部门和不断扩大的工业综合体。

第三，具有扩散和回流效应。

增长极体系有三个层面：先导产业的增长；产业综合体的增长；增长极的增长与国民经济的增长。

在此理论框架下，经济增长被认为是一个由点到面、由局部到整体依次递进且有机联系的系统。其物质载体或表现形式包括各类别城镇、产业、部门、新工业园区、经济协作区等。

增长极的形成与发展过程会产生两种效应：极化效应和扩散效应。佩鲁认为，极化效应促成各种生产要素向增长极的回流和聚集；扩散效应促成各种生产要素从增长极向周围不发达地区的扩散。在发展的初级阶段，极化效应是主要的，在增长极发展到一定程度后，极化效应削弱，扩散效应加强。增长极效应是一种多种效应的复合体，如上游下游效应、聚集效应和互利效应等。

增长极理论提出以来，被许多国家用来解决不同的区域发展和规划问题，这是因为它具有其他区域经济理论所无法比拟的优点：

第一，增长极理论对社会发展过程的描述更加真实。新古典经济学学者信奉均衡说，认为空间经济要素配置可以达到帕累托最优，即使短期内出现偏离，长期内也会回到均衡位置。佩鲁则主张非对称的支配关系，认为经济一旦偏离初始均衡，就会继续沿着这个方向运动，除非有外在的反方向力量推动，它才会回到均衡位置。这一点非常符合地区差异存在的现实。

第二，增长极概念非常重视创新和推动型企业的重要作用，鼓励技术革新，符合社会进步的动态趋势。

第三，增长极概念形式简单明了，易于了解，对政策制定者很有吸引力。同时，增长极理论提出了一些便于操作的有效政策，使政策制定者容易接受。例如，佩鲁认为现代市场充满垄断和不完善，无法自行实现对推动型企业的理性选择和环境管理，因此，提出政府应对某些推动型企业进行补贴和规划。

三、增长极理论的局限性

很多国家的实践表明，增长极理论所指导的区域发展政策没有引发增长极腹地的快速增长，反而扩大了它们与发达地区间的差距，尤其是城乡差距，所以 20 世纪 70 年代以来增长极理论的有效性受到质疑。究其原因，增长极理论的主要缺陷有：

（1）增长极的极化作用。增长极主导产业和推动型产业的发展具有相对利益，会产生吸引力和向心力，使周围地区的劳动力、资金、技术等要素转移到核心地区，剥夺了周围区域的发展机会，使核心地区与周围区域的经济发展差距扩大，这是增长极对周围区域产生的负面影响。

（2）扩散阶段前的极化阶段时间过于漫长。扩散效应是极化效应的反向过程，两者作用力的大小是不等的。缪尔达尔认为市场力的作用通常是倾向于扩大而不是缩小地区间的差距，在增长极的发展过程中，如果不加强国家干预，回流效应（即极化效应）总是大于扩散效应。但赫希曼认为，增长的累积不会无限地进行下去，从长期看，地理上的涓滴效应（即扩散效应）将足以缩小区域之间的差距。1979 年布赛尔在其论文《增长极：它们死了吗》中，提出了扩散效应和回流效应随时间推移而变化的观点。无论是哪种观点，增长极的扩散效应都不可否认，扩散阶段前的极化阶段是漫长的也毋庸置疑。然而，要度过这个漫长的阶段，落后地区的人民要继续忍受贫困，政治不安定的因素就可能会增加。对于讲求政绩的政府官员来说，在短期内看不到政策的显著效果，因此他们也会在一定程度上对增长极政策的实施起到阻碍作用。

（3）推动型产业的性质决定增长极不能带来大量的就业机会。推动型产业是同主导产业紧密配合的新兴产业，具有很强的技术创新能力，属于迅速增长的产业类型，而且具有较大的规模。推动型产业的性质决定了增长极一般以现代工业为目标，技术装备和管理方法较为先进，因此培育增长极并不会解决很多就业问题。

（4）新区开发给投资带来了一定的难度。从投资商的角度出发，增长极一般以城镇为依托。在新开发的区域，交通一般不便，生活服务设施相对较差，投资者往往不愿意为这种新区投资，而基础设施的建设需要政府的投入，如果政府不采取积极的态度，增长极政策的实施就会遇到很大困难。

（5）增长极理论是一种“自上而下”的区域发展政策，它单纯依靠外力（外来资本以及本地自然资源禀赋等），可能会造成国民经济的脆弱。在全球化与本地化趋势并存的世界经济中，寻求依靠内力来发展地方经济、以知识和技术为本的区域发展战略越来越受到很多国家政府的重视。

关键术语

辐射理论　点辐射　线辐射　面辐射　增长极理论

思考题

1. 论述经济发展中的辐射理论。
2. 你能举几个我国经济发展中线辐射的例子吗？
3. 简述梯度推进理论的缺陷。
4. 分析辐射理论对于解决中国现代化问题的意义。
5. 增长极理论的基本点和局限性是什么？

主要参考文献

[1] 厉以宁. 区域发展新思路——中国社会发展不平衡对现代化进程的影响与对策. 北京：经济日报出版社，2002.

[2] 百度百科“增长极”.

第七章

区域经济产业结构理论

重点问题

- 区域产业结构总体评价
- 区域产业结构多层次分析
- 二重结构形成的原因和消极影响
- 区域产业结构变动导向理论
- 区域产业转移与转型升级

第一节　区域产业结构分析

区域经济无论处于哪个发展阶段，无论达到什么样的发展水平，都会形成一定的产业结构。产业结构是区域经济能否健康发展的重要影响因素之一，产业结构分析和评价是其合理化的基础。区域的综合情况及国家的经济大势是产业结构分析和评价首先应考虑的因素。

区域产业结构分析和评价需从总体原则、多视角考察和定量化三个方面来进行，这样才能保证结构分析既全面深入，又具有科学性和可操作性。

一、区域产业结构总体评价

区域已形成的产业结构是否合理，其利弊得失如何，在总体原则上可以从以下几个方面来考察。

（1）已形成的产业结构同区域的资源结构是否相适应，能不能发挥区域的资源优势。这里的资源结构指生产要素结构，即自然资源、劳动力、资金和科学技术之间的相对比例关系。各个区域的生产要素禀赋各不相同，各种生产要素的供给能力和供给价格也就不同。在已形成的产业结构中，如果比较多地利用区域相对丰富、价格相对便宜的生产要素来从事产品生产，这些产品的生产成本就会比较低，就能在市场竞争中处于有利的地位，从而这样的产业结构就是比较合理的。这样的产业结构的一个显著特征就是在区域经济发展中，供给比较充裕、价格比较便宜的生产要素即区域具有比较优势的资源得到了优先、重点开发利用，其相对应的产业和产品得到了优先、重点发展。相反，如果具有比较优势的生产要素没有得到充分的开发利用，相关产业所占的比重不大，没有得到重点发展，而在区域产业结构中占比较大的产业在相关资源上并不具有比较优势，区域的产业结构和区域的资源结构相互“错位”，那么这样的产业结构一般来讲是不合理的，需要调整。例如，自然资源和劳动力比较丰富即具有比较优势，而资金比较紧缺和科技水平较低即具有比较劣势的区域，如果形成以自然资源密集型和劳动力密集型产业为主的产业结构，就是比较合理的。反之，如果对具有比较优势的自然资源和劳动力不予重视和重点利用，而是要形成以资金密集型和技术密集型产业为主的产业结构，不顾区域资金和技术处于比较劣势的客观事实，则这样的产业结构就是不合理的，经不起激烈的市场竞争，最终会被淘汰。

然而，这里所说的产业结构与其资源结构相适应，有一个前提条件，就是利用区域优势资源生产的优势产品一定是适销对路的，而且市场需求量较大，产品价值能够实现，这样的产业结构才有实际意义。否则，即使生产成本比较低，但生产出来的产品销售不出去，价值实现不了，也是不行的，在这种情况下，不管资源结构和产业结构多么适应，都维持不下去。因此，评价区域产业结构是否合理，既要看它同区域的资源结构是否相适应，又要看它同区域的消费水平、消费结构和国内市场容量是否相适应。区域产业结构必须既是资源导向的，又是市场导向的。

(2) 区域产业系统的功能是否能承担起全国地域分工的重要任务，对全国或上一区域层次产业结构的优化和协调是否做出了独特的贡献。一个较大的区域包含若干个范围较小的区域子系统，这些区域子系统的区域优势各不相同。如果各区域子系统都充分利用自己的优势条件，建立起以优势生产要素为专业化部门的产业系统，那么这样的区域子系统的产业结构就是丰富多彩的，专业化部门就是多样化的、不雷同的，继而在发挥区域优势的基础上形成经济分工。通过区域经济分工，区域具有相对优势的生产要素就会得到充分和重点利用，专业化部门就会得到充分和重点发展。理论和实践都证明，区域之间的分工合作是提高区域经济效率的主要途径之一，可以使各区域子系统以及包含这些区域子系统的整个区域都获得利益。

因此，如果区域已形成主导产业，主导产业必然是专业化部门，而且这些专业化部门发展的规模比较适度，能够通过其产品大量向外输出，与其他区域进行分工与合作，担负起大区域或全国地域分工的任务，对大区域或全国做出自己的贡献，那么就可以说这个区域的产业结构是比较理想的、比较健康的。否则，如果区域未形成专业化部门，区域优势未得到充分发挥，未能与其他区域进行广泛的经济分工和合作，担负不起大区域或全国地域分工的重任，对大区域或全国贡献不大，那么这样的区域产业结构就是比较差的，与区域经济发展的需要不相适应。

(3) 区内产业之间关联度如何，即产业之间是否协调，特别是主导产业与非主导产业之间的关系是否协调。区域内部的产业关联一般包含两层含义。一层含义是理论意义上的关联，即产业之间存在上下游关系，相互之间依赖性强，联系非常密切。例如，纺织业和服装业、钢铁工业和机械工业、石油开采业和石油化学工业、煤炭采掘业和火力发电业等，它们都有直接的上下游关系，在理论上其关联度是很高的；而纺织业和火力发电业、钢铁工业和石油化学工业等，没有直接的上下游关系，产业链条不相衔接，理论上关联度非常低。产业关联的另一层含义是实际意义上的关联，即具有理论关联意义的上下游产业在实际生产过程当中真正发生关系。例如，油田开采出的石油供应给区内的石化企业进行深加工，开采出的铁矿石供应给区内的钢铁冶炼企业进行冶炼，钢铁又供应给区内的机械加工企业生产各种机械产品等，这样，产业关联就能真正得以实现。如果区内产业虽然存在理论上的关联性，但在实际生产过程中并没有真正实现关联，而是将产业链条甩到区外，与区外发生关系，例如将原料运到区外进行深加工，深加工企业的原料又需从区外调入，这样也不能说区域产业关联度高。过去在计划体制下，条块分割非常严重，这样的情况是很常见的。总之，区域产业之间只有在理论上和实际上都是关联的，才可以说区域产业间协调性较好，产业结构比较合理。

区域内部产业间关联度高，则区域经济凝聚力强，经济综合实力强，产业之间可以相互促进、取长补短，企业生产成本就会降低，产品在市场上就具有竞争力，从而区域经济发展潜力大、前景好。

在区内产业间关联中，主导产业和非主导产业之间的关联非常重要，处于关键地位。这是因为：第一，一般来说主导产业都是资金密集、技术先进、规模较大的产业，若它与非主导产业关联度大，就可以将其产业优势辐射到区域的相关产业中，带动相关产业的发展，从而促进整个区域的经济较快发展。第二，主导产业的发展不可能是孤立的，而是需要相关的非主导产业的配合和支持，若它与非主导产业关联度高，就可以得到相关产业的扶持和滋养，就能够健康发展，发挥其推动区域经济增长的功能，承担起高层次区域地域分工的重任，从而使整个区域经济系统高效率地运转。反之，若区域主导产业与非主导产业关联性差，则极易形成较强的二元结构，一元是技术先进的现代化主导产业，另一元是技术落后、传统的非主导产业。主导产业的产业优势无法渗透到相关产业中以促进相关产业的发展，相关的非主导产业也不能支持主导产业的健康发展，主导产业的发展受到较多限制，从而最终影响区域经济的发展。

（4）区域产业结构的转换能力和应变能力。区域产业结构不是一成不变的，而是不断发展变化的，这是一个永无止境的动态过程。现有产业结构不合理，就需要调整，使其向合理的方向改变。若区域产业结构转换能力强，则调整起来比较顺利，速度比较快，代价小，对区域经济发展有利；若区域产业结构转换能力差，则调整起来困难重重，速度慢，代价大。迟迟得不到合理化的产业结构，对区域经济发展势必造成不利影响。

即使从现在来看区域产业结构是合理的，随着区内外条件的变化，也需要及时进行产业结构的调整和转换。例如，当由于各种原因有区外（包括国外、国内其他部门和区域）生产要素进入区内时，区域产业结构应能够及时应变，充分吸收、消化外部系统的外来因素，有效地将外来因素转换为输出，形成强大的扩张输出能力；当区域主导产业赖以存在和发展的资源或原料在区内发生枯竭或从区外输入发生困难，抑或主导产业产品市场需求缩小时，区域产业结构应能够及时转换，通过一系列自我调节，消除或避开突然而来的不利因素，保持区域经济的健康发展；当区域系统结构保持相对稳定有序时，区域产业结构应能够创造条件向更高层次的优化方向发展。

区域产业结构变化是绝对的，不变是相对的，通过从量变到质变，其达到一个更高的层次。这种变化和转换有时很快，有时很慢，这取决于影响产业结构演进和转换的客观因素。影响结构转换的因素有很多，其中一个很重要的因素就是区域现有产业结构的弹性状况即其应变能力。如果弹性较大，应变能力较强，那么区域产业结构就能够趁有利时机迅速转换，进入一个更高的水平和阶段；相反，如果区域产业结构刚性很大，应变能力很差，那么它就会对已经变化了的客观条件反应迟钝，不能及时转换和升级，只能任凭大好机会白白错过。

（5）结构性效益。结构性效益是衡量区域产业结构合理与否的最终标准，也是区域经济发展的归宿。如果一个区域的经济效益较好，并且较好的经济效益是由其产业结构带来的，那么这个产业结构就是合理的；相反，如果一个区域的经济效益不好，并且较差的经济效益是由其产业结构带来的，那么这个产业结构就不合理。

一般而言，区域产业结构高级化程度越高，则结构性效益越好，这就是一个国家或一个区域极力追求产业结构高级化的原因。但是具体到一个特定区域，情况并非如此简单。有些具有高技术产业的区域整体经济效益并不是很好，其原因是区域基础水平与高技术衔接不上、相互脱节，其突出表现是区域人口的文化教育水平和劳动力素质过低，与高技术产业相关联的产业发展不足，滋养高技术产业的土壤过于贫瘠，导致高技术产业因缺少区域支持而发育不良，同时高技术产业又因区域基础过差而对区域其他产业的发展推动不大，最后的结果就是区域整体经济效益欠佳。例如，在“三线”建设时期，我国曾在西北地区建设了一批高技术企业，但因西北地区经济基础较差而与地方经济联系并不大，区域结构性效益并不理想。因此，具有与区域基础相适应的适度技术的产业结构，其效益往往要比盲目追求高技术更好一些。

通过以上考察，对区域产业结构就可以有一个总体上的把握，从而有一个大致的结论。但总体评价代替不了具体分析，在总体评价的基础上再对区域产业结构做进一步的多层次、多角度的具体分析，是非常必要的。

二、区域产业结构多层次分析

对区域产业结构进行不同层次、不同角度的分析，可以近距离地、比较具体地明确其现状特征，发现其存在的问题，为区域产业结构的合理化调整奠定坚实的基础。

1. 区域社会总产值结构分析

社会总产值是农业、工业、建筑业、交通邮电业和商业五大物质生产部门的生产总值，这个层次主要是分析区域产业结构中农业与非农产业的比例关系的协调性。非农产业对农业剩余劳动力的吸收能力也能从一个侧面反映区域工业化的进程和已有的工业化水平。

2. 区域三次产业结构分析

三次产业包括了区域全部的产业部门，其结构基本上反映了大农业、大工业和服务业三者之间的关系。从这个层次的分析中可以看出工农业两大物质生产部门与服务业的协调关系、农业与非农产业的协调关系、区域工业化的程度和水平，尤其是可以得出服务业在区域经济发展中的发育程度、支撑区域经济发展的软环境和硬环境的完善程度。

以前我国没有国内生产总值这个指标的统计，当然也就没有三次产业构成的统计。改革开放以后，为了与世界经济和市场接轨，我国增添了这项内容。通过与西方国家产业结构演变规律的对比和区域三次产业结构分析，可以判断区域产业结构所处的阶段以及区域经济发展所处的阶段。

3. 农轻重产值结构分析

这个层次主要分析区域产业结构中农业资源和地方能源、矿产资源综合开发利用的水平，反映出农业对工业的支撑能力以及重工业对农业、轻工业的渗透能力。

4. 农业行业结构分析

大农业主要包括种植业、畜牧业、林业和渔业四种行业，每个行业都紧紧依赖其各自土地资源的开发利用。种植业依赖于耕地，畜牧业依赖于牧草地，林业依赖于林地，渔业依赖于可利用水面。因此，农业行业结构分析可以反映各种农业自然资源——耕地、牧草地、林地和可利用水面的开发利用程度，同时也从另一个侧面反映区域农业经济发展的结构素质。种植业的单一经营既不利于区域农业经济的稳定、健康发展，又造成其他几种农业自然资源的闲置和浪费；农林牧渔的全面发展既充分、合理地利用了农业资源，又有利于区域农业经济稳定健康地发展。

5. 工业结构分析

工业按所有制划分，可分为乡镇工业、地方工业、国有工业、私营工业、“三资”工业。从工业所有制结构分析中可以看出区域产业结构中非国有工业发展的程度，这反映了区域经济发展的活跃程度以及自我发展能力，也可以看出国外资金和技术在区域工业中的介入程度，这反映了区域吸纳国际资金和技术的能力与程度。

工业也可以划分为轻工业和重工业。从工业轻重结构的分析中可以看出区域轻工业和重工业的比例关系，这反映了轻重工业的协调关系，也反映了区域重工业化的程度。

6. 生产要素密集度结构分析

这个层次在理论上主要是分析区域产业结构与区域资源结构的适应程度，分析区域产业结构的高级化程度。但是由于生产要素密集型产业划分不存在绝对的标准，所以给实际划分操作造成了一定的困难。我们注意到在我国较高级别区域的统计资料中，重工业被分为采掘业、原材料和制造业三个部门，这三个部门实际上可以分别被粗略地认为是自然资源密集型产业、资金密集型产业和技术密集型产业，大部分轻工业部门可以被粗略地看作劳动密集型产业。

三、区域产业结构的定量分析

以上所做的区域产业结构总体评价和多层次、多角度的分析都是定性描述。为了使这些分析和评价做到尽可能准确和具体，从而对已形成的区域产业结构的现状特征和存在的问题更好地加以把握和了解，进行进一步的定量分析是非常必要的。为此，下面介绍一些区域产业结构定量分析的指标。

1. 产业的比较优势度

衡量一个产业是否具有比较优势，可以选用以下两个指标，从不同的侧面来衡量。

（1）比较成本。

$$B_1=\frac{c_1}{c_2}$$

式中，c_1 为研究区域某行业某产品的销售成本；c_2 为较研究区域层次更高的区域同行业同产品的销售成本；B_1 为研究区域某行业某产品的比较成本。$B_1<1$，说明研究区域这一行业的这个产品的成本低于高层次区域的平均值，则这个行业的这个产品具有比较优势，B_1 小于 1 越多，该行业的优势度就越大；相反，$B_1>1$，说明这个行业的成本高于高层次区域的平均水平，不具备比较优势。

（2）比较劳动生产率上升率。

$$B_2=\frac{L_1}{L_2}$$

式中，L_1 为研究区域某行业某一时期内的劳动生产率的年增长率；L_2 为较高层次区域同行业同一时期内的劳动生产率的年增长率；B_2 为研究区域某行业某一时期内的比较劳动生产率上升率。$B_2>1$，说明研究区域这一行业的劳动生产率高于较高层次区域的平均水平，说明研究区域这个行业具有比较优势；$B_2<1$，说明研究区域这个行业不具有比较优势。

上面两个指标中的第一个是从投入角度反映区域产业比较优势的，第二个是从产出角度反映区域产业比较优势的。两个指标配合使用，可较好地达到目的。

2. 工业化结构比重数

$$G=\left(\frac{Z_1}{Z_2}\times\frac{S_1}{S_2}\right)^{1/2}$$

式中，Z_1 和 S_1 分别为研究区域的工业总产值和工业劳动者数；Z_2 和 S_2 分别为研究区域的社会总产值和社会劳动者数；G 为研究区域的工业化结构比重数。这个指标可以反映区域工业化水平的高低和工业结构的素质。G 值越大，则说明区域工业化水平越高。

3. 产业专门化率

$$Z=\frac{g_1/g_2}{Q_1/Q_2}$$

式中，g_1 和 g_2 分别为研究区域某产业和较高层次区域同产业的净产值；Q_1 和 Q_2 分别为研究区域和较高层次区域全部产业的净产值；Z 代表研究区域的产业专门化率。$Z>1$，说明这个产业是研究区域的专业化部门，Z 值越大，说明这个产业在研究区域中的专业化程度即集中程度越高，这个产业的产品输出规模就越大；$Z<1$，说明这个产业不是研究区域的专业化部门。

4. 区位商

$$Q=\frac{j_1/j_2}{b_1/b_2}$$

式中，j_1 和 j_2 分别为研究区域和较高层次区域某产业部门的就业人数；b_1 和 b_2 分别为研究区域和较高层次区域的就业人数；Q 为研究区域某产业部门的区位商。$Q>1$，则研究区域在某产业部门的集中程度大于较高层次区域的平均水平，是研究区域的专业化部门和产品输出部门。Q 值越大，则该产业部门在研究区域的集中程度越高。反之，$Q\leqslant 1$，则该产业部门不是研究区域的专业化部门。

产业专门化率指标和区位商指标都反映的是区域产业结构中专业化部门及其专业化程度的问题，只是反映问题的角度不同而已，前者用的基础指标是净产值，而后者用的基础指标是就业人数。一个区域是否形成了主导产业，一个简要的衡量指标就是产业专门化率或者区位商。但是需要说明的是，产业专门化率和区位商都只是反映了区域专业化的相对程度，并不能完全反映区域的实际专业化程度。产业专门化率和区位商大于 1 的产业部门可能总体规模很小，这一产业部门的专业化产品在区内所占的比率将会非常小。同时，产业专门化率和区位商只是反映研究区域与较高层次区域在产业构成上的差异或相似程度。对于经济实力较弱的区域而言，由于总体经济规模较小，因而即使区域内某一产业部门的区位商和专门化率较高，这一产业部门也难以成为区域的主导产业部门，原因在于该区域的这一产业部门本身在较高层次区域同一产业部门的总量中只占有很小的比重，甚至低于别的区域中产业专门化率和区位商小于 1 的同一部门在全国所占的比重。而真正能成为区域主导部门的专业化部门（Z，$Q>1$），必须具有较大的规模，在本区域产业部门和全国相应部门中都占有重要的地位。

5. 产业专业化系数

$$C_1=\sum|Q_{i1}-Q_{i2}|$$

式中，Q_i 为某产业部门 i 在整个产业中所占的百分比，下标 1、2 分别为不同的区域；$\sum$ 表示将各产业部门计算结果的绝对值加在一起；C_1 为区域产业专业化系数。

这个指标反映研究区域与对比区域产业结构的差异程度，用来衡量研究区域产业结构的特色。计算方法是：计算两个区域同一年份各产业部门占各自整个产业的百分比，然后将两个区域相同产业部门的百分比相减，这样可能既有若干个正值又有若干个负值，对负值逐个取绝对值，将这几个绝对值和前面相减后得到的几个正值逐个加起来，所得的和数就是区域产业专业化系数。

这个系数在 0～100%之间，系数值越大，区域产业结构特色越明显，说明与对比区域的经济互补性越强；反之，系数值越小，说明研究区域与对比区域的产业结构越相似和雷同。

6. 产业结构变化率

$$C_2=\sum|Q_{j1}-Q_{j2}|$$

式中，Q_j 为区域某产业部门 j 在整个产业中所占的百分比，下标 1、2 分别代表不同的年份；$\sum$ 表示将各产业部门计算结果的绝对值加在一起；C_2 为区域产业结构变化率。

这个指标反映了随着时间的推移，区域产业结构变化的程度，计算方法与产业专业化系数指标相同。C_2 越大，说明在考察时期内区域产业结构的变化幅度越大；反之，C_2 越小，说明在考察时期内区域产业结构的变化幅度越小。

7. 相关系数

$$r_{ij}=\frac{\sum_{k=1}^{n}(x_{ik}-\bar{x}_i)(x_{jk}-\bar{x}_j)}{\sqrt{\sum_{k=1}^{n}(x_{ik}-\bar{x}_i)^2\cdot\sum_{k=1}^{n}(x_{jk}-\bar{x}_j)^2}},\quad -1\leqslant r_{ij}\leqslant 1$$

式中，x_{ik} 和 x_{jk} 分别为区域 i 和区域 j 产业部门 k 在其产业结构中所占的比重；$\bar{x}_i$ 和 $\bar{x}_j$ 分别为区域 i 和区域 j 各产业部门在其产业结构中的比重的平均值；r_{ij} 为区域 i 和区域 j 产业结构的相关系数。当 $r_{ij}=-1$ 时，两区域产业结构截然相反；当 $r_{ij}=1$ 时，两区域产业结构完全相同；当 $r_{ij}=0$ 时，两区域产业结构不相关。

8. 相似系数

$$s=\frac{\sum(x_{in}\cdot x_{jn})}{\sqrt{(\sum x_{in}^2\cdot\sum x_{jn}^2)}},\quad 0\leqslant s\leqslant 1$$

式中，x_{in} 和 x_{jn} 分别为区域 i 和区域 j 产业部门 n 在其产业结构中所占的比重；s 为两区域产业结构的相似系数。当 $s=1$ 时，说明两个区域产业结构完全一致；当 $s=0$ 时，说明两个区域产业结构完全不一致。通常情况是 s 介于 0～1 之间，s 数值越大，说明两个区域产业结构越相似，s 越小，说明越不相似。

9. 产业结构效益（以工业结构为代表）

$$H=\sum_{i=1}^{n}\left(\frac{e_i}{E}-p_i\right)-p$$

式中，e_i 为区域第 i 个工业部门的产值；E 为区域工业总产值；p_i 为区域第 i 个工业部门的资金利税率；p 为区域各工业部门的平均资金利税率；H 为区域产业结构效益。$H<0$，表示区域结构恶化；$H>0$，表示区域结构优化。若与某一时期的某一时点相比，此 H 值上升，表示产业结构效益提高，反之表示产业结构效益降低。

10. 结构影响指数

$$J=\frac{\sum_{i=1}^{n}P_{ji}\cdot q_{ji}}{\sum_{i=1}^{n}P_{ji}\cdot q_{oi}}$$

式中，P_{ji} 为研究区域 j 的产业部门 i 的资金利税率；q_{ji} 为研究区域 j 的产业部门 i 的资金占其全部产业部门资金总额的比重；q_{oi} 为对比区域 o 的产业部门 i 的资金占其全部产业部门资金总额的比重；J 为结构影响指数。$J>1$，说明区域 j 产业结构素质较高，使其整体效益高于对比区域 o；$J<1$，说明区域 j 产业结构素质较差，导致其总体经济效益不如对比区域 o。

11. **效益超越系数**

$$X=\frac{a}{A}$$

式中，a 为区域净产值的增长率；A 为区域总产值的增长率；X 为效益超越系数。这一指标可以衡量区域产业结构素质。$X>1$，说明产业结构素质较好，产业结构效益较大；$X<1$，说明产业结构素质较差，产业结构效益较小。

12. **偏离-份额分析**

以一定时期国内（地区）生产总值（评价一、二、三次产业结构）、工农业总产值（评价农轻重结构）或工业总产值（评价工业结构）的年增长率为基准，分别测算区域按全国平均增长率可能形成的假定份额，进而将这一假定份额同区域实际增长额进行比较，分析区域的地区生产总值增长相对于全国平均水平的偏离状况。这种偏离主要是由区域产业结构因素和区位因素造成的。第一，区域份额因素，反映以较高层次区域总产出年增长率为基准，当假定研究区域按此增长率增长时所应达到的增长水平。第二，产业结构偏离因素，反映研究区域产业结构类型对其经济增长的影响。第三，区位偏离因素，反映研究区域的区位条件或竞争能力对其经济增长的影响。用公式表示：

$$G_j=N_j+P_j+D_j$$

$$N_j=\frac{E_t}{E_o}\cdot e_{jo}-e_{jo}$$

$$P_j=\sum_{i=1}^{n}\left(\frac{E_{it}}{E_{io}}\cdot e_{ijo}\right)-\frac{E_t}{E_o}\cdot e_{jo}$$

$$D_j=e_{jt}-\sum_{i=1}^{n}\left(\frac{E_{it}}{E_{io}}\cdot e_{ijo}\right)$$

$$(P+D)_j=P_j+D_j$$

式中，G_j 为计算期内区域 j 地区生产总值的增长总量；N_j 为区域份额偏离分量；P_j 为区域结构偏离分量；D_j 为区域区位偏离分量；$(P+D)_j$ 为区域总偏离量；e_j 为区域 j 的地区生产总值；E 为高层次区域的地区生产总值；i 为第 i 个产业；o 为基期（年）；t 为末期（年）。

P_j 值为正值，表示区域产业结构合理，使区域经济总量增长较快；相反，P_j 值为负值，则说明区域产业结构不合理，使区域经济总量增长缓慢。

此外，N_j 反映区域 j 按高层次区域（例如全国）产业年均增长水平增长时应达到的产业增长水平。如果 $N_j>0$，则区域实际经济增长率高于高层次区域；反之，如果 $N_j<0$，则区域实际经济增长率低于高层次区域。D_j 反映区域的区位条件或区域产业竞争能力对区域经济增长的影响，D_j 为负值，则区域处于不利区位，产业竞争力低；反之，D_j 为正值，则区域处于有利区位，产业竞争力高。

在上述 12 项产业结构评价和分析的定量指标中，指标 1 指明在区域产业结构中哪些产业部门是具有比较优势的产业；指标 2 反映区域产业结构中工业发展的水平和程度、所处的地位；指标 3 和 4 反映区域产业结构中的专业化部门及其专业化程度；指标 5、7 和 8 反映研究区域与对比区域产业结构的异同程度；指标 6 反映区域产业结构随时间推移的变化程度；指标 9、10、11 和 12 反映区域产业结构的素质和效益的好坏。通过上述指标的测算，可以加强区域产业结构分析和评价的科学性与精确性。

第二节　二重结构与产业结构的高级化

一、二重结构的内涵与表现

所谓二重结构，有相互联系的两个方面的含义：一是从量上讲的，指在产业结构中，一方面存在着少数处于垄断地位的大型企业，另一方面存在着数量和所占比重很大的中小型企业；二是从质上讲的，指在产业结构中，一方面是少数占垄断地位的现代化大型企业，另一方面是带有前资本主义特征或自然经济特征的中小型企业。后者更重要，但两者又是很难割裂的，应结合起来理解。确切地讲，二重结构，就是在一国或一地区的产业结构中，现代化的领域同未现代化的领域并存，且在这两个领域之间，存在着相当大的断层。现代化领域与发达国家的企业相差不大，而尚未现代化的领域却处于落后的原始状态。这种二重的非同质的产业结构，与发达国家单一的同质的结构不同，是落后国家、落后地区的基本特征之一。在西方，二重结构的主要表现是：

（1）从劳动力状况看，体现资本主义经济关系的雇佣劳动者所占比重不到一半（先进国家一般占 80%～90%），而体现前资本主义经济关系的占一半甚至更多。

（2）从劳动力市场状况看，存在着两个平行的劳动力市场：一个是为现代化大企业提供劳动力的市场，劳动力主要是有文化、有技术的青年；另一个是为中小企业提供劳动力的市场，主要是文化低、技术低的中老年。

（3）从企业规模构成看，两极化很明显：一极是雇用几百人、几千人的大企业；另一极是劳动者人数很少的小企业。前者占企业总数的比重极小，后者占的比重特大。这两极在工资待遇、劳动时间、技术装备、劳动生产率等方面都有很大差距。

经过 20 多年的建设，到 20 世纪 70 年代末期，二重结构在我国的典型表现是：传统经济部门与现代化经济部门并存，但又具有独有的特征，即产值结构与就业结构水平很不一致。1978 年，在国民生产总值中，工业占 70%，这种产值结构是重工业发达的特征，它显示出人均国民生产总值 1 000 美元左右的结构水平。但同期，在就业结构中，农业劳动力占 70%，这种就业结构是农业劳动生产率低的特征，它显示出人均国民生产总值 100 美元左右的结构水平。20 世纪 80 年代以来，这种二重结构开始动摇，进入二重结构现代化时期。二重结构在我国西部地区还比较明显，其主要表现是两极化：一极是由中央投资兴办起来的现代化的大中型企业群；另一极是落后、脆弱的地方工业和乡镇工业。两者不仅在技术装备、生产规模上反差强烈，而且两者之间没有相互渗透、相互融合以及形成相互促进的区域经济体系。反映在经济布局上，是少数相当发达的工业中心同广大外围区的落后性并存，工业中心缺乏良好的区域经济基础。

反映在智力结构上，是在全民所有制企业中工程技术人员占职工的比重相当高；但在许多地方的、集体或私营的中小企业中，则技术力量奇缺。

二、二重结构形成的原因及消极影响

二重结构形成的原因可以从以下几个方面考虑。

（1）资产阶级革命不彻底，资本主义发展不充分，或者没有彻底摧毁封建土地所有制，小农经济仍占统治地位，等等。这些是构成二重结构的社会经济基础。

（2）产业革命或工业化过程的特殊性。欧美国家的工业化一般经历了准备阶段、起飞阶段、稳定发展阶段，发展过程比较完整，是自生型的。而资产阶级革命不彻底、前资本主义生产关系还占统治地位的国家、地区，则一般是在内部没有充分准备、经济基础还很薄弱的情况下开始了工业化的历程。其方式一般是以农业税为主要资金来源，依靠先进国家、先进地区输入的技术装备，在数量有限的采矿部门、轻纺部门、军工部门建立起大机器工业。这些“移植型”的大机器工业既没有能力从根本上摧毁广泛存在的自然经济，也不容易与土生土长的自然经济相融合。于是经济的发展始终是移植型工业和固有产业的平行发展，也就是两种不同质的经济结构长期共存。

（3）两极化促进了其自身的进一步发展。两极化的产业结构一形成，便向各自不同的道路发展：中央企业靠中央投资，重点发展资金密集型工业；地方工业特别是乡镇工业由于资金、技术的限制，只能发展一些劳动密集型工业，从而二者的差距就越拉越大。

（4）发展战略不当，资源配置不合理。在制定经济发展战略时，往往偏重于发展工业特别是重工业，把资源的绝大部分都投向这方面，而相对忽视农业的发展；经济的增长以工业的较快发展为基础，并且是以牺牲农业和其他部门的利益换来的。

这种二重结构对区域经济的发展产生了多方面的消极影响。

第一，地方经济不能与中央企业有机协作，不能为中央企业提供扎根、开花、结果的必要土壤。中央企业的辐射力也不易被地方经济所吸收，无法有效地带动地方经济的发展。中央企业虽固定于一方，但其产品的远辐射力强，调出比例高，而对所在地区地方经济的近辐射力和扩散效应却很微弱。这样，中央企业的优势便难以发挥，地方经济的劣势也难以得到弥补。根据系统论的观点，一个区域系统内的各要素之间的比例关系如果严重失调，系统的整体功能就只能以其最低水平的因素为基准来决定，从而形成系统总体水平的落后。

第二，区域的自我改造、自我发展能力薄弱，地方财政受中央企业“上划”“下放”的影响特别明显。中央企业下放时，地方财政收入在短期内可以大幅度提高；中央企业上划时，地方财政收入在短期内又会大幅度下降。地方的建设规模和增长速度受中央空间投资政策变化的影响也特别大：中央投资较多时，建设规模和增长速度即随之扩大和加快，一旦中央投资压缩，建设规模就急剧缩小，增长速度就急剧降低。这些都会造成区域经济发展的剧烈波动并使之处于被动地位。一个缺乏内部持续发展活力的区域是很难走上持续稳定发展的轨道的。

第三，就地消化中央企业留下的原材料的能力差。中央在这类地区的企业主要属于能源、原材料工业，其产品绝大部分外调，留下的不多。但留下的有限能源、原材料，地方工业也不能经济有效地就地消化并使之增值。于是出现了一种矛盾现象：一方面是留在地方的能源、原材料少，制约着地方加工工业的发展；另一方面是留下的能源、原材料相当部分又以原材料的形态外流出去，地方能得到的只是这些产品的调拨价与议价之间的差额，因此受惠不多，作用有限。

第四，技术力量富集和技术力量贫乏的地区的企业之间难以形成技术辐射和扩散机制，严重影响了技术的横向转移和组合，技术开发成果难以被地方经济接受、利用，使整个地区综合技术水平低于全国平均水平。

可见，二重结构既是经济发展水平低的产物，又是经济落后的主要表现和主要原因之一。淡化、消除二重结构就成为落后国家、落后地区经济发展和产业结构调整的主要任务之一。

三、二重结构的淡化和消除

根据二重结构形成的原因，要淡化和消除二重结构，从根本上讲，必须发展商品经济，实现工农业的现代化，这是消除二重结构的社会经济条件。在这方面成就比较显著的是日本。日本曾经是长期存在着二重结构的国家，第二次世界大战以后，这种产业结构在以重化工业为中心的工业现代化和以原子能、电子技术为中心的新技术革命中受到冲击；进入 20 世纪 60 年代以后就日益削弱；进入 20 世纪 80 年代就基本消失了。日本的主要做法是：

（1）把实现产业结构的高级化作为发展的主要目标。20 世纪 50 年代中期，日本工农业生产虽全面恢复，但还是一个经济落后的国家。这种落后性不仅是工艺、技术和管理水平不高的结果，而且是产业结构落后的结果。经济发展不仅依赖于经济总规模的绝对扩张，而且依赖于产业结构向发达国家的类型接近，即实现产业结构的高级化。产业结构的高级化主要是工业结构的重化工化。在这个过程中，日本一方面集中相当力量，建立和发展以重化工业为主的大型骨干企业，另一方面也颇重视对为数更多的中小企业进行改造、提高。为此，日本对中小企业采取了从保护主义政策到促进其现代化的政策的过渡。这个政策的中心目标是促进中小企业设备的现代化、经营管理的合理化和产销的联合化。日本政府综合运用经济杠杆，从财政、信贷、税收到提供情报咨询，多方面对中小企业予以扶持，消除中小企业在劳动生产率上与大企业的差距。

（2）在全国现代化的大背景下，一部分中小企业因不能适应新形势而破产倒闭，另一部分中小企业则在政府的扶持下，积极进行设备投资，引进先进技术设备，开发新产品，改善企业经营，变劳动密集型企业为资金或技术密集型企业，增强企业的内部活力。

（3）在工业现代化的同时，加速农业的现代化，提高农业的劳动生产率和商品率，促进农业劳动力向其他经济活动转化，从而提高农民的收入水平，从根本上动摇二重结构的社会基础。

（4）促进大型企业与中小企业在生产过程中的融合。大企业为发挥规模经济效益和专门化的优势，从资金、技术设备和人力等方面对同自己经营方向有联系的中小企业进行扶植、改造，使之成为自己的零部件厂、加工厂、协作厂。小企业也利用其与大企业建立的各种协作关系，扩大生产，提高技术，增强竞争能力。

通过上述途径，现有的中小企业中，绝大多数已不同于过去的手工工场和家庭工业，而是小而精、小而专、小而活的现代化企业。它们与大企业相比，只有生产规模、现代化程度和分工的不同，而没有性质上的区别。在新技术革命的推动下，这些中小企业与大企业相比，具有更大的开拓性、适应性和灵活性，从而表现出新的活力。这样，不同质的二重结构就转化为同质结构，促进了整体经济技术水平的提高。

日本的实践在不少方面是值得我们借鉴的。当然，由于国情国力不同，我国在改造落后地区的二重结构上应有自己的特点。

第一，在国家的总体布局和空间投资政策上，应坚持重点循序西移的布局战略，为落后地区的工农业现代化提供必要的外部环境。

第二，设置在不发达地区的中央企业和国家的重点建设项目是国家对不发达地区投资的主要接受者，是这些地区生产力中先进因素最为集中的地方，必须充分发挥它们在区域系统中的作用。其途径主要是在改革、开放、搞活的总方针下，提高中央企业的发展能力，增强中央企业的近辐射功能，发展中央企业与地方经济的横向联合，将先进的生产要素向地方经济扩散、渗透，在区域系统中重新组合，使中央企业起到区域增长点的作用，促进地方经济向先进的一极过渡、转化。

第三，地方这一极要依托和服务于中央企业与国家的重点建设，发挥地方的优势与潜力，启动地方经济内部的活力，加快发展步伐。根据我国的国情国力，地方经济的发展关键是抓好广大农村经济结构的总体调整，即以大农业或生态农业为基础，以乡镇企业为主导，并把乡镇企业的发展同小城镇的建设结合起来，扩大小城镇、集镇的覆盖面，在城乡之间形成一批城乡经济的接合点和农村地区的经济增长极。加速农村剩余劳动力的转化，加快商品经济的发展，冲击传统的自然经济格局及与之联系的传统观念和习惯势力，是淡化、消除二重结构最基本的一个环节，这是因为传统的自然经济格局是我国二重结构最深厚的社会经济基础。当前需要认真探索的是，农村经济如何在家庭经营的基础上逐步向现代化大生产推进，使农村经济与城市经济更好地协调起来，进一步冲击我国经济的二重结构。农村家庭经营在一定时期内适应了农村生产力的落后状况，但要进一步与现代农业相吻合，停留在这种生产组织形式上是不行的。因为我国农村现有的家庭经营尚属传统的小生产，不是现代化大生产，对现代商品经济的发展而言有很大的局限性，因而对消除我国经济的二重结构有明显的消极作用。水利失修，大宗农产品交易困难，农业区域化、专业化进展缓慢，农业总增长的后劲不足等，都是这种局限性的反映。因此，要从根本上解决农业生产力的持续增长问题，就需要以现有的家庭经营为基础，有步骤、多样化地发展合作经济，通过合作创造联合生产力，加快传统农业向现代农业、半自给经济向较大规模商品经济的转化，把小生产导入社会化大生产。第二次世界大战后，世界上许多国家的政府都把合作这种经营体制作为克服小生产与大市场的矛盾以及淡化、消除二重结构的有效形式。我们也应当引导农民自觉自愿地利用这种经营体制。办法包括扩大土地经营规模、提高规模经济效益、推动农村非农产业的发展、多给农业生产提供社会化服务、促进农村产业分化，从而使农村社会结构、产业结构走向高级化，这是改造我国传统农业、淡化二重结构的必经之路。

第四，在中间环节上，关键是结合地方骨干企业的发展与布局，加强地方交通线路的建设，加强中等城市的经济实力，充实它们的经济功能。在大城市、主要工矿区与小城镇之间，发挥中等城市的纽带、桥梁作用，缩小和消除两极之间的大断层。

四、产业结构的高级化

产业结构的高级化是一个随着经济发展而变化的漫长过程，这种变化表现出有序的阶段性。尽管经济发展水平和发展阶段不同的国家与地区产业结构的变动具有不同的特点，但有一点是共同的，即产业结构与速度、效益存在着密切的相关关系。产业结构的高级化就是向增长速度、效益更高一级的产业结构推进。在改造二重结构、促进产业结构高级化的实践中，形成了一套理论。有代表性的是以下几种。

1. 动态比较费用论

按照李嘉图的比较成本学说，发达国家应将其产业结构的重点放在资金、技术密集型且需求收入弹性高的产业上，而不发达国家只能重点发展如农业、原材料等需求收入弹性低的初级产业。如果这种分工持续下去，势必会使现有发达国家与不发达国家的收入差距进一步扩大。针对这种静态的比较成本学说，日本的经济学家提出了“动态比较费用论”。该理论认为，产品的比较成本是可以转化的。从某一时点看（即静态地看）在国际贸易中暂时处于劣势的产业，用发展的眼光看却有可能转化为优势产业。关键是对那些有潜力、对国民经济有重要意义的产业采取扶植政策，经过政府的扶持和保护，一定时期后这些产业可以发展成有竞争能力的出口产业。该理论兼收了李嘉图比较成本学说和李斯特扶持幼稚产业说的合理内核，为日本规划产业结构的高级化做出了有力的论证，是日本产业结构理论的起点，并成为落后国家、落后地区改变原有产业结构所依据的一种国际贸易理论。该理论的核心就是在重点发展传统的、具有相对优势但技术层次较低的产业的同时，必须扶持有发展前途的新兴产业，使之逐渐发展成主导产业。第二次世界大战后日本正是这样不断地更新发展其主导产业，从而促进其产业结构的高级化的。

2. 雁行形态说

对于经济、技术还比较落后的国家如何实现产业结构的高级化，日本的经济学家从日本棉纺织工业的发展史中发现了如下现象：当现代棉纺织工业在日本尚未发展起来时，西方棉纺织品大量涌进了日本市场；国外棉纺织品的大量进口开辟和拓展了日本的棉纺织品市场，为日本棉纺织工业的发展创造了市场条件；国内市场与近代技术、低工资成本的组合促进了日本本国棉纺织工业的发展；随着国内棉纺织工业生产规模的扩大，规模经济加上低工资使棉纺织品的生产成本大幅下降，在国际市场上具有价格优势，成了日本重要的出口产品；国际市场的拓展又促进了日本棉纺织工业的进一步发展。据此，日本经济学家提出了“雁行形态说”，认为后发国家的产业应当遵循进口→国内生产→出口的模式，相继交替发展，促进产业结构的高级化。这个发展过程表现在图形上像三只大雁在飞翔，如图 7-1 所示。

第一只雁是进口的浪潮，第二只雁是进口所引发的国内生产浪潮，第三只雁是国内

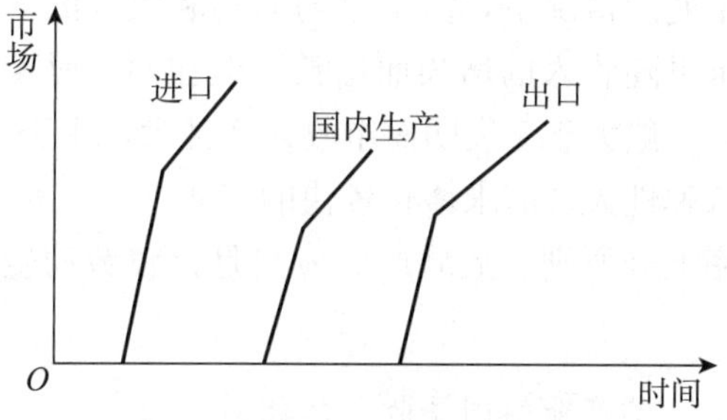

图 7－1　产业结构的雁行形态

生产发展所促进的出口浪潮。这是雁行形态的基本模型。此外还有两个变形：一个是产业发展的次序，一般是从消费资料产业到生产资料产业，从农业到轻工业再到重工业的不断高级化过程；另一个是消费资料产业的产品不断从粗制品向精制品转化，生产资料产业的产品不断从生活用的生产资料向生产用的生产资料转化，这样产业结构就愈加多样化和高级化了。

3. 产品循环说

这个学说与雁行形态说不同，它是以本国工业开发的新产品在国内市场上的出现为出发点的。产品循环表现为如下几个过程。

第一个过程，新产品推出、扩大市场直至饱和。

第二个过程，在国内市场饱和后，这一产品将出口到国外，开拓国外市场。

第三个过程，随着国外市场的形成，伴随着产品出口，出现了资本和技术的出口，这些资本、技术与当地廉价劳动力及其他资源相结合，在输入国发展了这种产品的生产。

第四个过程，国外生产能力的形成又会使这种产品以更低的价格被打回本国市场，使得原先开发这种产品的国家不得不放弃这种产品的生产而转向更新的产品的开发。

新产品开发→国内市场形成→出口→资本与技术出口→进口→开发更新的产品……按照这个顺序不断循环上升，这就是产品循环。把这个过程同雁行形态发展过程相对比，可以发现，雁行形态的三个过程与产品循环的第二至第四个过程是一致的，这种现象在西方经济学中叫作“飞旋镖效应”。正是这种“飞旋镖效应”形成了落后国家的“后发优势”。落后国家如果善于利用这种“后发优势”，并创造可利用的条件，就有可能以较快的速度使自己的产业结构向先进国家的结构类型演进。

4. 非平衡增长论

这个理论认为，在产业结构的演进中，应选择好带头的先导产业（也叫战略产业，类似于上面所讲的地区专业化产业），并加以重点发展，以战略产业的优先发展带动整个国民经济的发展。因此，产业结构高级化所应遵循的原则实质上就是选择战略产业的基本原则。战略产业选择原则是什么呢？日本经济学家提出了两大原则。

（1）需求收入弹性原则。即选择产品需求收入弹性较大的产业来重点发展。需求收入弹性是指需求量对收入变动的相对反应，以需求收入弹性系数表示，即：

$$\text{需求收入弹性系数}=\frac{\text{需求量的增长率}}{\text{收入额的增长率}}$$

在价格和其他条件不变的情况下，需求量的变动和收入的变动方向一致，因而这个系数通常为正值，即需求量随收入的增长而增长。但在同一时期内，不同产品的需求收入弹性系数值大小不同，一般大于 1 表明需求收入弹性大，小于 1 表明需求收入弹性小。战略产业应当是需求收入弹性大、需求增长较快的产业。

（2）比较劳动生产率上升原则。战略产业应当是比较劳动生产率提高的可能性较大的产业。

$$比较劳动生产率=\frac{某产业的国民收入的相对比重}{某产业的劳动力的相对比重}$$

日本经济学家根据 20 世纪 50 年代日本的具体情况和产业结构中长期的演变趋势与方向，认为重化工业符合这两条原则，并指出产业结构的重化工化符合经济发展的一般趋势。而且重化工业对其他产业的“诱发效果”（关联效果）大，重点发展重化工业，就可充分发挥产业间的因果继起诱发机制，带动整个经济的发展，促进整个产业结构向高级化方向转变。

进入 20 世纪 70 年代，日本经济学家在上述两条原则之外，又补充了两条：一是防止过度密集原则；二是丰富劳动内容原则。其目的是力求使产业结构的演进进一步做到经济增长与社会发展相协调。

5. 相关分析法

产业结构的演进既是产业系统内部结构的相互调节，又是同其他因素相互作用的结果。为了研究其复杂的内在机制，就需要采用相关分析法来揭示产业间的关联性以及产业结构与其他结构之间的动态关系。也就是说，研究产业结构，不仅要研究产业系统内部各产业间的动态关系，也要综合考察产业结构与教育结构、就业结构、投资结构、空间结构、进出口结构等各种结构变动的相关性。如图 7－2 所示。

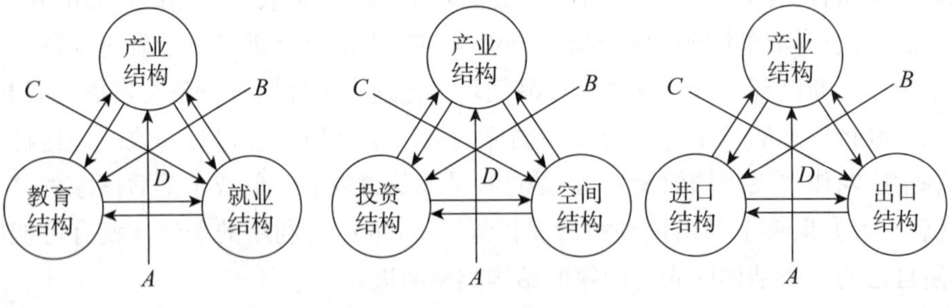

图 7－2 产业间的关联性、产业结构与其他结构间的动态关系

在上述每组循环关系中，三种结构是相互关联、相互影响的。只有站在 A、B、C 的交点 D 上，才能综览平面上的各种结构间的平衡及其变动，揭示各种结构变动的内在联系，把握产业结构变动的机制。

上述理论构成了一个结构理论体系。动态比较费用论主要是从国际贸易、国际分工角度论证了产业结构高级化的必要性与可能性；雁行形态说与产品循环说从不同角度指出了参加国际分工、实现产业结构高级化的基本途径；非平衡增长论与相关分析法则进一步解决了如何带动产业结构走向高级化的机制问题。这套结构理论对日本 20 世纪 50

年代中期到整个60年代重化工业的高速增长、二重结构的改造、产业结构的高级化、整个经济实力的增强及在国际分工中地位的提高起了重大的指导作用，在某些方面对发展中国家和落后地区产业结构的调整也有借鉴作用。

第三节 区域产业结构变动导向理论

区域产业结构变动导向是指从宏观上看，区域产业结构沿着一个什么样的方向演进。导向选择的基本依据如下：一是区域的自然资源状况及其基本特点；二是区域所处的发展阶段及其发展的总体水平，包括区域已有产业结构的特点及存在的问题；三是全国地域分工的需要。

区域产业结构的变动有三种基本导向：

（1）技术导向。即使区域产业结构向高技术化方向转变，也就是在结构调整中大力提高高技术产业在整个产业结构中的比重，直到高技术产业占主导地位。

（2）结构导向。即建立起以主导产业为核心、自然资源开发与加工制造业协调发展的产业结构，直到加工制造业占主导地位。

（3）资源导向。即以自然资源开发为主，资源型产业占主导地位。

这三种不同的导向标志着区域经济成熟程度的不同。

从总体上看，我国还是一个发展中国家，但在国内也同时存在着成熟程度不同、特色各异的区域。不同类型区域的产业结构变动的导向也应有所区别。

一、发达地区的产业结构导向

我国发达地区已形成的区域产业结构与其他类型区域的产业结构相比要相对进步一些，但以区域产业结构合理化的要求来衡量，或者与发达国家发达地区的产业结构相比，还存在相当大的差距，或者说还存在一系列结构性问题：一是按生产要素的密集度来划分，个别大都市区，其工业结构中物耗高、运量大的传统工业仍占较大比重，技术密集型、知识密集型产业还处于起步阶段，所占的比重还较低；二是第一、二、三产业结构存在一定的失衡现象，一些新兴的第三产业没有得到快速发展，一些传统的第三产业也不能适应区域内第一、二产业发展和人民生活水平提高的需要，更不能适应区域中心城市发挥综合功能的需要；三是作为区域产业结构主体的第二产业和作为区域经济基础的第一产业内各行业之间的发展比例关系存在不协调之处。如果今后继续围绕原有产业结构兜圈子，“面多加水、水多加面”，在低水平上循环，沿着老路子走下去，虽然也可达到一定的增长速度，但现有的结构性矛盾将更加激化。例如，能源、原材料供应将有更大的缺口，运输问题将更加严重，技术上的优势将逐步丧失，社会综合效益将明显下降，进军世界市场也很困难。因此必须另寻新路，即采取结构导向与技术导向相结合的发展模式，实行产业结构转换。也就是一方面提高物耗少、污染少、精加工、深加工、附加值大的产业、产品的比重，使产业结构由集约化的初级阶段（生产的增长与资源消耗的增长同时实现）向中级阶段（在资源消耗量比较稳定的情况下实现生产的增长）进而向高级阶段（生产增长了而资源消耗相对减少）转化；另一方面，在传统技术中渗透高技术，在若干高技术领域实现突破，使高技术产业与经过改造的传统技术产业相互融合、相互促进。具体来说，发达地区的产业结构调整主要体现在以下几个方面。

1. 利用新技术改造现有传统产业

传统产业还是发达地区国民经济的主体，新兴高技术产业还需要依靠它们积累资金、提供市场、培训掌握新技术的队伍。同时从全国看，我国经济实力的加强也主要依赖于发达地区现有产业的进一步发展。撇开它们另起炉灶既不现实，也不可取。但传统产业的发展也不能复制古董，必须加快设备更新与技术进步，使传统产业获得新的发展手段，提高其素质，为其注入新的活力。首先是将其中的优势产业基本上转移到现代技术基础上去，使其在部分产品、主要装备和关键工序上接近亚太地区和世界的先进水平。这样既能较快地改变部分发达地区现有产业结构、产品结构的落后性，也可为新兴产业的开发建立深厚的根基。

2. 建设和发展高技术产业

经济发展史证明，发达地区生产发展的前途主要不在于扩大同种产品的数量，而在于开发新产业、新产品，发展新品种，创造新的使用价值。满足区内外日益发展的多样化的需求，单靠几种传统产业、产品是不行的。即使是具有很大优势的传统产业，由于区内外情况的变化，也不可能永远保持其优势地位。发达地区要保持其在国内的领先地位，就必须在新兴高技术产业方面先行一步。由于高技术产业的发展需要具有较好的技术经济条件，又由于这类产业具有省能、省料、省空间、省劳力的特点，且能生产大量的替代材料，因而对整个地区的经济有很强的超前带动性。在发达地区建设和发展高技术产业，既可以发挥其经济技术上的优势，又有助于缓解发达地区运力紧张、能源材料供应不足的矛盾，还有利于促进传统产业的技术改造，提高地区总的结构水平与区域的综合效益，使之在新的基础上实现新的腾飞。

3. 大力发展第三产业

将第三产业的发展提高到适应区域经济所要求的结构比例的水平，同时处理好第三产业内部传统行业与新兴行业的比例关系，是发达地区产业结构调整的当务之急。这有利于改善区域投资环境和生活环境，促进“外引内联”；有利于提高第一、二产业的劳动生产率，方便人们的生活；有利于促进生产与经营的有机结合，为新成长起来的劳动力提供就业岗位。

4. 抓好区域农村产业结构的总体改造

从总体上看，发达地区要由农工商走向贸工农。要建立健全农副产业出口生产体系，以此促进农村第一、二、三产业的协调发展，逐渐形成出口创汇—引进技术—再扩大出口创汇的良性循环。同时要根据发达地区内部的不同情况，逐步建立不同类型、不同程度的外向型农业结构，包括城郊型农业结构、乡镇型农业结构、农村型农业结构、外贸型与特区型农业结构。

二、不发达地区的产业结构导向

不发达地区从总体上看还处于资源导向阶段。在区域产业结构演变过程中，这是一个低层次的结构类型。从现状看，在这种资源导向结构中，由于地区专业化水平低，资源优势还远没有转化为商品经济优势，多种具有优势的自然资源还处于待开发状态。从发展上看，资源的有限性和可替代性以及随着开发规模的扩大所产生的开采条件的恶化趋势，容易导致区域发展的不稳定性。综合上述两方面的情况，不发达地区产业结构的调整首先还是要加强资源导向，即逐步扩大优势资源的开发规模，发挥规模经济效益，同时通过资源的综合开发、综合利用，有选择地、适度地发展一些加工制造业。在今后一个时期内，资源导向还是主要的。在这个问题上，有两种观点要进一步研究。

第一，认为在世界新技术革命浪潮中，各个地区、各个领域都应该引进、采用高精尖技术，跳过传统工业化和传统技术阶段，以实现经济的跨越发展。这种愿望是可以理解的，但是不现实。由于经济技术发展的一体性，任何经济增长都离不开一定的技术。区域产业结构的合理化与技术结构的合理化是一致的。技术必须同区域经济、文化环境相适应，才能开花结果。世界新技术革命的兴起和高技术产业群的涌现是工业化发展和深化的后果，它不是从天上掉下来的，而是植根于工业化过程中长期积累起来的经济技术的土壤之中。我国不发达地区发展到现在，除为数有限的一些大中工业中心以外，从总体上看，都还没有完成工业化，一些地区连资源导向这种低层次的区域产业结构发育得都不健全。在这种区域经济环境中，技术结构还应当以适度技术群落为主，发展适度技术，以促进区域产业结构的调整。当然，这并不排斥在部分地方、局部领域可以同时从国内外直接引进一些新技术，以加快传统产业特别是优势产业的发展步伐。但在总体上，区域产业结构的调整还不宜采用技术导向。

第二，加工增值问题。这是强化资源导向并向结构导向转化的一个中心环节，但也要适度。这是因为我国发达地区能源、原材料严重不足，加快高耗能耗料工业向富能富料区的转移，是把东部的经济技术优势同西部的资源优势相结合、把东部的发展同中西部的开发结合起来的一个战略步骤。西部能源、原材料的东送，东部技术、资金的西移，这种东西交流还要发展。因此，一些富能富料区不可能也不应当把自己的能源、原材料全部或绝大部分就地消化；同时，不发达地区的加工技术水平、经营管理水平的提高也需要一个过程，就地消化能源、原材料的能力有一定的局限。如果短期内过分扩大加工能力，对地区来讲，可能比单纯输出能源、原材料的经济效益要好一些，但社会的综合效益可能会降低。所以在资源导向地区，国家应当在资源的分配上照顾这类地区自身的需要，促进其加工制造业的发展，但应当适度，不能操之过急。为了增强不发达地区的实力、财力和活力，调动资源导向地区发展能源、原材料等初级产品的积极性，在进行体制、价格改革的同时，还需要中央给予一些优惠政策。东西部技术、资金、能源、原材料的交流应更多地通过发展区域间的横向联合来实现。

不管是在什么样的区域，产业结构的调整实质上都是通过宏观调节，将国家、地区发展的总战略在实际经济组织层次上展开和具体化，并以此约束、引导企业的微观经济活动。其根本目的就是使生产要素更有效地配置到从总体上看效益最好的方面，以促进国民经济持续协调地发展。在结构变化导向的选择和结构调整上，应特别注意以下两点。

（1）综合平衡。既要对有限资源进行倾斜式的投向和配置，又要使这种倾斜不致过度。我们不能简单照搬西方发展经济学中的“平衡增长论”和“非平衡增长论”，而应当同时吸取二者的合理成分并摒弃其不合理成分。由于产业结构的调整和合理化在本质上是围绕正确选定的地区专门化产业建立有序有机的产业关联系统或网络，地区专门化产业的选择和优先发展同时也要有相关产业的有机配套，否则就无法形成优化结构，这就要求在资源配置上必须既突出重点、保证重点，又兼顾产业间的协调，这就是综合平衡。当然，这里所讲的综合平衡，不是各地区自成体系、自给自足，而是自觉地把本区经济放到全国（以至世界）经济的大系统中去平衡。

（2）内外兼顾。一方面，要把握区外（以至国外）的经济环境及其变化趋势，适时地、相应地调整自己的产业结构，以强化区际（以至国际）的关联性和互补性，并提高区域经济的适应性与应变力；另一方面，要从区域的条件、需要出发，保持和发挥自己的优势与特色。为此，产业结构的调整要综合考虑区内外两个市场的需要，处理好两个市场间的矛盾。既要力争占领区外以至国外市场，并占据相对有利的地位，又要敢于开放自己的市场。区域经济就是要在广阔的空间范围内，在高水平的比较和竞争中求得发展。

第四节　区域经济的产业发展与转型升级

一、区域产业发展

区域产业发展是区域经济发展的重要原因，区域产业集群及结构调整升级是促进产业发展的动力，与以往不同的是，现代服务业和战略性新兴产业成为产业发展的新趋势。

1. 产业集群发展

促进产业集群发展是产业集群升级的基础。可以通过加强政策支持和促进市场一体化等来发展产业集群。企业基因变异能够促进集群中企业的多样化，市场选择可以对集群企业优胜劣汰，遗传机制的作用在于促进优良企业基因在集群中扩散，以上三种机制全面协调，共同推动着产业集群的发展。

2. 产业集群升级

促进产业集群升级的因素有价值链、创新、制度等。产业聚集应以商贸、物流与会展为着力点，以专业化功能性服务集群的拉力为途径，来促使制造业集群升级。高端制造业与先进生产性服务业双重聚集，是提升产业竞争力与实现产业集群升级的有效途径。产业升级主要依靠集群内核心企业的价值链治理来引领产业集群的全面升级。

3. 产业结构调整升级

产业持续发展需要产业结构升级，对外开放、科技创新、政府支持等对产业结构的升级有正向作用，而外商直接投资的作用则不明显。产业结构升级离不开对外开放，对外开放是推动新产业建立、成长和提升产业竞争力的有效途径。对长三角地区产业结构调整的实证研究得出，科技创新和政府支持对产业结构高级化有正向作用，进口贸易存在负向作用，外商直接投资和社会投资的作用则不太明显。创意产业和文化产业的波及效应和扩散效应也能促进产业结构优化升级。

二、现代服务业发展

现代服务业具有产出附加值高、资源消耗少、环境污染少等特点，发展现代服务业是转变发展方式、调整产业结构的战略举措。国内对发展现代服务业的研究主要集中于生产性服务业和物流业的发展。

（1）影响现代服务业发展的因素。固定资产投入对现代服务业的拉动作用最为明显，人均国内生产总值以及城镇居民人均可支配收入对现代服务业的发展具有消极影响。科技创新是现代服务业发展的物质技术条件，放松规制是现代服务业发展的制度保障，企业间的竞争与协作是现代服务业发展的基础动力。

（2）生产性服务业的产业关联效应。产业关联程度随选择的研究目标不同而不同。生产性服务业与制造业互动发展，具有关联效应，生产性服务业增加值与制造业增加值之间呈正相关关系。

（3）物流业的发展。地理区位、政府作用和自然资源是影响区域物流发展模式选择的最基础要素，具有基础和引导作用，经济整体发展水平、产业集群、市场与贸易的完善度同属于区域的经济基础要素，是最终决定区域物流发展模式选择的直接要素，而物流基础设施则是处于中间层的要素。

三、战略性新兴产业

战略性新兴产业是具有战略意义和未来指向性的产业，发展战略性新兴产业是改造、提升传统产业的新举措。战略性新兴产业发展的动力机制应该主要靠创新驱动而非投资驱动，而激活创新动力要从调整利益导向机制入手。中国培育战略性新兴产业的关键是要把握技术经济新范式的内在要求和发展趋势，构建具有中国特色的开放式创新网络，实施产业组织模式和体制机制创新战略，形成产业资本主导金融资本的有机耦合系统。

四、产业转移

产业转移是经济发展过程中普遍存在的一种经济现象，产业转移按照其特点的不同可以划分为不同的类型。根据转移主体的性质、转移的内在机理的差别，产业转移可以划分为市场扩展型与成本节约型；根据转移客体的差别，产业转移可以划分为劳动密集型、资源密集型、资本密集型、技术密集型、知识密集型；根据转移的空间流动方式的不同，产业转移可以划分为垂直转移与水平转移；按照转移涉及的地域范围的不同，产业转移可以划分为国际产业转移、区际产业转移和城乡产业转移三种类型。按各种分类依据划分的产业转移类型见表 7-1。

表 7-1 产业转移类型

分类依据	分类类型	特征
转移主体的性质、转移的内在机理的差别	市场扩展型	为占领外部市场而进行的空间移动
	成本节约型	由于外部竞争和内部调整压力围绕成本节约目的而进行的战略性迁移
转移客体的差别	劳动密集型	以劳动密集型产业转移为主
	资源密集型	以资源密集型产业转移为主
	资本密集型	以资本密集型产业转移为主
	技术密集型	以技术密集型产业转移为主
	知识密集型	以知识密集型产业转移为主
转移的空间流动方式的不同	水平转移	在同质区域之间的转移
	垂直转移	在存在梯度的异质区域之间的转移
转移涉及的地域范围的不同	国际产业转移	空间转移突破国界
	区际产业转移	空间转移没有突破国界
	城乡产业转移	产业由城市中心向周边地区转移

研究指出，在经济发展中，处于低梯度的不发达地区，产业转移必须克服配套产业基础较差、运输成本高、土地管理方式和地区文化等方面的制约，为这些地区的经济发展寻找新的发展动力。

综上所述，区域产业发展逐渐从提升改造传统产业向发展高技术、现代化的新兴产业转型，不仅可以延长产业链，而且是产业可持续发展的正确选择，但如何发展新兴产业及如何解决在发展过程中出现的问题还有待进一步深入研究。

五、创意产业与区域产业结构转型升级的互动机制分析

1. 创意产业促进传统产业结构的优化和升级

创意产业在不断扩张的同时，通过融入相关产业价值链环节，可以显著改变传统产业的内容，甚至可以改变以三次产业为特征的纵向产业格局，这种产业纵向整合的功能也将赋予产业升级以新的内容。创意产业的根本观念是通过“越界”促成跨行业、跨领域的重组与合作，是一个全新的产业概念。任意一种创意活动都必须在一定的文化背景下，通过重塑传统产业结构来完成价值实现。如消费性创意产业重塑传统产业的服务内容，生产性创意产业中的工艺创意重塑传统产业的产品设计，商业创意重塑传统产业的盈利方式。

(1) 创意产业是促进传统资源依赖型区域产业转型升级的重要途径。产业结构调整的关键之一就是提高传统产业的附加值，实现经济增长方式的转变。传统的产业发展模式只注重有形资源和客体资源的开发与利用，驱动其发展的主导要素主要是自然资源、土地、资金、机器等。

近年来制造业竞争的加剧和资源的稀缺使得传统制造业的附加值非常低。因此，如

何增加制造业的工业附加值成为产业升级的关键。创意产业可以从以下三个方面提升传统产业的附加值，实现经济增长方式的转变。

首先，创意产业可以通过提供最新的技术来提升传统产业的附加值。创意产业强调以科学技术为支撑，掌握核心技术和系统集成能力，强调人的创造性这种无形资源和主体资源的开发与利用。因此，积极发展创意产业可以建立面向市场的产、学、研三方资源融合的技术创新体系，进一步淘汰落后的生产能力，从而提升产业的附加值。

其次，创意产业可以通过产品设计的创新和营销手段的更新来提升产品的附加值。产品的价值包含两部分，即使用价值和观念价值。随着需求的个性化和多样性的发展，消费者对产品的需求不仅仅在于产品的内在属性，即满足消费者的需求，而更关注产品的外在包装、产品形状所带来的美观感受。日本日立公司的调查显示，每增加 1 000 万日元的销售收入，来自工业设计的贡献占到 52%，来自技术改进的贡献仅占 21%。设计创意企业可以通过向传统企业提供设计技术支持来提升产品的附加值。另外，广告公司和咨询策划公司也可以为传统企业提供符合企业本身特征的营销策划，从而促进企业效益的提高。

最后，创意产业可以通过产业融合，提高传统产业的效益。创意产业是附加值很高的知识化、智能化产业，并且具有高渗透性和高辐射性的特点。因此，创意产业必然可以通过产业融合的途径带动传统产业附加值的提升。目前，创意产业已经和很多传统产业实现了产业融合，极大地提升了传统产业的附加值。例如现代所提出的“工业旅游”“农业旅游”的创意，就是把旅游业和传统的农业、工业结合起来，极大地提升了相关产业的附加值。服装设计类创意产业的发展就和传统的服装产业有着密切的关系，其与传统的服装产业融合的过程从本质上来看就是为传统的服装产品附加文化创意内涵的过程。

（2）创意产业是促进区域价值实现方式转变的重要途径。创意产业还可以通过对传统产业的改造，以延长产品生命周期的形式拉长其他产业的价值链，为传统产业创造更多的经济价值。创意产业具有延伸性，也就是说，创意产业具有一次投资、多次受益的特点，这就意味着创意产业可以无限延伸，产生很多相关的延伸品。特别是现代科学技术的发达使得很多创意的价值得以实现，使得企业突破原有的产业界限，在产业链上向上游或下游方向延伸，从而获得新的价值。

（3）创意产业是促进传统产业内部自身结构调整升级的重要途径。创意产业的发展可以通过转换机制促进传统产业内部自身的结构调整。创意产业对传统产业来说具有转换机制，随着创意产业的发展，资源逐步从传统产业流入创意产业，从而会加剧传统产业之间的竞争，促进传统产业内部自身的结构调整、升级。首先，创意产业的发展吸引了资源从传统产业进入创意产业，推动了产业结构调整。新兴产业的兴起必然意味着相关产品的成本低、投资回报率高。在最大化自身价值的目标的驱使下，原处于传统产业的资源就会流向新兴产业。创意产业作为新兴产业，其发展必然需要资金、劳动力、土地等资源，这些资源一部分来源于传统产业的增量资本，另一部分来源于传统产业的存量资本。增量资本投向的变化意味着产业结构调整方向的变化，存量资本投向的变化则意味着传统产业内部结构的调整。其次，创意产业的发展促进了社会分工，引发了传统产业的结构调整。一方面，创意产业的发展促进了社会分工，使传统产业产生了更多的创意需求，从而推动了产业结构的调整。比如制造业在产品设计方面产生了新的需求，可以把某一段工序独立出来进行专业分工或者业务外包。广告业、设计业就由此衍生而来。另一方面，创意产业促进了传统产业内部分工甚至产品分工，从而优化了传统产业内部的结构。最后，创意产业的发展使非物质要素创造价值的理念得以发扬，从而推动了社会经济资源由单纯的物质资源向物质资源和非物质资源转换，带动了产业结构的调整、升级。

2. 创意产业促进城市产业结构的优化和升级

第二次世界大战后，发达国家产业结构发生重大变化，传统工业发展迟缓，因而制造业集中的城市普遍出现衰退现象，但资本追逐利润的本性促使其在全球流动并使生产在全球范围内扩散和转移，因而城市制造业纷纷转移到郊区或不发达地区。但由于城市地理位置的不可更改性，因而那些不能适应产业结构时空变化的城市不得不面对发展的衰退，迫使城市产业结构从制造业向第三产业升级转变。由于城市具有重要的区位优势，因而在吸引人才、技术创新和产品销售等方面有很强的聚集和辐射能力，促使创意产业区出现和发展。总而言之，创意产业的发展是城市产业结构优化和升级的主要手段，而城市衰退的产业为其提供了空间。创意产业通过将现有的文化资源和创意资源转化为经济成就，改造了传统产业，衍生出了新兴产业，不仅提升了城市的服务功能，而且大大促进了城市产业结构的优化和升级。伦敦通过大力发展创意产业，产业结构得到了显著优化，高附加值的创意产业已成为伦敦最大的产业部门之一，产出和就业量仅次于金融与商业服务业，伦敦成为英国创意产业的聚集地。

3. 区域产业转型升级催生创意产业的发展

在产业结构调整和升级的过程中，由于经济发展的落差而形成的劳动力成本和土地成本差距，将在某区域内丧失比较优势的产业转移到具有比较优势或将要获得比较优势的区域，因此，传统产业的相关企业为了企业生产和成长的需要而踏上了向其他相对落后地区转移的道路。如在我国长三角地区，很多上海的棉纺织企业就把生产基地转移到江苏等地，希望利用江苏人力成本和土地价格低廉的优势进行生产，提高企业的综合竞争力。浙江的一些民营企业也把公司的主要生产基地转移到浙江“西部地区”，一方面是为了开拓市场，提高市场占有率，另一方面也是为了利用这些地区劳动力价格低廉的优势来组织生产。

由于经济发展的落差而形成的劳动力成本和土地成本差距，将在某区域内丧失比较优势的产业转移到具有比较优势或将要获得比较优势的区域，既有利于不发达地区的经济发展，又有利于发达地区产业结构的升级，产业转移带来的结果是双赢的。从各个国家创意产业的成长来看，传统产业的外移为创意产业的成长提供了空间基础。世界上很多大城市的创意产业常常萌发和聚集于已淘汰的旧厂房、旧仓库里。例如美国纽约市曼哈顿的苏荷区，原是纽约市的工业区之一，遗存有50多幢以独特精致的铸铁工艺构建的小工厂和仓库。第二次世界大战结束后，纽约市制造业衰落，这些工厂大批关闭或外迁，许多房屋空置破败，一批艺术家将其改造以后作为创作、展示和经营文化艺术的场所。纽约市政府在新的城市规划中明确规定：苏荷区是以艺术品经营为主，辅以餐饮、旅游和时装设计的历史文化景区。政府的政策指引使得众多的艺术家纷纷入驻苏荷区，从事创意活动，促进了纽约市创意产业的成长壮大。英国伦敦的泰德现代艺术馆也是由原来的发电厂改建而成的，经过 4 年多的发展，这里就成了全世界吸引游客最多的美术馆和英国文化创意产业发展的典范。

北京 798 艺术区位于北京市朝阳区酒仙桥大山子地区，该地区有大量的旧厂房（关闭的无线电厂），这些旧厂房经过改造，汇集了画廊、设计室、艺术展示空间、艺术家工作室、时尚店铺、餐饮酒吧等众多的文化艺术元素。北京 798 艺术区经常举办重要的国际艺术展览、艺术活动和时尚活动，吸引了众多世界政界要人、影视明星、社会名流到此参观。艺术区平均每天都有多个艺术展开幕，每天都在通过不同的艺术形式向世人展示着 798 艺术区特有的艺术氛围，各大国际知名公司如索尼、摩托罗拉、迪奥、欧米茄、宝马汽车等都在这里举行过宣传推广活动，798 艺术区的品牌已经形成。

关键术语

区域产业结构　二重结构　变动导向理论　产业转移　创意产业

思考题

1. 区域产业结构多层次分析的经济含义是什么?
2. 论述二重结构的内涵和具体表现。
3. 简单分析关于产业结构高级化的各种具有代表性的理论。
4. 发达地区的产业结构导向主要表现在哪些方面?
5. 创意产业如何促进传统产业结构转型升级?

主要参考文献

[1] 郝寿义，等. 区域经济学. 北京：经济科学出版社，1999.

[2] 周起业，等. 区域经济学. 北京：中国人民大学出版社，1989.

[3] 卢中原. 产业结构对地区经济发展影响的分析. 经济研究，1996 (7).

[4] 丛海彬，等. 创意城市与区域产业结构转型升级的关系研究. 当代财经，2010 (7).

[5] 戴宏伟，等. 产业转移与区域产业结构调整的关系分析. 当代财经，2008 (2).

第八章

区域经济的可持续发展理论与循环经济

重点问题

- 可持续发展的概念与内涵
- 可持续发展理论
- 循环经济的内涵
- 循环经济理论与创新分析

第一节　可持续发展的基本概念

一、可持续发展历程探源

可持续发展理论的形成经历了相当长的历史过程。20 世纪 50—60 年代，人们在经济增长、城市化、人口、资源等所形成的环境压力下，对增长等于发展的模式产生怀疑并展开了讨论。1962 年，美国女生物学家雷切尔·卡森（Rachel Carson）出版了一部引起很大轰动的环境科普著作《寂静的春天》，作者描绘了一幅由农药污染所引起的可怕景象，惊呼人们将会失去“春光明媚的春天”，在世界范围内引发了人类关于发展观念的争论。10 年后，两位著名的美国学者巴巴拉·沃德（Barbara Ward）和雷内·杜博斯（Rene Dubos）合作出版的享誉很高的《只有一个地球》，把对人类生存与环境的认识推到一个新的境界——可持续发展的境界。同年，一个非正式国际著名学术团体罗马俱乐部出版了有名的研究报告《增长的极限》，明确提出“持续增长”和“合理的持久的均衡发展”的概念。1987 年，以挪威首相布伦特兰夫人为主席的联合国世界环境与发展委员会出版了一份报告《我们共同的未来》，正式提出可持续发展的概念，并以此为主题对人类共同关心的环境与发展问题进行了全面论述，受到世界各国政府组织和舆论的极大重视，在 1992 年联合国环境与发展大会上可持续发展理念得到了与会者的承认并且达成了共识。

1. 源于生态学

随着雷切尔·卡森的《寂静的春天》的问世，书中所提出的有关生态的观点逐渐被人们所接受。环境问题从此由一个边缘问题逐渐走向全球经济议程的中心。在这之后，随着公害问题的加剧和能源危机的出现，人们逐渐认识到把经济、社会和环境割裂开来谋求发展，只能给地球和人类社会带来毁灭性的灾难。源于这种危机感，可持续发展的思想在20世纪80年代逐步形成。1983年11月，联合国成立了世界环境与发展委员会（WECD）。1987年，受联合国委托，以挪威首相布伦特兰夫人为主席的WECD的成员们，把经过4年研究和充分论证的报告——《我们共同的未来》提交给联合国大会，正式提出了“可持续发展”（sustainable development）的概念和模式。“可持续发展”一词在国际文件中最早出现于1980年由国际自然保护同盟制定的《世界自然保护大纲》，其概念最初源于生态学，指的是对资源的一种管理战略。其后被广泛应用于经济学和社会学范畴，加入了一些新的内涵，是一个涉及经济、社会、文化、技术和自然环境的综合的、动态的概念。

2. 源于《增长的极限》这份报告的问世

地球环境的“承载能力”是否有界限？发展的道路与地球环境的“负荷极限”如何相适应？人类社会的发展应如何规划才能实现人类与自然的和谐，既保护人类，又维护地球的健康？试图回答这些问题的是一个由各类专家（包括经济学家、数学家、社会活动家和其他自然科学家）组成的名为“罗马俱乐部”的组织。1972年该组织出版了题为《增长的极限》的报告。报告根据数学模型预言：在未来一个世纪中，人口和经济需求的增长将导致地球资源耗竭、生态破坏和环境污染。除非人类自觉限制人口增长和工业发展，否则这一悲剧将无法避免。这份报告发出的警告启发了后来者。从20世纪80年代开始，最早见诸《寂静的春天》中的“可持续发展”一词，逐渐成为流行的概念。

3. 国际化共识源于联合国环境与发展大会

1987年，世界环境与发展委员会在题为《我们共同的未来》的报告中，第一次阐述了“可持续发展”的概念。在可持续发展思想形成的历程中，最具国际化意义的是1992年6月在巴西里约热内卢举行的联合国环境与发展大会。在这次大会上，来自世界178个国家和地区的领导人通过了《21世纪议程》《气候变化框架公约》等一系列文件，明确把发展与环境密切联系在一起，使可持续发展走出了仅仅在理论上探索的阶段，响亮地提出了可持续发展的战略，并将之转化为全球的行动。

可持续发展的思想是人类社会发展的产物。它体现着对人类自身进步与自然环境关系的反思。这种反思反映了人类对自身以前走过的发展道路的怀疑和抛弃，也反映了人类对今后选择的发展道路和发展目标的憧憬与向往。人们逐步认识到过去的发展道路是不可持续的，或至少是不够持续的，因而是不可取的。唯一可供选择的道路是可持续发展之路。人类的这一次反思是深刻的，反思所得出的结论具有划时代的意义。这正是可持续发展的思想在全世界不同经济水平和不同文化背景的国家能够达成共识和得到普遍认同的根本原因。可持续发展是发展中国家和发达国家都可以争取实现的目标，广大发展中国家积极投身到可持续发展的实践中也正是可持续发展理论风靡全球的重要原因。

美国、德国、英国等发达国家和中国、巴西这样的发展中国家都先后提出了自己的21世纪议程或行动纲领。尽管各国的侧重点有所不同，但都不约而同地强调要在经济和社会发展的同时注重保护自然环境。正是因为这样，很多人类学家都不约而同地指出，可持续发展思想的形成是人类在20世纪中对自身前途、未来命运与所赖以生存的环境之间关系的最深刻的一次警醒。

4. 全人类开始付诸行动

当今世界，环境保护成了当代企业发展的口号。在能源领域，发达国家不约而同地将技术重点转向水能、风能、太阳能和生物能等可更新能源上；在交通运输领域，研制燃料电池车或其他清洁能源车辆已成为各大汽车商技术开发能力的标志；在农业领域，无化肥、无农药和无毒害的生态农产品已成为消费者的首选；在城市规划和建筑业中，尽量减少能源和水的消耗同时也减少废水废弃物排放的"生态设计"和"生态房屋"已成为近年来发达国家建筑业的招牌。

5. 可持续发展取得共识后的实践分歧

在可持续发展理论的形成和发展过程中，在认知层面上发达国家与发展中国家取得了空前的一致，这也是20世纪在所有涉及发达国家与发展中国家的国际问题的讨论中绝无仅有的。与此同时，人们也注意到，目前可持续发展的思想更多的是在发达国家中得到实践和探索。而在人类社会通往和谐发展的道路上，可持续发展概念的实施依然面对重重障碍。首先，南北不平衡是未来可持续发展的最大阻力。发达国家不仅通过两次工业革命获得了经济上的优势，而且在自然资源的占有和消费上达到了奢侈的境地。据经济合作与发展组织统计，美国每年人均能源消费量达到了全球平均水平的5倍。发达国家享有工业革命的利益，却又力图回避与逃脱自身对全球环境应负的责任，这也成为全球可持续发展道路上的绊脚石。2000年，在海牙举行的20世纪最后一次《联合国气候变化框架公约》缔约方大会就因个别发达国家的阻挠而未能达成协议，使框架公约得以贯彻的前景变得暗淡。其次，就发展中国家而言，追求自身进步与发展、提高居民生活水平的权利无可剥夺。但是，发展是否应该沿袭发达国家的"样板"？这也成为通往可持续发展之路上的困惑。典型的美国发展模式——大量占有和奢侈消费自然资源并大量排放污染——是否值得广大发展中国家仿效？这不仅在发展中国家，而且在像日本和欧洲等这样的发达国家和地区，也都成为思考的热点。

二、具有较大影响的几类可持续发展概念

与任何经济理论和概念的形成和发展一样，可持续发展概念形成了不同的流派，这些流派或对相关问题有所侧重，或强调可持续发展中的不同属性。从全球范围来看，比较有影响的有以下几类：

1. 从自然属性定义的可持续发展

较早的时候，持续性这一概念是由生态学家首先提出来的，即所谓生态持续性。它旨在说明自然资源及其开发利用程度间的平衡。1991年11月，国际生态学协会（INTE-

COL）和国际生物科学联合会（IUBS）联合举行了关于可持续发展问题的专题研讨会。该研讨会的成果不仅发展而且深化了可持续发展概念的自然属性，将可持续发展定义为：保护和加强环境系统的生产和更新能力。从生物圈概念出发定义可持续发展，是从自然属性方面定义可持续发展的一种代表，即认为可持续发展是寻求一种最佳的生态系统以支持生态的完整性和人类愿望的实现，使人类的生存环境得以持续。

2. 从社会属性定义的可持续发展

1991年，世界自然保护同盟、联合国环境规划署和世界野生生物基金会[①]共同出版了《保护地球——可持续生存战略》（*Care for the Earth*：*A Strategy for Sustainable Living*）（简称《生存战略》）。《生存战略》提出的可持续发展定义为“在生存不超出维持生态系统涵容能力的情况下，提高人类的生活质量”，并且提出了可持续生存的九条基本原则。在这九条基本原则中，既强调了人类的生产方式和生活方式要与地球承载能力保持平衡，保护地球的生命力和生物多样性，同时又提出了人类可持续发展的价值观和130个行动方案，着重论述了可持续发展的最终落脚点是人类社会，即改善人类的生活质量、创造美好的生活环境。《生存战略》认为，各国可以根据自己的国情制定各不相同的发展目标。但是，只有在“发展”的内涵中包括提高人类健康水平、改善人类生活质量和获得必需资源的途径，并创造一个保障人们的平等、自由和人权的环境，且“发展”只有使我们的生活在所有这些方面都得到改善，才是真正的“发展”。

3. 从经济属性定义的可持续发展

这类定义有不少表达方式。不管是哪一种表达方式，都认为可持续发展的核心是经济发展。在《经济、自然资源、不足和发展》一书中，作者爱德华·B. 巴比尔（Edward B. Barbier）把可持续发展定义为“在保持自然资源的质量和其所提供服务的前提下，使经济发展的净利益增加到最大限度”。还有的学者提出，可持续发展是“今天的资源使用不应减少未来的实际收入”。当然，定义中的经济发展已不是传统的以牺牲资源和环境为代价的经济发展，而是“不降低环境质量和不破坏世界自然资源基础的经济发展”。

4. 从科技属性定义的可持续发展

实施可持续发展，除了制定政策和管理国家之外，科技进步起着重大作用。没有科学技术的支持，人类的可持续发展便无从谈起。因此，有的学者从技术选择的角度扩展了可持续发展的定义，认为“可持续发展就是转向更清洁、更有效的技术，尽可能接近‘零排放’或‘密闭式’工艺方法，尽可能减少能源和其他自然资源的消耗”。还有的学者提出，“可持续发展就是建立极少产生废料和污染物的工艺或技术系统”。他们认为，污染并不是工业活动不可避免的结果，而是技术差、效益低的表现。

5. 国际社会普遍接受的布氏定义的可持续发展

1988年以前，可持续发展的定义或概念并未正式引入联合国的“发展业务领域”。1987年，布伦特兰夫人主持的世界环境与发展委员会对可持续发展给出了定义：“可持续发展是指既满足当代人的需要，又不对后代人满足其需要的能力构成危害的发展。”

---

① 于1986年更名为“世界自然基金会”。

1988年春，在联合国开发计划署理事会全体委员会的磋商会议期间，围绕可持续发展的含义，发达国家和发展中国家展开了激烈争论，最后磋商达成一个协议，即请联合国环境规划署理事会讨论并对“可持续发展”一词的含义草拟出一份可以为大家所接受的说明。在1989年5月举行的联合国环境规划署第15届理事会期间，经过反复磋商，通过了《关于可持续发展的声明》。

可持续发展定义包含两个基本要素或两个关键组成部分：“需要”和对需要的“限制”。满足需要，首先是要满足贫困人民的基本需要。对需要的限制主要是指对对于未来环境满足需要的能力构成危害的限制，这种能力一旦被突破，必将危及支持地球生命的自然系统即大气、水体、土壤和生物。决定两个基本要素的关键性因素是：

（1）进行收入再分配以保证不会为了短期生存需要而被迫耗尽自然资源。

（2）降低人们主要是穷人遭受自然灾害和农产品价格暴跌等损害的脆弱性。

（3）普遍提供可持续生存的基本条件，如卫生、教育、水和新鲜的空气，保护和满足社会最脆弱人群的基本需要，为全体人民特别是贫困人民提供发展的平等机会和选择自由。

三、可持续发展的内涵

从全球普遍认可的概念中，我们可以梳理出可持续发展有以下几个方面的丰富内涵：

1. 共同发展

地球是一个复杂的巨系统，每个国家或地区都是这个巨系统不可分割的子系统。系统的最根本特征是其整体性，每个子系统都和其他子系统相互联系并发生作用，只要一个系统发生问题，就会直接或间接造成其他系统的紊乱，甚至会诱发系统的整体突变，这在地球生态系统中表现得最为突出。因此，可持续发展追求的是整体发展和协调发展，即共同发展。

2. 协调发展

协调发展包括经济、社会、环境三大系统的整体协调，也包括世界、国家和地区三个空间层面的协调，还包括一个国家或地区经济与人口、资源、环境、社会以及内部各个阶层的协调，持续发展源于协调发展。

3. 公平发展

世界经济的发展呈现出因水平差异而表现出来的层次性，这是发展过程中始终存在的问题。但是这种发展水平的层次性若因不公平、不平等而引发或加剧，就会从局部上升到整体，并最终影响到整个世界的可持续发展。可持续发展思想的公平发展包含两个维度：一是时间维度上的公平，当代人的发展不能以损害后代人的发展能力为代价；二是空间维度上的公平，一个国家或地区的发展不能以损害其他国家或地区的发展能力为代价。

4. 高效发展

公平和效率是可持续发展的两个轮子。可持续发展的效率不同于经济学的效率，可持续发展的效率既包括经济意义上的效率，也包含自然资源和环境的损益的成分。因此，可持续发展思想的高效发展是指经济、社会、资源、环境、人口等协调下的高效发展。

5. 多维发展

人类社会的发展表现出全球化的趋势，但是不同国家与地区的发展水平是不同的，而且不同国家与地区又有着异质性的文化、体制、地理环境、国际环境等发展背景。此外，因为可持续发展又是一个综合性、全球性的概念，要考虑到不同地域实体的可接受性，因而可持续发展本身包含了多样化、多模式、多维度选择的内涵。因此，在可持续发展这个全球性目标的约束和指导下，各国与各地区在实施可持续发展战略时，应该从国情或区情出发，走符合本国或本地区实际的、多样化的、多模式的可持续发展道路。

四、可持续发展的主要内容

在具体内容方面，可持续发展涉及可持续经济、可持续生态和可持续社会三方面的协调统一，要求人类在发展中讲究经济效率、关注生态和谐与追求社会公平，最终达到人的全面发展。这表明，可持续发展虽然源于环境保护问题，但作为一个指导人类走向21世纪的发展理论，它已经超越了单纯的环境保护。它将环境问题与发展问题有机地结合起来，已经成为一个有关社会经济发展的全面性战略。具体地说：

（1）经济可持续发展方面：可持续发展鼓励经济增长而不是以环境保护为名取消经济增长，因为经济发展是国家实力和社会财富的基础。但可持续发展不仅重视经济增长的数量，更追求经济发展的质量。可持续发展要求改变传统的以“高投入、高消耗、高污染”为特征的生产模式和消费模式，实施清洁生产和文明消费，以提高经济活动中的效益、节约资源和减少废弃物。从某种角度上可以说集约型经济增长方式就是可持续发展在经济方面的体现。

（2）生态可持续发展方面：可持续发展要求经济建设和社会发展要与自然承载能力相协调。发展的同时必须保护和改善地球生态环境，保证以可持续的方式使用自然资源和环境成本，将人类的发展控制在地球承载能力之内。因此，可持续发展强调了发展是有限制的，没有限制就没有发展的持续。生态可持续发展同样强调环境保护，但不同于以往将环境保护与社会发展对立的做法，可持续发展要求通过转变发展模式，从人类发展的源头、从根本上解决环境问题。

（3）社会可持续发展方面：可持续发展强调社会公平是环境保护得以实现的机制和目标。可持续发展指出世界各国的发展阶段可以不同，发展的具体目标也可各不相同，但发展的本质应包括改善人类生活质量、提高人类健康水平，以及创造一个保障人们平等、自由、教育、人权和免受暴力的社会环境。这就是说，在人类可持续发展系统中，经济可持续是基础，生态可持续是条件，社会可持续才是目的。21世纪人类应该共同追求的是以人为本位的自然-经济-社会复合系统的持续、稳定、健康发展。

作为一个具有强大综合性和交叉性的研究领域，可持续发展涉及众多的学科，可以有不同重点地展开。例如，生态学家着重从自然方面把握可持续发展，理解可持续发展是不超越环境系统更新能力的人类社会的发展；经济学家着重从经济方面把握可持续发展，理解可持续发展是在保持自然资源质量和其持久供应能力的前提下，使经济增长的净利益增加到最大限度；社会学家从社会角度把握可持续发展，理解可持续发展是在不超出维持生态系统涵容能力的情况下，尽可能地改善人类的生活品质；科技工作者则更多地从技术角度把握可持续发展，把可持续发展理解为是建立极少产生废料和污染物的绿色工艺或技术系统。

五、可持续发展的基本原则

可持续发展是一种新的人类生存方式。这种生存方式不但要求体现在以资源利用和环境保护为主的环境生活领域，更要求体现到作为发展源头的经济生活和社会生活中去。贯彻可持续发展战略必须遵从一些基本原则：

（1）公平性（fairness）原则。可持续发展强调发展应该追求两方面的公平：一是本代人的公平即代内平等。可持续发展要满足全体人民的基本需求和给全体人民机会以满足他们要求较好生活的愿望。当今世界的现实是一部分人富足，而占世界 1/5 的人口处于贫困状态；占全球人口 26%的发达国家耗用了占全球 80%的能源、钢铁和纸张等。这种贫富悬殊、两极分化的世界不可能实现可持续发展。因此，要给世界以公平的分配和公平的发展权，要把消除贫困作为可持续发展进程中特别优先的问题来考虑。二是代际公平即世代平等。要认识到人类赖以生存的自然资源是有限的。本代人不能因为自己的发展与需求而损害人类世世代代满足需求的条件——自然资源与环境。要给世世代代以公平利用自然资源的权利。

（2）持续性（sustainability）原则。持续性原则的核心思想是，人类的经济建设和社会发展不能超越自然资源与生态环境的承载能力。这意味着，可持续发展不仅要求人与人之间的公平，还要顾及人与自然之间的公平。资源和环境是人类生存与发展的基础，离开了资源和环境，就无从谈及人类的生存与发展。可持续发展主张建立在保护地球自然系统基础上的发展，因此发展必须有一定的限制因素。人类发展对自然资源的耗竭速率应充分顾及资源的临界性，应以不损害支持地球生命的大气、水、土壤、生物等自然系统为前提。换句话说，人类需要根据持续性原则调整自己的生活方式、确定自己的消耗标准，而不是过度生产和过度消费。发展一旦破坏了人类生存的物质基础，发展本身也就衰退了。

（3）共同性（common）原则。鉴于世界各国历史、文化和发展水平的差异，可持续发展的具体目标、政策和实施步骤不可能是唯一的。但是，可持续发展作为全球发展的总目标，所体现的公平性原则和持续性原则是应该共同遵从的。要实现可持续发展的总目标，就必须采取全球共同的联合行动，认识到我们的家园——地球的整体性和相互依赖性。从根本上说，贯彻可持续发展就是要促进人类之间及人类与自然之间的和谐。如果每个人都能真正地按“共同性原则”办事，那么人类内部及人与自然之间就能保持互惠共生的关系，从而实现可持续发展。

第二节　可持续发展理论

一、可持续发展的基本理论

（一）可持续发展的基础理论

1. 经济学理论

（1）增长的极限理论。该理论是《增长的极限》一书中提出的有关可持续发展的理论，该理论的基本要点是：运用系统动力学的方法，对支配世界系统的物质关系、经济关系和社会关系进行综合，提出人口不断增长、消费日益提高而资源却不断减少、污染却日益严重，这制约了生产的增长；虽然科技不断进步能起到促进生产的作用，但这种作用是有一定限度的，因此生产的增长是有限的。

（2）知识经济理论。该理论认为经济发展的主要驱动力是知识和信息技术，知识经济将是未来人类可持续发展的基础。

2. 可持续发展的生态学理论

所谓可持续发展的生态学理论是指根据生态系统的可持续性要求，人类的经济社会发展要遵循生态学的三个定律：一是高效原理，即能源的高效利用和废弃物的循环再生产；二是和谐原理，即系统中各个组成部分之间的和睦共生、协同进化；三是自我调节原理，即协同的进化着眼于其内部各组织的自我调节功能的完善和持续性，而非外部的控制或结构的单纯增长。

3. 人口承载力理论

所谓人口承载力理论是指地球系统的资源与环境由于自身的自组织与自我恢复能力存在一个阈值，在特定技术水平和发展阶段下对于人口的承载能力是有限的。人口数量以及特定数量人口的社会经济活动对地球系统的影响必须控制在这个限度之内，否则，就会影响或危及人类的持续生存与发展。这一理论被喻为20世纪人类最重要的三大发现之一。

4. 人地系统理论

所谓人地系统理论是指人类社会是地球系统的一个组成部分，是生物圈的重要组成部分，是地球系统的主要子系统。它是由地球系统所产生的，同时又与地球系统的各个子系统之间存在相互联系、相互制约、相互影响的密切关系。人类社会的一切活动，包括经济活动，都受到地球系统的气候（大气圈）、水文与海洋（水圈）、土地与矿产资源（岩石圈）及生物资源（生物圈）的影响，地球系统是人类赖以生存和社会经济可持续发展的物质基础和必要条件；而人类的社会活动和经济活动又直接或间接影响了大气圈（大气污染、温室效应、臭氧洞）、岩石圈（矿产资源枯竭、沙漠化、土壤退化）及生物圈（森林减少、物种灭绝）的状态。人地系统理论是地球系统科学理论的核心，是陆地系统科学理论的重要组成部分，是可持续发展的理论基础。

（二）可持续发展的核心理论

可持续发展的核心理论尚处于探索和形成之中。目前已具雏形的流派大致可分为以下几种：

1. 资源永续利用理论

资源永续利用理论流派的认识论基础在于：认为人类社会能否持续发展取决于人类社会赖以生存和发展的自然资源是否可以被永远地使用下去。基于这一认识，该流派致力于探讨使自然资源得到永续利用的理论与方法。

2. 外部性理论

外部性理论流派的认识论基础在于：认为环境日益恶化与人类社会出现不可持续发展现象和趋势的根源是，人类迄今为止一直把自然（资源和环境）视为可以免费享用的"公共物品"，不承认自然资源具有经济学意义上的价值，并在经济生活中把自然的投入排除在经济核算体系之外。基于这一认识，该流派致力于从经济学的角度探讨把自然资源纳入经济核算体系的理论与方法。

3. 财富代际公平分配理论

财富代际公平分配理论流派的认识论基础在于：认为人类社会出现不可持续发展现象和趋势的根源是当代人过多地占有和使用了本应属于后代人的财富，特别是自然财富。基于这一认识，该流派致力于探讨财富（包括自然财富）在代际能够得到公平分配的理论与方法。

4. 三种生产理论

三种生产理论流派的认识论基础在于：认为人类社会可持续发展的物质基础在于人类社会和自然环境组成的世界系统中物质的流动是否通畅并构成良性循环。他们把人与自然组成的世界系统的物质运动分为三大"生产"活动，即人的生产、物资生产和环境生产，致力于探讨三大生产活动之间和谐运行的理论与方法。

二、可持续发展理论对传统经济学的修正

1. 对 GDP 的修正

当使用可持续发展概念时，人们已经认识到，传统的国内生产总值（GDP）作为宏观经济增长指标是一种不能保证环境状况良好的增长指标。在 GDP 的核算中，并未将由于经济增长而带来的对环境资源的消耗和破坏所造成的影响及其对生态功能、环境状况的损害考虑在内。环境影响通常没有相应的市场表现形式，但这并不意味着它们没有经济价值。因此，实际上应该对所发生的任何环境损失都进行价值评估，并从 GDP 中扣除。经济学家不断试图在计算国内生产总值和收入时纳入一系列的自然资源和环境因素，即考虑环境后的净国内产值（EDP）和净国内收入（ENI）。国内生产净值被定义为国内生产总值减去人造资本的折旧并减去自然资本的存量。

2. 自然资源账户

另一种可行方法是建立另外一套自然资源账户，这套资源账户采用非货币单位的形

式，它只是表示在一个特定的国家里，资源究竟发生了什么样的变化。更简单的修正方法是建立一系列环境统计报表。这些账户应该显示出环境的不同变化是如何同经济变化联系起来的。这至少可以避免以往那种认为经济好像同环境没有什么关系的经济管理方式的错误。

3. 可持续收入

对一个国家或一个地区的可持续发展水平和可持续发展能力的衡量，还必须考虑到其全部的资本存量的大小及增加或减少，这样，可持续收入的概念便产生了。可持续收入的基本思想是由希克斯在其 1946 年的著作中提出的。这个概念的基础是：只有当全部的资本存量随时间保持不变或增长时，这种发展途径才是可持续的。可持续收入被定义为不会减少总资本水平所必须保证的收入水平。对可持续收入的衡量要求对环境资本所提供的各种服务的流动进行价值评估。可持续收入在数量上等于传统意义上的 GDP 减去人造资本、自然资本、人力资本和社会资本等各种资本的折旧。衡量可持续收入意味着要调整国民经济核算体系。

4. 产品价格与投资评估

皮尔斯等人认为，为了全面反映环境资源的价值，产品价格应当完整地反映三部分成本：一是资源开采或获取的成本；二是同资源开采、获取、使用有关的环境成本；三是由于当代人使用了这一部分资源而不可能为后代人所使用的效益损失，即用户成本。

5. 环境资源价值公式

穆拉辛格认为，为建立一个合法的决策框架，对资源进行定价是必需的。从概念或价值评估的角度，可以将环境资源的全部经济价值划分为两大类：使用价值和非使用价值。前者进一步被划分为直接使用价值和间接使用价值以及选择价值。其中，选择价值就是指当代人为了保证后代人对资源的使用而对资源所表示出的支付意愿。非使用价值又称存在价值，是指人类的发展将有可能利用的那部分资源的价值，也包括能满足人类精神文化和道德需求的那部分环境资源的价值，如美丽的风景、濒危物种等。

三、城市可持续发展的经济学分析

区域经济可持续发展的最重要保证就是城市经济的可持续发展，这里有针对性地提出了构建资源节约型和环境友好型城市经济模式的具体经济学条件，为下一步解决其发展模式奠定了充分且必要的条件基础。

（一）城市化进程中经济与环境的内在冲突原理

在城市化进程中，自然资源短缺和人类居住环境脆弱等问题之所以凸显出来，是因为包括自然资源在内的环境与经济之间存在着固有的、内在的冲突关系，而非协调关系。人类的生存环境是人类进行生产和生活活动的场所，是人类生存和经济发展的物质基础。环境污染的历史大致可追溯到城市兴起之时。在许多古文明遗址都发现了下水道，这至少说明当时的居民已经受到生活污水的困扰。1306 年，英国国会发布文告，禁止英国工匠和制造商在国会开会期间用煤，并为此而处决了一人，这至少说明当时伦敦的大气污染已相当严重。1661 年，英国出版了一本名为《驱逐烟气》的书，是世界上最早关于大气污染的专著。

但是，普遍而严重的环境污染是从工业革命开始的，从那时至 20 世纪 60 年代公害泛滥，大致分为三个阶段。第一阶段是工业革命时期，主要问题在于煤炭的大量使用和矿冶工业的重大污染。典型事件有 1873 年、1880 年和 1891 年伦敦先后发生了三次由燃煤引起的烟雾事件，死亡人数估计为 1 800 人。1909 年，格拉斯哥发生了类似事件，死亡 1 063 人。从 1893 年起，日本的足尾铜矿因冶炼硫化铜而排放废水废气，使大片田园荒芜，几十万人流离失所。20 世纪 20—40 年代是环境污染史的第二阶段，即公害的发展期。在此期间，石油产量大幅上升，使石油在燃料结构中的比重也大幅上升。同时，煤的产量也继续稳步上升，有机化学工业得到迅速发展。第二次世界大战以后，特别是在 20 世纪 50—60 年代，西方资本主义国家的经济获得迅速恢复和快速发展，与此同时，由于这种高速增长是以大量消耗中东廉价石油和发展中国家廉价原材料为手段而取得的，因此环境污染迅速蔓延，公害事件层出不穷。这一时期可以说是公害的泛滥期，即为第三阶段。

由于大量使用滴滴涕和六六六等农药，许多野生动物的生存受到严重威胁，还严重危及人类健康。在发展中国家，人口迅速增长和普遍贫困也导致了严重的生态退化。

环境本身是有价值的。由于环境的价值才形成了环境的社会成本。忽视环境价值从而忽视环境的社会成本使人类的经济活动一开始就只考虑个人成本，以个人成本作为生产成本的标准来决定生产活动，以至于发展到后来，尽管全社会对环境价值都有了认同，但生产者各方都已处于“囚徒困境”① 之中，使得单独承担个人成本以外的那部分环境成本的生产者必然在竞争中处于劣势。所以，各方都选择了置环境成本于不顾，只按自己的个人边际成本决定生产，从而使环境一再恶化。

而按照福利经济学原理，经济发展与环境的不协调是由个人边际成本与社会边际成本不相等造成的。企业的个人边际成本没有把企业对环境造成的影响这一部分社会成本计算在内，因而个人边际成本小于社会边际成本，尽管个人边际收益等于社会边际收益，但社会边际成本大于社会边际收益，造成了外部不经济，降低了社会福利，这里所指的是环境福利的降低，即对环境的损害。

（二）城市可持续发展模式的经济学诠释

建设资源节约型与环境友好型城市的基本要求是可持续发展，是指城市在使用资源和利用环境的过程中能够自我调节、自我平衡，使城市在空间上表现为稳定性、协调性，在时间上表现为持续发展性。

可持续发展是一个内涵丰富、外延含糊、被广泛运用的时髦概念。从经济角度看，弱可持续发展指留给后代的自然资本和人造资本的总量至少不变；强可持续发展指自然

---

① “囚徒困境”是博弈论中的范例，用以说明信息不完全条件下抛弃通过合作实现最优目标的途径的现象。同一案件中的两个囚徒被分开审判，如果他们都否认参与了这一案件，则他们都会获得无罪判决。如果一人否认而另一人承认，则认罪者会被判处一年徒刑，不认罪者将被判处五年徒刑。由于担心另一人会背叛自己，两人都认了罪，即他们都放弃了最优方案而选择了次优方案。

资本和人造资本各自的总量都至少保持不变。

一般来讲，可持续发展的限制条件是资本总量。用货币单位表示的环境资源的总经济价值被称为环境资本总量。就整个人类社会来说，资本总量＝自然资本＋人造资本。自然资本和人造资本在一定条件下是相互替代和相互补充的关系。在现实世界中，资本总量的计量有一定困难，特别是某些自然资本由于不存在市场价格，其评价衡量尚存在一定难度。

传统的经济学模型只把经济作为一个独立的系统来研究，环境成为一个外生变量而不在研究范围之内。在研究经济与环境的协调问题上，我们把经济与环境放在一个系统里进行研究，环境是这一体系中的内生变量。这里的环境是指包括资源和生态在内的人类生存环境。把经济与环境作为一个统一的整体，这是经济与环境协调的第一个条件。

至于第二个条件，我们把经济与环境系统看作一个封闭的系统。在封闭系统中没有对系统外部的投入，也没有对系统外部的产出。这一系统受两条物理学定律的约束。热力学第一定律告诉我们，在一个封闭的系统中，能量和物质是不能产生或消灭的。根据这一定律，从环境中进入经济的原材料和能量，或者在经济中积聚起来，或者作为废弃物回归到环境中。这样，过度消费就会引起环境财产的过度贬值或环境总量的下降。当对环境的消费超过自然界的吸收能力时，环境财产所提供的服务就会减少。

热力学第二定律告诉我们，熵在增加。熵是指不工作的能量。这一定律意味着，从一种能量向另一种能量的任何转换都不是完全有效的，能量的消费是不可逆的过程。在能量转换过程中，总有一些能量消失了。因此，如果没有新的能量从外部投入，一个封闭的系统最终会耗尽其能量。因为生命需要能量，所以能量耗尽，生命也就停止了。当然，就能源来说，地球并不是封闭的系统，地球可从太阳得到能量。从长远来说，地球的发展受可得到的太阳能的多少的限制。

所以，在经济与环境系统中，总的社会成本就包括了生产者的个人成本和生产者给社会带来的环境成本，而相对于个人成本而言的外在成本则集中体现为环境成本。在收益方面，总的社会收益包括了生产者的个人收益和生产者为社会带来的环境收益，而相对于个人收益而言的外在收益主要体现为环境收益。可表示为：

$$C_s=C_p+C_e \tag{8-1}$$

$$R_s=R_p+R_e \tag{8-2}$$

从而有：

$$MC_s=MC_p+MC_e \tag{8-3}$$

$$MR_s=MR_p+MR_e \tag{8-4}$$

其中，C_s 为社会成本，C_p 为生产者的个人成本，C_e 为生产者产生的外在成本，即给社会带来的环境成本，R_s 为社会收益，R_p 为生产者的个人收益，R_e 为生产者产生的外在收益，即为社会带来的环境收益；MC_s 为社会边际成本，MC_p 为个人边际成本，MC_e 为环境边际成本，MR_s 为社会边际收益，MR_p 为个人边际收益，MR_e 为环境边际收益。

社会成本和社会收益可定义为：某个人做出一项行动，他本人不一定要承担全部费用或获得全部收益。他所承担的那部分费用为私人成本，他不承担的那部分成本则为外在成本，在这里外在成本表现为环境成本，私人成本和外在成本的总和就组成了社会成本。在收益方面，个人所获得的那部分收益为私人收益，他没有获得的那部分收益则为外在收益，在这里外在收益表现为环境收益，这两者的总和组成了社会收益。

在经济与环境系统中，传统的外在成本主要体现为系统中的环境成本，环境成本则体现为环境受到的损害。同样，在经济与环境系统中，传统的外在收益主要体现为系统中的环境收益，环境收益则体现为环境的改善。在这里，环境成本不为负值，所谓负的环境成本其实是环境收益，应把这种情况表示为环境收益。同样，环境收益不为负值，所谓负的环境收益其实是环境的损害即环境成本，应把这种情况表示为环境成本。环境的边际成本为零（$MC_e=0$）表示的意义是：生产者的生产对环境没有造成损害，环境没有恶化，或环境的价值存量没有下降。

环境的边际成本大于零（$MC_e>0$）表示的意义是：生产者的生产给环境带来了损害，造成了环境的恶化，使环境的价值存量下降。

环境的边际收益为零（$MR_e=0$）表示的意义是：生产者的生产没有给环境带来好处，没有环境收益，即环境没有得到改善，或环境的价值存量没有提高。

环境的边际收益大于零（$MR_e>0$）表示的意义是：生产者的生产给环境带来了好处，环境得到了改善，或环境的价值存量有了提高。

环境的边际收益与环境的边际成本之差为零（$MR_e-MC_e=0$）表示的意义是：环境收益与环境成本正好相等，环境的价值存量不变。可以表现为环境状况既没有得到改善也没有恶化，即环境状况稳定。

环境的边际收益大于环境的边际成本（$MR_e-MC_e>0$）表示的意义是：环境得到的收益除抵消环境所遭受的损害外，还有环境净收益存在。环境净收益的存在表示环境得到改善，即环境的价值存量增加。

环境的边际收益小于环境的边际成本（$MR_e-MC_e<0$）表示的意义是：环境得到的收益不足以抵消环境所遭受的损害，有环境净损失存在，环境的价值存量减少，表现为环境的恶化。此时，为改善环境质量就需要对环境进行事后的治理。

第三节　可持续发展的经济发展模式——循环经济

知识经济与循环经济是两个不同层面的经济学概念。知识经济是相对于工业经济、农业经济而出现的一种崭新的社会经济形态；循环经济是知识经济形态的一种非常有实践意义并具有可操作性的经济表象，它是知识经济当中最重要的实践基础。循环经济的思想不是现在才有的，很早以前人们就有变废为宝、废弃物回收利用的思想和行为，但那是低水平、低层次的节约思想，不能构成大规模的经济行为，更不能形成人类统一的、具有共识的社会价值观念。而只有到了知识经济时代，科学技术高度发展，形成了人类的社会和谐发展意识和高度重视生态环境的价值理念，才能出现循环经济的实践与理论。

因此，可以说循环经济是知识经济形态形成后的必然产物，是可持续发展最重要的经济发展模式。

循环经济作为现代社会经济发展模式的一种必然选择，已得到全人类的广泛认同。那么，什么是循环经济？怎样认识循环经济？这对于实践循环经济具有重要意义。理论源于实践，先进的理论则可以有效地指导实践。因此，有必要从理论上对循环经济展开深入研究。循环经济溯源于20世纪中期，全球经济飞速发展，物质产品高度丰富。人类一方面在享受着自己创造的高度发达的物质文明，另一方面也开始承受由物质文明所衍生出的孽债。能源短缺，环境恶化，加之激增的人口，一切都使得人类特别是其后代人进一步的发展受到严重威胁。在这种背景下，人们开始思考社会的经济发展模式。

一、循环经济的内涵

从逻辑学上讲，任何一个概念都有内涵和外延两个方面，内涵是概念的本质，决定概念是什么，使其与其他概念区别开。外延是概念的范围，决定了其包括哪些内容。研究循环经济首先需要明白循环经济是什么。

解振华认为，循环经济以可持续发展为原则，既是一种关于社会经济与资源环境协调发展的新理念，又是一种新型的、具体的发展形态和实践模式。它要求按照生态规律组织整个生产、消费和废弃物处理过程，将传统的经济增长方式由资源—产品—废弃物排放的开环式模式，转化为资源—产品—再生资源的闭环式模式，其本质是生态经济。

曲格平认为，从循环经济的基本特征来看，它是人们模仿自然生态系统，按照自然生态系统物质循环和能量流动规律建构的经济系统，并使得经济系统被和谐地纳入自然生态系统的物质循环过程。

吴季松认为，循环经济就是在人、自然资源和科学技术的大系统内，在资源投入、企业生产、产品消费及其废弃的全过程中，不断提高资源利用效率，把传统的、依赖资源净消耗线性增加来发展的经济，转变为依靠生态型资源循环来发展的经济。

关于循环经济的定义，也有学者认为：循环经济就是按照清洁生产方式对资源及其废弃物实行综合利用的生产活动过程，是保护资源、保护地球生态环境的一种现代文明行为。

另有学者认为，循环经济是指以资源节约和循环利用为特征的经济形态，故也可被称为资源循环型经济，它是以资源—产品—再生资源—产品为特征的经济发展模式，表现为低消耗、低污染、高利用率和高循环率。

还有学者认为，循环经济的核心是废旧物资回收和资源综合利用，它在出发点、范围、途径上都有别于传统经济，它强调的是提高资源的利用效率，降低经济发展的社会成本，强调的是减量化、资源化和无害化回收废弃物。

此外，还有一些有影响的学术观点。如：循环经济是资源—产品—资源非线性的周而复始的流动经济；循环经济本质上是一种生态经济，它要求运用生态学规律而不是机械论规律来指导人类社会的经济活动；循环经济是物质闭环型经济的简称，从物质流动的方向看，循环经济的增长模式是资源—产品—再生资源；循环经济就是把清洁生产和废弃物的综合利用融为一体的经济，本质上是一种生态经济，它要求按照生态规律利用自然资源和环境容量，实现经济活动的生态转向。

可见，学术界对于循环经济并没有一个完整、统一的定义。不过，专家学者对于循环经济实践活动则有着高度的认同。例如：某个地区大力提高资源的利用效率，促进粗放的经济增长方式向集约方向转变，降低了生产和生活污染物的排放量，环境质量得到了显著改善；某个企业千方百计节约资源，利用“三废”物质创造再生价值，控制了污染物的排放，也获得了显著的经济效益；某个企业开发出一种新能源，实行清洁生产，既降低了生产成本，又减少了污染物排放，改善了生态环境。

结合循环经济的实践，从内涵上认识循环经济，王青云等认为有三点是可以肯定的：

第一，环境和资源是循环经济的核心。无论从哪个角度、哪个方面，以什么作为切入点来诠释循环经济，都不能离开环境和资源。在循环经济状态下或循环经济活动过程中，无论人们采用什么活动方式，其终极目标都是在获取物质产品的同时，资源必须得到最大限度的利用，环境必须得到充分有效的保护。

第二，循环经济是一个经济活动过程，而不是一个经济要素，这是循环经济的本质。这一点也把它与知识经济、新经济等新兴名词严格地区分开了。循环经济不是单纯的经济要素，而是一个价值创造过程，是人类劳动与自然资源结合的过程，是一种运动形式，是一种发展模式。在这种模式下，人们投入生产资料、消耗自然资源→再通过劳动创造产品→排放生产废弃物→利用废弃物进行再生产→再创造产品，这个过程循环往复。之所以要使这个过程循环往复地进行下去，目的就是要使资源得到利用、利用、再利用，使资源的效用得到发挥、发挥、再发挥，最终实现将人类生产活动对环境的污染量减至最小。

第三，对资源的节约、对环境的保护是循环经济的主要特征。作为一种发展模式，循环经济强调的是在生产活动之初尽可能少地投入自然资源，在生产活动之中尽可能少地消耗自然资源，在生产活动之末尽可能少地排放生产废弃物。作为一个循环运动的系统，循环经济自始至终都贯穿着一个基本思想，那就是节约和保护，即节约自然资源、保护生态环境。循环经济的核心、本质和主要特征应是构成循环经济定义的基本元素，也是我们从理论上阐述循环经济的基本出发点。

二、循环经济——可持续发展经济

循环经济是一个经济活动过程，是一种发展模式，是一种理念，也是一种思想。论其渊源和本质，这种思想或理念与可持续发展有着密切的联系，可谓一脉相承。1972 年 6 月，联合国在瑞典首都斯德哥尔摩召开人类环境会议，来自 113 个政府的 1 300 多名代表首次聚集在一起讨论地球的环境问题。大会通过了《联合国人类环境宣言》（以下简称《宣言》）。《宣言》指出：环境问题大多是由发展不足造成的，发展中国家必须致力于发展工作，牢记它们的优先任务以及保护和改善环境。这是联合国首次把环境问题与发展问题联系起来，第一次明确提出政府要在发展中解决环境问题。大会的召开表明，人类已经开始意识到应当确定干些什么，才能保持地球不仅现在成为适合人类生活的场所，而且将来也适合子孙后代居住。人类环境会议的召开标志着可持续发展思想的萌生。可见，可持续发展也源于环境与资源问题。15 年后，也就是 1987 年，世界环境与发展委员会向联合国提交了一份经过 4 年的艰苦努力完成的研究报告——《我们共同的未来》。该报告声称："我们需要一个新的发展途径，一个能持续促进人类进步的途径，我们寻求的不仅仅是在几个地方、几年内的发展，而是在整个地球遥远将来的发展。"该报告还指出，人类有能力使发展持续下去，且既能保证当代人的需要，又不损害子孙后代的需要。显然，国际社会正在考虑一种新的发展思路，这种思路就是同一份报告中较明确、较具体阐述的："既满足当代人的需要，又不对后代人满足其需要的能力构成危害的发展"，这就是可持续发展。围绕环境与资源，人类产生了一种全新的发展观，这种发展观在思想、观念、途径上有了崭新的内容——可持续发展已呈雏形。到了 1992 年的 6 月，联合国在巴西的里约热内卢召开了环境与发展大会，会议将可持续发展确定为大会的指导方针，通过了具有历史意义的《21 世纪议程》（以下简称《议程》）。《议程》由经济与社会可持续发展、资源保护与管理、加强主要群体的作用、实施手段四部分构成。《议程》明确指出：可持续发展是当前人类发展的主题，人类要把环境问题同经济、社会发展结合起来，树立环境与发展相协调的新发展观。里约热内卢会议举起了可持续发展的大旗，吹响了走可持续发展之路的动员号。这次会议和会议所通过的《议程》，标志着可持续发展已跨越思想、观念的理论探讨阶段，而作为一种全新的发展模式得到国际社会的广泛认同，成为人类共同发展的行动纲领和一致追求的实际目标。可持续发展已由理论走向行动，跨世纪的绿色时代或可持续发展时代迈出了实质性的步伐——可持续发展观形成。追溯可持续发展观诞生的过程可以看到，循环经济与可持续发展有着共同的渊源。更透彻一点说，从一种理念、一种思想的角度看，循环经济与可持续发展皆由环境与资源问题引发，二者并无本质的区别。循环经济要求经济活动减少消耗、最小化排放、最大化利用资源，最终的目的也就是保护环境、实现可持续发展。这说明可持续发展观本身也就包含了循环经济的思想。从"循环经济"一词诞生的背景看，"循环经济"其实就是可持续发展观的萌芽，可持续发展观实际上是从"循环经济"及各种发展战略观中演化而来的。所以，从一种理念、一种思想的角度看，二者可谓同出一宗，唯一的区别也就在于外延的宽窄而已。可持续发展观包含了循环经济理念，循环经济理念则是可持续发展观的一部分。进一步分析，循环经济思想与可持续发展观在内涵上也是一致的。关于可持续发展的定义，联合国环境规划署第 15 届理事会发表的《关于可持续发展的声明》所做的阐述是：满足当前需要而又不削弱或牺牲子孙后代满足其需要之能力的发展。尽管对其含义的理解学者们也是各抒己见，但对比循环经济的内涵，专家们至少有两个认同点：

第一，可持续发展是"社会-经济-生态"三维复合的协调发展，是一种全面的社会进步和社会变革过程，在可持续发展复合系统中，经济的发展将以生态良性循环为基础，同资源环境的承载能力相适应，而不再以环境污染、生态破坏和资源的巨大浪费为代价。而循环经济最主要的特征是对环境的保护、资源的节约，它是环境保护的经济，是资源节约的经济，它强调生产过程中对资源的低投入和低消耗。任何形式的生产活动都是物化劳动和活劳动的结合，都存在对资源的消耗，尤其是第一产业和第二产业。然而，人类赖以生存的自然资源却是有限的，随着生产活动的无限延续，资源稀缺的表现必将越来越突出。特别是在现代，科学技术的飞速发展，大大提高了经济的增长速率，这也使得人类对资源的消耗速度加快，即便是可再生资源，其再生率也远不及人类对它的消耗率。当今人类面临的环境现实表明，由于无节制的开采，一些稀有资源和不可再生资源面临枯竭，已经造成严重的能源、资源危机。故作为人们普遍认同的现代经济发展模式——循环经济，其突出的特征便是节约资源、保护环境，这也就是要求经济的发展“同资源环境的承载能力相适应，而不再以环境污染、生态破坏和资源的巨大浪费为代价”。

第二，可持续发展强调发展潜力的培植，单纯的发展速率和物质财富的积累将不再是其追求的唯一目标，现有发展状态下发展潜力的培植将成为发展过程的重要内容。只有这样，在维持资源存量不减少的情况下，才有可能保证当代人与后代人拥有同样的发展机会和发展权利。而循环经济的另一重要特征是资源的永续利用。循环经济强调废弃物的减量化、废弃物的重复利用。

第四节　循环经济理论与创新分析

一、循环经济的经济学诠释

理论源于实践，先进的理论则可以有效地指导实践。因此，有必要从理论上对循环经济展开深入研究。我们认为研究循环经济理论，首先要将循环经济作为一个经济系统来考虑，全面、系统地从不同层面进行阐述。诸大建教授对此有精辟的诠释：

(1) 自然资本成为人类社会的制约因素。循环经济是对 200 多年来传统发展方式的变革，它的理论前提是自然资本正在成为制约人类发展的主要因素。从亚当·斯密奠定经济学原理开始，经济学就有两个基本观点：一是人类发展所需要的资源存在着某种稀缺性；二是人类发展需要最有效地配置稀缺资源。经过 18 世纪以来的工业化运动，尽管人类仍然需要最有效地配置稀缺资源，但是当前人类面临的稀缺资源的类型已发生了重大的变化。

18 世纪工业化运动开始的时候，世界上的稀缺资源主要是人，不稀缺的则是自然资源。因此工业化的兴起就是要以机器替代人，从而提高劳动生产率。如何充分地利用自然资源，有效地节省人的资源，成为当时的主要矛盾。但是工业化运动过去 200 多年后的今天，稀缺的资源已经变了。人已不再是稀缺资源。因为 1800 年世界上还只有 10 亿人口，目前这个数字已上升到突破 70 亿。现在，稀缺的主要是自然资源，更确切地说是包括自然资源和生态能力在内的自然资本。所以，经济学原理仍是正确的，但是配置稀缺资源的主要矛盾变了。今天，一方面，如何解决过剩劳动力的就业问题已成为全球的主要矛盾；另一方面，日趋衰减的自然资本则成为经济发展的限制性要素。在工业革命初期，地球的经济系统很小，生态系统很大，因此传统经济学可以不考虑自然资源的稀缺性，不将生态系统看作内生变量。经过 200 多年的发展，地球上的经济系统已经很大而自然系统趋于减小，当自然环境成为经济发展的内生变量时持续的经济增长就开始受到自然资本的约束，例如捕鱼受到水产资源的约束，木料受到森林资源的约束，城市受到土地资源的约束，交通受到能源资源的约束。原来只要机器水平提高，捕鱼行业的产量就会提高，GDP 也随着提高。现在的情况是，鱼资源日趋耗竭，机器水平再高也无济于事。

（2）循环经济是对线性经济的超越。从物质流动的形式看，工业化运动以来的经济本质上是一种线性经济。在线性经济中，资源输入经济系统，变成产品，经消费后又输出，变成废弃物，导致环境问题。这一过程是单通道的，因此表现为线性。在线性经济中，经济系统越做越大，当 GDP 变大的时候，外面的生态系统则越变越小。循环经济考虑的则是如何在既定资源存量下提高经济发展的质量而不是经济增长的数量。21 世纪的主要矛盾由不断提高劳动生产率（单位劳动力带来的经济增长）变为需要大幅提高自然资源生产率（单位自然资本带来的经济发展）。在这种经济模式中经济系统追求自然环境可承受的规模，在提高人类生存价值的同时使得环境影响较小。

（3）从三维分裂的思考到三维整合的思考。评价 21 世纪经济发展的合理性，需要考虑可持续发展的三个维度，即实现经济角度、社会角度与环境角度的三维整合。可持续发展的模式在经济上要创造更多的价值，这被认为是资源的有效配置问题（价格可以作为主要的政策手段）；在环境上要减少负面影响，这被认为是生态的最佳规模问题（稳态可以作为主要的政策手段）；在社会上要解决人口就业，这被认为是产品的公平分配问题（税收可以作为主要的政策手段）。

传统经济增长和传统环境保护是传统工业化运动“一枚硬币”的两面，它们在解决经济、社会、环境问题时是分裂的而不是整合的。就唯 GDP 是求的传统经济增长模式而言，一方面，它通过消耗和耗散自然资本来获得经济增长，导致经济与环境的矛盾；另一方面，它通过提高自动化水平减少了人类的工作岗位，导致经济与社会的矛盾。就末端治理的传统环境保护模式而言，我们也看到了污染治理与经济增长、社会就业之间的尖锐冲突。

循环经济则是可持续发展的“三赢经济”，它把经济发展、环境保护、社会就业统一起来，要求从三维分裂的发展走向三维整合的发展。循环经济在发展的每一个方面都意味着根本性的变革。在解决环境问题方面，它要求实现从开环的末端性治理到闭环的全过程控制的变革；在促进经济发展方面，它要求实现从数量性的物质增长到质量性的服务增长的变革；在推进社会就业方面，它要求实现从就业减少性的社会到就业增加性的社会的变革。

（4）末端治理环境保护模式的局限。从环境角度看，循环经济要求从资源开采、生产、运输、消费和再利用的全过程控制环境问题。循环经济的环保意义首先表现为系统地认识到了基于线性经济的末端治理环境保护模式的局限，例如：1）传统末端治理是问题发生后的被动做法，因此不可能从根本上避免污染的发生；2）成本将随着污染物的减少而越来越高，在相当大程度上抵消经济增长带来的收益；3）其形成的环保市场将产生虚假的和恶性的经济效益；4）企业趋向于加强而不是减弱已有的技术体系，从而牺牲真正的技术革新；5）企业将满足于遵守环境法规而不是去投资开发污染少的生产方式；6）末端治理没有提供全面的看法，而是造成环境与发展以及环境治理内部各领域间的矛盾；7）阻碍发展中国家直接进入更为现代化的进程，加大发展中国家在环境治理方面对发达国家的依赖。

（5）从物质流动的全过程控制污染。循环经济在环境上的根本目标是要求在经济流程中系统地节约资源和避免、减少废弃物。作为一种新的环保理念，循环经济首先要求减少经济源头的污染产生量，因此工业界在生产阶段和消费者在使用阶段就要尽量避免各种废弃物的排放；其次是对源头不能削减的污染物和经过消费者使用的包装废弃物、旧货等要加以回收利用。

（6）不能把循环经济归结为再生利用。人们常常将物质的再生利用等同于循环经济，然而再生利用本身只是循环经济的一个环节。从循环经济的角度看，废弃物的再生利用相对于传统的末端治理虽然是重大的进步，但我们应该清醒地认识到：首先，再生利用本质上仍然是事后解决问题而不是一种预防性的措施。废弃物再生利用虽然可以减少废弃物最终的处理量，但不一定能够降低经济过程中的物质流动速度以及缩小物质使用规模。例如，塑料包装物被有效地回收利用并不能有效地减少塑料废弃物的产生量。相反，由于塑料回收利用给人们带来了进一步的错觉，反而会加快塑料包装物的使用速度以及扩大此类物质的使用规模。其次，以目前方式进行的再生利用本身往往是一种环境非友好的处理活动。这是因为，运用再生利用技术处理废弃物需要耗费矿物能源、水、电及其他许多物质，并将许多新的污染排放到环境之中。最后，如果再生利用中资源的含量太低，那么收集的成本就会很高，只有高含量的再生利用才有利可图。事实上，经济循环中的效率与其规模的关系至为密切。一般来说，物质循环范围越小，从生态经济效益上说就越合算。这就是说，清洗与重新使用一个瓶子（再使用原则）比起打碎它然后烧制一个新瓶子（再循环原则）更为有利。因此，物质作为原料进行再循环只应作为最终的解决办法，在完成了此前的所有循环（比如产品的重新投入使用、元部件的维修更换、技术性能的恢复和更新等）之后的最终阶段才予以实施。

二、循环经济“减量化、再利用、再循环”——“3R”原则理论

循环经济的根本目的是要求在经济流程中尽可能地减少资源投入，并且系统地避免和减少废弃物，而废弃物再生利用只是减少废弃物的最终处理量。循环经济“减量化、再利用、再循环”——“3R”原则的重要性不是并列的，它们的排列是有科学顺序的。减量化——属于输入端，旨在减少进入生产和消费流程的物质量；再利用——属于过程，旨在延长产品和服务的时间；再循环——属于输出端，旨在把废弃物再次资源化以减少最终处理量。处理废弃物的优先顺序是：避免产生—循环利用—最终处置。即首先要在生产源头——输入端就充分考虑节约资源、提高单位生产产品对资源的利用率、预防和减少废弃物的产生；其次是对源头不能削减的污染物和经过消费者使用的包装废弃物、旧货等加以回收利用，使它们回到经济循环中；只有当避免产生和循环利用都不能实现时，才允许对最终废弃物进行环境无害化处理。环境与发展协调的最高目标是实现从末端治理到源头控制、从利用废弃物到减少废弃物的质的飞跃，从根本上减少自然资源的消耗，从而减少环境负载的污染。

从理论上讲，“减量化、再利用、再循环”可包括以下三个层次的内容：

(1) 产品的绿色设计中贯穿“减量化、再利用、再循环”的理念。绿色设计包含了各种设计工作领域，凡是建立在对地球生态与人类生存环境高度关怀的认识基础上，一切有利于社会可持续发展，有利于人类乃至生物生存环境的健康发展的设计，都属于绿色设计的范畴。绿色设计具体包含了产品从创意、构思、原材料与工艺的无污染及无毒害选择到制造、使用以及废弃后的回收处理、再生利用等各个环节的设计，也就是包括产品的整个生命周期的设计。它要求设计师在考虑产品基本功能属性的同时，还要预先考虑防止产品及工艺对环境的负面影响。

(2) 物质资源在其开发、利用的整个生命周期内贯穿“减量化、再利用、再循环”的理念。即在资源开发阶段考虑合理开发和资源的多级重复利用；在产品和生产工艺设计阶段考虑面向产品的再利用和再循环的设计思想；在生产工艺体系设计中考虑资源的多级利用、生产工艺的集成化和标准化设计思想；在生产过程、产品运输及销售阶段考虑过程集成化和废弃物的再利用；在流通和消费阶段考虑延长产品使用寿命和实现资源的多次利用；在生命周期末端阶段考虑资源的重复利用和废弃物的再回收、再循环。

(3) 生态环境资源的再开发利用和循环利用。即环境中可再生资源的再生产和再利用，空间、环境资源的再修复、再利用和循环利用。

循环经济“3R”原则的排序，实际上反映了20世纪下半期以来人们在环境与发展问题上思想进步的三个历程：第一阶段，认识到以环境破坏为代价追求经济增长的危害，人们的思想从排放废弃物提高到要求通过末端治理来净化废弃物；第二阶段，认识到环境污染的实质是资源浪费，因此，要求进一步从净化废弃物升华到通过再利用和再循环来利用废弃物；第三阶段，认识到利用废弃物仍然只是一种辅助性手段，环境与发展协调的最高目标应该是实现从利用废弃物到减少废弃物的质的飞跃。与此相应，在人类经济活动中，不同的思想认识导致形成了三种不同的资源使用方式：一是线性经济与末端治理相结合的传统方式；二是仅仅让再利用和再循环原则起作用的资源恢复方式；三是包括整个“3R”原则且强调避免废弃物的低排放甚至零排放方式。

现在学术界提出了“4R”“5R”“6R”原则，如在“3R”之外加上“再组织”“再思考”“再制造”“再修复”等等，我们认为这些原则是针对某些不同层面或领域如管理层面、意识层面或某些行业领域提出的更加具体、具有针对性的原则，具有合理性，但不能取代“3R”原则的基本性和普遍性。

三、循环经济创新分析

(1) 循环经济关注物品价值带来的增长。按照循环经济，经济增长并非简单地意味着生产和消费更多的产品（正是此类增长给环境造成了额外的负担），而是必须提高用于消费的产品和服务的质量与价值。随着产品使用寿命的延长、耐用性的提高和产品质量的改善，虽然从件数上看会减少需求量，但不会减少需求的价值量。相反，消费者会转而去购买产量越来越少但价值越来越高、越来越昂贵的产品。企业从这类保值性的产品比如独一无二的、奇特的或特别精美的产品中完全可以获得丰厚的经济利润。

然而，需要说明的是，物品的耐用并不排斥多样化。事实上，转而生产耐用的高质量产品可以使企业有时间和精力去开发真正个性化的和高雅的东西。如此一来，供给总量将会减少，但品种将更加多样化。而且，通过产品的租赁，人们可以得到更多的调剂，更能显示个性。人们可以根据需求的变化租用合适的产品，而不必长期面对买来的产品。

（2）实现从生产优先到服务优先的转变。由于循环经济在经济上的特征是优化物品的耐用性和功能性，而不是最大限度地生产、最大规模地销售以及推销寿命很短的产品，因此，可以把中心概念建立在交换价值之上的线性经济叫作生产经济，把中心概念建立在使用价值之上的循环经济叫作职能经济。生产者不再是推销产品而是推销服务，使用者无须购买和拥有产品，只需在一个为满足其需求而组织起来的体系中支付服务费用就可以了。因此循环经济有可能使服务质量达到最优，从而实现从生产优先社会向服务优先社会或真正意义上的后工业社会即服务社会的转变。例如，施乐公司多年来一直是世界著名的复印机制造巨头之一，值得注意的是，最近几年来它在美国等地已经不再生产新的产品，而是转向重点为已经在服役的复印机提供维护和保养。随着技术的不断进步，它在维修中用一些具有新技术的部件来取代一些已经不再使用的部件，然而并不改变机器的其他部分。换言之，在施乐公司，作为铁板一块的产品，“复印机”的概念变得模糊了，它让位于一种源自不同部件的组装的运作机制，在这个机制中，每个部件的使用寿命和强度都被优化了。因此，不存在严格意义上的新机器。事实上，甚至“新产品”的概念都消失了。最有意义的是，这种经营方式被证明在经济上是有利可图的。

（3）走向服务优先社会的两个战略。其一是持久使用，即通过延长产品的使用寿命来降低资源流动的速度，达到减少废料的目的。实现持久使用战略有四个基本途径：要求部件的标准化和与其他机器的兼容性，例如，标准尺寸设计可以使计算机、电视机和其他电子装置中的电路非常容易进行更换和升级，而不必更换整个机器；通过维护、保养延长产品的使用寿命；针对要求相对较低的用途使用一些已经使用过的物品（梯次使用）；向需要的部门转卖企业和个人已经不再需要的东西。其二是集约使用，即使产品的利用达到某种规模效益，从而减少分散使用导致的资源浪费。达到集约使用的途径可以有：提倡合伙使用的共享使用，例如偶尔使用的汽车应该供多个驾驶员使用，办公室等基础设施也可以安排让偶尔需要的职员共享；对于婴儿用品等某些短暂性用品可以发展租赁业来加强周转；努力设计出多用途而不是单用途的产品，例如一种机器可以集传真、复印、扫描等功能于一身，且每一种功能的性能都不低于传统的单功能机器的性能。

（4）循环经济创造大量的劳动岗位。循环经济的社会意义表现在它为人口日益增长的社会提供了更多的就业机会。由于耐用保值性产品的生产、保养、维修、服务以及再利用行业属于劳动密集型产业，因此拉封丹在《不要恐惧经济全球化》（2000）一书中指出：“只要人们从一次性原则转向耐用性原则，就能创立新的劳动岗位，取代趋于消逝的一次性产品生产中的劳动岗位。从净值看，新设的劳动岗位将多于消失的劳动岗位，并且新增劳动岗位将出现于人们的生活所在地。”因此，与传统线性经济缩短经济的链条不同，循环经济是通过延长经济的链条来增加就业机会的。例如，在生产中，用能够从事多样化工作和具有灵活性的人来取代机器；在销售中，需要熟练人员给消费者提供咨询和出租服务；在使用中，用于保养和维修的劳务费用的份额会越来越大；在报废时，对产品进行拆卸再利用有很多的就业效应；在处理时，通过对废弃物的循环利用创造就业。

（5）循环经济在就业方面的特点与循环经济导致服务性社会的发展相一致，循环经济使得就业的重点从生产转向维护。概括起来，循环经济在就业方面的特点有：1）在产业类型上，线性经济强调制造就业（第二产业），而循环经济扩展服务就业（第三产业以及第二产业的第三产业化）；2）在市场变化上，线性经济依赖市场变化，而循环经济具有稳定的特点；3）在就业空间上，线性经济是异地的就业（联系全球化），而循环经济是在本地的就业（联系地方化）。

循环经济作为一种科学的发展观、一种全新的经济发展模式，具有自身的独立特征，为分析人类的经济活动提供了崭新的思维模式和方法：

- 新的系统观。循环是指在一定系统内的运动过程，循环经济的系统是由人、自然资源和科学技术等要素构成的大系统。循环经济观要求人在考虑生产和消费时不再置身于这一大系统之外，而是将自己作为这个大系统的一部分来研究符合客观规律的经济原则，将“退田还湖”“退耕还林”“退牧还草”等生态系统建设作为维持大系统可持续发展的基础性工作来抓。
- 新的经济观。在传统工业经济的各要素中，资本在循环，劳动力在循环，而唯独自然资源没有形成循环。循环经济观要求运用生态学规律而不是仅仅沿用19世纪以来机械工程学的规律来指导经济活动，不仅要考虑工程承载能力，还要考虑生态承载能力。在生态系统中，经济活动超过资源承载能力的循环是恶性循环，会造成生态系统退化；只有在资源承载能力之内的良性循环，才能使生态系统平衡地发展。
- 新的价值观。循环经济观在考虑自然时，不再像传统工业经济那样将其作为“取料场”和“垃圾场”，也不仅仅将其视为可利用的资源，而是将其作为人类赖以生存的基础，将其视为需要维持良性循环的生态系统；在考虑科学技术时，不仅考虑它对自然的开发能力，而且充分考虑到它对生态系统的修复能力，使之成为有益于环境的技术；在考虑人自身的发展时，不仅考虑人对自然的征服能力，而且更重视人与自然和谐相处的能力，促进人的全面发展。
- 新的生产观。传统工业经济的生产观念是最大限度地开发利用自然资源，最大限度地创造社会财富，最大限度地获取利润。而循环经济的生产观念是要充分考虑自然生态系统的承载能力，尽可能地节约自然资源，不断提高自然资源的利用效率，循环使用资源，创造良性的社会财富。在生产过程中，循环经济观要求遵循“3R”原则：资源利用的减量化（reduce）原则，即在生产的投入端尽可能少地输入自然资源；产品的再利用（reuse）原则，即尽可能延长产品的使用周期，并在多种场合使用；废弃物的再循环（recycle）原则，即最大限度地减少废弃物排放，力争做到排放的无害化，实现资源再循环。同时，在生产中还要求尽可能地利用可循环再生的资源替代不可再生资源，如利用太阳能、风能和农家肥等，使生产合理地依托在自然生态循环之上；尽可能地利用高科技，尽可能地以知识投入来替代物质投入，以达到经济、社会与生态的和谐统一，使人类在良好的环境中生产生活，真正全面提高人们的生活质量。

- 新的消费观。循环经济观要求走出传统工业经济“拼命生产、拼命消费”的误区，提倡物质的适度消费、层次消费，在消费的同时就考虑到废弃物的资源化，建立循环生产和消费的观念。同时，循环经济观要求通过税收和行政等手段，限制以不可再生资源为原料的一次性产品的生产与消费，如宾馆的一次性用品、餐馆的一次性餐具和豪华包装等。

各国循环经济的发展

关键术语

可持续发展　可持续发展理论　循环经济　循环经济理论　循环经济创新

思考题

1. 概述可持续发展的概念与内涵。
2. 可持续发展的基本理论包含哪些内容？
3. 什么是循环经济？我国发展循环经济的战略是什么？
4. 循环经济理论的系统思考包括哪些方面？
5. 循环经济的创新具体表现在哪些方面？

主要参考文献

[1] 杨方东. 建立可持续发展城市的经济学假设. 经济师，2008 (2).
[2] 诸大建. 循环经济：21 世纪的新经济. 探索与争鸣，2003 (9).
[3] 高洪深. 知识经济学教程. 4 版. 北京：中国人民大学出版社，2010.
[4] 王青云，李金华. 关于循环经济的理论辨析. 中国软科学，2004 (7).
[5] 国家发展和改革委员会综合司. 发达国家发展循环经济的主要做法及启示. 中国经贸导刊，2004 (17).
[6] MBA 智库百科“可持续发展”.

第九章

区域经济发展的比较理论与方法

重点问题

- 成本决定论和综合决定论的区别与联系
- 绝对优势理论和比较优势理论的基础
- 产业结构转换能力的区域比较
- 后起国和先行国在产业结构变动上的差异

第一节　区位论

区位论发展了确定各种经济活动应在何处进行的原则。经济活动的区位不是事先确定的，而是服从于经济选择。下面介绍一下区位论。

一、古典区位论：成本决定论

区位论中的古典区位论也叫成本决定论。它研究的是各种区位因素对产业配置的吸引作用。区位因素指的是在特定区域或在某几个同类地点进行一种经济活动比在其他区域进行同类活动获得更大利益的因素（这里的“利益”指成本的节约）。

古典区位论产生于 19 世纪二三十年代，而第一个系统研究工业区位论的是德国经济学家韦伯（A. Weber）。韦伯在 1909 年出版了古典区位论的代表作《工业区位论》，其主要思想为，一个区域对工业区位选择的吸引力大小的决定力量是最小生产成本。而影响产品生产成本的一般性区位因素是运费、劳动力费用和聚集效益。其中运费是对工业区位走向起决定作用的因素。而运费又是运输距离和货物重量的函数。生产力布局问题被简化为在原料产地（即资源区）和消费地（即市场区）之间寻找最小运费点，使生产消费全过程中耗用运费最少。若一加工企业生产中所需原料的产地与产品市场区在空间上是分离的，那么在有两个资源区和一个市场区的情况下，假定 A 为原料Ⅰ的产地，B 为原料Ⅱ的产地，C 为市场区，则企业的最佳区位总是会在 A、B、C 所围成的三角形区位内。若在加工过程中使用的是地方失重原料，则企业的最佳区位倾向于 A、B，并且靠近失重较大的原料产地。这个原理也适用于多种原料、多个市场区的情况，只不过分析起来更加复杂而已。劳动力费用被视为对运输导向的工业区位体系的第一次变形，当劳动力费用带来的节约能抵消较高的运费时，企业的最佳区位就会由运费最低点转向劳动力费用最低点。聚集效益被视为对运输和劳动力导向的工业区位体系的第二次变形，工业区位受聚集因素影响，倾向于适度集中，这会使企业在区位选择上偏离因运费和劳动力费用联合作用而形成的最优区位。聚集一方面表现为企业生产规模的扩大使单位产品生产成本下降；另一方面也表现为生产经营活动在地域上的集中，这种集中既有利于企业间开展专业化分工协作，提高经济效率，也有利于降低运输成本、销售费用和对基础设施的投资。韦伯将聚集因素引入区位论，不仅解决了使生产、投入与产出的运输成本之和最小化而为一个工厂定位的问题，而且将区位论由微观的企业选址理论导向了产业配置理论。总之，区位选择总是趋向于生产总成本最低的地点。这就是区位论中的“成本决定论”。成本决定论运用成本-效益分析，揭示了工业布局中以最小成本支出取得最大经济效益的思想。

二、近代区位论：利润决定论

随着市场经济的发展，市场的空间形式与功能在生产力布局中显示出越来越重要的作用。传统的成本决定论由于排除了市场因素的影响、不能正确说明实际的区位选择和产业配置过程而受到批评，继而发展成新古典经济学的利润决定论。利润决定论是以在垄断资本条件下对最大利润的追求为背景建立起来的。德国学者克里斯塔勒（W. Christaller）于 1933 年首先系统阐明了“中心地理论”，指出要有效地组织生产与流通，必须形成以城市为中心、由相应的多级市场区构成的市场空间结构，优越的市场空间结构对产业配置会产生巨大的吸引力。近代区位论的代表作、德国学者廖什（A. Losch）于 1940 年出版的《区位经济学》继承了克里斯塔勒的市场空间结构思想，将一般空间均衡方法引入区位分析，将贸易流量和运输网络的中心地的服务区位问题也纳入区位论的研究范围，研究市场规模和市场需求结构对区位选择和产业配置的影响，认为消费需求量的大小是进行区位选择时优先考虑的主导因素，而市场容量又取决于消费强度、消费倾向、产品价格、市场半径、产品推销技术、单件产品的运费等相关因素。最低成本只是作为企业总利润的一个因素而发挥作用，成本最低点并不意味着利润最高点，企业家关心的实质问题不是成本最低而是利润最高。

三、现代区位论：综合决定论

随着科技的进步、人们的收入和需求层次的提高，区位决定因素也发生了新的变化。现代区位论特别强调以人的行为因素为依据，对成本、市场因素做综合分析，进而发展成综合的、整体性的区位论，即空间结构理论，也即综合决定论。美国区域经济学家伊萨德（W. Isard）明确指出，最大利润原则固然是产业配置的基本原则，但这一原则的实现同自然环境、产品成本和区域间工资水平差异等因素有关。因此，合理的区位选择和产业配置必然受多种因素的影响，必须对多种因素特别是成本、市场因素进行综合分析。20世纪60年代以来，现代区位论更强调行为因素的作用。区位的选择必然受到决策者的志向、能力、知识、现实观察力及对信息的收集、分析与评价的影响，同时，现代企业家不仅关心盈利，而且追求舒适安宁的生活，包括优美的自然环境、宜人的气候、完善的社会设施、良好的社会秩序以及享受文化娱乐活动的机会等。因此，区位决策者的思想行为和价值观往往成为区位的决定因素。决策者所满意的区位不一定是成本最低或利润最高的最优区位，而是综合优势最显著的区位。现代区位论对区位问题的宏观方面进行了研究。在研究对象上，从个别企业区位扩展到区位体系，认为工业、农业和城市区位都不是孤立的，而是相互联系的，每一种区位的选定都必然引起连锁反应，从而影响经济的空间结构。在研究方法上，系统论和运筹学发展了寻求最优区位的实际计算方法，使现代区位论的理论与应用向纵深发展，已从单项因素扩展到多因素系统的综合研究。从20世纪70年代起现代区位论开始向动态化迈进，近几年区位论的研究一直建立在时空动态分析和中长期预测的目标体系上，包括区域经济发展与区域经济结构的调整，区域开发与社会、生态间的协调改善，社会经济空间结构，以及为人类创造适宜的工作和生活环境等。其中，区域开发与社会、生态间的协调改善问题占据突出地位。

综上所述，区位论的发展经历了三个阶段：立足于单一工业或工业中心，着眼于成本和运费最低的古典区位论；立足于一定区域或城市，着眼于市场扩大和优化的近代区位论；立足于国民经济整体，着眼于地域经济活动最优组织的现代区位论。百余年来区位论的研究内容不断深化，由单一区位因素研究发展到几种区位因素研究，进而发展到多种经济社会区位因素的系统综合研究；从微观角度的研究逐步发展到宏观与微观经济相结合的研究；早期着眼于第一、二产业，中期重视加工工业和商业，现代则以城市和第三产业为主体。从总体上看，区位论是以资产阶级政治经济学理论为指导，不可避免地带有很大的局限性，但其科学的合理成分为区域经济发展的比较研究提供了重要的理论依据。

第二节　地域分工理论

一、社会劳动的地域分工是社会分工的空间表现形式

各地生产的自然差异和交换的发展是劳动的社会分工的两个前提。社会分工表现为部门分工和地域分工，两者既有区别又有联系。部门分工是指不同部门形成和分离的过程，地域分工则是指分离出来的部门在一定地域上的组合。任何社会生产活动和劳动的部门分工总是落实到一定地理空间上，而劳动的地域分工则往往从各区域的部门结构差异上表现出来。社会分工发展到一定程度势必引起社会劳动的地域分工。所谓社会劳动的地域分工就是指相互关联的社会生产体系在地理空间上的分异。它是社会分工的空间表现形式。从个别区域看它是区域生产专门化，从相互联系的区域体系看它表现为全社

会的生产专门化体系。地域分工是国民经济区域结构的主线。正确认识地域分工的客观过程，揭示其本质以及发展变化的内在机制，是科学认识区域结构变动的理论基础。

地域分工的必要前提是产品的区际交换和贸易，是产品的生产地和消费地的分离。这一性质决定了地域分工的规模随着产品交换和贸易的扩大而不断扩张，从国内局部性地域分工到全国统一市场下各区域间的全国性分工，从国内地域分工到国际地域分工，是地域分工由低级形态向高级形态发展的一般过程。一方面，随着社会再生产结构的演进，地域分工的性质和内容不断变化；另一方面，其分异方向和格局随着自然、经济、社会条件的空间差异的格局不同而不同。

地域分工发展的内在根据是社会再生产结构的演进，并集中表现在产业结构变动的决定作用上。产业结构变动对地域分工过程变动的决定作用是通过产业部门的区位指向机制来实现的。区位指向是指不同的产业部门由于其生产函数和其他技术经济特点的差异，在空间分异过程中都有向一定区域集中的倾向，这种倾向就是区位指向。

二、地域分工理论概述

地域分工理论的主体是比较优势理论。经济利益是决定地域分工的动力。在斯密和李嘉图努力为自由贸易建立一个理论框架时，提出了贸易双方从贸易中可能获益的经典陈述。以下将按照地域分工理论发展的时序，对不同阶段的理论进行评价。

1. 绝对优势理论

绝对优势理论源于英国古典经济学家亚当·斯密的地域分工理论。斯密之前的重商主义对外贸易原则是从贸易顺差中增加货币流入量，从而增加国民财富。重商主义思想反映出一种信念，即一国之所得必然为另一国之所失，国际贸易是对单方面有利的竞争。因此必须削弱对方的实力、增强本国的实力，才能在竞争中获益。亚当·斯密严厉批判了重商主义的这种思想，在着重论证分工的提高和完善可以促进劳动生产率的提高和社会财富的增加的基础上，论证了地域分工理论。他指出："每个个人都有其增加生产和不增加生产的东西。如果每一件东西在购买时所花费的代价比在家里生产时所花费的小，就永远不会想要在家里生产。裁缝不想制作他自己的鞋子而向鞋匠购买；鞋匠不想制作他自己的衣服而雇裁缝制作。他们都感到，为了他们自身的利益，应当把他们的全部精力集中到比邻人处于某种有利地位的方面，而以劳动生产物的一部分或同样的东西，即其一部分的价格，购买他们需要的其他任何物品。"斯密认为一个国家也应该遵循同样的法则，"在每一个私人家庭的行为中是精明的事情，在一个大国的行为中就很少是盲目的。如果外国能以比我们自己制造还便宜的产品价格供应我们，那么我们最好就用我们具有某些优势的行业生产出来的部分产品向它们购买。"每个国家都有其绝对有利的、适宜于某些特定产品的生产条件，如果每个国家都按其绝对有利的生产条件去进行专业化生产，然后彼此进行交换，那么各国的资源就都能得到正确的分配和有效的利用，从而提高劳动生产率，降低成本，增加国民财富，社会分工就是这样形成的。斯密对不同国家的同种产品的成本进行直接比较，认为在某种产品上所花费成本绝对低就称其具有"绝对优势"。只要有这种绝对成本优势，就应该发展这种产品的专业生产，并出口换回自己在生产上不占绝对优势的产品，贸易双方就都从交易中获益。这就是斯密的绝对优势理论。按照绝对优势理论，一个没有任何绝对优势产品的地区就不能从贸易中获利，然而现实的地域分工与贸易并非如此。这就暴露了斯密的绝对优势理论的不足。

2. 比较优势理论

比较优势理论源于英国著名古典经济学家大卫·李嘉图的国际分工理论。在《政治经济学及赋税原理》一书中，李嘉图发展了斯密的绝对优势理论。通过分析两个国家在单一生产要素禀赋上的差异，从理论上证明了比较优势的存在和贸易的互利性，奠定了比较优势理论的基础。

"比较优势"一词是直接从"比较成本"演化过来的。比较成本是指对本国不同产品的成本比率与国外同类产品的成本比率进行比较，即不同国家的产品成本比率或机会成本的比较。只要成本比率在各国间存在差异，各国就能够生产各自的比较优势产品（即相对成本较低的产品），并在国家间进行交换，通过贸易增进利益。这就是李嘉图著名的比较优势理论。

比较优势理论的基础是商品生产所耗费劳动的相对差异。任何国家，即使在生产上没有绝对优势的国家，由于它同其他国家在生产上的相对成本不同（即贸易之前各国具有不同的比价），均可以利用其相对有利的生产条件，专门生产其相对成本较低、具有比较优势的产品以换取自己所需要的生产中相对成本较高的产品，通过相互贸易使各国资源得到最有效的利用，并使贸易双方都获得比较利益。这是最有利和最合理的地域分工原则。

李嘉图的比较优势原理可用一个简单的例子来描述，即一种生产要素——劳动（L）、两个国家（a，b）和两种产品（x，y）。在这个模型中，地域分工的公式是：

$$\frac{L_x^a}{L_y^a} \neq \frac{L_x^b}{L_y^b} \quad \text{或} \quad \frac{L_x^a}{L_y^a} < \frac{L_x^b}{L_y^b} \quad \text{或} \quad \frac{L_x^a}{L_y^a} > \frac{L_x^b}{L_y^b}$$

李嘉图认为，成本差异程度的不同为两地区之间互利的分工和贸易创造了条件，贸易的利益及流向源于每种最终产品的机会成本（opportunity cost）差异。李嘉图的比较优势理论的积极意义在于：第一，指出了区际贸易的广泛基础。不论一个地区处在哪一个经济发展阶段，也不论其资源的贫富或经济实力的强弱，都有参与区际贸易的可能。只要利用相对成本优势，发展区际贸易，就能以较少的劳动耗费获得较多的使用价值。第二，提出了区际交换的特殊规则。比较成本是一种独特的选择方式。选择标准不是绝对值的高低而是相对值的异同，即：优中选优，两利相权取其重；劣中选优，两害相权取其轻。

被统称为"古典贸易理论"的绝对优势理论和比较优势理论都认为区际贸易可以更经济地配置资源，更有效地利用其他区域的资源，节约社会劳动，提高社会生产力，加快经济增长步伐。两者的分歧在于如何认识区域的性质。绝对优势理论把区域仅仅视为产品生产的区位，忽略了它作为一个综合主体具有整体利益的作用，因而，区域的竞争被认为实质上就是产品的竞争，必然要受到竞争法则的支配。比较优势理论认为区域是一个具有整体利益的综合体，区域的竞争是在收支平衡前提下的竞争，因而受相对竞争法则的支配。综合这两种有代表性的优势论观点，区域是一个具有二重性的客体，它既是一个由各种区位因子所组成的产品生产的区位，又是一个具有独立的整体利益的综合体。

从英国资产阶级古典经济学到现代西方经济学，比较优势理论尽管在比较对象、分析方法、影响因素等方面有了许多进展，理论界学派林立、各种学说纷呈，但是“分工（贸易）能够增进利益”始终是一个在理论上被经济学家一致首肯的命题，被视为更基本和更有说服力的贸易理论。李嘉图所确定的比较优势理论的核心依然是一个国家倘若专门生产自己具有比较优势的产品，并通过国际贸易换取自己不具有比较优势的产品，就能获得利益。比较优势理论的深远影响一直持续到今天，至今在区域分工和贸易理论中仍占据统治地位，成为当代地域分工和贸易理论的基础。

比较优势理论虽然得到认同，但在李嘉图的简化理论模型中，劳动是唯一的生产要素，生产技术是给定的外生变量，生产的规模报酬不变。因此，以现实经济生活中确实存在相对成本差异这一客观现象为当然前提，并且把相对成本差异仅仅归结为商品生产中劳动生产率的差异，未免显得过于粗糙。

第三节 区域产业结构比较理论

区域产业结构比较可分为静态比较和动态比较两种。静态比较是指各个区域某一时点上的产业结构在区际分工阶梯中的相对地位的比较；动态比较是指区域产业结构的变动比较。

一、区域产业结构的静态比较

决定一个地区在全国区际分工中的相对地位的主要因素是该地区非农产业的发展水平，特别是主要制造业的专业化程度。非农产业发达、主要制造业专业化程度较高的地区在经济联系和区际分工中的地位相对有利。因此，区域产业结构的静态比较可从这两个方面进行。

1. 非农产业发展水平的区域比较

根据产业结构演化理论，随着人均收入水平的提高，第一产业的比重不断下降，第二、三产业的比重不断上升，因此非农产业比重可以描述一个地区的产业结构水平。为了增加可比性，通常可以采用区位商来计算。计算公式是：

$$v_i = \frac{\dfrac{y_{i2} + y_{i3}}{\sum\limits_{i=1}^{m}(y_{i2} + y_{i3})}}{\dfrac{y_i}{\sum\limits_{i=1}^{m} y_i}}$$

式中，v_i 为 i 地区非农产业的区位商；y_{i2}、y_{i3} 和 y_i 分别为 i 地区第二、三产业产值和地区生产总值；m 为地区数。区位商的值越大，非农产业发展水平越高，地区产业结构的相对地位越高。同样，也可以通过制造业内部的非消费品产业部门比重来反映地区产业结构的相对地位。

2. 制造业构成技术水平的区域比较

区域产业结构中制造业构成技术水平越高，专业化部门就越多（即专业化系数就越高），区域产业结构中制造业的相对地位就越重要。因此，区域产业结构相对地位比较等价于技术水平比较。用来测度技术水平的指标是专业化系数。专业化系数被定义为：

$$\delta_{ij}=\frac{\dfrac{y_{ij}}{\sum\limits_{j=1}^{n}y_{ij}}}{\dfrac{\sum\limits_{i=1}^{m}y_{ij}}{\sum\limits_{j=1}^{n}\sum\limits_{i=1}^{m}y_{ij}}}$$

式中，y_{ij} 为 i 地区第 j 个制造业部门的总产值（或增加值）；n 为部门数；m 为地区数；δ_{ij} 为 i 地区第 j 个制造业部门的专业化系数，若该指标大于 1，则 i 地区第 j 个制造业部门为专业化部门，其值越大，专业化程度就越高（或技术水平就越高）。

区域产业结构的制造业构成技术水平的比较，就是对 δ_{ij} 进行比较。如果地区专业化部门数多，则表明该地区产业结构的制造业构成技术水平高；如果两地区的专业化部门数相等，则还需计算两地区专业化系数的标准差，标准差越小，表明产业的均衡度越高，从整体上看该地区产业结构的制造业构成技术水平越高。

区域产业结构的静态比较是某时期内产业结构数值的地区比较，通常应当按当年价格计算。这是区域产业结构变化过程的截面比较，虽然简单，但对区域产业结构的分析是十分必要的。我国学者根据有关数据，运用聚类分析方法，通过对我国各省份①的非农产业构成和 10 个主要制造业的专业化程度进行分析，得出了如下结论：

（1）东部地区的非农产业比较发达，中西部地区的大部分省份的非农产业发展水平低于全国平均水平。三次产业构成优于或接近全国平均水平的有 11 个地区，其中 8 个属东部地区；低于全国平均水平的 19 个省份中，有 14 个位于中西部地区。

（2）我国的工业专业化水平普遍偏低。相比较而言，东部地区的工业专业化水平较高，中西部地区的工业专业化水平较低。对各省份 10 个主要制造业部门的专业化系数进行测算，结果只有江苏、浙江、上海 3 省份的工业结构具有整体上的专业化优势；北京、天津、陕西、福建、广东 5 省份次之；其他省份工业结构中缺乏专业化的技术密集部门。不少省份分布着传统产业比重大的老工业城市，原有的结构优势已丧失，新的结构优势又没有建立起来，在全国区际分工中的地位十分不利。如果不加紧调整产业结构，形成较多的专业化部门，那么不仅经济落后地区难以建立相对分工优势，而且经济发达地区某些省份的发展后劲也难以保持。

---

① 为了分析的方便，本节关于区域产业结构的比较分析所选取的省份有 30 个。

（3）各地区产业结构高级化进程很不均衡。许多地区的三次产业构成与制造业构成在发展水平上差异很大。就一般发展趋势而言，非农产业比重大的地区，其工业结构或制造业结构的技术水平和专业化程度也会较高。然而我国的现状是：只有京、津、沪、苏、浙少数地区的三次产业构成和工业构成均处于较高层次，具有区际分工上的整体相对优势；皖、湘、鄂、豫、蒙、桂、甘、青、新、川、云等地区的三次产业构成和工业构成均处于较低层次，尚未形成区际分工上的整体相对优势；吉、鲁、辽、黑、晋、冀等地区的三次产业构成层次较高而工业构成层次较低，传统工业比重大，工业结构高级化进程迟缓，面临产业衰竭和资源枯竭的严峻挑战；有些地区（陕、闽、粤、宁、黔、琼）则是三次产业构成层次较低而工业构成层次较高，工业结构高级化进程快于三次产业结构高级化进程。我国许多地区产业结构不同层面的发展水平出现错位，欠发达地区少数专业化部门的领先发展有可能成为增强该地区相对地位的契机，而某些发达地区专业化部门发展的滞后则会阻碍该地区产业结构的高级化进程，甚至成为削弱其相对地位的因素。

二、区域产业结构的动态比较

从历史上看，产业结构优化过程是一个动态过程，因此要把握产业结构变动的一般过程及基本趋向。从某种意义上说，产业结构的一般过程及基本趋向是进行产业结构调整与优化的基本参照框架。所以，首先要描述产业结构变动的一般过程及基本趋向，以把握产业结构变动的一般规律。

区域产业结构的动态比较应包括两个方面：一是产业结构的变化状况，二是产业结构的转换能力。

1. 产业结构变化状况的区域比较

定量描述区域产业结构变化状况的主要指标有两个：产业结构变化指数（θ）和专业化指数（SPI）。这两个指标分别从产业结构变动速度和产业结构变动方向上揭示产业结构变动对区域经济发展的影响。

（1）产业结构变化指数。定义为：

$$\theta = \arccos \frac{\sum_i S_{i0} S_{it}}{\sqrt{\sum_i S_{i0}^2 \sum S_{it}^2}}$$

式中，θ 为地区产业结构变化指数；S_{it} 和 S_{i0} 为某地区报告期和基期的部门产值占该地区总产值的比重。当某地区两个不同时期的产业部门的比重无任何变化即 $S_{it}=S_{i0}$ 时，指标值 $\theta=0$。一般情况下，$0<\theta<90$，结构变化越大，θ 就越大。

也可以用产业结构相似系数来反映。产业结构相似系数的定义为：

$$r = \frac{\sum_i S_{i0} S_{it}}{\sqrt{\sum_i S_{i0}^2 \sum_i S_{it}^2}}$$

显然，$0\leqslant r\leqslant 1$，r 越接近 1，说明计算的两个时期的产业结构越相似。如果上面两个公式中的 0 和 t 分别代表两个不同的地区，那么变化指数和相似系数也可以用于不同地区的产业结构相似程度的比较。产业结构相似系数的不足在于它只适用于两两比较。

我国自 20 世纪 80 年代以来各地区经济发展很快，产业结构也发生了不同程度的变化。第二产业和第三产业流通部门的增长速度明显快于第一产业。琼、闽、粤三省份经济增长最快，产业结构变化指数也最高；大多数经济增长较慢的省份产业结构变化指数较低；部分经济增长慢的省份（陕、皖、沪、晋、黑）产业结构变化速度却较快；少数经济增长较快的省份（苏、桂、云）产业结构变化速度却较慢。产业结构变化速度较快的 11 个省份中有 6 个属于东部地区；产业结构变化速度较慢的 18 个省份中属于东部地区的有 5 个（辽、苏、京、冀、津）。这说明东部地区部分省份的产业结构变化领先于全国，同时中西部地区部分省份的产业结构变化也出现了加速趋势。

按照工业化阶段的衡量标准，我国绝大多数省份都已进入经济增长加快、产业结构变动剧烈的工业化阶段。由于我国是一个区域发展不平衡的发展中大国，因而在这一阶段各地区的结构变动速度必然会出现差异和交错。从发展趋势上看，处于工业化加速阶段的地区产业结构变动速度较快，而处于工业化比较成熟阶段的地区产业结构变动速度会放慢。因此，今后中西部欠发达地带的结构变化将日趋剧烈，而东部发达地带的结构变化速度很可能会逐渐放慢。

（2）专业化指数。定义为：

$$\mathrm{SPI}=\left(1+\frac{\sum_{i=1}^{n}S_i\ln S_i}{\ln n}\right)\times 100$$

式中，S_i 为第 i 个产业部门的产值比重；n 为产业部门数；SPI 为地区产业部门的专业化指数。若所有部门的产值比重都相同，即 $S_1=S_2=\cdots=S_n$，那么 SPI=0；反之，若一个地区只存在一个部门，即 $S_1=1$，那么 SPI=100。可见指数介于 0～100 之间。在 SPI 的表达式中，$\sum_{i=1}^{n}S_i\ln S_i$ 为经济结构中熵的量度，部门数 n 越大，各部门所占比重 S 越接近 $1/n$，所研究的经济系统就越无序，可见该指数能够较好地反映地区产业结构的专业化程度。用它可以对比不同地区或不同时期的产业结构专业化水平的差异。

引入专业化指数是因为产业结构变化指数虽然可以测度区域产业结构变化幅度的大小，却无法揭示变动的方向。因此，用专业化指数来补充说明产业结构的变动究竟是趋于集中了还是趋于分散了，是否出现了专业化部门多、高增长部门多和高利税部门多的趋势，结构变动方向是否体现了产业升级和结构优化的客观要求，这对于地区经济发展及其相对地位的改善具有非常重要的影响。

2. 产业结构转换能力的区域比较

产业结构转换能力是指产业结构适应市场变化和保持地区经济持续、稳定、协调增长而向高级化调整、演进的可能性条件。一个地区的产业结构是否具有良好的转换能力，反映了该地区产业结构的综合素质和潜力，对当地经济的持续、健康发展至关重要。由于地区产业结构是地区内各产业部门的结合方式，是生产要素的宏观聚集状态，因此凡是影响生产部门存在条件和生产要素的因素都是地区产业结构转换的作用因素。

从供给角度考察，地区产业结构的转换能力取决于创新能力、积累能力和供给弹性。

从需求角度考察，地区产业结构的转换能力取决于人们不断变化的消费结构。这种变化对现存的产业结构产生巨大的压力并促使其变化。通常，地区经济社会发展水平越高，消费层次越高，消费结构的变化越快，那么对产业结构转换产生的压力就越大。

既然地区产业结构转换是供求两方面因素共同作用的结果，那么就可以通过反映地区供给推动力因素和需求压力因素的指标来测算地区产业结构转换能力。

供给推动力因素选取以每万名职工拥有自然科技人员数指标反映创新能力；以积累率、资金利税率、GDP 的年增长率和人均 GDP 四项指标反映积累能力；以第二产业产值占 GDP 的比重代表地区产业结构层次来反映供给弹性。分别以上述指标的全国平均水平为 100，计算各地区六项指标的数值，并以它们的加权平均数作为供给推动力指数。

需求压力因素用居民消费水平指标代表地区消费需求的规模水平；用居民非食品支出占消费支出的比重反映各地区满足基本生活必需后的需求层次。这两项指标大致反映消费需求对产业结构的转换压力。以同样的方法计算出需求压力指数。在此基础上，定义产业结构转换能力综合指数为供给推动力指数和需求压力指数的乘积。用转换能力综合指数来测算地区产业结构的转换能力。

综合指数高于全国平均水平的省份有 8 个，除陕西外其他 7 个省份均属东部地区；若按人均 GDP 衡量，只有陕西属于低收入组，其他 7 个省份都属于高收入组。这说明陕西的产业结构具有比较强的转换能力，产业综合素质和潜力具有相对优势。综合指数低于全国平均水平的省份有 22 个，其中，产业结构转换能力中等偏下的省份有 7 个，产业结构转换能力差的省份有 15 个。各省份之间产业结构转换能力的差距比较明显，北京、上海的综合指数分别达 5.22 和 4.40，而贵州和江西却只有 0.54 和 0.52。

通常经济发展水平高、综合实力雄厚的地区，其内部推动产业结构适时调整和顺利升级的能力也比较强，地区产业结构具有促进当地经济全面发展的综合优势。经测算，我国 30 个省份的结构转换能力综合指数和 GDP 指数的相关分析结果是：

$$Y=-0.1845+1.1376X,\ R^2=0.8124\quad \text{S.E.}=0.1025\quad t=10.814$$

式中，Y 为产业结构转换能力综合指数；X 为各地地区生产总值与全国 GDP 之比。统计结果表明，经济发展水平越高的地区，产业结构转换能力越强，也越有利于推动产业结构转换进程，进而越有利于当地经济的持续快速发展，从而巩固其在全国的相对地位。地区产业结构转换能力不同于产业结构转换进程，地区产业结构转变的快慢主要由经济发展阶段决定。考虑到区域外因素的影响，这种转变实际上是渐进与飞跃、自然演化与自觉高速相互交错的复杂过程。产业结构转换能力强的地区，其产业结构变化速度不一定快；产业结构转换能力差的地区，其产业结构变化速度未必就慢。

在发展社会主义市场经济的条件下，对外开放不断扩大，生产要素加速流动，公平竞争条件日趋改善，封闭、半封闭的区域经济和雷同的地区产业结构必定进一步被打破，发生新的分化与重组，以专业化分工和市场化联系为基础的相互依存性将大大增强。这既会给地区产业结构的转换能力和转换进程带来新的机遇，也会对其形成严峻挑战。如果善于利用本地优势主动调整产业结构，推动结构升级，那么一些原本比较落后的地区可能会增强其产业结构转换能力，加速产业结构转换进程，出现跳跃式发展。相反，如果不能合理地推进产业结构演进，即使原本比较发达的地区也可能陷入产业结构转换能力下降、产业结构转换进程停滞的窘境。

第四节 区域经济发展阶段的划分

一、区域经济发展的阶段性特征

现代经济发展具有两个最基本的经济特征。第一个基本特征是总量经济指标出现前所未有的高增长率。总量指标主要是指国内生产总值或人均国内生产总值，它反映一国整体生产能力的动态状况。第二个基本特征是经济结构出现高变化率，主要表现为产业结构中传统部门与现代部门之间相对比重的迅速消长。既然总量增长和结构变化是现代经济成长的主要标志，那么发展过程中的阶段性特征也必然会通过总量增长和结构变化的时间轨迹表现出来。因此，通过描述总量增长率和结构变化率沿成长过程的时间分布特征，就能识别和区分出经济发展可能经由的一系列不同阶段。

由于国家幅员、地理位置、历史背景、资源禀赋和进入现代经济成长时国内外条件的不同，以及成长过程中外部随机因素的干扰，各国经济成长的实际历程必定是多种多样的，因此总量增长的时间轨迹不可能是相同的，不加区分地以发达国家为总体样本的一般性研究方法对于分析国民经济在一个较短时期内的阶段性特征是不适用的，必须采用类型分析的方法研究不同类型国家特有的发展阶段特征。

各国进入世界性的现代经济发展过程的时间有先有后。先进入这一过程的国家被称为“先行国”，后进入这一过程的国家被称为“后起国”。进入这一世界性现代经济发展过程的先后次序不仅仅是自然意义上的时间概念问题，它实质上隐含着历史性的差异，即进入现代经济发展过程的历史背景和历史前提的差异。无疑，这对各国的产业结构变动和增长方式具有决定性影响，会使各国的经济发展留下不同的历史轨迹。正如辛格尔曼（J. Singelmann）所说：“必须把工业化的时间当作关键性的因素加以考虑。”先行国一旦经济实力增强，之后势必对外扩张，这就必然会改变其他相对落后国家的历史进程，迫使后者提前发动现代经济成长。成功的后起国一般会在较短时间内赶上先行国，从而形成迥异的经济发展时间轨迹。

在世界上少数发达国家已经实现了工业化的条件下，大多数发展中国家正在或将要实现工业化和现代化，其中既有有利条件，也有不利因素。有利的是在世界性的经济发展过程中，后起国面临的技术进步的外部环境相对较好，它们可以借鉴先进国家的经验和教训，并利用发达国家的现有技术和资金跳过某个技术发展阶段，直接采用新技术，这可以用“后起者优势”（advantage backwardness）概念来解释。历史进入近现代社会，特别是第二次世界大战结束以来，世界经济发展链条出现的颇为引人入胜的跳跃式发展现象充分证明了这种“后起者优势”的存在。后起国“先发动经济成长，后完成发育任务”，不仅必要，而且可能。而不利的是，第二次世界大战后形成的国际政治经济格局使发展中国家虽然在政治上获得了独立，但是在经济上仍然是发达国家的原料供应地、产品销售市场和资金投放场所。后起国是在社会经济条件没有完全发育成熟的情况下提前进入现代成长阶段的，与先行国进入现代经济成长阶段的初始条件不同，它们是在不同的起跑线上与发达国家进行公平竞争的，是以不同的地位进行平等的经济往来的。而且，一些后进的发展中国家或因人口压力过重，或因社会历史束缚过多，或因政治因素限制过紧，以至于难以及时抓住有利时机乘势崛起。这些都是发展中国家的经济发展不同于中期工业化国家的地方。这在很大程度上决定了两种类型国家在经济发展过程中存在不同的运行轨迹。先行国与后起国在经济发展程度上的差别主要表现在以下几个方面。

（1）在总量上，先行国成长起点高，增长率相对平稳。先行国是在人均产值超过200美元（按1965年价格）时开始进入现代经济成长的，最高达到人均产值760美元，剔除经济周期波动的经济增长率基本上沿直线上升，没有出现明显的加速或减速的阶段性特征；而后起国的人均产值初始水平一般在200美元以下，甚至只有十几美元。日本在19世纪70年代进入现代经济成长时的人均产值只有74美元，其经济高增长率的分布带有明显的阶段性特征。其原因在于各国经济发展的某些固有条件不同。先行国的经济发展基本上是一个由内在因素自然形成的过程。在进入现代经济成长之前，先行国一般都经历过较长的社会发育和增长因素积蓄过程，因此到达成长起点时，人均产值水平较高，社会经济条件较成熟，导致长期发展过程相对平稳。而后起国在进入现代经济成长阶段之前，社会内部的经济因素尚未积蓄到足以自然发生工业化的程度。之所以提前开始现代经济成长，很大程度上是因为受到了先行国经济扩张的威胁和示范影响，这种低起点的经济能获得成功，主要得力于国家机器的强有力的支持。因此，后起国与先行国的一个很大的区别是，先行国用200多年完成的发育过程，后起国则要把它压缩到几十年，先发动经济成长，然后在发展过程中培养成长因素，同时完成发育任务，而不是在完成了发育任务以后才进入现代经济成长阶段，这就决定了后起国在成长初期的经济增长率一般低于它的长期平均水平。只有当后起国的国民经济总体规模达到一定水平，各种有利于增长的社会经济因素孕育积蓄到其临界水平时，后起国的国民经济增长速度才会突然加快，并持续几十年，最终把后起国带入发达国家的行列。

（2）在经济结构上后起国与先行国最重要的区别是存在明显的二元性，即传统经济部门与现代经济部门并存。由于先行国的经济发展是一个渐进的过程，它是社会发育的自然结果，在进入现代经济成长阶段时，传统农业部门已得到改造，农业与工业没有形成悬殊的部门劳动生产率差异，因此并不存在两个受不同行为规律支配的经济部门。而后起国是带着一个大的传统部门进入现代成长阶段的，在传统农业部门没有得到改造的情况下，优先建立了现代工业部门，因此形成了两个使用完全不同的生产工具、按不同的行为规律运行、劳动生产率差距悬殊的产业部门并存的局面。一般进入现代经济成长的时间越晚，进入起点越低，二元结构就越明显，二元结构延续的时间就越长。因为现代经济成长本质上是结构变动过程，后起国的增长轨迹与先行国的差异实际上是后起国产业结构变动特点的反映。这种结构特点决定了后起国与先行国产业结构变动的差异。

1）产业配置顺序不同。先行国的产业结构演变是与消费需求顺序一致的自然生成过程；后起国的产业结构演变则具有超前性。

2）产业结构转换的态势不同。后起国产业结构转换格局具有很大的倾斜性：在工业与农业中，工业前倾发展；在轻工业与重工业中，重工业前倾发展。这种前倾转换形式在很大程度上依赖于市场力量的调节，结构前倾程度与国家干预成正比，甚至造成一种前倾的结构转换态势，以便加速结构转换过程。

3）产业结构变动的起点不同。先行国进入现代经济成长阶段时结构起点较高，农业在总产值和劳动力中的份额分别在40%和60%以下，而后起国则分别在60%和80%左右，一般高出先行国20个百分点。后起国的产业结构变动较靠前。

4）产业结构变动的节奏不同。先行国的产业结构变化率像它们的总量增长率一样比较平稳，而后起国的产业结构变动幅度大大超过人均产值增长幅度。

5）产业结构变动的质量不同。后起国产业结构转换普遍先于就业结构转换，这反映了农业与非农业部门间劳动生产率的较大差异（一般先行国的非农业与农业部门间劳动生产率的比率接近于1，而后起国的比率在2以上）。这是另一种经济二元性的表现，这种二元性要在比较高的产值水平上才能完全消除。这种阶段性在发展中大国表现得更明显。相比较而言，就业结构变动指标比产业结构变动指标更能真实地反映发展中大国产业结构的实际变动状况。

6）产业结构变化率的时间分布不同。后起国在产业结构上的特点不仅会改变产业结构变化率的时间分布，使其分布不均匀，而且结构变动随着总量增长率的变动而分为明显的两个阶段，形成特有的结构变化阶段性。

先行国的增长轨迹以英美为例。英国1760—1770年开始现代经济成长时的人均产值在220美元（按1965年价格）以上，到1970年达到2 200美元以上。200年间人均产值增长了9倍，平均每10年增长11%～12%。英国的人均产值增长基本沿直线上升，增长率相当平稳，没有反映出明显的加速或减速的阶段性特征。美国的人均产值增长曲线也近似于一条直线，相比之下比英国的曲线向上倾斜的程度更大。

后起国的增长轨迹可以以日本和俄国（苏联）为例。俄国从19世纪中期人均产值150～200美元开始增长，1975年达到1 900美元，平均每10年增长21%。但这种高增长率的分布具有明显的阶段性，1860—1948年间平均每10年增长12.6%，而1975—1984年间平均每年增长52.4%。日本从19世纪70年代的人均产值74美元开始现代经济成长，1980年达到2 000美元以上，平均每10年增长38%，其分布同样具有明显的阶段性。以1952年为界，此前人均产值平均每10年增长21.11%，此后平均每10年增长率高达83%。

后起国的增长轨迹中有一个转折点，可把经济增长分成两个阶段。在第一个阶段，包含着其发育任务，一旦各种因素积蓄到临界水平，便进入第二个加速阶段，这一阶段可以持续几十年，从而把后起国带入发达国家行列。因此，对于后起国来说，达到这个转折点是赶超先行国的前提条件。这一转折点发生在人均产值300～500美元之间。当然，各国达到这一转折点的人均产值水平有较大差异。

综上所述，我们应当以与我国类似的后起国作为参照系，研究和分析我国经济发展阶段的特征以及我国的区域经济发展阶段。对地区经济发展阶段的研究，可以借鉴各国经济发展阶段的研究方法，从而避免因汇率、购买力的差异等带来的困难。

二、划分经济发展阶段的统计指标体系

准确地界定各区域所处的经济发展阶段，首先必须解决的问题是采用什么指标和方法。迄今为止，人们对划分经济发展阶段的方法和指标进行了大量的研究，只是未能形成一种大家共同认可的划分方法，尽管如此，这些研究还是提供了深入探索的基础和借鉴的依据。白雪梅博士的研究成果是在前人的基础上，找到划分我国区域经济发展阶段的适宜的指标体系和科学的方法。

指标的选取取决于所描述的经济发展这一客体本身的含义。经济发展的含义前面已有详细的讨论，决定经济发展的基本要素是：

（1）经济增长，即一个国家或地区在一定时期内的人均实际产出量的增加。经济增长的实质是规模不断扩大的社会再生产过程和社会财富的增值过程。侧重点在更多的产出上，经济增长既包括扩大投资所获得的增产，也包括更高的劳动生产率所带来的产品的增加。经济发展的含义则远不止这些，它是指随着经济增长而同时出现的产品生产和分配所依赖的技术和体制上的变革，以及经济结构、社会结构甚至政治结构的变化，指在国内生产总值或国民收入继续增长的基础上经济不发达的状况逐渐转变或消失。经济发展包括经济增长。促进经济发展的基本动力是经济增长，经济增长是一切经济发展首位的、必要的物质条件。经济增长是经济发展的一个子集。

（2）经济结构，其核心部分是产业结构，也包括收入分配结构、消费需求结构、对外贸易结构、人的素质结构、职业结构和技术结构等各方面、各层次上的国民经济结构。这些结构变化标志着经济体系的日趋成熟和高级化。如果经济增长过程中经济结构变化缓慢或经济结构变化方向不合理，则被称为“无发展的增长”（growth without development）或畸形发展（英语文献中有 developing with underdevelopment 的概念，意为社会经济中出现了各种不合理的结构现象，表明经济发展过程的畸形化）。

（3）生活质量的改善，即社会成员生活水平的提高。如何衡量和评价生活质量是一个复杂的问题。生活质量的提高与财富的增加（经济增长）有密切关系，但又不能等同。一个国家物质财富总量的增长并不一定能使大多数社会成员的生活得到改善。在分配不合理的情况下，经济增长只能使少数人受益，而大多数社会成员的生活条件不会有明显改善，甚至会更加恶化。因此，除经济增长和经济结构指标之外，还需采用各种直接反映物质生活质量的指标来衡量经济发展的真实水平。

经济发展阶段是经济发展中的各组成要素在某一点上的发展程度的集合。它不是指反映社会经济发展阶段的某几个特征与标志，而是一个完整的反映社会经济发展总体特征的指标体系。单纯依靠某一指标（如人均 GDP）进行狭义划分的可比性只表现为某种程度的“形相似”，或者会因为资源状况、工业道路、国家规模的不同而出现较大的偏差，从而难以体现工业化过程的多项特征。判断经济发展阶段的标志不是单一的，它是由若干系统构成的，是能从不同侧面反映经济发展水平特点的，包含衡量经济增长、经济结构与社会生活质量的一个指标体系。指标体系应能真实地反映地区经济差异的本质特征，能表现地区经济发展的过程和趋向，同时必须有可以统计、处理的数据，指标的

计算方法应简捷、容易掌握。因此必须综合多个特征指标，方能对工业化程度和经济发展阶段的划分从总体上做出准确判断。

根据上述分析思路，判断经济发展阶段的指标体系可以从总量、结构和生活质量三方面去构造。我们初选了包括经济总量、经济结构和生活质量在内的20多个指标，然后从定量和定性两方面加以简单的相关分析，筛去高度相关的指标；进行主成分分析后，精选出独立性最强、解释程度最好、包含信息量最大的指标，构成判定地区经济发展阶段的统计指标体系。该指标体系不仅考虑了指标体系的完备性，而且充分顾及指标反映经济发展阶段主体的非重复性，尽可能使所建的指标体系为指标集的最小完备集。这样所建的指标体系，既涵盖了判断经济发展阶段所需的主要变量，又剔除了对主体贡献不大或与主要变量高度相关的非主要变量，减少了工作量，明晰了分析结果。我们认为，判断经济发展阶段的指标体系主要包含以下几项标准。

(1) 人均国内生产总值。人均国内生产总值是判断经济发展程度的主要指标，是确定经济发展阶段不可缺少的最具综合性的核心指标。在正常情况下，人均GDP是生产发展、技术水平和新的生产组合方式的具体体现。但它不能说明产品和劳务类型，不能揭示由于环境污染和城市化的增长而使社会付出的代价，不能反映经济和社会结构以及收入分配状况。其辅助指标是GDP的年均增长速度，这是衡量一个国家或地区经济与社会创造力和活力的总尺度，是生长增量或衰退减量的活动指标。

需要强调的是，在地区经济发展阶段的划分中，应特别注重人均指标。因为人均指标能揭示经济发展的内涵。新加坡以总规模表示的经济实力固然不如中国，但这丝毫不妨碍新加坡的经济发展阶段高于中国，已跻身于发达国家行列。因此应当注重人均指标，慎用总量指标。

(2) 产业结构。经济发展阶段与产业结构之间密切相关，经济发展水平的高低关键在于产业结构的差异。最先得出这个结论的是英国古典经济学家威廉·配第，此后，克拉克、库兹涅茨、钱纳里等人卓有成效地丰富了这种理论。库兹涅茨揭示了各国结构变化的一般趋势，以及在各个不同的经济发展阶段所呈现出的一般特征。继续这项研究并做出杰出贡献的是钱纳里，他建立了世界发展模型，在此基础上提出了标准结构，对人均国内生产总值从100美元到1 000美元发展区段的经济变化给出了重要的描述性结论。他们虽未直接勾画各国所处的经济发展阶段，但他们对结构变化特征的研究对我们研究地区经济发展阶段有着重要的启迪作用。一定的经济发展阶段由一定的产业结构支撑。而一定的产业结构变动又为经济发展阶段所制约。既然发展水平的差异源于产业结构的差异，那么产业结构的差异就可反映地区所达到的经济发展水平或所处的经济发展阶段。

产业结构指标是判断经济发展阶段的核心指标。实现结构变换，从发展意义上说，关键在于第二产业的发展，重点在于第二产业本身的结构改变和效益提高。在工业化时期，真正为改造农业、提高农业效率、吸纳农业剩余劳动力提供物质条件的，主要还是第二产业的发展。第一产业历史性的增长也只能在第二产业效率提高和有效发展的基础上才能实现。第三产业是许多不同类型服务活动的总和，有些服务活动与总收入有关，有些则与人均收入有关。因此，总资源投入服务活动的相同比例可与很不相同的发展水平相联系，单纯以某一产业产值比重反映产业结构的状况不妥。鉴于我国较高的工业化率和较低的服务业水平的状况，当前阶段还是非农产业产值和第二产业就业结构更能说明我国工业超前发展的非典型结构的发展阶段特征。

在产业结构变动中通常以工业发展为主体衡量其阶段性，但这里我们认为在我国的工业化过程中应当重视农业的工业化和现代化问题。这是因为，工业化是整个国民经济的高级化，而不仅仅是工业内部结构的变化。已有的产业结构阶段划分方法如霍夫曼比例等都是单纯工业化、重工业化、加工工业化的统计表现。如何从二元经济向现代经济转换则是工业化的核心内容，也是我国经济发展的重要内容之一。第一、二产业的比较劳动生产率以及乡镇企业就业人数占农村劳动力人数的比重指标是反映地区经济非均衡性或二元结构程度、确定经济发展阶段的一个理想标准。农业比重可大可小，但技术水准应与工业化水平相符，即随着经济的发展，这种非均衡性应逐渐缩小。当农业部门的劳动生产率与工业部门的劳动生产率相称时就达到了发达状态；当所有部门（包括服务业）的劳动生产率在合理的高水平上接近于相等时，经济系统就达到了成熟状态。我国的工业化远未接近尾声，部门间的资源转移仍将是推动经济增长的一个有利因素。劳动力的工业化和非农化仍然是中国经济发展的主题。

（3）经济效益及经济增长能力。一般来说，经济发展阶段越高的地区，其经济增长能力及经济效益水平越高，反之则越低。经济增长能力取决于一个地区的财政收入中可用于积累部分的大小，表现为固定资产投资率的高低。经济效益指标可选用劳动生产率。资金利税率由于在我国受到过度的扭曲，无法真实地反映各地经济效益而不得不被放弃。我们选用资本增长率与劳动增长率之比来综合反映经济效益和经济增长能力。

（4）人口质量。经济发展与人口质量和社会文明程度的提高密不可分。如果没有全社会文明程度的提高，经济发展和产业结构的高级化就都是不可思议的。人口质量和社会文明程度是综合概念，这里以人口文化结构状况来构成基本指标，因为人口文化结构在不同发展阶段具有不同的特征。一般在经济发展过程中，初始阶段往往同时积累实物资本和人力资本。实物资本投资主要是进行基础结构的建设，人力资本投资则主要是发展初等教育。例如，当人均收入为 100 美元时，通常将 33%的国内生产总值投资于增长率，保证 37%的学龄人口接受教育。当人均收入达到 200 美元时，各国强调工业化，此时的发展瓶颈首先是人力资本的稀缺。为了扫除这个结构性障碍，不得不选择扩大人力资本投入战略，表现为教育投资的增长速度高于实物投资。其中，中高等教育培训增长更快。但当人均收入超过 300 美元时，各国产业结构开始向加工制造业倾斜，投资结构随之向工业实物资本转变。由于教育投资成本的提高，教育结构处于不利地位，这种态势在收入水平较高时才会得到根本性扭转。

以识字率指标来代表人口质量的地区差异。在典型情况下，识字率与经济发展阶段密切相关，即人均收入越高的国家和地区识字率越高。具体表现为，人均收入在最低水平的 50～100 美元（1970 年价格）区间内时，识字率呈现出不断上升的趋势。当社会识字率达到 50%时便会明显带动该地区的技术进步、产业结构的高级化和劳动生产率的提高。

（5）国民生活质量。经济发展的目的是提高居民的生活质量。说明居民生活质量的指标有很多，这里只取以下几个主要指标：1）居民消费结构。产业结构是由社会需求结构的变化引起的，如果各地区生活必需品的消费在支出中比较稳定和类似，那么消费水平越高，用于非食品消费支出的比例就越高，反之则越低。在不掌握某地区的恩格尔系数的情况下，可以居民非食品支出占生活消费总支出的比重来代替，根据联合国粮农组织的具体规定：50％以下属于勉强度日的贫穷社会消费类型，50％～60％属于小康类型，60％～80％属于富裕类型。2）城市化水平。城乡人口构成是地区经济发展水平的重要标志，它不仅是由生产力发展水平决定的，而且是一定社会生产关系的集中表现。城市化水平过低的直接经济后果是恶化城乡差距。3）城乡居民消费水平比。城乡居民消费水平的差距取决于收入水平的差距，而收入水平的差距又与城乡比较劳动生产率有关。一个地区的经济发展水平越低，城乡消费水平的差距就越大；反之则越小。因此，以上三项指标构成从生产关系角度反映经济发展阶段的判别标准。

三、区域经济发展阶段的划分方法

经济发展阶段的划分方法有很多种。一个很好的思路是以重工业人均产量或人均实物量指标（人均能源、粗钢、电力、谷物和肉类占有量）的国际比较来确定阶段，这比单纯用人均产值判别经济发展阶段要可靠得多。但由于在资料搜集上存在困难，白雪梅博士在研究这个问题时不得不放弃了这种方法。另外，也必须看到这种方法的不足在于它仅仅局限于实物产量的比较，而现代社会的发展却使非物质性产品变得越来越重要。

有的学者依据时间序列函数和最优分割法（费希尔算法），采用聚类分析来划分阶段。这种划分方法只能处理单对象的阶段划分问题，无法处理区域经济这种多对象的截面资料的阶段划分问题。

刘再兴教授在《中国区域经济数量分析与对比研究》一书中，参照国内外有关研究成果，选择了 9 个指标组成评价指标体系。先用几何平均法将多指标处理成一个综合指标，再按综合指标值的大小排序，然后以全国平均值为参照系。比全国平均值高30％以上的，被划为经济成熟区；略高于全国平均值或低于全国平均值不足 20％的，被划为经济成长区；比全国平均值低 20％以上的，被划为经济发展区。该书认为从发展到成长再到成熟是区域经济发展的三个重要阶段。显然，随着时间的推移、样本的改变，判断这三个阶段的标准是在不断变化的。

也有学者采用综合评分法对各地区经济发展水平进行评估，得出各地区的可比得分，进行排序比较。根据各地区的经济发展水平，大体上可将它们归为经济发展的不同阶段，因为不同的经济发展水平从某一时点的横截面上观察就是不同的经济发展阶段。

用简单的综合指标划分阶段是一种相对划分，严格地说，它只是类别划分而不是阶段划分，不同的类别未必处于不同的阶段且具有不同阶段的特征，而相同的类别则未必处于相同的阶段。相对划分是依据聚类结果划出不同类型的地区，这种方法在比较研究中的应用价值较小，因为聚类结果随着样本的变化而变化，不同类型区仅仅是就我国整体而言的，各类型区属于世界标准经济发展阶段中的哪一个阶段却不得而知，因此也很难准确而科学地确定各类型区的经济发展战略和政策。所以上述相对划分方法无法满足阶段划分的需要。阶段划分问题属于多元统计分析中的判别问题，无论如何，这类问题都不适合以简单的综合、加权的方法来处理。张尧庭教授在论文中对此有详细的数学论证。多元统计分析中的判别问题要以一种合理的分类标准用判别分析的方法求出合适的判别指标，这比单独寻求综合的办法更能切合实际需要。我们可以参考世界标准经济发展阶段确定一个判别的标准样本。若没有标准样本，就要搜集足够的样本先做聚类分析，根据聚类分析结果，从合理的分类中寻求具有典型意义的经济发展阶段，然后运用综合评判法对各地区的经济发展阶段进行判别分析。

关键术语

区位论　地域分工　绝对优势　比较优势　产业结构转换能力

思考题

1. 成本决定论、利润决定论、综合决定论的基本观点是什么？
2. 绝对优势理论和比较优势理论有何不同？
3. 区域产业结构的动态比较如何描述产业结构变动的一般过程和基本趋向？
4. 简述产业结构转换能力的区域比较方法。

主要参考文献

[1] 白雪梅. 中国区域经济发展的比较研究. 北京：中国财政经济出版社，1998.
[2] 魏后凯. 中国地区发展差异及其协调机制. 经济管理，1997 (3).

第十章

区域经济与城市群发展

重点问题

- 区域经济与城市群的关系
- 城市群的概念与功能
- 城市群的形成机制

第一节　区域经济与城市群的关系

一、城市与区域的关系

城市与区域相互联系、相互依赖、相互促进而构成一个整体，两者互为前提和条件。城市是区域的增长极、核心，而区域是城市的载体、支撑和扩散腹地，两者不可分割。

21 世纪是城市化的世纪，城市化已经成为当前中国区域经济发展的主要载体和推动力，多中心城市空间布局已经成为中国大城市发展的战略选择。城市空间结构在区域经济协调发展中的地位和作用日益凸显，区域经济协调发展对城市空间结构的影响也越来越大。归纳起来，涉及城市空间结构与区域经济协调发展的关系的主要有以下几个方面：

（1）城市是区域的增长极，中心城市在区域经济增长中起主导作用。增长极理论认为，区域中的经济增长是一种非均衡的增长，它首先体现为区域内若干个“增长极”的增长，而后，通过这些“极”的发展可以带动整个区域的经济增长。在佩鲁的论述中，“增长极”被定义为那些由主导产业或有创新能力的企业在某些地区集中而形成的经济中心，而这种经济中心在现实生活中往往又体现为城市聚集体。从区域的角度讲，区域中心城市是经济区域中经济发达、功能完善并能够渗透和带动周边地区经济发展的行政社会组织与经济组织的统一体。中心城市对周边地区的主导性作用以及城市对周边地区的吸引和扩散作用把城市经济与区域经济和外部经济紧密地联系在一起。实践证明，城市扩张不仅是加快区域经济社会协调发展的战略性途径，更重要的是，它建立起一个新的获取“发展红利”（development dividend）的平台。

（2）城市布局影响和决定区域经济空间结构的形成与发展。区位指向、聚集与扩散功能以及空间近邻效应是区域空间结构形成与发展的基本力量。作为区域增长极的中心城市对区域经济活动的区位指向具有重大影响，并通过其聚集与扩散功能、空间近邻效应影响区域空间经济结构的形成与发展。因此，城市的形成、发展、衰落和消失都将引起区域产业结构和空间结构相应的变化，城市布局成为影响和决定区域人口分布、产业布局、要素流动及国土开发格局的重要因素。其中，城市支柱产业的选择决定整个区域的产业发展方向。

（3）城市化通过推力机制和拉力机制推动区域经济协调发展。城市化发展是联系聚集经济和城市空间结构演变的有效途径。城市化过程是经济城市化、空间城市化和人口城市化相互联系、相互制约、相互协调的过程。城市化对区域发展的带动主要表现在城市化的推力机制和拉力机制上，城市所产生的巨大吸引力和辐射力不仅拉动周边地区的经济发展，而且刺激各种资源向城市聚集，进一步加速城市化和农村现代化。

（4）城市是区域经济联系的枢纽，城市体系与区域经济发展相互促进。区域中的任何城市都不是孤立的，城市之间的空间相互作用将彼此分离的城市结合为具有一定结构和功能的有机整体，由此形成了城市体系。城市体系是城市空间相互作用的结果，是城市经济区网络的依托。随着经济全球化的发展，城市之间的经济联系逐渐加强。区域的生产、贸易、投资、金融等经济行为以及经济要素的空间聚集与扩散更多是在城市与城市之间进行的。城市体系既是区域经济运行的结果，又是区域经济进一步发展的依托、基础和制约因素，也是区域问题产生的根源之一。因此，加强对城市体系与区域经济发展关系的理论与实践的研究，引导城市向着合理的方向发展，与区域的经济运行相一致，促进区域经济的持续发展，不仅有必要，而且具有重要的现实意义。

（5）城市空间结构决定城市竞争力，进而决定区域竞争力。城市是区域的核心，城市竞争是区域竞争的关键。而城市竞争力与城市空间结构在经济内涵上具有高度的一致性，城市竞争力的培育最终应落实到城市空间结构上。随着市场化改革的深化和现代市场经济体制的建立，区域之间的竞争不仅仅表现为单个城市之间的竞争，更重要的是，表现为城市区域、城市群之间的竞争。

（6）区域经济协调发展对城市空间结构的影响。区域对城市的影响主要是对城市位置和城市化的影响。其中，区域发展对城市地理位置的影响体现在：城市及其直接腹地的总体实力和经济发展速度逐步改变原有的区域经济发展差异格局，使得区域重心发生迁移，进而使得城市的中心位置发生改变；同时，基础设施尤其是交通直接改变城市的地理位置。区域经济发展水平也影响城市的综合实力，区域经济发展水平越高，城市经济规模就越大。区域发展对城市化的影响，首先在于产业结构的转换引致产业的空间聚集，进而成为推动城市化进程的基本动力。地区产业结构转换强度越大，城市化水平上升得就越快。城市化与工业化、现代化有同步关系，区域经济发展水平越高，城市化水平就越高。城市化与经济发展同步的原因在于经济结构和经济模式对城市发展的决定性影响。区域间经济发展差异越大，城市分布就越不平衡。在发达国家和地区，随着地区间经济发展差异的缩小，城市分布趋向平衡。

二、城市群是区域经济活动的空间组织形式

伴随着城市规模的扩大和城市之间交通条件的改善尤其是高速公路的出现，相邻城市辐射的区域不断接近并有部分重合，城市之间的经济联系越来越密切，相互影响越来越大，就可以认为形成了城市群。城市群的出现是一个历史过程。城市是一个区域的中心，通过极化效应集中了大量的产业和人口，获得了快速的发展，随着规模的扩大、实力的增强，对周边区域产生了辐射带动效应。城市群是区域经济活动的空间组织形式。其中，中心城市对群体内其他城市有较强的经济、社会、文化辐射和向心作用。中心城市是区域内的生产、消费、贸易、行政、就业中心和社会经济发展或衰退的前线，对其外围区在经济、社会、文化等方面都有很大的影响，通过与外围区的各种联系，指导和控制区域的发展方向和发展规模。因此中心城市的发展和衰退会直接影响到区域的发展，城市是区域发展的关键。城市群并不仅仅是若干个城市在空间上的聚集现象，而是在一定程度上起到了中心城市对周边区域的发展带动作用，是区域发展的引擎和增长极。成熟的现代化城市群通过现代化的交通网络连接，不会降低大城市的规模经济和聚集经济；由于是多中心的，可以防止单个城市过度扩张带来的“城市病”；城镇之间又是相对集中的，还可避免分散型城市化带来的土地浪费和物流成本上升。城市群地区既是创造就业和人口居住的密集区，也是支撑经济发展、参与国际竞争的核心区。高密集的城市群是一个庞大的社会经济体系，能产生更大的聚集效应。它既不同于相距较远的松散的城市群，又不同于完全集中的单一大城市，它与绝对化的聚集相比，既有集中的优势或超大城市的优势，又避免了过分集中或城市过大的一些弊病，使经济效益、社会效益和环境效益得以较好地统一，而且使三个效益相互促进，通过“强相互作用”和“连锁反应”产生可持续发展的力量。培育城市群、打造城市经济圈是推动区域经济发展、增强区域竞争力的有效路径，未来大城市圈将向着以中心城市为核心，城市间形成功能和产业的分工互补、共生共赢的城市群形态转变。

城市群内总存在一个或多个核心城市，作为增长极。大多数情况下的经济增长都发端于增长极，然后辐射到整个城市群。在这种城市群均衡的主导路径中，增长极的进一步发展是轴向扩散。从城市群的发展过程看，经济中心总是首先集中在少数条件较好的区位，呈斑点状分布。这种经济中心既是区域的增长极，也是点轴开发模式的点。随着经济的发展，经济中心逐渐增加，点与点之间由于生产要素交换的需要而相互连接起来，形成交通线以至动力供应线、水源供应线等，这就是轴线。轴线一旦形成，就对人口、产业具有强大的吸引力，吸引人口、产业向轴线两侧聚集，并产生新的增长点。点轴贯通，就形成点轴系统。点轴开发是城市群自发形成与演进的主要模式。点轴系统比较完善的城市群可进一步采用网络扩散模式，构造现代城市群空间结构。网络开发是城市群已有点轴系统的延伸和强化，可增加城市群各城市（镇）、各地域之间特别是城市（镇）与地域之间生产要素交流的深度与广度，促进城市群的一体化发展。而点轴网的形成亦即点线圈的形成在城市群的能极增长上将发生几何级数的飞跃，即产生 1∶3∶9 的能极效应。

三、以城市群战略带动我国区域经济的发展

城市群是现代经济中一个具有划时代意义的概念，是极其重要的现代经济区域类型。当今大城市发展的一个重要特点是从单体发展向城市群体发展转变。通过加快城市群的发展，带动本国或区域经济的发展，提升经济竞争力，是发达国家或地区现代化过程中的一条重要经验，也是一些发展中国家或地区经济发展的重要途径。有关专家预言，21世纪将是城市群的世纪，经济的主要动力将越来越源于城市群特别是大城市群。城市群之间的分工、合作和竞争决定新的世界经济格局。为适应经济全球化和区域一体化发展态势的要求，我国城市群的构建应运而生并成为各地制订区域发展战略规划的重要选择。

我国推进城市化不能走美国式的“地毯式”城市化道路，而要节约土地，走集约型的、紧凑型的城市化道路，强调“城市群”的概念。这就要求在一定的区域范围，以一个或多个特大城市为依托，强调大中小城市功能的协调分布。各个城市分别承担各自不同的功能，如工业功能、商务功能、教育功能、休闲功能。城市间有便捷的交通网络连接，可以频繁往返地进行商务活动，城市间有永久性的绿地空间相间隔。我国已经开始进入工业化和城市化的中后期发展阶段，这个阶段是实施城市群发展战略的关键时期。调控引导得好就会促进区域经济的健康协调发展，反之则有可能导致城市之间产业雷同、重复建设、浪费资源以及“大城市病”等严重的经济社会问题。未来城市间的竞争将会由目前单个城市或单一地区间的竞争升级为以大城市为中心的都市圈或城市群之间的竞争。21世纪国际竞争的真正据点是城市群。在我国城市化发展滞后的情况下，有必要确立城市群作为中国经济发展的中心环节。抓住了这个中心环节，我们就有或可以有就业的增长、工业竞争力的提高、国内需求的扩大、教育水平的提高、健康保健水平的提高、环境的保护和改善，使经济进入良性循环。因此，全面的城市化战略应该是发展具有合理规模的大城市，带动其他规模较小的城市和镇的发展，并利用它们的发展分解大城市发展过程中的负效应，在特大城市周围支持卫星城镇的发展，在沿海经济发达地区具备条件的地方可发展城市群或城市带，形成合理的城市结构、网络。因此，应将城市群发展列入国家战略，加大城市群制度创新的力度，积极探索实现城市群发展的多元化目标的途径，准确制定城市群发展方针，建立一个与综合国力相匹配的国家城市群体系。目前中国城市群进一步发展的最大挑战是如何突破行政分割问题。当前，城市间发展的整体协调范围有待拓宽，协调力度有待加强。一些城市群由于区域整体协调不足及区域资源类似，城市群内各城市的功能不明确，专业化分工合作得不到深层次的开展。一些城市群的中心城市辐射和影响能力不足，对区域内其他地区产生的辐射和影响力还不够明显，其本身还有待进一步发展。虽然城市群的形成从根本上看是较长时期生产力发展的结果，不是人们主观上赋予其群体概念，也不是表面几个邻近城市的拼凑，但我们对城市群的形成和发展绝非无能为力，而是可以引导和调控，关键是要未雨绸缪，加强规划，适时研究制定、实施科学的政策措施。为促进城市群的形成和发展，建立和培育良性运行机制是根本的出路，重点包括：（1）建立城市群经济一体化的理念与机制；（2）建立城市群优化分工与协调的统一竞争规则；（3）以产业群和产业链为依托融入经济全球化

过程；（4）培育功能强大的中心城市。在考虑中国未来的城市群发展时，还需要特别关注淡化行政区划的约束。

四、城市群建设有助于提升区域竞争优势

所谓城市群，是在一定区域范围内分布的一定数量不同性质、类型和等级的城市，它们依托一定的自然环境、交通条件和信息网络建立起内在的有机联系，并以一个或多个特大城市为核心，共同构成一个经济、社会、生态等密切联系且相对完整的城市“集合体”。一旦形成城市群，整个区域经济就会呈现出强劲的增长势头。城市群建设的实质是建设以城市为主体的区域经济组织模式、经济分工的协作体系，实现以城乡互动、区域一体化为特征的高级演进形态，通过不同规模、不同类型、不同结构的城市之间的相互联系和不同等级、不同分工、不同功能的城市之间的相互补充，使得规模效应、聚集效应、辐射效应和联动效应达到最大化。城市群建设强调产业联系，注重关联性，因此群内的经济增长容易形成扩散效应，这对于提升区域竞争优势、促进区域经济协调发展具有重要意义。

第二节　城市群的概念与功能

从全球视野的战略定位出发，经济学家们断言，21 世纪国际经济竞争的基本单位不是企业，也不是国家，更不是地区，而是城市群。城市群之间的分工、合作和竞争将决定未来世界经济、政治的格局。建设一个强大的城市群，将成为赢得经济全球化新形势下激烈国际竞争中的有利地位的关键所在。

一、城市群的概念与特征

目前，国际上比较公认的最先明确提出的城市群概念当属美籍法国地理学家戈特曼（Jean Gottman）在 20 世纪 50 年代提出的概念。1957 年戈特曼在他发表的《大城市群：东北海岸的城市化》（Megalopolis：Or the Urbanization of the North Eastern Seaboard）一文中首先使用了大城市群这一概念。1961 年戈特曼在他出版的《大城市群：城市化的美国东北海岸》（*Megalopolis*：*The Urbanized Northeastern Seaboard of the United States*）一书中把美国东海岸五个大城市圈连接成了一个有 3 000 万人口的地区，总称为大城市群。他认为城市群是城市发展到成熟阶段的最高空间组织形式，是在地域上集中分布的若干城市和特大城市聚集而成的庞大的、多核心的、多层次的城市集团，是大都市区的联合体。戈特曼认为，大城市群的形成有五个基本条件或标准：（1）区域内有比较密集的城市；（2）有相当多的大城市形成各自的都市区，中心城市与都市圈外围区有密切的社会经济联系；（3）有联系方便的交通走廊把核心城市连接起来，各都市区之间没有间隔，且联系密切；（4）必须达到相当大的规模，人口在 2 500 万以上；（5）属于

国家的核心区域，具有国际交往枢纽的作用。

在日本，“都市圈”主要是指以一天为周期，在一天的时间内可以接受中心城市某一方面功能服务的地域范围。随着这一概念被用来泛指任意时空尺度的地域，“城市群”这个术语也被用于泛指任意时空尺度的城市影响地域。城市群尽管主要是指日常生活圈，然而围绕大城市还有更大的联系地域。其中包括劳动力（人口）流入圈、商业批发圈和物流圈、中枢管理职能圈、电信交流圈等。因此，从更为一般的意义上来讲，城市群是指城市发挥其机能时与周边地域形成的种种密切联系所波及的空间范围，因此它是一个超越城市行政地域、景观地域、功能地域的概念。

城市群无论在国内还是国外都有不同的称呼，而对于空间尺度的大小，看法则因人而异，有人称其为大城市群，也有人称其为大都市地域、大都市区域、大都市广域圈。我国学者对城镇密集区的研究所使用的城市群或都市带等概念主要来自对国外资料的相应翻译，因此同一概念的译文并不统一，造成了许多相同或相近概念的不同称呼，如都市区、都市带、城市群、都市群等，我们在这里统称城市群。实际上，这些概念在具体的界定指标上可能会稍有差异，但实质都是指当城市化发展到一定阶段时出现的一种城镇高度密集、城镇体系庞大、空间联系复杂的城镇空间组织形式，对这样的城镇空间组织本书统一使用城市群的概念。

城市群往往是具有一个或多个核心城市，与核心城市有密切的社会、经济联系且带有一体化倾向的邻接城镇与地区所组成的圈层式结构。城市群绝不仅仅是一个地域范围的概念，它是一个域内各主体具有密切的职能联系的经济实体和社会实体。从本质上讲，城市群首先是一个经济区域，因为城市群形成的根本动力在于中心城市和周边地区两种异质空间在相邻条件下的相互作用，这种作用力以“流”的形式表现为各种要素和经济活动在空间上的聚集与扩散。因此，城市群可以被看作一种经济活动的地域组织形式，在这里，各种产业和经济活动彼此聚集，并相互联系，构成了一个高度一体化和体系化的有机整体。其次，高度经济一体化的城市群不仅聚集了各种生产要素和经济活动，也聚集了大量的人口和社会活动。因此，城市群不仅是一个经济区域，也是一个社会地域。经济一体化带来的完善、发达、便捷的交通和通信网络加强了城市群内人口的流动和地区间的交流与合作。因此，城市群内各地区间的社会活动也呈现出一体化的趋势。比如，城市群内的许多社会问题（如区域生态环境的改善和治理）就需要区域主体间的通力协作才能得到切实解决，一致的行动同样会获得某种协同效果，实现区域内社会资源的优化和整合。而且，城市群内人们的生产、生活和文娱休闲等活动也不再局限于某一城市或地区，而更多的是在整个城市群域内完成。密切的社会联系使城市群成为一个域内各主体有机联系的完整的社会实体。

总体来讲，城市群应该具备以下基本特征：

（1）城市群的空间形态表现出明显的圈层结构，有一个或多个城市化水平较高、经济发达并具有较强城市职能的中心城市，这类城市对周边城镇与地区有较强的吸引力和辐射力，是整个城市群域内的经济中心和增长极。

（2）城市群一般可分为单中心城市群和多中心大城市群。从时间尺度上看，往往是首先形成单中心城市群，进而发展成多中心大城市群；从空间尺度上观察，小空间范围是单中心城市群，而大空间范围则是多中心大城市群。

(3) 城市群内中心城市的周边地区和次一级的中心城镇也具有相当大的人口规模与人口密度。这些外部区域与中心城市之间表现为人流、物流、资金流以及信息流的交互作用，并且这种交互作用较其他区域更大、更紧密。

(4) 城市群内具有相对发达并高度一体化的基础设施网络，尤其是交通网络。

(5) 城市群是一个以经济联系、社会联系以及生态联系为核心形成的一体化的区域，往往不是一个完整的行政地域单元。

二、城市群的性质与功能

从经济学角度分析，城市群具有以下经济性质与功能。

1. 城市群的高聚集性

城市群的人口相对集中、基础设施齐全、交通四通八达、经济基础较好、市场消费潜力巨大，并拥有科学技术先进、商业贸易发达、金融投资大、信息传递灵敏及社会生活丰富等有利条件，从而使城市成为现代生产和消费的高聚集区域，成为商品流通的集散地和枢纽点，成为经济发展的“增长极”。许多大城市都是一些多功能的经济中心，比中小城市有较高的聚集经济效益，能够更好地实现规模经济和社会分工与协作，促进人才、资金、信息和物质的快速流动与科学技术的传播，能够以更经济的方式为社会生产提供必不可少的金融、贸易和其他配套服务，能够为其周围的中小城市及辐射区域提供多功能的服务，并提高中小城市及相应区域的经济效益。因此，以大城市为中心的城市群是一种高聚集经济。通过大力发展城市群，能够推进一个地区的社会分工和规模经济，实现更高的总体经济效益，并通过城市群的辐射带动整个地区经济的发展，从而推动整个国家乃至世界经济的不断发展。

2. 城市群的高能级性

现代城市群的高聚集性使其成为一种高能级经济，具有对周围地区的强大经济吸引力和辐射力。以大城市为中心的城市群，具有商品经济高聚集的特征，其优越的生产条件和生活条件，发达的交通、通信设施，集中的金融、商业机构，充足的生产要素资源供给，巨大的消费市场等，使城市群比其他地区具有更高的经济势能，从而对周围地区产生强烈的经济吸引和经济辐射功能。首先，大城市群是一个强大的经济场，对周围地区具有强大的吸引力。其通过高聚集经济及其他优势，不断将周围地区的资金、人才、信息、能量吸引到城市经济圈内，促使城市群的技术基础、加工水平、经济实力等进一步增强，使城市群的势能不断提高，从而增强城市群的对外竞争力和吸引力，加快城市群的发展。其次，大城市群作为一个强大的经济场，对周围地区又具有强大的辐射力。一方面，其通过向外扩散商品、转让技术、转换产业，为中心城市的金融、贸易、信息、技术、服务等第三产业的发展腾出空间，保证中心城市及紧密层经济得以持续增长和发展；另一方面，其不断向外扩散技术、产品及产业又可以带动周围地区的经济发展，缩小外围区与中心城市区的“经济落差”，从而促进城市群的空间拓展。最后，城市群经济吸引和经济辐射的双重功能作用有利于合理配置圈域内的经济资源，形成合理的产业结构和空间布局，并在此基础上建立圈域性企业集团，发挥中心城市的科技优势和高经济势能优势，组成科研、生产、经营三位一体的企业集团，使企业从粗放经营向集约化经营发展，从个别企业向集团化企业发展，从单独、潜在的优势向综合、现实的优势发展，从而推进城市群的高效率发展。

3. 城市群的开放性

现代经济的全球化发展导致企业、资本、技术、知识、文化和人才的全球大循环。哪里经济效率高、投资回报高，资本、信息、技术就往哪里跑；哪里收入高、生活好、环境好，人才、知识、技术就往哪里聚集，从而使经济国界趋于消失。而城市群是一种开放型经济，其适应现代经济全球化、区域一体化的发展特征，以国际市场为背景，以中心城市的外向化为特征，通过最佳的经济发展环境、生活条件及社会环境，吸引大量的国际资本、信息、技术、人才聚集在一起，从而推动城市群的全球化发展。

城市群的开放性首先表现在交通运输的高度发达上。纵观古今，城市的兴衰、经济的涨落无不与交通运输有着密切的关系；当代最大的世界经济圈，十之八九位于沿海、沿江、沿线等交通发达的地区。这是因为现代经济中的人流、物流、商流都必须以交通运输条件为依托。城市群中发达的交通运输不仅保证了“三流”的有效进行，而且提高了经济运行效率，从而加快了经济的发展；同时，城市群吸引和辐射的经济势能，也只有通过畅通无阻、高度发达的交通运输才能有效发挥作用。

城市群的开放性还表现在信息的高速流转上。信息是人们有效从事社会生产、经济建设、商品交易和各种活动的重要依据。现代社会处于一个“信息爆炸”时代，信息的高速流转已成为影响社会经济的重要因素。城市群中的中心城市是经济、政治、文化和科教的中心，从而也是信息源的中心。特别是城市高度发达的科学技术、通信工具和信息处理能力，不仅促进了信息的高速流转，而且使城市群成为现代技术创新的源泉，成为现代经济增长的驱动中心。

城市群的开放性还表现在城市群大量的对外经济、贸易和金融活动上。当今世界的金融中心主要集中在纽约、伦敦、东京、香港、新加坡等国际大城市经济圈；当今世界最大的贸易中心也主要集中在鹿特丹、伦敦、巴黎、东京、香港、新加坡等国际大城市经济圈。1995 年，美国权威刊物《幸福》杂志评选出的 20 世纪世界十大最佳商业城市——新加坡、旧金山、伦敦、纽约、法兰克福、香港、亚特兰大、多伦多、巴黎、东京也都主要集中在国际大城市经济圈。由此可以看出，城市群已成为一个国家、一个地区外向型经济的枢纽点，成为迈向全球经济的重要据点。

4. 城市群的自组织性

纵观世界城市群的发展，现代城市群正日益发展成一个成熟的、自组织的社会经济有机体。这表现在：一是城市群处于一个长期不断的历史演化过程中，其为了适应环境变化和经济发展的需要而处在不断地调整结构、调节功能和空间形态的变化之中，表现出强大的自我调整的生命力。二是城市群具有强大的创新能力，其为了自身的生存和发展，不断进行新陈代谢、变异创新，使新的技术、新的产品、新的产业不断产生和发展，从而也促进城市群自身不断地从孤立城市向城市圈、城市带、世界经济圈演进。三是城市群具有自我诊断、完善的修补机制。尽管大城市的发展速度带来了种种弊端，但随着城市群的发展及空间的扩散，城市群形成了自我诊断、完善的修补机制。发达国家出现的“逆城市化”“城市空心化”等现象，就是城市群自我修补机制发挥作用的形式。四是城市群还具有不断泛化的效应，在城市群内，中心城市通过经济吸引和经济辐射，不断吸取周边地区的经济流，使自身不断饱和、扩张，发生核聚变，形成向外的波状扩散，从而形成更大的城市群和更高的经济势能，如此不断演化循环，使城市群逐渐形成影响世界的全球经济中心。

第三节　城市群的形成机制

一、城市群形成过程的阶段性

戈特曼认为大城市群是城市化历史进程在工业社会和后工业社会的必然表现形式。人口、资金、技术、智力以及交易等各种生产要素的高度聚集、相互交织会产生巨大的“化合”作用，由此引发的孵化器功能反过来会对区域人口、产业、空间及城市生活方式的发展趋势产生重大影响，从而成为除了区位和历史条件之外，影响大城市群形成的重要基础条件。

一般而言，城市群的形成与演进主要经历以下四个阶段，各阶段城市规模、城市之间的联系和空间结构可以归纳如下：

（1）城市孤立发展阶段。当生产力水平较低、经济发育程度不高、城市规模较小时，城市主要处于孤立发展阶段。也就是说，这时的城市是一个相对独立、完整的社会经济系统，它对周边地区有一定的吸引力和辐射力，但由于城市规模较小、等级较低、经济势能较小，对外吸引和辐射的能力也就相对有限。

（2）单中心城市群形成阶段。随着工业化与城市化进程的加快，一些区位条件较好、经济基础和创新能力较强的城市逐步成为区域内经济发展的中心和枢纽。它们迅速吸引周边地区和城镇的资源向这里汇集，并通过高密度经济聚集所产生的高能量的经济场对周边地区进行辐射。一方面，中心城市通过强大的聚集力量吸引资金、技术、人才和劳动力等要素聚集，并以此来加快自身的发展；另一方面，中心城市也通过技术扩散、资本输出向周边空间蔓延来影响和带动周边地区的发展，从而在整个区域上形成一个以中心城市为核心的城市圈域。这样，单中心城市群就逐步形成了。

（3）多中心城市群形成阶段。单中心城市群基本形成后，中心城市和周边地区间的空间相互作用逐步增强。随着中心城市的快速发展和在空间上的迅速扩张，中心城市对周边地区的辐射和带动作用日益明显，周边地区一些位于交通轴线上的区位条件较好的地区或城镇，在中心城市扩散作用力的影响下，逐步发展为区域内的次中心，这些次中心可以相对独立地发展成一些次一级的城市群。同时，随着中心城市圈域的扩展，它也会与周边地区的其他城市圈域发生交叉和重叠。当这些城市圈域与中心城市圈域相互作用、融合并最终形成一个有着一定等级体系且有机联系的城市聚落时，多中心城市群就形成了。

（4）大城市群发展及成熟阶段。多中心城市群是一个有机联系的庞杂城市体系。在这里，大中小城市根据各自不同的城市职能与资源禀赋有机联系、互为补充，使整个区域内的社会经济高度融合为一体。大城市群内的各中心城市通过彼此的吸引与辐射，以及城市间经济流、信息流、人流和物流等的交互作用，实现了对区域内资源的有效整合和协调，并同时促进了区域内各城市的整体协调发展。当大城市群内各城市间真正形成了经济和功能上的互补协同关系时，大城市群就进入了某种相对均衡的发展状态，这时，大城市群内各城市在功能上互为补充、在地域上相互交叉和渗透，彼此间的良性互动成为区域经济持续繁荣的直接动因，大城市群的发展也日趋成熟。

成熟的大城市群不仅有着多中心、网络化的城市体系结构，同时也有着十分强大的经济吸引力和辐射力，它可以吸引整个区域、国家甚至全球的资本、人才、技术和信息，同时也直接主导地区、国家甚至全球的经济运作，成为地区与世界经济的中心和增长极。

二、城市群形成与演进的动力

从区域经济学的角度来看，城市群形成与演化的内在动力来源于对聚集经济效益的追求。聚集经济是指一种通过规模经济和范围经济的获得来提高效率和降低成本的系统力量。产业的发展有赖于聚集经济，这是因为产业通过在空间上的聚集，可以获取一种因共享区位而由相邻企业相互提供的“免费服务”，包括降低交易费用、实现规模经济、培训劳动力和创新及扩散等。产业对聚集经济的追求使得生产要素和经济活动不断向城市聚集，最终导致城市规模的扩大和空间范围的扩张。当城市规模达到一定程度时，它对周边地区的辐射和影响力逐步增强，同时在城市内部，高密度聚集和空间有限性之间的矛盾所带来的各种城市问题（聚集不经济）也促使城市开始向外扩散，影响和带动周边地区的发展，最终形成一个以中心城市为核心的城市群。

中心城市通过对外进行产品输出、技术转让和产业空间重组，将一部分生产要素和经济活动向外疏散，这种疏散保证了城市本身规模的适度和产业结构的优化。在空间上，中心城市的扩散表现为城市沿主要交通轴线圈呈层状蔓延，在蔓延的过程中，中心城市加速了周边地区的发展，并与次一级的中心城市融合而形成更大一级的城市群，因此，扩散的结果往往是在更大的空间尺度上实现聚集。聚集和扩散两种力量的互动，最终推动城市群的空间形态不断演化，实现城市群域内地域空间组织的优化。

三、城市群的形成机制概述

城市群的生成与发育实质上是城市在内外力作用下的空间成长与整合。促使城市群生成的内外部力量主要有城市经济总量的增长、区域产业结构的调整、城市功能的演变、国家宏观政策的变动、区域规划的制订等。这些经济、社会、政治、环境等多方面因素的共同作用促进了城市群的生成和发育。概括起来，城市群的形成机制主要包括以下几个方面。

（1）对规模经济的追求是城市群生成和发育的根本动力。区域发展的不平衡性使某些具有自然优势的地区首先发展成区域的经济中心城市，各种生产要素从其他地区向这个中心聚集，形成相对完备的基础设施、相对雄厚的资本和科技力量、相对集中的消费市场等。生产和消费的聚集节约了生产成本、交易成本和劳动力成本，扩大了生产规模，导致了聚集经济和规模经济的产生。但这种聚集并不能无限发展下去，当城市过度膨胀而导致交通拥挤、地价上升、环境污染等规模不经济现象出现时，区域中心就必须通过扩散来重新获取规模经济效益。此时，生产要素沿着中心城市—中小城市—乡镇和农村的梯度链逐级向外扩散。中心城市通过部分低级要素的转移为高级产业的发展提供了空间，形成了新的规模经济效益。在这种聚集、扩散、再聚集、再扩散的循环反复中，城市化在更大的空间范围内推进，从而形成城市群的空间组织形式。

（2）区域协调是城市群生成和发育的前提和保证。协商、对话、制定共同行动准则无疑是全面推进区域经济一体化进程的必备要素。在城市群的发展过程中，有必要建立由区域内城市共同参与的协商制度。应以区域经济一体化为目标，兼顾国家、城市和企业的利益，逐步实现在特定城市群区域内对要素市场配置、产业发展、区域城镇结构、区域性基础设施建设、环境资源开发与保护的一体化规划、建设。应加强城市间的协作和互补，及时处理跨地区问题，推动建立大市场，形成城市群分工体系，构造集成竞争优势。

（3）城市间的相互作用是城市群生成和发育的运行条件。城市之间（城乡之间）的相互联系与作用是形成城市群的有力链条，使城市群成为一个协调有序、紧密联系的有机整体。从空间相互作用的角度来看，中心城市的成长及城市化过程就是通过中心城市与外围中小城市或城乡之间的相互作用使城市功能在中心城市不断提升的过程。由于对规模经济的不断追求，要素分布范围扩大，城市空间范围也不断扩大，城市对外围区的影响得以加深。当中心城市与外围中小城市或城市与农村之间形成经济结构的高度关联时，城市群也就得以形成了。

（4）技术进步是城市群生成和发育的知识依赖。城市群的本质特征是城市之间及城乡之间的密切联系，而密切程度与外围区的经济发展水平和非农化水平直接相关。在传统技术条件下，大部分非农产业都具有城市区位指向的特征，但随着科技的发展，这一产业的分布格局发生了根本性的变化。首先，技术进步减少甚至部分消除了传统区位因子对产业布局的约束，改变了“城市-工业、乡村-农业”的城乡分工结构，城乡关系进入城乡非农产业共同发展的新阶段。其次，技术进步加速了城市之间及城乡之间产业结构的更新和重塑，特别是随着以信息经济、知识经济为基础的后工业社会的到来，服务业取代制造业成为中心城市的主导产业，而传统制造业则逐步从中心城市向周边城市、地区转移。由此，中心城市和外围区的产业结构同时产生互动转换，建立起新的产业关联。最后，技术进步也带来了交通技术的改进，大大地扩展了人类活动的空间，居住郊区化、工业郊区化、服务郊区化、办公郊区化相继出现，进一步促进了城市群的一体化进程。

（5）完善的基础设施是城市群生成和发育的物质基础。城市之间、城乡之间的相互作用主要体现为人员、物资、资金、信息等各种“流”的作用，而“流”的传递和扩散必须借助于交通、通信等基础设施来实现。完善的基础设施可以大大提高区域的通达性，减少相互作用过程中能量的损耗，促进城市群内城市、地区间的相互联系。

（6）正确的空间规划指引是城市群生成和发育的制度保证。空间规划作为政府的空间政策是政府宏观调控的手段之一，是保证城市群建设整体效益的有力措施。规划对城市开发的控制和引导从宏观层面上促进了城市空间扩张的合理化和土地使用的有效性，从而保证了城市群的良性发展。在规划中要注意借鉴运用中外先进的手法和理念，充分展现各类城市的特色和风格，努力实现个体与群体、局部与整体的和谐与统一。要注重规划的系统性，维护规划的权威性和严肃性，加强对规划实施的监督，同时城市和城市群建设是一个持续的过程，规划一旦制订，就必须把其纳入法制化轨道。

四、城市群内的分工与资源整合

城市群在资源整合过程中，必须着重对地域内各核心城市职能分工和产业地域分工的研究。区域职能分工指的是在城市群内各城市职能的相互关系及构成。城市群内各主要城市根据自身的基础和特色承担不同的职能，在分工合作、优势互补的基础上共同发挥整体聚集优势。城市群作为一定数量城市在一定区域内的聚合体，更强调各城市之间的相互联系与作用，主要表现为各城市职能的协调与互动。因此，对区域内城市职能分工的研究是城市群区域规划研究的核心问题，而良好的职能分工是一个地区获取竞争力的关键。

城市群内各城市和地区间通过广泛的空间产业分工和职能分工，形成了特定的产业结构和空间结构。城市群的结构调整实际上是在整个城市群域内进行的资源整合过程。随着城市群的发展日趋成熟，在整个区域内，各个城市和地区会根据各自不同的资源禀赋和经济基础形成一个高效的产业分工和职能分工体系。以我国长三角城市群为例，在这里，过去那种以行政区划决定地域特征和发展方式的模式面临着极大的挑战，以上海为中心的城市的经济功能及由此而产生的辐射力、凝聚力在配置市场资源与要素方面的功能愈加强化，进而呈现出以此为核心的打破行政区划限制、重新整合经济要素的强大势能。按照过去行政区划的思维模式，浙江宁波、嘉兴、金华、绍兴等中小城市发展的圆心应是省会城市杭州，并以省会为辐射源形成一个自成一体的、全面的经济体系，但目前看来，不但嘉兴、宁波、金华等杭州的周边城市在形成自身城市网络的基础上，纷纷在发展战略和城市定位上提出要做上海的后花园、上海的“前店后坊”，就连省会杭州也在某种程度上受到上海这个特大中心城市的影响，进而在发展战略上主动调适，顺应这种区域经济全方位整合的潮流大势。在这一背景下，城市竞争的内涵不再是单纯的行政权力的抗衡，而是对最有价值的生产要素的共享，只有在配置、利用生产要素方面优势互补，才能在发展中共享利益。在此，城市竞争力就是不同城市竞争者之间协调、优势互补的能力。

第四节　我国城市群的发展现状与规划

伴随着世界范围内新一轮的城市化浪潮，城市正成为21世纪推动国家、地区和世界经济发展的“引擎”和“动力”，21 世纪正成为城市的世纪。当前，在全球化、工业化、城市化和信息化成为我国经济社会发展的主旋律的背景下，城市群已构成区域经济发展的基本单位。尤其是 20 世纪末 21 世纪初被誉为“世界第六大城市群”的长三角城市群的崛起，使城市群的发展不仅成为区域增长与发展的亮点，而且成为我国经济发展的“增长极”。

2018 年 11 月 18 日中共中央、国务院发布的《中共中央 国务院关于建立更加有效的区域协调发展新机制的意见》明确指出：推动国家重大区域战略融合发展。以“一带一路”建设、京津冀协同发展、长江经济带发展、粤港澳大湾区建设等为引领，以西部、东北、中部、东部四大板块为基础，促进区域间相互融通补充。以疏解北京非首都功能为“牛鼻子”推动京津冀协同发展，调整区域经济结构和空间结构，推动河北雄安新区和北京城市副中心建设，探索超大城市、特大城市等人口经济密集地区有序疏解功能、有效治理“大城市病”的优化开发模式。充分发挥长江经济带横跨东中西三大板块的区位优势，以共抓大保护、不搞大开发为导向，以生态优先、绿色发展为引领，依托长江黄金水道，推动长江上中下游地区协调发展和沿江地区高质量发展。建立以中心城市引领城市群发展、城市群带动区域发展新模式，推动区域板块之间融合互动发展。以北京、天津为中心引领京津冀城市群发展，带动环渤海地区协同发展。以上海为中心引领长三角城市群发展，带动长江经济带发展。以香港、澳门、广州、深圳为中心引领粤港澳大湾区建设，带动珠江—西江经济带创新绿色发展。以重庆、成都、武汉、郑州、西安等为中心，引领成渝、长江中游、中原、关中平原等城市群发展，带动相关板块融合发展。加强“一带一路”建设、京津冀协同发展、长江经济带发展、粤港澳大湾区建设等的协调对接，推动各区域合作联动。

截至 2019 年 2 月 18 日，国务院先后共批复了 10 个国家级城市群，分别是：长江中游城市群、哈长城市群、成渝城市群、长江三角洲城市群、中原城市群、北部湾城市群、关中平原城市群、呼包鄂榆城市群、兰西城市群、粤港澳大湾区。

对我国一些重点城市群的详细介绍见下一章。下一章讲述湾区经济，湾区经济本质上是一种城市群经济。下一章详细介绍的重点城市群包括粤港澳大湾区、环渤海大湾区、浙江大湾区、福建大湾区、长江经济带（覆盖长三角城市群、长江中游城市群和成渝城市群以及滇中城市群、黔中城市群）等。

关键术语

城市化　中心城市　城市群

思考题

1. 全面论述区域经济发展与城市群建设之间的关系。
2. 城市群的功能与特点是什么？论述它的战略意义。
3. 阐释城市群的形成机制。

主要参考文献

［1］冯云廷，等. 城市经济学. 大连：东北财经大学出版社，2008.

［2］厉敏萍，曾光. 城市空间结构与区域经济协调发展理论综述. 经济体制改革，2012 (6).

［3］陈柳钦. 以城市群战略带动区域经济发展. 沈阳师范大学学报（社会科学版），2009 (1).

［4］方创琳，等 .2010 中国城市群发展报告. 北京：科学出版社，2011.

［5］程福俊. 中国区域发展蓝皮书发布 “2＋8＋4”模式京津冀城市群. 燕赵都市报，2007-03-12.

第十一章

湾区经济

重点问题

- 湾区经济的基本内涵和形成机制
- 国外湾区经济的现状
- 我国湾区经济的发展态势和愿景
- 长江经济带在我国经济发展中的重要作用

第一节 湾区经济基本概况

一、湾区的概念和特征

湾区是一种存在于沿海海岸带的特殊自然地理单元，通常是由一个或若干个海岸线向内陆凹陷的相连海湾、港湾以及与海湾或港湾接壤的陆域地区和临近岛屿共同组成的滨海区域，是滨海城市特有的一种城市空间，是海岸带的重要组成部分，有着丰富的海洋、生物、环境资源和独特的地理、生态、人文、经济价值，是一个地理学的概念。

湾区一般具有拥海、抱湾、合群等几个主要地理特征。

第一，拥海。顾名思义，拥海即拥有海域，靠近海边，只有靠海才能建设港口，并且在较小的空间内能够形成一个港口群，是陆海联系的重要连接点。例如美国纽约湾区的长岛长 190 公里，宽 20～30 公里，从纽约港伸入北大西洋。它向北隔长岛海湾与康涅狄格州和罗得岛州相望，向南是北大西洋在北美洲边上的大海湾，风光美丽，拥有狭长的黄金海岸、大片生态保护区、湖泊、众多天然海湾港。

第二，抱湾。湾区不仅具有相连的内陆，而且还有一片共享的海域，这种海陆共生的自然生态系统，形成了适合人类居住的环境，吸引了来自不同地区的大量的高端人才，从而形成了包容性极强的滨海城市文化。例如旧金山湾区是美国西海岸加利福尼亚州北部的一个大都会区，华人总数量仅次于纽约，旧金山是旧金山湾区长久以来的经济、金融中心，城市对外来文化比较包容，这里的人大都特立独行，非常有个性，正因为如此，旧金山湾区孕育了30多位诺贝尔奖获得者，培育了硅谷无数成功的商人。

第三，合群。由于湾区内的各个城市之间不仅在陆地紧紧相连，而且还有共同的一片海域，因而湾区内各个城市有着比其他城市群内的城市更强的向心力，更容易成为世界一流的城市群，比如纽约湾区、旧金山湾区、东京湾区，并且各个城市群之间可以实现优势互补、资源优化配置。

二、湾区经济的基本内涵和特征

湾区经济的实质，就是湾区所孕育的诸港口城市发展到一定程度，依托现代化交通工具、完善的交通体系以及发达的信息网络，基于自然、经济、社会、文化等方面的紧密联系，构成一个多核的都市圈，由此而产生的一体化经济。因此，在湾区这一特殊地理形态基础上由多个滨海城市相互协作产生要素空间集聚效应所形成的一种区域经济形态，我们称之为“湾区经济”，它是一种特殊的空间经济模式，是高度国际化、快速工业化、科学城镇化、迅速信息化的区域经济的高级形式。

纽约湾区、旧金山湾区、东京湾区被称为世界三大湾区，具有高度开放的经济外向度、高效的资源配置能力、强大的集聚外溢功能和发达的国际交往网络，发挥着引领创新、聚集辐射的核心功能，成为带动全球经济发展的重要增长极和引领技术变革的领头羊。国内较为典型和成熟的湾区有三个，分别是粤港澳大湾区、环渤海大湾区和浙江大湾区，其中以粤港澳大湾区最为突出。在2017年3月5日召开的十二届全国人大五次会议上，国务院总理李克强在《政府工作报告》中提出，要推动内地与港澳深化合作，研究制定粤港澳大湾区城市群发展规划，发挥港澳独特优势，提升在国家经济发展和对外开放中的地位与功能。

湾区经济是建立在湾区这一特殊地理形态基础上、具有紧密的要素资源和经济社会联系的特殊空间经济形态。湾区经济呈现出以下六个方面的特征：

（1）高度开放性。

港区具备天然的对外开放地利环境。港口城市作为湾区经济的基本单元，既是对外开放的重要门户，又是连接本国市场和国际市场的重要节点。湾区开放的经济结构、高效的资源配置能力、强大的集聚外溢功能、发达的国际交往网络与强劲的经济发展，发挥着引领创新、聚集辐射的核心功能，成为带动全球经济发展的重要增长极和引领技术变革的领头羊。高度开放的市场环境使得湾区成为大量外来人口的聚集地，而多元文化又进一步促进了湾区开放，激发与反哺湾区经济的创新发展。世界上知名的纽约湾区中纽约市作为一座世界级国际化大都市，拥有来自97个国家和地区的移民，在此使用的语言达到800种。

（2）创新引领性。

湾区城市在对外开放中最先汇集了新的信息和人才资源，激发了创新活力，催生了创新机构，涌现出了大批创新成果，逐步成为有全球影响的创新中心。同时，创新又增强了城市发展动力，使得城市在不同阶段都保持了领先地位。在农业文明时代，也就是港口发展初期，为满足货物装卸、运输、补给等功能的需要，这些城市产生了不同于农业生产方式的专业港口运输及其服务业。在工业文明时代，这些城市率先形成了依赖于大规模港口运输的临港工业，伴随而来的贸易、金融等新兴业态不断涌现，并逐渐成为主导产业。在后工业化时代，这些城市率先发展信息技术，并推动了信息服务业、新兴商业模式等的发展，继续依靠创新引领全球产业发展。

同时，与一般的休闲湾区相比，湾区经济内的城市往往聚集着高度发达与门类齐全的产业系统。围绕着产业扩张的需求，湾区内不仅设立培养高端人才的高等学府，而且盘踞着跨国公司的研发中心，以及各种类型的国家创新机构，另外还有大大小小的资本孵化组织，同时，为了促进产学研互动与对接，政府会创设各种产业协作运行平台。也正因如此，湾区经济才能催生出强大的产业集聚效应。

（3）宜居宜业性。

比较研究发现，湾区经济崛起的决定性因素之一就是湾区城市更加宜居宜业的环境优势。湾区因靠近海洋、海湾，形成了怡人的自然环境和优良的生态环境。同时，港口城市往往是新兴城市，城市规划中更加注重以人为本，从而在此形成了优美宜居的城市环境。湾区城市对内陆乃至世界资源产生了强大的吸引力，集聚了世界各地的投资，促进了经济的繁荣，创造了大量工作机会，带来了大量的年轻移民，为城市发展注入了新的活力。

例如，旧金山湾区属亚热带地中海气候，常年阳光充足，冬暖夏凉，碧海蓝天；纽约湾属北温带，四季分明，雨水充沛，气候宜人。世界三大著名湾区都拥有发达的高等教育，如纽约湾区拥有 58 所大学，其中纽约大学和哥伦比亚大学为世界著名大学，并且纽约市作为世界经济中心之一提供了良好的职业发展机会，成为全球各类高端人才的集聚之地。东京湾区以高品质的都市生活、富有艺术气息的文化氛围等优点，在英国著名生活杂志 *Monocle* 评选的“全球最宜居城市 TOP25”中连续三年蝉联冠军。

（4）资源聚集性。

湾区一般都拥有强大的产业集聚能力，形成强有力的经济核心区，呈现“多圈、多核、叠合、共生”的形态，面向全球、面向市场、面向腹地，高密度汇集人才流、资金流、信息流、资源流和贸易流。世界三大湾区服务业增加值比重均在 80%以上，金融保险业发达，创新资源集聚，区域创新体系完善，成为全球最具经济活力的地区。例如，东京湾区集聚了 NEC、佳能、三菱、丰田、索尼、东芝和富士通等一大批世界著名企业；纽约湾区制造业产值占全美的 30%；位于旧金山湾区的“硅谷”以不到全美 1%的人口，创造了全美 5%的 GDP、1/3 的高科技出口产品，孕育了谷歌、苹果、脸书、英特尔和特斯拉等全球知名科技型企业总部和全美第二多的世界 500 强企业。

（5）交通便利性。

湾区多三面环陆、海岸线长、腹地广。湾区发展初期十分倚重于港口，在面积相对狭小的空间培育多个港口城市，在湾区及其城市内部建立起快捷完善的公共交通体系。例如，东京湾区拥有由横滨港、东京港、千叶港、川崎港、木更津港、横须贺港等六个港口组成，且首尾相连的马蹄形港口群，年吞吐量超过 5 亿吨；拥有羽田、成田两大国际机场；东海道、北陆、东北等新干线和数条高速公路一起构成了东京湾区的立体交通网。纽约湾区拥有世界优良的天然深水港纽约港，有水运航线、铁路运输线、地铁和稠密的公路网，以及肯尼迪国际机场、纽瓦克自由国际机场和拉瓜迪亚国际机场等三个现代化空港。

（6）区域协同性。

协同发展是湾区经济发展的客观要求。港口城市在对外开放中最先发展壮大，达到一定规模后，会对周边区域产生外溢效应。世界级港口需要有世界级腹地的支撑，否则很难持久兴盛。曾跻身世界第三大集装箱港口的中国台湾高雄港，虽然具备强大的运输转运能力，但由于没有广阔腹地货运量的有力支撑，逐渐被新的港口替代。同时，腹地的货物也要通过港口才能更便捷地运到海外，为谋求自身发展，周边区域也会主动承接外溢的相关产业和功能。港口城市和湾区腹地形成了紧密依存、共同发展的良好关系。

三、湾区经济的发展演变

随着经济发展水平的提升和发展阶段的变化，湾区经济发展形态也呈现出阶段性特征。20 世纪 50 年代之前，湾区经济处于港口经济阶段，主要靠区位优势取胜，基础设施是其发展的主要驱动力，且港口经济需要与之相适应的航运、贸易等特殊人才与技术。随着市场分工越来越专业化，20 世纪 50 年代之后，临港工业成为湾区经济的主导，湾区经济进入工业经济阶段，工业技术和人才成为这一时期湾区经济主要的生产要素。到了 20 世纪 80 年代，以金融为代表的服务业推动湾区经济进入服务经济阶段，金融、管理等服务领域的人才与技术备受重视。随后短短 10 年左右的时间，以信息产业为主导的创新经济成为湾区经济的新业态，创新成为湾区经济演进的主要推动力，高科技与创新型人才成为湾区经济发展的关键要素（见表 11－1）。湾区经济从港口经济向创新经济演进的过程既是产业转型与升级的过程，也是人才与科技不断积累与发展的过程。

表 11－1　湾区经济发展阶段变化

发展阶段	时间段	主要特征	演进动力	人才与技术需求
港口经济	20 世纪 50 年代以前	区位优势	以基础设施驱动为主	与港口经济相适应的航运、贸易等特殊人才与技术
工业经济	20 世纪 50—80 年代	以临港工业为主导	以市场分工驱动为主	与工业经济相适应的高素质人才与技术
服务经济	20 世纪 80—90 年代	以服务业为主导	以市场分工驱动为主，以创新驱动为辅	与服务经济相适应的金融、管理等领域的高素质人才与技术
创新经济	20 世纪 90 年代以来	以信息产业为主导	以创新驱动为主，以市场分工驱动为辅	与创新经济相适应的高科技人才与技术

世界几大湾区发展的时代各不相同，但总体来看，“湾区因贸易而起、因工业而兴、因城镇化而荣、因国际化而强”是其不可或缺的历史逻辑。湾区经济经历了几百年的发展历程，可以分为以下三个发展阶段。

（1）“贸易湾区—工业湾区—服务湾区—创新湾区”的演进过程。

湾区不同于15世纪以前经济城镇的主要原因是大航海时代开辟了海上联通世界的新通道。经济中心由内陆转移到沿海，经济范围由一国扩展到世界。贸易成为联通世界、发展经济的重要方式，沿海地区成为贸易往来的枢纽。港口作为多式联运的重要节点，往往发展成为一个主要工业集聚点。港口贸易直接产生了港口产业（海运、仓储、集疏运等），引发了依存产业（钢铁、造船、加工等）和派生产业（有关港口的维修、通信、金融服务业等）。贸易繁荣促进了湾区工业的发展。例如，19世纪20年代纽约港最主要的工业雏形是面粉磨坊，主要将小麦磨成面粉运往欧洲，为欧洲人提供优质面包原材料。1825年伊利运河修通后，每天有56.2万桶小麦从伊利湖区运往纽约，纽约从此成为美国最大的面粉贸易港。随着工业革命的推进，到19世纪末纽约逐步发展成以纺织业、服装业、印刷业为主的制造业中心。

从国民收入比重和劳动就业率两个方面看，服务业的比重上升高于农业、工业。工业体系的发展带来了人口的集聚、技术应用需求的增加、资本的汇聚，推动了金融、传媒、娱乐、零售、餐饮、住宿等服务业的发展。第二次世界大战后，纽约产业结构出现了制造业萎缩和服务业崛起的双重变化。1959—1969年纺织等传统制造业就业下降9%，金融、保险等服务业就业增长22.8%，到1990年纽约服务业占GDP的比重达到56%。旧金山湾区发达的风险投资业对硅谷的蓬勃发展起到了不可替代的作用。1996—2015年旧金山湾区内风险投资规模从30亿美元增长到280亿美元，占全美的40%，平均每年投资约1 000个项目。

创新是湾区经济发展抢占经济制高点、引领未来发展的必要途径。创新是经济发展的内生变量，企业家敢于冒险和创新是基于巨大的盈利预期。创新也是经济周期产生的根本原因。第二次世界大战后，旧金山湾区因其扎实的军事技术基础、众多的科研院校、良好的创投环境、多元的文化结构成为科技创新产业的热土。2018年，旧金山湾区信息技术产业增加值达到1 486.8亿美元，占湾区经济总量的14.5%，而湾区经济总量达到1.03万亿美元，占全美的比重为5%，人均GDP达到10万美元。硅谷云集了英特尔、苹果、谷歌、脸书、特斯拉等众多科技企业，科技创新成为湾区发展的主要驱动力。

(2)“单产业集聚到多产业集聚、低端产业集聚到高端产业集聚、单要素集聚到多要素集聚”的集聚过程。

第一阶段是湾区产业集聚的初始阶段，从单产业集聚到多产业集聚。湾区因贸易而起、因产业而兴，产业从单一到集群、业务从简单到复杂，因此，港口因其自身优势对工业、贸易、金融和其他行业具有诱入、产生和凝聚的作用。例如，纽约湾区发展之初主要从事面粉、棉花、牲畜和牛皮等贸易。后来，棉花贸易使纽约成为美国纺织业中心，牛皮贸易使纽约成为美国皮具制造业中心。随着海运贸易的蓬勃发展，船舶维修、造船、钢铁、仓储运输等逐步发展，人口的增加使得房地产、餐饮、教育、医疗等服务业快速发展。

第二阶段是从低端产业集聚到高端产业集聚。产业升级是指产业从价值链低端走向价值链高端。第一阶段解决产业从无到有、从小到大、从一到全的问题，第二阶段解决产业从有到精、从大到强、从全到优的问题。例如，纽约湾区的高端产业集聚是从服装制造业等的衰落开始的。第二次世界大战后，随着美国产业结构的调整，纽约制造业步入衰退期。1950—1980 年，纽约服装制造业失业人数达到 20 万，占纽约制造业失业总数的 1/5。相反，1969—1989 年金融、教育、卫生等生产性服务业就业人数从 95 万增加到 114 万，占比从 25%增至 31.6%。至 2001 年金融业增加值占 GDP 的比重达到 16.8%，纽约已经从过去的制造业中心转为金融中心。

第三阶段是从单要素集聚到多要素集聚。湾区形成初期产业单一、初级，集聚要素也比较单一，主要为劳动力以及土地、矿产等自然资源等。随着产业的集聚和升级，要素需求逐渐增加，技术、资本、信息、数据、人力资源、生态环境要素等逐渐汇集并且日益重要。例如，纽约湾区在两次世界大战中积累了大量资本，实现了从以制造业为主到以服务业为主的转型升级。目前，纽约证券交易所和纳斯达克的证券交易规模排世界前二，交易规模合计为 42 万亿美元，共约 8 000 家公司在此上市。华尔街集聚了约 2 900 家银行、证券、期货等金融机构。哈佛大学、麻省理工学院、波士顿大学等为纽约湾区提供了充足的高素质人才。而东京湾区走了一条先污染后治理生态环境的道路。1955—1972 年，位于东京湾区京滨工业区的四日市因众多化工厂集聚而二氧化硫超标，不知节制的排放致使在此期间日本全境四日市哮喘病的患者达到 6 376 人，后来日本政府出台了多项严苛的法规才使生态环境得到改善，生态环境要素在湾区发展中日益重要。

（3）“港城互动—区域一体—带动本国—引领世界”的辐射过程。

湾区空间拓展从港城互动开始。港城互动分为四个阶段，即港城的初始联系阶段、相互关联阶段、集聚效应阶段和城市自增长阶段。港和城长时间处于互相促进、共生发展的过程中。例如，纽约湾区在 19 世纪中叶成为美国面粉和棉花贸易中心后，人口达到 100 万人以上，成为仅次于伦敦和巴黎的世界第三大城市。又例如东京湾区随着临港工业的发展，人口也大规模集聚，1950 年人口规模达到 628 万。

随着港口和城市集聚的要素日益增多，临港城市框架越来越大，对区域的辐射带动能力越来越强。区域内的产业发展参与到以港口为依托的国际贸易和经济交往中，区域内的产业分工越来越明确，产业链和价值链逐渐形成，区域内产业、交通、信息、文化、规划日益趋同，区域一体化趋势明显增强。例如，1968 年，东京湾区制定首都圈第二次整备规划，范围涵盖了“一都七县”（东京都和神奈川、千叶、埼玉、群马、枥木、茨城、山梨七县）的全部区域，其目标是避免恶性竞争，推动协同发展，逐步缩小地区差异和实现均衡发展。

湾区因其背陆向海而迅速成为一国的经济支柱。湾区在本国开放和经济发展中发挥了重要作用。例如，1850 年纽约已成为美国的贸易中心和首位城市，到 1970 年纽约湾区的经济总量已占美国的 13%。湾区内产业成熟、城市发达、人口集聚、腹地广阔、社会进步，对全国经济社会发展起到了带动作用。湾区成为产业向内陆辐射的中心，城市建设经验成为内陆城市学习的榜样。纽约湾区的纺织服装业在第二次世界大战后陆续转移到费城、巴尔的摩等地区。东京的城市规划经验为大阪、京都等地提供了借鉴。

16 世纪以来，沿海地区经济快速增长，湾区成为世界经济增长极。纽约湾区、旧金山湾区、东京湾区分别成为世界金融中心、科技创新中心和工业中心。湾区成为引领世界经济发展的高地，汇聚了世界经济总量的 60%，汇聚了人才、技术、数据等高端要素，汇聚了著名企业、著名高校、国际组织、文化遗产等资源，对引领世界经济方向、促进世界经济升级、推动世界经济创新、带动世界经济增长都具有十分重要的意义。

四、湾区经济的形成机制

（一）湾区经济之本——发达的港口城市

湾区经济因港而起、因港而兴。湾区经济之所以具有高度竞争力，一个重要的原因就是，湾区内分布着多个大能级的港口城市。纵观国内外湾区经济的发展状况，世界级的湾区经济无不以世界级港口城市为依托。例如，纽约湾区经济核心圈的纽约市、长岛、泽西市等，旧金山湾区经济核心圈的旧金山、奥克兰、圣荷塞等，东京湾区经济核心圈的东京都、千叶县、神奈川县，都是国际级港口城市。

（二）湾区经济之基——优越的地理条件

湾区具有漫长的海岸线、良好的港口群、广阔的海域面，经济腹地相当广阔。与直线形或外突的弧形滨海地区相比，湾区由于三面环陆，更适于建设港口，而且湾区的海岸线长、腹地广，使得湾区能在面积相对小的空间孕育多个港口城市。而湾区通道的建设又能使湾区诸城市两两之间的通勤距离降到最低，从而使整个湾区的经济联系得更加紧密。东京湾区就是很好的佐证，东京湾区就形成了由横滨港、东京港、千叶港、川崎港、木更津港、横须贺港六个港口首尾相连的马蹄形港口群，年吞吐量超过 5 亿吨。

（三）湾区经济之根——产业的集聚扩散

随着湾区城市产业的集聚和扩散，城市中心不断向外扩张，中心城市与周边城市之间的分工合作越来越深入，最终走向一体化的湾区经济。例如，纽约湾区形成了三大产业集群：其一是以金融业为引领的高端生产性服务业集群，带动各种实体经济的发展；其二是以高端人才为支撑的创意产业集群，包括广告业、娱乐业、传媒业、文化产业、艺术品收藏等；其三，在这两个引领性产业之外，纽约湾区还形成了为大规模高端人口集聚提供各种各样配套服务的现代服务性产业集群，包括旅游、餐饮、商贸等。这样一个富有活力的经济结构，加上朝气蓬勃的多元化人口结构，形成了整个纽约湾区活力四射、影响力巨大的大都市经济。

（四）湾区经济之魂——强大的核心城市

强大的核心城市是湾区经济发展的标志和灵魂所在，虽然湾区经济是多核都市圈，但城市的等级、分工不同，城市的功能定位不同，每个城市都有自身鲜明的标识和特征。以国内粤港澳大湾区为例，香港、澳门、广州、深圳四大中心城市是区域发展的核心引擎，将发挥其战略引领作用，在做优做强的同时，不断增强对周边区域发展的辐射带动作用。四大中心城市的功能定位存在一定的差异，香港定位为建设成更具竞争力的国际大都会，澳门则朝着经济适度多元的方向发展，广州着力建设国际大都市，深圳将建设为具有世界影响力的创新创意之都。既有分工又有合作的湾区城市体系是打造富有国际竞争力湾区的重要动力源泉。

（五）湾区经济之续——完善的创新体系

创新是驱动湾区经济社会可持续发展的动力源。只有从传统要素驱动阶段转向创新驱动发展阶段，城市发展的自组织才能得以持续。旧金山湾区之所以能成为全球创新中心和高科技产业区的代名词，其根本原因在于完善的区域创新体系。为此，我国高度重视粤港澳大湾区创新发展问题，并制定了明确的发展目标，在规划纲要中专门指出，到2035年，粤港澳大湾区要形成以创新为主要支撑的经济体系和发展模式，经济实力、科技实力大幅跃升，国际竞争力、影响力进一步增强。

（六）湾区经济之始——高效的交通体系

经济腾飞，交通先行。商品畅通其行、要素自由流通是湾区经济发展的关键，完善的交通基础设施是提升湾区整体竞争力的基础支撑。基础互联互通、完善高效的交通体系，既减少了湾区港口城市之间的通勤时间，也促进了城市相互间的紧密联系，带来了更加明显的产业集聚效应和城市网络效应，进一步增强了区域竞争力。例如，广东省提出了打造大湾区1小时交通圈，以连通珠江口东西两岸为重点，构建城际快速交通网络，这将为粤港澳大湾区的经济发展带来无限新活力。

（七）湾区经济之要——合理的分工协作

合理的分工协作是避免湾区内城市间无序竞争，提升湾区竞争优势的关键，也是湾区经济是否形成和城市是否成熟的重要标志。纵观国际一流的湾区，无一不是有着合理的产业分工协作体系。因此，做大做强湾区经济，打造世界一流湾区城市群，必然有赖于各城市准确的功能定位，以及合理的分工与合作。为此，首先，要处理好政府与市场关系，发挥市场在资源配置中的决定性作用，促进资本、人口等要素跨区域自由流动，提高资源配置效率；其次，要发挥政府在基础设施互联互通、利益共享机制建设等“硬联通”和“软联通”方面的作用，以此促进湾区经济发展。

（八）湾区经济之首——宜人的居住环境

湾区由于环绕大面积水域，温差小，自然环境较好，更适合居住。从世界先进湾区的情况来看，充分利用滨海优势打造宜居空间，成为人才汇集的重要因素。高科技产业员工选择在硅谷工作及企业选择在当地投资的重要原因之一就是当地提供的美丽自然环境带来了高品质的生活。以宁波杭州湾为例，该湾区依托湿地、文化、温泉三大资源，正着力打造一个年客流量超6 000万人次的休闲旅游目的地。

（九）湾区经济之保——完善的协调机制

湾区具备地理上的自然特征，往往会跨越行政区划边界。湾区经济发展已经超出经济领域，涉及大城市发展的各个方面，包括环保、交通、基础设施、城市功能，甚至包括协调机制。湾区跨越行政区划，是一个区域综合性的大都市区，湾区内事务涉及区域间、不同城市间的协调和联动，这就需要更高一级政府或机构加以协调，完善的协调机制和制度安排是保证湾区经济发展的重要基础。国际一流湾区都有相应的协调机构，如旧金山湾区委员会、纽约跨州的港口管理局。

第二节 国外湾区经济发展态势

一、纽约湾区——世界级高端现代服务业区

（一）基本概况

纽约湾区位于美国东北部大西洋沿岸平原，由纽约州、波士顿、华盛顿、康涅狄格州等31个州市联合组成，2018年，纽约湾区共有人口2 268万，面积达3.45万平方公里，城市化水平达到90%以上，GDP超过2万亿美元。

（二）产业发展

目前，纽约湾区已经形成差异化布局的三大产业发展集聚区。纽约以金融业、电子无线通信、传媒业为主导，是全球的金融中心、商业中心及国际航运中心，同时是世界就业密度最高和公交系统最繁忙的城市之一，代表企业有摩根大通、哥伦比亚广播公司、IBM等。新泽西则以制药业、专业技术服务业为主导，代表企业有默克、强生、惠氏等。而康涅狄格是以传统的军事工业和生物医药、金融保险业为主导，代表企业有联合技术、普惠、安泰保险、辉瑞等。纽约湾区内的各城市分工协作，功能定位合理，形成了多元化和互补性的产业结构。

（三）跨区域治理

纽约湾区能获得如此成功的发展，主要得益于自1920年以来在高度自治的地方政府的管辖下，纽约面对跨越边界的繁荣城市化进程，积极探索通过区域性规划来满足区域公共利益需求，最终建立健全了多方参与、共同助力的大都市区跨界规划协调制度体系，为湾区整合发展提供了重要组织保障。

一是1921年专门成立了跨州合作机构——纽约新泽西港务局，这是一个得到州授权的跨州准政府机构。其董事会由12名成员组成，由两个州的州长各任命6名董事，经州议会批准。根据双州协定，港务局主要负责管理纽约、新泽西地区的机场设施，海港和商业设施，隧道、桥梁和车站，跨哈德逊河轻轨系统等，有权规划、制订出台纽约大都市区发展的总体规划，协调港区发展，旨在促进纽约经济的整体竞争力。这一机构的成立开创了纽约湾区统一协调管理的新模式。

二是积极设立大都市区规划组织，如纽约大都市交通委员会（NYMTC）负责评估区域内整体的交通建设方案，建立统一的规划项目，维持长期交通规划，发展交通改善项目等。

三是设立私人化的非营利规划机构——纽约区域规划协会（RPA），旨在通过规划来协调整个湾区经济的整合发展。自1929年成立以来，该协会成员主要由纽约杰出的商业和专业人士组成，相继为纽约湾区制定过《纽约及其周边的区域规划》（1929年）、《危

机下的区域发展》(1996 年)、《共同区域建设》(2017 年) 等规划方案，不断发现并破解湾区发展面临的问题，引导纽约湾区从贸易港转向金融中心。该协会的规划目标是使纽约湾区未来朝向宜居湾区发展。

（四）纽约湾区兴旺发达的因素

纽约湾区成功的关键要素如下：一是拥有功能齐全、服务广阔的消费市场，信息资源丰富，有利于形成发达的经济集聚中心，这是世界级湾区形成和发展的先决条件；二是纽约港天然的地理区位优势使得纽约成为连接欧美的最佳贸易中心，促进了经济的繁荣，是湾区经济发展的核心优势；三是“美国梦”吸引了大量移民，吸引了一大批追求努力实现自我价值、创造财富的“淘金者”，为湾区发展带来了高素质劳动力支撑；四是国际资金大量流入，特别是 19 世纪成熟的欧洲资本市场为运河和铁路系统的修建项目提供了大量资金，这为纽约湾区基础设施的兴建奠定了基础；五是拥有日益完善且不断创新的产业链，目前，纽约港已成为湾区经济增长的主要引擎，被誉为“东部硅谷”“创业之都”，是继硅谷之后美国发展最为迅速的信息技术中心地带。纽约湾区具有多元化的资本市场融资体系，以金融服务＋科技载体为特征的金融驱动模式是促使湾区高科技产业和创业投资成功的一个重要因素。

二、旧金山湾区——世界级现代高科技产业区

（一）基本概况

旧金山湾区位于加利福尼亚州北部，占地面积为 1.8 万平方公里，2018 年拥有 884.15 万人口，人均 GDP 高达 10.8 万美元，GDP 占美国的 4.3%，是世界上著名的“高科技湾区”，以环境优美、气候宜人、科技发达著称。知名的硅谷便坐落于此，谷歌、苹果、脸书等世界知名科技巨头的总部都落户于此，同时这里还有多所著名科技研究型大学，如斯坦福大学、加州大学伯克利分校。湾区行政区域包括 9 个县市，大致可以分为北湾、旧金山市区、东湾、半岛、南湾 5 个区域。

（二）产业发展

旧金山湾区属于多核城市空间结构，旧金山市的主导产业是金融、旅游和生物制药；奥克兰市重点发展临港经济，装备制造也是主导产业；圣何塞以硅谷著称，信息通信、电子制造、航天航空、生物医药等高技术产业是主导产业。湾区内各个城市功能定位清晰，有效避免了城市间的同质化竞争。

（三）跨区域治理

克服政府间横向关系的碎片化问题，健全城市之间的协调机制，是旧金山湾区一体化发展的重要议题。其跨界治理举措具有以下两个特征。

第一个特征是，1961 年当地的镇、县、市等政府联合成立了一个政府间联合机构——湾区政府协会（ABAG)。这是一个联合多个地方政府的区域规划咨询机构，主要

负责和处理湾区土地利用、住房、环境质量、经济发展等方面的跨界规划治理工作。该机构具有健全的运作组织体系，包括全体会议、执行委员会、常务委员会等机构，其中常务委员会由行政委员会、金融和人事委员会以及区域规划委员会组成，整个机构在全体会议主席的领导下运作。在1975—1977年间，湾区政府协会成立了区域性废弃物处理规划局和大气质量控制规划局。

第二个特征是，湾区设立了专业化的州级跨界协调机构。如1970年依法成立了湾区区域交通规划机构——大都市交通委员会（Metropolitan Transportation Commission，MTC），主要负责湾区9个县的交通规划（涉及全区街道、公路、高速公路、公交系统和其他运输资源）、交通融资、交通协调等事宜。针对汽车污染防治，1960年加州政府依法设立了加州汽车污染控制委员会（California Motor Vehicle Pollution Control Board，MVPCB），由13名人员组成，其中9名由州长任命，4名来自相关州级机构。针对湾区海岸线地区的保护开发，加州政府在1965年成立了一个拥有旧金山湾、海湾海岸线和苏顺湿地（Suisun Marsh）的区域管辖权的州级法定规划管理机构——旧金山湾区保护和发展委员会，确保湾区海岸线资源的合理开发利用和有效保护。针对大气环境污染，设立了一个专门治理湾区污染源的区域特别机构——湾区空气质量管理区（Bay Area Air Quality Management District，BAAQMD），区域范围覆盖6个县。这是全美国第一个空气质量管理区，它是一个公共机构，主要职责是调查整个湾区的污染源，研究气候变化情况，制订和执行污染防治计划，降低污染水平，提高区域空气清洁程度，改善居民的健康水平。

（四）世界高科技湾区的成功密码

旧金山湾区成为世界知名的高科技型大湾区的原因主要包括以下几个方面：一是旧金山湾区的内部科教资源极为丰富，形成了明确的学科布局、技术演化路径与产业发展方向，技术成为地区发展的推动力。湾区内云集了大量知名高校，湾区内拥有硅谷和20多个著名大学，如斯坦福大学、加州大学伯克利分校，拥有航天、能源研究中心等，引领全世界20多种产业。二是拥有发达的金融资源。金融领域的创新为科教资源向科教资本顺利转化提供了有效的支撑平台，旧金山的私人创业基金机构有30多家，为培育高科技企业创造了良好的金融环境，加快了湾区自主创新成果的转化速度。三是富有一批活跃的中小企业。旧金山湾区庞大的科教人才规模、思维活跃的大学生大大增强了湾区内创新创业的意愿，使得湾区内的科技中小企业极为活跃。四是创造了良好的自然、生态、文化、社会环境，使其能充分吸引、留住高端人才，维持领先地位。旧金山湾区是美国第五大城市群和高科技产业集中地区，依然保留着多丘陵的海岸线海湾森林山脉和旷野。

三、东京湾区——世界级综合性高端工业区

（一）基本概况

东京湾（Tokyo Bay）是一个位于日本本州岛中东部沿太平洋之海口、日本关东地区南边的海湾，因日本首都东京位于湾边而得名。东京湾被西面的神奈川县三浦半岛和东

面的千叶县房总半岛所包围，仅南面以浦贺水道与太平洋接壤。从地形上来看，东京湾延伸进关东平原之中，它横跨东京、神奈川县和千叶县的海岸，通过乌拉加海峡与太平洋相连。东京湾区通常指东京、千叶、埼玉、神奈川和周边四县，统称“一都七县”，土地面积仅占全国的十分之一，却拥有全国35%的人口，占国内生产总值的近40%。狭义的东京湾区涵盖东京都、埼玉县、千叶县、神奈川县即“一都三县”，面积达13 562平方公里，占全国总面积的3.5%，2018年拥有人口3 658.4万。现代化的港口、机场、新干线等基础设施，京滨工业地带（湾区西部）、京叶工业带（湾区东部）和东京的金融、总部、研发等功能紧密互动合作，政治与经济、文化与商业、商品与研发等各种功能交织在一起，大规模的人口集聚以及产业交流，使得湾区经济充满了生机和活力，促使其成为世界上富有活力的大湾区超级城市群。

（二）产业发展

东京既是政治中心也是经济中心，着重发展创新经济和服务经济，是湾区内的龙头；琦玉县是东京都的副都，重点承接东京都外围的行政、居住、商务职能；千叶县是商务与货运中心，拥有成田机场和千叶港口，重点发展临空经济，国际物流、港航物流是主导产业，同时它也是机械、钢铁等产业的聚集地；横滨凭借横滨港承担对外贸易功能，发展成国际贸易中心；川崎拥有川崎国际港湾，主要承担着原材料和制成品进出口功能；京滨、京叶是全国最大的重工业和化学工业基地，钢铁、石油化工、现代物流、装备制造和高新技术等是主导产业；茨城则集聚了一大批高校和科研机构，信息产业是主导产业。历经百年的发展，东京湾区已经发展成产业体系健全、服务功能完善、生态友好、生活宜居的世界一流城市群。

（三）跨区域治理

东京湾区作为人工规划而形成的湾区城市群，境内拥有“一都三县”和广大的中小城市，如何构筑有效的跨行政区协调协商模式，整合区域要素，发挥整体优势，成为东京湾共同市场形成和超级城市群崛起的一个重要支撑条件。当前，东京湾区超级城市群主要有三个层面的跨界协调机制。

一是中央层面的正式制度。包括中央集权性质的首都建设委员会（1950年）、首都圈整备委员会（1956年）和国土综合开发厅（1974年），统一协调相关项目和政策的落实。

二是首都圈层面的非正式制度。有专业化的区域协议会，如东京都市圈交通规划协议会（1968年）；还有由埼玉县、神奈川县、东京都、横滨市、川崎市的知事和市长组成的七都县首脑会议（1997年），下设废弃物问题委员会、防灾对策委员会、环境问题对策委员会，首脑会议每年召开一次，由各成员轮流举办。

三是东京湾区层面的正式制度。有一个东京湾区开发管理协商机构——东京湾港湾联协推进协议会，这个协议会由日本政府的国土交通省关东地方整备局港湾空港部牵头，东京湾所有的地方政府一起参加，协议会事务局设置在横滨市。还有一个由各海运公司和港区开发公司、沿港工厂企业共同参与的东京都港湾振兴协会，其作为湾区唯一的综合性港湾振兴团体，通过对外交流、港务研讨、信息数据整合等，促进湾区的整合发展。

（四）东京湾区的成功经验

东京湾区成功的主要因素有：一是东京位于关东平原南部，连接东京湾，具有独特的海湾环境和明显的区位优势，特别是填海造陆工程为湾区拓展空间提供了途径。二是工业化和城市化进程是东京湾区形成及发展的巨大社会推动力，产业集群的集约建设、资源的优化配置及人口的集聚扩散均是在市场化机制下完成。三是统筹规划湾区内工业布局，形成了错位发展的思路，促进了湾区要素资源的合理流动。四是重视轨道交通等基础设施建设所形成的巨大外部效应，这也是促进东京湾区成为国际湾区的重要因素。五是采用了以应用科学加忧患意识为特征的市场拉动模型。市场是创新动力的来源，也是需求拉动模式实现的路径。东京湾区将企业作为创新活动的初始点，企业在从事产品研发的过程中形成了技术应用需求，同时将这种需求传递到创新链的上游，并依靠官产学研的合作方式解决了企业的应用技术需求。另外，东京湾区强烈的忧患意识也不断刺激着企业对新市场的挖掘与探索，成为企业倒逼式创新的动力源泉。

第三节　国内湾区经济发展态势与愿景

一、粤港澳大湾区发展态势与愿景

（一）粤港澳大湾区基本概况

粤港澳大湾区的城市格局为“9＋2”形式，即由珠江三角洲的广州、深圳等9市与香港、澳门共同组成，总面积达5.6万平方公里，湾区经济以广州、深圳、香港为主要推动力。广州作为广东省省会，是一座历史悠久的大都市，位于广东省中南部，南临中山与东莞，与香港和澳门一水相隔，是中国的南大门，地处粤港澳大湾区的中心位置。近年迅速发展的金融业与先进制造业、服务业共同成为广州的支柱产业，2020年金融业增加值达2 234亿元，占地区生产总值的8.9％，服务业增加值达18 141亿元，占地区生产总值的72.5％，先进制造业增加值为2 734亿元，占地区生产总值的10.9％。深圳位于广东省南部，南临香港、北接东莞与惠州、东临大亚湾、西濒珠江口，与珠海、澳门隔海相望，地理位置优越。深圳是我国改革开放以来的第一个经济特区，经过40多年的发展，成为以金融、高科技为支柱产业的全球经济中心城市之一。2020年深圳的地区生产总值为27 670.24亿元。其中：新兴产业增加值为10 272.72亿元，占地区生产总值的37.1％；金融产业增加值为4 189.6亿元，占地区生产总值的15.1％。改革开放以来深圳一直将目光锁定在吸引中小企业和新兴企业上，目前深交所上市公司达2 205家，总市值为23.7万亿元，在打造高科技大都市方面取得了显著的成绩，实现了深圳科技创新的定位目标。香港位于广州东南方，北接深圳、西临澳门、南与珠海相望，是中国内地与国际联系的桥梁，是我国引进外资的重要窗口，曾是世界第三大金融中心，拥有多家世界著名高校。澳门以旅游和博彩为主，近年澳门的科技创新产业也取得了较大发展。此外，东莞与佛山作为制造业中心，实现了高科技成果的顺利转化。湾区内另一个经济特区就是珠海，珠海以环境优雅著称，是宜居城市的典范。香港经济目前受中美贸易摩擦及新冠肺炎疫情的影响有所回落，旅游业经济下滑严重，科技创新程度也落后于广州与深圳。此外，澳门 2020 年人均 GDP 为 3 万美元，同比下降 62.5%。港澳对整个湾区经济发展的带动力减弱。

（二）粤港澳大湾区的产业结构

湾区内的城市工业化进程存在一定的梯度差异性。以 2017 年三次产业结构数据为例，粤港澳大湾区中的香港、澳门的第三产业比重最高，高达 92%以上，内地的广州、深圳、东莞三个城市超过 50%，其他城市第三产业占比均低于 50%，按照工业化阶段划分标准，这几大城市已经进入了后工业化时代。珠海、中山、江门的第三产业和第二产业的占比相当，都接近 50%，这三个城市正处于由工业化后期向后工业化时期过渡的阶段。惠州、佛山、肇庆仍处于以工业为主导产业的阶段，产业发展仍处于转型升级和不断优化之中。

（三）粤港澳大湾区的产业定位

根据湾区内城市经济发展水平和主导产业目标，《粤港澳大湾区发展规划纲要》对各大城市进行了功能定位。香港的定位最高端，定位为全球金融中心、贸易中心和物流中心，为粤港澳大湾区提供企业融资、吸引国际投资者，引领湾区经济与世界经济相接轨。澳门定位为世界旅游休闲中心和中国与葡语国家商贸合作服务平台。香港和澳门起着促进向外发展、加强对内融合的功能和作用。深圳定位为具有国际影响力的创新创意之都。广州定位为岭南文化中心及华南重工中心。当然，湾区内加工制造型城市为数更多。比如，东莞是先进制造业中心，佛山是全球制造创新中心，珠海是国家级大装备制造业中心，中山是中国白色家电基地之一，惠州是电子信息及石油化工产业基地，江门是国家级先进制造业基地，肇庆是传统产业转型升级集聚区。除了单个城市的产业发展定位外，粤港澳大湾区还重点规划布局三大主导产业带，分别为：西岸技术密集型产业带、东岸知识密集型产业带和沿海生态环保型重化产业带。西岸技术密集型产业带涵盖的地区包括广州北部和南部、佛山、中山和珠海等珠江西岸地区，重点发展物流、外包服务和教育服务等现代服务业，汽车、核电、风电、航空等装备制造业，家电、金属制品、纺织、建材等优势传统产业。东岸知识密集型产业带涵盖的地区包括广州东部和中部、东莞、深圳等珠江东岸地区，重点发展的现代服务业包括金融、专业服务、物流、信息服务、会展、文化创意产业，战略性新兴产业，以新能源、电子信息、新材料、生物医药为代表的高科技产业。沿海生态环保型重化产业带涵盖的地区包括惠州、深圳、珠海和江门等三角沿海地区，重点发展金融、旅游等现代服务业，以及石油化工、油气开采、医药生物等先进制造业。

（四）粤港澳大湾区的发展优势

经过多年的发展，粤港澳大湾区成为我国综合实力最强、开放程度最高、经济最具活力的区域之一，具备发展世界一流湾区经济、更好服务国家战略的良好基础和条件。

（1）区位优势明显。

粤港澳大湾区地处我国沿海开放前沿，以泛珠三角区域为广阔发展腹地，在“一带一路”建设中具有重要地位。交通条件便利，拥有香港国际航运中心和吞吐量位居世界前列的广州、深圳等重要港口，以及香港、广州、深圳等具有国际影响力的航空枢纽，便捷高效的现代综合交通运输体系正在加速形成。

（2）经济实力雄厚。

经济发展水平全国领先，产业体系完备，集群优势明显，经济互补性强，香港、澳门服务业高度发达，珠三角九市已初步形成以战略性新兴产业为先导、以先进制造业和现代服务业为主体的产业结构。2017 年大湾区经济总量约为 10 万亿元。

（3）创新要素集聚。

创新驱动发展战略深入实施，广东全面创新改革试验稳步推进，国家自主创新示范区加快建设。粤港澳三地科技研发、转化能力突出，拥有一批在全国乃至全球具有重要影响力的高校、科研院所、高新技术企业和国家大科学工程，创新要素吸引力强，具备建设国际科技创新中心的良好基础。2019 年粤港澳大湾区各个城市的创新平台情况见表 11－2。

表 11－2　2019 年粤港澳大湾区各个城市的创新平台情况

城市	国家重点实验室（家）	政府部门研发机构（个）	工业企业研发机构（个）	国家工程技术研究中心（家）	国家级科技企业孵化器（个）
香港	16	—	867	—	—
澳门	4	—	102	—	—
广州	22	105	1 734	18	16
深圳	9	6	2 147	7	12
东莞	1	8	2 007	1	11
佛山	0	4	1 640	0	10
珠海	1	7	256	4	3
中山	0	3	854	0	3
惠州	0	22	839	2	5
江门	0	11	339	0	1
肇庆	1	15	377	0	2

（4）国际化水平领先。

香港作为国际金融、航运、贸易中心和国际航空枢纽，拥有高度国际化、法治化的营商环境以及遍布全球的商业网络，是全球最自由的经济体之一。澳门作为世界旅游休闲中心和中国与葡语国家商贸合作服务平台的作用不断强化，多元文化交流的功能日益彰显。珠三角九市是内地外向度最高的经济区域和对外开放的重要窗口，在全国加快构建开放型经济新体制中具有重要地位和作用。

（5）合作基础良好。

香港、澳门与珠三角九市文化同源、人缘相亲、民俗相近、优势互补。近年来，粤港澳合作不断深化，基础设施、投资贸易、金融服务、科技教育、休闲旅游、生态环保、社会服务等领域合作成效显著，已经形成了多层次、全方位的合作格局。

（五）粤港澳大湾区面临的挑战

（1）政策制定上亟待协调。

粤港澳大湾区最独特的地方在于，香港和澳门是独立的关税区和自由港，在经济和政治上都享有更大的自主权和决策权。制度的多样性和互补性是该区域的最大特征。粤港澳相对独立，地域间制度不同，在具体政策、法规、标准上都存在差异。粤港澳和长三角地区、京津冀地区不一样的地方是，没有一个强大到类似上海和北京这样的核心城市，粤港澳大湾区很有可能是多中心发展，几个核心城市齐头并进，市场化的竞争较为充分，比如说这些核心城市各自找准自己的发展定位，香港是金融中心，广州是政治文化中心，深圳则是科技创新中心，这种城市竞合关系可能让粤港澳大湾区更有活力。但是要实现区域内城市间的合理分工和资源优化配置，需要一个超城市机构来做好顶层设计和执行工作，否则几个城市各自为政，单打独斗，会阻碍湾区经济的发展。

（2）基础设施亟待一体化对接。

大湾区城市群发展规划首先要处理好香港、广州和深圳三个城市的功能定位和相互关系，以及区内相关基础设施（例如机场、港口等）的定位、配套和协调，避免重复建设和恶性竞争。比如说，深圳湾大桥和港珠澳大桥为粤港澳大湾区的经济发展提供了便利，但是也存在一些问题，深圳湾大桥经常拥堵，由于涉及多方政府和利益主体，因此决策尤为困难。在未来，粤港澳大湾区不论是高铁、机场还是其他重大项目，都不能仅考虑跨境的问题，而要综合考虑城市内交通体系的一体化建设，以全局的、系统的眼光，站在交通大系统的角度统一规划。

（3）粤港澳大湾区亟待融合发展。

粤港澳大湾区涉及多个城市和地区，行政壁垒和地区融合之间的矛盾也备受关注。每个城市的差异巨大，好的方面是可以优势互补，垂直化分工，不好的方面是很难一体化，人流、物流、资金流、信息流不畅通。社会融合比经济融合更难，比如说港澳居民在内地生活的国民待遇问题，其养老和教育很难与内地的体系对接。

（4）产业高端化需要时日。

产业结构调整比较困难，过去广东省是以加工制造业为主，现在要转向高端制造业，需要科技创新的支持，高端服务业也不是一蹴而就的，需要假以时日。因此，必须考虑粤港澳大湾区城市群的空间结构和产业布局的协调。

（5）生态环境与社会发展制约经济发展。

循环经济和可持续发展成为粤港澳大湾区发展中需要重视的问题。世界知名湾区经济都是宜居宜业、环境优美、引领新经济形态发展的区域。在粤港澳大湾区的建设中，生态环境和社会发展方面的合作比经济方面的合作更加困难。从生态环境方面看，粤港澳大湾区是一个完整的系统，在经济建设过程中必须重视生态安全和生态环境。在社会发展方面，香港和澳门的社会发展水平高于广东，如何协调和平衡港澳与内地的关系就是摆在我们面前的问题，比如说港澳企业在内地的国民待遇问题，以及港澳居民在内地生活的国民待遇问题，以及内地居民赴港澳工作和生活的制度性障碍等，这些问题都亟待解决。

（六）粤港澳大湾区的发展目标

目前，粤港澳大湾区综合实力显著增强，粤港澳合作更加深入广泛，区域内生发展动力进一步提升，发展活力充沛、创新能力突出、产业结构优化、要素流动顺畅、生态环境优美的国际一流湾区和世界级城市群框架基本形成。具体而言就是区域发展更加协调，分工合理、功能互补、错位发展的城市群发展格局基本确立；协同创新环境更加优化，创新要素加快集聚，新兴技术原创能力和科技成果转化能力显著提升；供给侧结构性改革进一步深化，传统产业加快转型升级，新兴产业和制造业核心竞争力不断提升，数字经济迅速增长，金融等现代服务业加快发展；交通、能源、信息、水利等基础设施支撑保障能力进一步增强，城市发展及运营能力进一步提升；绿色智慧节能低碳的生产生活方式和城市建设运营模式初步确立，居民生活更加便利、更加幸福；开放型经济新体制加快构建，粤港澳市场互联互通水平进一步提升，各类资源要素流动更加便捷高效，文化交流活动更加活跃。

展望未来，粤港澳大湾区将朝着更加远大的目标迈进。面向全面建设社会主义现代化国家，到 2035 年，大湾区要形成以创新为主要支撑的经济体系和发展模式，经济实力、科技实力大幅跃升，国际竞争力、影响力进一步增强；大湾区内市场高水平互联互通基本实现，各类资源要素高效便捷流动；区域发展协调性显著增强，对周边地区的引领带动能力进一步提升；人民生活更加富裕；社会文明程度达到新高度，文化软实力显著增强，中华文化影响更加广泛深入，多元文化进一步交流融合；资源节约集约利用水平显著提高，生态环境得到有效保护，宜居宜业宜游的国际一流湾区全面建成。

二、环渤海大湾区发展态势与愿景

（1）基本概况。

环渤海大湾区位于中国沿太平洋西岸的北部，是中国北部沿海的黄金海岸，在中国对外开放的沿海发展战略中占有重要地位。环渤海地区包括北京、天津两大直辖市及河北、辽宁、山东、山西和内蒙古中部地区，共五省（区）两市。全区陆域面积达 112 万平方公里，总人口有 2.6 亿人。环渤海地区共有城市 157 个，约占全国城市的四分之一，其中城区人口超百万的城市有 13 个。党的十四大报告中提出要加快环渤海地区的开放、开发，将这一地区列为全国开放开发的重点区域之一，国家有关部门也正式确立了“环渤海经济圈”的概念，并对其进行了单独的区域规划。

（2）有利条件。

第一，独特的地理区位优势。环渤海地区幅员广阔、连接海陆，区位条件优越、自然资源丰富、产业基础雄厚，是我国最具综合优势和发展潜力的经济增长极之一，在对外开放和现代化建设全局中具有重要战略地位。具体来看，环渤海地区处于东北亚经济圈的中心地带，向南对接长江三角洲、珠江三角洲、港澳台地区和东南亚各国，向东沟通韩国和日本，向北联结着蒙古国和俄罗斯远东地区，具有独特的地缘优势，具备构建开放型经济体系的良好条件。这些都为构建环渤海大湾区、推动环渤海大湾区经济开放合作提供了有利的环境和条件。

第二，雄厚的经济基础和产业条件。湾区经济发展需要经济基础和产业条件支撑。环渤海地区主要包括北京、天津、河北、山东与辽宁三省两市，占地 52.3 万平方公里，经济基础良好，拥有成为世界一流湾区的潜力和必要条件。同时，环渤海地区产业层次梯度明显，是我国重要的农业、重化工业、加工制造业和现代服务业基地，其中，钢铁、石化、船舶制造产业在全国保持优势地位，电子信息、金融、商务、文化创意和现代旅游等新兴产业发展迅猛，各地区间的产业层次具有一定梯度，分工体系初步建立，为湾区经济发展提供了良好的产业条件。

第三，发达的交通基础设施。环渤海地区拥有发达的交通基础设施，形成了相互衔接、四通八达的立体交通网络。陆路交通有京沪、京广、京九和京沈等十多条铁路干线和包括京津塘、沈大及济青等在内的二十多条高速公路，铁路总里程达 20 494.5 公里，公路总里程达 17 988 公里；空中有以北京为中心的 10 余个民用机场，开通了国内外航线 100 多条；海运港口交通便捷，拥有 40 多个港口，开通了数条客运货运航线。其中，京津冀作为环渤海地区的核心区域，“同城”效应显著，“轨道上的京津冀”——50～70 公里半径范围内的 1 小时交通圈已初步建成。日益网络化、便捷化的交通基础设施条件不仅加强了环渤海地区的空间紧密度，更有利于环渤海地区人才、产业和技术等要素资源的流动，为发展湾区经济提供了良好的支撑。

（3）面临的问题。

第一，湾区内部分省市有被边缘化的风险。在近几年的区域国家战略中，渤海湾附近的部分省市处境尴尬。“一带一路”倡议跨越了中国许多地域，却较少触及渤海附近的山东、辽宁等地，渤海地区可谓处在了此倡议的边缘地带；如果能建立环渤海大湾区来对接“一带一路”倡议，则可以化劣势为优势，西有“一带一路”，东有韩国、朝鲜，海洋经济大有可为。

第二，港口存在同质竞争。虽然环渤海大湾区每个港口的吞吐量都很大，但港口间的交通类别的重叠竞争却很激烈。港口间的服务存在重叠，导致了同质竞争问题，这有其历史的必然性和局限性，是我国改革开放初期各地级市自由竞争的结果。除此之外，环渤海大湾区内许多城市也存在同质化的现象，尤其是主导产业差异化程度尚不明显，分工尚需进一步细化，明确定位，用产业链的思维参与全球化竞争。

第三，环渤海大湾区附近省份需要立体的交通配套设施。环渤海大湾区内的交通状况落后于北上广等地区，除山东半岛的交通不堪其忧外，辽东半岛的交通状况也不甚乐观，特别是在信息化管理上不仅要加强协调统一，更需打破固有的壁垒。

第四，环渤海大湾区仍处于工业经济阶段，服务业占比低。产业结构是衡量经济发展阶段的标准之一。环渤海大湾区附近省市第三产业的比重大多不到 60%，而世界三大湾区第三产业的比重均高于80%。整体而言，环渤海大湾区在本国范围内的资源配置能力和影响力不仅离世界一流水平还有较大距离，而且与国内的粤港澳大湾区和浙江大湾区相比差距也较大。

第五，环渤海大湾区内的现代教育体制亟待提高。环渤海大湾区虽然拥有山东大学、大连海事大学、中国海洋大学等国内知名高校，但与世界三大湾区内的斯坦福大学、哥伦比亚大学、曼哈顿学院和东京大学等相比，仍有巨大差距，环渤海大湾区附近省市的研究机构数量与其发展水平不匹配，这对于区域创新能力形成了一定阻碍。

（4）发展路径。

第一，优化空间结构，发展“圈层经济”。

“圈层经济”是新经济地理学的专有名词，它是由于区域内信息、技术、企业、产品和要素的流动而出现的城市群发展规律，体现了城市之间复杂的多维联系和经济关联性。环渤海大湾区的经济发展也需要遵循城市群发展规律，明确空间思路与圈层结构。

首先，将京津冀作为环渤海大湾区建设的“核心圈”。结合《京津冀协同发展规划纲要》，完善北京“四个中心”定位，将天津打造成全国先进制造研发基地、北方国际航运核心区、金融创新运营示范区和改革开放先行区；将河北建设成全国现代商贸物流重要基地、产业转型升级试验区、新型城镇化与城乡统筹示范区、京津冀生态环境支撑区，全力推动“京津冀世界级城市群建设”。

其次，将“3+2”作为环渤海大湾区建设的“紧密圈”。“3”即京津冀协同发展区，“2”即山东半岛地区与辽中南地区。环渤海大湾区建设应紧密结合京津冀城市群、山东半岛城市群、辽中南城市群这三大城市群的发展，挖掘各自的优势，扬长避短，加强经济整合、产业整合，促进区域协同发展。

最后，将7省区市作为环渤海大湾区建设的“扩展圈”。7省区市即北京市、天津市、河北省、山西省、内蒙古自治区、辽宁省和山东省。该区域与《环渤海地区合作发展纲要》提出的重点发展区域一致，应立足主体功能定位和自身优势，着力调整优化经济结构，着力扩大对内对外开放，着力创新合作体制机制，以基础设施互联互通、生态环境联防联治、产业发展协同协作、市场要素对接对流、社会保障共建共享为重点，努力将环渤海地区建设成我国经济增长和转型升级新引擎、区域协调发展体制创新和生态文明建设示范区以及面向亚太地区的全方位开放合作门户。

第二，提升区域创新竞争力。

首先，打造高效联通的信息网络。加快规划，超前布局，建设无缝对接的信息基础设施，构建智慧城市信息平台，实现信息共享、资源互通，提供信息互联互通功能。同时建设国际信息网络核心节点，配合“一带一路”建设，增强国际信息港节点功能。

其次，进一步加强国家级科研工程中心和科研院校建设。利用京津高等教育、科研机构等创新资源，深化环渤海地区高校研发合作，支持共建优势学科、实验室和研发中心。

再次，进一步培育企业创新主体。加大全社会研发投入，提高科技创新效率，培育创新型企业，促进科技成果转化，提升科技金融产业融合水平，增强区域创新服务和辐射功能。

从次，打造面向未来的高精尖产业集群。结合北京建设具有全球影响力的科技创新中心，带动科技创新资源向产业链高端集聚，培育利益共享的产业价值链。加快推动向高端制造业转型升级，培育新一代信息技术、生物技术、高端装备、新材料、节能环保及新能源汽车等战略性新兴产业，以及数字经济、人工智能及航天航空等未来产业集群。

最后，创新合作新模式。加强体制机制创新，建立环渤海大湾区创新发展联席会议协调机制，建立符合创新规律的跨区域政府管理和协调制度，统筹布局创新资源，联动做好创新服务。

第三，加强沿海重点城市和港口建设。

加快沿海重点城市建设，特别是河北省的沿海重点城市和港口建设是环渤海大湾区发展的关键环节。其中，考虑京津冀协同发展战略、雄安新区建设和环渤海地区城市发展实际，可优先推动河北沿海重点城市沧州发展和黄骅港建设。

从战略区位看，沧州西部紧邻雄安新区，沧州东部的黄骅港恰置河北、山东两省交界处，是晋冀豫三省最近的出海口。沧州不仅可以作为雄安新区联通世界的出海口，更有利于发展河北沿海经济，辐射环渤海地区内陆腹地。同时，沧州作为京津冀地区重要的沿海开放城市，拥有大陆海岸线 92.46 公里，海域面积达 955.6 平方公里，临海陆域、海域和海洋资源有较大的开发潜力。黄骅港已成为西煤东运的重要终端，2017 年港口年吞吐量达 2.7 亿吨，港口远期规划为 4 亿吨，为发展港口城市和临海产业创造了有利条件。

放眼未来，统筹考量雄安新区开放经济发展需求、京津冀协同发展对内陆地区的辐射功能，依照建设大港口、聚集大产业、构建大城市、拓展大腹地的思路，加快沧州城市发展和黄骅港建设，通过沿海重点城市建设，推动国家重大战略和区域空间布局融合对接，将是实现环渤海大湾区经济发展的重要路径。

三、浙江大湾区发展态势与愿景

（1）基本概况。

浙江大湾区是“大湾区大花园大通道大都市区建设”之一，大湾区的总体布局是“一环、一带、一通道”，即环杭州湾经济区、甬台温临港产业带和义甬舟开放大通道。环杭州湾经济区是浙江大湾区建设的重点，浙江大湾区建设突出环杭州湾经济区，联动发展甬台温临港产业带和义甬舟开放大通道。浙江大湾区建设的总目标是打造成“绿色智慧和谐美丽的世界级现代化大湾区”，具体目标是建设“全国现代化建设先行区、全球数字经济创新高地、区域高质量发展新引擎”。

（2）时代背景及发展机遇。

湾区经济是区域经济的高级形态，是当今国际经济版图的突出亮点，是世界一流滨海城市的显著标志。“一带一路”倡议的提出及推进、长三角一体化上升为国家战略以及制造强国和创新驱动发展战略的实施释放了政策红利，为浙江大湾区发展提供了机遇。

第一，“一带一路”倡议深入推进为浙江大湾区提供了对外开放平台。“一带一路”

倡议是我国新时代对外开放的大手笔。2019 年上半年，我国成功举办第二届“一带一路”国际合作高峰论坛，“六廊六路多国多港”的互联互通架构基本形成，150 多个国家和国际组织同中国签署共建“一带一路”合作协议，“一带一路”从“大写意”转向“工笔画”。浙江大湾区是“一带一路”建设的重要桥头堡，宁波是古代海上丝绸之路的始发港，正在积极创建“一带一路”建设综合试验区和全国首个“16＋1”经贸合作示范区。借助“一带一路”建设的东风，浙江依托“东方大港＋滩涂”资源优势，深度参与全球经济竞争合作，推动构建现代国际物流中心，促进形成“世界科技＋中国产业＋全球市场”的发展格局，探索形成国际一流标准的开放新体制，为扎实推进浙江大湾区建设拓展了对外开放大空间。

第二，长三角一体化上升为国家战略为浙江大湾区注入了活力。2018 年 11 月，习近平主席在首届中国国际进口博览会开幕式上发表主旨演讲时提出，“将支持长江三角洲区域一体化发展并上升为国家战略”。这是继“一带一路”建设、京津冀协同发展、长江经济带发展、粤港澳大湾区建设后对中国改革开放空间布局的重要顶层设计。为贯彻落实好《长江三角洲区域一体化发展规划纲要》，浙江召开了全省推进长三角一体化发展大会并发布了行动方案，瞄准“一极三区一高地”战略定位，紧扣“一体化”“高质量”两个关键，把握“一体化”意识和“一盘棋”思想，借助上海龙头带动和苏浙皖各扬所长，为浙江大湾区建设注入新动能，以推动数字经济、创新平台、基础设施、文化旅游等领域的高质量发展。

第三，制造强国和创新驱动发展战略为浙江大湾区的发展提供了动力。党的十九大提出加快建设制造强国和创新型国家，推动新一代信息技术与制造业深度融合，构建以数字经济和智能经济为主导的现代产业体系，为促进产业转型升级、实现高质量发展提供新动能。制造强国和创新驱动发展战略的实施，有利于浙江大湾区抢抓高质量发展带来的历史机遇，依托 G60 科创走廊，推动科技协同创新、产业一体发展，大力发展人工智能、集成电路、生物医药、高端装备、新能源、新材料、新能源汽车等七大战略性新兴产业，实现湾区经济质量变革、效率变革、动力变革，提高全要素生产率。

（3）发展现状。

第一，从经济维度来看，民营经济是浙江大湾区的最显著特色和最强劲优势，培育了阿里巴巴、吉利控股等世界知名企业。2018 年，中国民营企业 500 强中共有 93 家浙江企业上榜，浙江连续 20 年雄踞全国之首；浙江数字经济增加值占地区生产总值的比重达 38%，走在全国前列；浙江民企牵头设立了 5 个国家级境外经贸合作区，数量居全国第一。但是，浙江大湾区高水平科研院所、高能级战略平台、高层次领军人才较为缺乏，仅有 3 家世界 500 强企业，高新技术企业仅为粤港澳大湾区的 1/3，全社会研发支出占比分别比旧金山湾区、纽约湾区、东京湾区低 3.76 个、1.19 个、0.63 个百分点，在人均 GDP 和第三产业占比方面仍有较大差距（见表 11－3）。与世界三大湾区及粤港澳大湾区相比，虽然浙江大湾区发明专利授权量较多，但是 PCT 国际专利申请量仅为 1 479 件，仅为深圳的 7.3%。此外，根据 Moran's I 指数测算，2010—2018 年浙江大湾区创新活动聚集比例整体呈下降趋势，创新空间集聚度较低、城际创新关联度较弱，科创集聚水平有待提升。

表 11-3　浙江大湾区与各大湾区主要经济指标对比（2018 年）

指标类型		浙江大湾区	粤港澳大湾区	纽约湾区	旧金山湾区	东京湾区
经济总量	GDP（万亿美元）	0.73	1.6	1.43	0.81	1.81
	人均 GDP（万美元）	1.4	2.1	4.6	11.2	4.3
产业结构	第三产业占比（%）	52.8	53.3	89.7	83.5	82.8
企业发展	民营企业 500 强（家）	93	60	—	—	—
	世界 500 强（家）	3	20	17	16	38
科技资源	全社会研发支出占比（%）	2.52	2.65	3.71	6.28	3.15
	发明专利授权量（万件）	2.9	25.8	1.2	3.5	2.2

第二，从空间维度来看，区域城乡高度均衡，但空间开发效率有待提升。城乡一体化与要素空间均质化是浙江大湾区空间格局的“基本面”。从纵向时序来看，浙江大湾区城镇分布基尼系数逐渐下降，在全省率先形成均匀分布。从横向比较来看，2018 年，浙江大湾区城市首位度为 1.19，城市规模分布均衡，建设用地集中于杭嘉湖平原、宁绍平原，开放强度高达 15.3%，约等于东京湾区核心区的水平，比粤港澳大湾区高近 4 个百分点，特别是建设用地覆盖占 140 公里“杭甬”发展轴的 70%，杭州萧山、绍兴柯桥、绍兴上虞、宁波余姚、宁波余慈沿线等城乡用地边界接近饱和。但是，浙江大湾区经济密度却仅为东京湾区的 8.9%、纽约湾区的 18.6%、旧金山湾区的 24.2%，约为粤港澳大湾区的 40.6%，表明浙江大湾区国土空间利用效率偏低。

第三，从交通维度来看，综合交通融合发展，但互联互通水平有待提升。浙江大湾区位于西太平洋远洋航线、“一带一路”与长江经济带的交汇处，背倚宁波舟山港、洋山深水港两个世界级大港，在全国率先实现全省海洋港口一体化，是南北沿海物流大通道、沿长江物流大通道、京港澳（台）物流大通道等“海、江、陆”物流通道的枢纽区域，实现了市市通高铁、陆域县县通高速公路，交通通达率全面提升。特别是 2018 年浙江大湾区集装箱吞吐量达 2 975 万标箱（TEU），为世界三大湾区总和的 1.66 倍；宁波舟山港保持全球唯一超“10 亿吨”的超级大港地位，连续 10 年雄踞全球首位，集装箱吞吐量首超 2 600 万标箱，跃居全球前 3 强。然而，浙江大湾区跨湾、沿湾、向湾通道明显不足，轨道交通发展相对滞后，路网密度仅为 1.9 千米/平方千米（见表 11-4）。国际空港建设相对滞后，国际跨境航线数量远远低于纽约肯尼迪、东京羽田、广州白云等国际机场，港口集装箱吞吐量虽然高于世界三大湾区，但是“海进江”“江进海”还有一定困难，“多式联运”基础相对薄弱。

表 11-4　浙江大湾区与各大湾区交通指标对比（2018 年）

指标类型	浙江大湾区	粤港澳大湾区	纽约湾区	旧金山湾区	东京湾区
国际港口数量（个）	1	4	5	4	6
港口集装箱吞吐量（万标箱）	2 975	6 952	718	255	814
国际机场数量（个）	3	4	2	3	2
国际机场年旅客流量（亿人次）	0.8	2.01	1.36	0.75	1.28
路网密度（千米/平方千米）	1.9	2.6	13.1	36.2	18.4

第四，从试点维度来看，改革创新向纵深推进，但综合营商环境有待提升。浙江大湾区承担了数十项国家重要改革试点，是我国重大改革先行先试的重点区域，在智能制造、海洋经济、金融创新、民间投资等领域取得了显著成效。近年来，以“最多跑一次”改革为主抓手，健全“互联网+政务服务”体系，实现了“一窗受理、集成服务”“一网申请、快递送达”“一号咨询、高效互动”，系统提升了营商环境，有效释放了经济活力。但是，对标国际先进水平，浙江大湾区营商环境仍然亟待优化。以《2017 年世界城市营商环境评价报告》为基础，参照软环境、生态环境、基础设施、商务成本、社会服务、市场环境、国际城市营商环境等二级指标，外资准入开放、区域环境质量、综合法治环境等 27 项三级指标，综合对比浙江大湾区核心城市杭州、宁波与纽约、东京、香港、广州、深圳的营商环境可见，浙江大湾区核心城市在八大领域与世界一流湾区核心城市的差距较大，尤其在基础设施、社会服务、生态环境、国际城市营商环境等领域存在明显短板。

(4) 发展路径。

第一，以全区的智慧交通体系建设为先导，促进大湾区生产力的优化布局。

一是在新航道建设上，钱塘江中上游航道全线通航，船舶往北可进入浙北航道网，融入长江经济带，往东可进入浙江大湾区，实现通江达海，融入“一带一路”。开发后的钱塘江中上游航道可通航 500 吨级船舶，新航道通过能力由 80 万吨提高到 2 500 万吨，相当于一条复线铁路或两条 4 车道高速公路，每年可直接节约运费 9 亿元以上。

二是在铁路建设上，以杭绍甬超级高速公路、杭州湾跨海大桥、杭嘉沪 G60 高速公路为主轴，深入推进沪苏湖高铁、杭绍台高铁、杭绍台高速等重大项目，加快推进甬舟铁路、湖嘉杭绍城际等项目前期工程，研究谋划沪舟跨海大通道、甬台温沿海高铁、通苏嘉城际等战略性、前瞻性重大项目，着力提升扩容湾区沿海通道，全面打通湾区内部断头路，大力促进“浙沪苏皖赣闽”六地互联互通，打造沪杭甬“半小时交通圈”、浙江大湾区“1 小时交通圈”，构建高效便捷、内联外畅的湾区交通网络。

三是完善交通基础设施，以提升城市产业优势。经济的发展离不开交通基础设施的完善，为此，浙江开展大湾区现代交通建设，打造高水平互联互通和交通设施网络，打造世界级港口集群和机场群，推进大湾区智慧化交通建设。随着浙江大湾区城市群的交通更加通畅，不同城市的产业优势将会得到整合提升，为打造产城融合、绿色智慧的高质量发展平台提供有力保障。

第二，以重大平台建设为载体，促进大湾区、大产业、大项目的落地。

一是着力推动大战略与大平台有机衔接。坚持全域化协调、特色化发展的基本思路，聚焦聚力“一带一路”倡议以及海洋经济、智能制造、金融改革等国家重大战略，以环杭州湾为中心，联动全省重点湾区，系统构建万亩千亿重大平台、港产城湾融合平台、海洋经济特色平台。以杭州都市区、宁波港口经济圈、甬台温临港产业带协同发展为导向，依托杭州钱塘新区、宁波前湾新区、绍兴滨海新区、湖州南太湖新区等重大载体，集聚和引进重大项目，着力做强杭州大江东、宁波杭州湾、温州瓯江口、绍兴滨海等核心区块，优化整合提升集聚区、开发区、高新区等各类开发区及综合保税区等海关特殊监管区域。

二是着力推动大数据与大产业深度融合。以数字产业化、产业数字化为战略主线，纵深推进数字经济“一号工程”，加快大数据、互联网、物联网、云计算、智慧物流在实体经济中的创新应用，深化产业链、供应链、物流链创新，推动先进制造业差异化发展。重点发展数字经济、现代金融、高端装备制造等万亿级主导产业，加快发展港口物流、海洋生物医药等战略性新兴产业，健全“龙头企业、独角兽企业、瞪羚企业、雏鹰企业”精准扶持机制，联动推进“强企引进”“千企升级”“万企融合”，促进传统制造业向智能化生产、网络化协作、柔性化定制升级。充分发挥金融服务湾区实体经济的作用，支持符合战略性新兴产业发展方向的优质产业，注重杭州数字经济优势与大湾区实体经济优势的融合发展。

第三，以都市区国际化、现代化建设为依托，促进高端要素的集聚。

一是建立湾区要素精准化供给机制。坚持“正向激励＋反向倒逼”相结合，深化“亩均论英雄”改革，建立“亩产效益”大数据平台，全面建立企业、产业、区域“亩产效益”综合评价机制，健全大湾区项目落地综合评价体系和差别化配置资源机制，让产业“优等生”享受要素“VIP”待遇，着力提升浙江大湾区全要素生产率。大力推进城镇低效用地再开发、三改一拆、亩产倍增、低散弱整治等专项行动，争取国家/省围填海处置试点，加快围填海历史遗留问题处置进程，充分盘活存量土地（海域）要素资源，高效配置增量指标，严控过剩产能用地（用海）供给。综合运用财政补贴、税费减免、风险补偿等措施，创设浙江大湾区经济发展专项资金，创新投融资制度、VC资本盈利税率优惠制度、海洋生态补偿机制和产业转换补偿机制，促进要素向主要平台、重点产业、优质项目集中。

二是构建经济新增长极的人力资源高地。各新区要根据发展定位、区位条件等因地制宜制定人才政策。钱塘新区要加大国际人才引进力度，特别要注重引进世界级水平人才及其附属项目；南太湖新区要围绕产业链打造人才链，统筹推进高层次、大学生、高技能“三大人才”引进培育；前湾新区要通过开展项目合作、联合科研攻关、建设高能级人才聚智平台等多种方式，全职或柔性引进海内外顶尖人才；绍兴滨海新区要深化实施绍兴“海内外英才计划”“越海英才计划”，开辟“一站式”人才引进绿色通道，大力引进高层次创新人才；金义新区关键是要构建人才集聚平台，建立健全重点产业、关键技术核心人才数据库；台州湾新区要全面落实人才新政2.0，设立人才“飞地”，不拘一格汇集人才。

第四，以创新为第一动力，引领提升发展质量和水平。

一是构建大气包容的创新创业生态系统。充分利用高校、科研机构的创新资源和能力，建立资源整合与协同创新的新机制。依托高端创新平台，建立更为顺畅的产学研用合作关系，重点支持一批符合核心区产业发展方向、具有广阔市场前景的重大科技成果就地转化。围绕产业链布局创新链，全面提升企业创新能力。大力开展研发投入提升专项行动，鼓励企业加大研发投入，提升发明专利拥有量，强化科技成果转化和知识产权创造、保护运用。

二是着力推动大创新与大创业协同发展。紧扣产业链部署创新链，以高新区、高教园、科技城为主载体，重点强化城西科创大走廊、宁波甬江科创大走廊、嘉兴G60科创走廊。高标准打造国家自主创新示范区，全面实施“名校名院名所”工程，深入推进浙江大学、之江实验室等重点载体建设，构筑“区域-企业-院校”协同创新体系，进一步完善众创空间。探索采取“非对称性”政策措施，前瞻布局新兴产业前沿技术，力争在量子通信、智能制造、新材料技术、新能源汽车、互联网金融、高端船舶制造等领域突破一批核心技术。以重大人才工程、重点人才平台为依托，研究出台浙江大湾区“人才新政”，完善创新收益激励机制，大力培引高端领军人才、一线创新人才、青年科技人才及创新型企业家，打造“双创”生态最优湾区。

第五，以体制机制改革为手段，促进开放发展、一体化发展。

一是加快构筑数字开放平台。紧扣“一带一路”数字经济国际合作契机，探索筹办世界数字经济博览会，充分发挥跨境电子商务综合试验区的积极作用，完善综合服务功能，做强做精杭州“eWTP”实验区、全球电子商务核心功能区等数字经济战略平台，支持大数据、智慧城市、未来社区、数字丝绸之路等领域的标志性项目建设，加快跨境电商、电子世贸平台、服务贸易、智慧物流等新业态、新平台、新模式发展，优化跨境电商海外物流体系，拓展延伸“义新欧”和“义甬舟”开放通道，促进传统外贸企业、制造企业通过“互联网＋”实现优进优出，着力将浙江大湾区打造为“以数字贸易为引领的新型贸易中心”和21世纪“数字丝绸之路”战略枢纽。

二是建立湾区招商一体化联动机制。强化浙江大湾区招商选资的组织领导，以“湾长制”为依托，以县（市、区）级为主体，全域组建湾区招商领导小组，全面优化省市县三级联动，定期研究和解决湾区招商工作的重大问题。按照“统分结合、以统为主”的总原则，探索建立湾区一体化招商机制，构建浙江大湾区招商选资项目库，联合建立招商地图、招商手册、招商联动机制，健全与重点浙商、重点央企、重点军企、重点外企的日常联络机制，进一步提高产业准入门槛，统筹项目布局落地，避免湾区招引各自为政、交叉重复、同质竞争，着力提升项目布局的科学性和集约化水平。重点引进大财团、大基金等撬动大湾区跨越式发展，加大对湾区重点项目的信贷支持力度，鼓励发挥财政资金的杠杆作用，对战略性新兴产业项目、产业链关键项目、总部经济项目予以财政补助。

四、福建大湾区发展态势与愿景

(1) 基本概况。

福建自由贸易试验区挂牌成立、福建被列为“21世纪海上丝绸之路核心区”、全国第14个国家级新区福州新区获批，福建日益呈现出新的开放格局，其中，有“两极两带六湾区”发展空间布局。

“两极”即福州都市区和厦漳泉都市区，这是闽东北、闽西南两大协同发展区的龙头和引擎；“两带”即沿海城镇发展带和山区绿色发展带，将分别成为人口和产业集聚区、创新要素集聚的科技走廊和绿色发展新载体；“六湾区”即宁德三都澳、闽江口、湄洲湾、泉州湾、厦门湾、东山湾，打造面向世界的规模化、集约化、专业化港口群，打造蓝色产业集聚区和智慧海洋示范区。

1）宁德三都澳。宁德2018年地区生产总值为1 942.8亿元，在福建省内排名靠后，落后于三明和莆田。三都澳是宁德实现崛起的最大优势、潜力和希望所在。宁德三都澳是世界级天然深水良港，地处我国大陆海岸线中段，是连接东海南海、保持海峡交通线畅通的重要节点，开发建设三都澳对于弥合我国黄金海岸断裂带，连接中国最发达的长三角、珠三角两大经济区，西进中部，东出台海，带动内陆，辐射东南亚，具有不可估量的战略意义和社会效益。

2）闽江口。福州新区是闽江口金三角经济圈的核心区（初期规划范围包括马尾区、仓山区、长乐市、福清市部分区域，规划面积达800平方公里。）。福州新区的目标是，成为海峡两岸交流合作重要承载区、扩大对外开放重要门户、东南沿海重要现代产业基地、改革创新示范区和生态文明先行区。

3）湄洲湾。湄洲湾位于福建省海岸的中部，以湾口的湄洲岛命名。位于泉州市泉港区和莆田市仙游县两地交汇处，与台湾台中港隔海相望，是闽台相距最近而又最大的一对姊妹港，亦是"中国少有，世界不多"的多泊位天然深水良港。特别是湄洲湾南岸的泉港区是未来福建省乃至全国石化产业的最主要聚集地，福建省"炼化一体化"项目就落户于此，该区的发展定位为"石化港口城市"。肖厝港的目标是"大港口、大物流"，最近几年发展非常迅猛，是福建地区的高速增长极。

4）泉州湾。泉州湾位于东亚文化之都、海上丝绸之路起点泉州市，北起惠安县的崇武半岛，南至石狮市的祥芝角，位于泉州市东部，是泉州三湾（泉州湾、深沪湾、围头湾）中最重要的一湾。

值得一提的是泉州湾跨海大桥日益发挥其枢纽作用。泉州湾跨海大桥位于东亚文化之都、海上丝绸之路起点泉州市。泉州湾跨海大桥是起止于泉州晋江和泉州惠安（泉州台商投资区）的跨海大桥，大桥全长26.699公里，是目前福建省最长的桥梁。

泉州湾跨海大桥将推动各县（市、区）、中心城市各组团向湾区聚集，加快泉州湾980平方公里经济圈闭合和形成，这对于发挥东南沿海港口资源优势、加快区域经济社会协调发展、促进泉州海湾型城市的形成和中心城市规划的实施具有战略意义。

5）厦门湾。厦门湾从行政区划上隶属福建漳州市，距离厦门岛1小时车程，江湖诨号"漳州火山岛"。厦门湾是东南沿海地区最大的天然滨海浴场，海水为国家2类纯净海洋水质，是宁静深海，可以发展休闲产业。厦门湾的漳州港拥有26公里的岸线，有效解决了厦门港没有深水岸线可供进一步发展的瓶颈问题。整合后的厦门港由世界第29位跃升至现在的第14位，稳居全国第7位。

根据《厦门港总体规划（2035年）》，厦门港的定位为国家综合运输体系的重要枢纽、沿海集装箱干线港和邮轮始发港，是厦门东南国际航运中心的主要载体和海峡两岸交流的重要口岸，是厦门市、漳州市产业布局和经济发展的重要依托，是福建省及周边省市扩大对外开放的重要出海口。厦门湾组合港将厦门和漳州紧密联系在了一起，推动厦漳区域一体化，形成厦门湾城市群。

6）东山湾。东山湾是福建著名的港湾之一。它的沿岸分属东山、云霄、漳浦三个县。这里是中国东海和南海的交汇处。其中水域面积达155.5平方公里，是闽南最大的海湾。东山港位于福建东山县东山岛东北部的东山湾内，逐步成为漳州市的对外贸易窗口。值得一提的是漳江湾特大桥，它是漳州里程最长的跨海大桥，使得云霄、漳浦两县之间的车程距离由原先的 40 分钟缩短至 8 分钟，漳州港、古雷港、东山港等港区也将进一步连接。东山是国家级鲍鱼标准化养殖示范区，是国家级出口海捕水产品质量安全示范区，成为闽南地区唯一的水产行业质量安全示范区。这里设有海峡两岸（福建东山）水产品集散基地，建设了大型水产品综合批发市场，拥有国家中心渔港 1 个、一级渔港 2 个。

（2）发展基础。

1）地理区位。从国外区位来看，地处东海、南海交通要冲上的福建，去往南亚、西亚和东非可以走海路，且与东南亚、西亚、东非和大洋洲的距离也较其他省份近；从国内区位来看，福建位于中国东南沿海，北接浙江，西连江西，南邻广东，东与台湾隔海相望，内陆腹地广阔。

2）港湾禀赋。福建地处台湾海峡西岸，海域面积达 13.6 万平方公里，大于陆域面积，共有 125 个港湾；海岸线位居全国第二，长达 3 752 公里，深水岸线全国最长，其中超过五分之一的深水岸线可建 20 万～50 万吨级超大型泊位，可建万吨以上泊位的深水岸线长达 210.9 公里。

3）经济规模。2017 年福建省地区生产总值为 32 298.28 亿元，增长了 8.1%；固定资产投资为 26 226.6 亿元，增长了 13.5%；新增对外投资额年均增长了 1.2 倍；外贸进出口额增长了 12 个百分点，达到 11 590.8 亿元；实际使用外资增长了 8.2 个百分点，为 573.2 亿元；海洋生产总值达 9 200 亿元。跨境电商、保税展示交易、融资租赁等新业态快速发展。

4）产业基础。福建省产业转型升级明显加快，现有 11 个千亿产业集群。2017 年，规模以上企业的增加值为 12 146.8 亿元；集成电路、新型显示器等战略性新兴产业增加值年均增长 15 个百分点；农村一二三产业融合发展迅速，农村电商、品牌农业、生态农业、数字农业、休闲农业等新模式、新业态不断涌现，其中，五大优势特色产业的产值已超千亿元，农产品加工转化率得到进一步提高，达到 68%；服务业发展势头强劲，增加值比重提高了 4.6 个百分点；物流行业增加值年均增长 9.2 个百分点；旅游总收入增长了 1.6 倍。

5）交通网络。目前，福建省已经形成了“两纵三横”的综合交通运输大通道，全面实现了市市通快铁、县县通高速、镇镇通干线、村村通客车的目标。高速公路的密度排在全国前列，运营里程已经突破 5 000 公里；铁路网密度是全国平均水平的 2 倍；港口吞吐能力达 4.8 亿吨。

6）创新活力。福建正加快建设创新型省份，创新支撑作用持续提升。目前，福建高新技术企业已有 3 054 家，规模以上高技术产业增加值年均增长 11.9 个百分点；研发经费投入年均增长 13.9 个百分点；建成了 2 600 个省级以上科技创新平台；信息化综合指数位列全国第六，数字经济发展水平处于全国第七的位置。

7）城市群发展。福建省正以城市群为主体，加快福州、厦漳泉两大都市区的构建，积极推动福州、莆田、宁德和平潭的一体化。由此，中心城市的空间布局得到了逐步优化，承载空间进一步拓展，增强了中心城市的辐射带动和综合服务能力，逐渐形成大中小城市和小城镇协调发展的城镇格局，正在向产城融合大踏步前进。

8）政策支撑。党中央、国务院高度重视福建加快发展，习近平总书记曾多次亲临福建考察，并做出了重要指示。今日的福建省正处于全国生态文明先行示范区、平潭综合实验区、21世纪海上丝绸之路核心区、中国（福建）自由贸易试验区、福州新区、福厦泉国家自主创新示范区“六区叠加”政策优势累积期，成为中国大陆最具吸引力、投资政策最优惠的省份之一。

（3）发展路径。

第一，制定福建大湾区经济发展规划，搞好顶层设计。政府应当加强对湾区发展规划的顶层设计，放眼全球，结合自身特点和现状，明确湾区内各城市的功能定位和产业分工，加快港口群的资源整合步伐，创新合作方式，实现湾区城市、产业布局和港口功能的错位发展，从整体上提升湾区城市协同发展水平，做到统一目标、精准定位、明确功能、特色鲜明、优势互补，促进湾区要素资源的合理流动，最大化发挥湾区经济的集聚效应，实现大经济圈内的联动发展。我们可以借鉴成功经验，筹划成立类似于日本的首都圈整备委员会、整备局和美国的纽约区域规划协会、城市规划委员会等相关组织，真正从区域和社会的视角，对湾区进行综合性的统筹规划。纽约湾区的经验也表明，跨行政区域的协调机构对于更广阔的空间范围内的规划配置有着不可替代的作用，有助于发挥资源的帕累托效应。

第二，统筹海陆资源，提升资源配置能力。遵循“陆海统筹、协作联动”的思路，提升湾区在区域发展中的战略地位，统筹海陆资源，提高资源的综合利用率；积极探索通过海域农牧化使用置换陆上土地资源的制度创新；构建海洋科技创新支撑体系，加大重大项目科技攻关，突破产业和产业链发展方面的技术难题，大力推进海洋高新技术方面的集成创新，加大成果产业化的推广力度。

第三，培育壮大高端产业，带动沿湾产业转型升级。开列产业结构调整“负面清单”，设置行业准入门槛，关闭资源和能源依赖性较强的企业；着重吸引一批带动力强、影响力大的重大产业项目落户湾区，特别是要推进一大批高精尖项目在重点湾区落地生根，努力打造产业链长、带动性强且效益好的湾区产业集群，并实现重大产业链的集聚；加快湾区内清洁能源、港口物流、绿色石化、滨海旅游、海洋医药和生物制品等新兴产业的发展，促进沿湾产业的转型升级，提高传统优势产业工艺设计和创意水平，延长产业链，提升附加值；进一步优化资源密集型产业的能效水平；引进和培育新型高端服务业态。福建六大湾区的产业发展规划见表11-5。

表11-5 福建六大湾区的产业发展规划

湾区	规划发展的产业
环三都澳湾区	船舶、冶金新材料等临港产业
闽江口湾区	海洋生物医药、海洋可再生能源、海洋工程装备等海洋新兴产业和海洋服务业
湄洲湾区	石化、能源、冶金、电子信息等临港产业
泉州湾区	海洋生物医药、海洋精细化工、新材料、海水综合利用等新兴产业
厦门湾区	邮轮产业及海洋新兴产业
东山湾区	高端临港产业

第四，统筹推进湾区联动发展，切实增强湾区发展的整体性和协同性。协同发展是湾区经济发展的客观要求。为适应协同发展的需要，湾区内政府部门应当秉承“区域发展社区”和“区域合作与一体化”的发展理念，建立健全跨行政区域的多层次沟通协商机制，通过设置湾区发展协调机构，不断完善湾区联动发展合作机制，协调解决湾区发展过程中遇到的重大问题；鼓励商会、行业协会等社会组织充分发挥作用，组建湾区行业联盟，制定统一的行业标准和发展规划；强化港口群之间的合作，探索建立港口合作发展机制，提升港口的整体实力；创新湾区城市之间的协同管理模式，促进商品和要素的自由流动；完善湾区联合执法和法制保障方面的机制，提升湾区依法综合管理的水平。

第五，补齐湾区重大交通等基础设施短板，夯实发展基础。通过发展投资基金、PPP 等模式来筹集资金，进一步推动湾区基础设施建设，补齐通信、水利、地下综合管廊等设施短板，加强疏港路网建设，谋划沿海湾区交通走廊，强化湾区与内陆城市的互联互通，尽早形成便捷、高效的综合立体交通体系，提高对外联通效率。此外，不断提升跨区域基础设施网络互联互通水平，实现福建六大湾区基础设施的共享发展，促进湾区经济从“爬行”升格到“奔跑”。

第六，更加重视高层次人才的培养引进，打造创新高地。创新型人才的持续集聚是实现湾区经济可持续发展的根本动力。为此，要坚持把创新发展摆在更加重要的位置，加大与涉海高校、科研院所的对接与合作力度，着重引进湾区发展过程中迫切需要的湾区发展研究、规划设计、国际航运、金融保险、数据服务、文化旅游等方面的高层次人才，做好人才引进、使用和服务工作，再造创新人才高地；深入实施创新驱动发展战略，不断集聚创新要素，努力建成一批高水平大学、科研中心、实验中心和工程中心，重点进行产业科技创新，不断为湾区经济发展注入新的动力和活力。

第七，坚持开发和保护并重、污染防治和生态修复并举，促进人与湾区和谐共生。处于海陆交接地带的湾区是生态环境较为敏感和脆弱的地区。因此，发展湾区经济，要十分注重绿色发展，加快建立湾区生态红线制度，确立湾区生态保护红线；完善湾区环境管理制度，通过建立环保协同治理机制和实施湾区清洁行动计划，强化对各湾区腹地重点水域的治理，加大区域环境保护力度；构建区域生态补偿机制，促进区域内环保信息的共享，加大环保执法的协作力度；加强生态修复，持续优化湾区生态体系；建立湾区保护责任追究制度。

第八，坚持开放发展，不断提高开放度和国际化水平。开放是湾区经济发展的先决条件和根本优势。为此，一要虚心学习国际国内各大湾区发展的先进经验，不断提高开放度；二要加强对外对内的深度合作，主动对接和服务“21 世纪海上丝绸之路”倡议，深化与海上丝绸之路沿线国家的交流与合作，主动加强与国内其他沿海港口的合作，加快跨国商贸服务网络建设进度，灵活运用贸易自由化、投资便利化政策，大力拓展对外贸易发展空间；三要积极营造开放多元的文化氛围，可以采用高峰论坛、体育赛事、文化展览等方式来开展广泛的人文交流，促进多元、包容的开放文化的形成，从而提升沿湾城市的软实力。

第九，着力打造一流的宜居环境和公共服务环境，实现共享发展。湾区经济崛起的决定性因素之一就是更加宜居宜业的环境优势。宜居是湾区的魅力所在。发展湾区经济，就是要坚持共享发展，使得发展的成果惠及更多民众。为此，一方面，要借鉴世界发达湾区的发展经验，利用滨海优势来打造一流的宜居环境。鉴于此，福建各湾区城市应充分利用丰富的山海资源，从拓宽滨海空间的思路出发，重新修订城市总体规划和功能定位，进一步优化适应产业发展的城市布局，打造更加宜居宜业的生态环境。另一方面，要着力营造一流的公共服务环境。不断强化各湾区城市的公共服务职能，积极探索其在教育、医疗、养老、就业等公共服务领域的共享机制，推进基本公共服务均等化，以改善民生，增进人民福祉。

第四节　长江经济带

一、长江经济带基本概况

长江经济带横跨中国东中西三大区域，是中央重点实施的“两大战略”之一，是具有全球影响力的内河经济带、东中西互动合作的协调发展带、沿海沿江沿边全面推进的对内对外开放带，也是生态文明建设的先行示范带。

长江经济带（Yangtze River Economic Belt）空间范围覆盖上海、江苏、浙江、安徽、江西、湖北、湖南、重庆、四川、云南、贵州等 11 个省市，面积约 205.23 万平方公里，占全国的 21.4%，人口和生产总值均超过全国的 40%。推动长江经济带发展，是以习近平同志为核心的党中央做出的重大决策，是关系国家发展全局的重大战略，对实现“两个一百年”奋斗目标、实现中华民族伟大复兴的中国梦具有重要意义。

2016 年 9 月，《长江经济带发展规划纲要》正式印发，确立了长江经济带“一轴、两翼、三极、多点”的发展新格局。“一轴”是以长江黄金水道为依托，发挥上海、武汉、重庆的核心作用，构建沿江绿色发展轴，推动经济由沿海溯江而上梯度发展；“两翼”分别指沪瑞和沪蓉南北两大运输通道，这是长江经济带的发展基础；“三极”指的是长江三角洲城市群（简称长三角城市群）、长江中游城市群和成渝城市群，充分发挥中心城市的辐射作用，打造长江经济带的三大增长极；“多点”是指发挥三大城市群以外地级城市的支撑作用。具体从推进新型城镇化角度而言，是要抓住城市群这个重点，以长三角城市群为龙头，以长江中游城市群和成渝城市群为支撑，以黔中城市群和滇中城市群两个区域性城市群为补充，以沿江大中小城市和小城镇为依托，形成区域联动、结构合理、集约高效、绿色低碳的新型城镇化格局。

2018 年 11 月，中共中央、国务院明确要求充分发挥长江经济带横跨东中西三大板块的区位优势，以共抓大保护、不搞大开发为导向，以生态优先、绿色发展为引领，依托长江黄金水道，推动长江上中下游地区协调发展和沿江地区高质量发展。2020 年 11 月 14 日，习近平总书记在江苏省南京市主持召开全面推动长江经济带发展座谈会上强调，要坚定不移贯彻新发展理念，推动长江经济带高质量发展，谱写生态优先绿色发展新篇章，打造区域协调发展新样板，构筑高水平对外开放新高地，塑造创新驱动发展新优势，绘就山水人城和谐相融新画卷，使长江经济带成为我国生态优先绿色发展主战场、畅通国内国际双循环主动脉、引领经济高质量发展主力军。

（一）发展条件

长江流域孕育了发达的长江经济带。长江经济带是整个长江流域最发达的地区，也是全国除沿海开放地区以外，经济密度最大的经济地带，它对我国经济发展的战略意义是其他经济带所无可比拟的。与沿海和其他经济带相比，长江经济带拥有我国最广阔的腹地和发展空间，是我国经济增长潜力最大的地区，将成为世界上可开发规模最大、影响范围最广的内河经济带。

一是交通便捷，具有明显的河运优势。长江是中国最大的河流，理论上可以通航万吨河轮，运量比铁路大，价格也比铁路低。长江经济带横贯我国腹心地带，流域面积广阔，不仅有赣江、汉江、湘江等支流，还与京沪、京九、京广、皖赣、焦柳等南北铁路干线交汇，承东启西，接南济北，通江达海。

二是资源优势。首先是具有极其丰沛的淡水资源，其次是拥有储量大、种类多的矿产资源，此外还拥有闻名遐迩的众多旅游资源和丰富的农业生物资源，开发潜力巨大。

三是产业优势。这里历来就是我国最重要的工业走廊之一，我国钢铁、汽车、电子、石化等现代工业的精华大部分汇集于此，集中了一大批高耗能、大运量、高科技的工业行业和特大型企业。此外，大农业的基础地位也居全国首位，沿江九省市的粮棉油产量占全国的40%以上。

四是人力资源优势。长江流域是中华民族的文化摇篮之一，人才荟萃，科教事业发达，技术与管理先进。

五是城市密集，市场广阔。沿江九省市拥有大小城市200多个，城市化水平高于全国平均水平，城市密度大，这一地区人口密集，居民收入水平相对较高，各种消费需求也十分可观，对于国内外投资者有很强的吸引力。

（二）战略定位

1. 引领中国经济高质量发展的排头兵

长江经济带覆盖我国11个省市，横跨东中西三大板块，国土面积虽然只占全国的21.4%，但集聚了42.8%的人口，2018年创造了44.1%的国内生产总值，在我国经济发展中具有重要引擎作用。长江经济带东有长三角城市群，西为中西部广阔腹地，市场需求潜力和发展回旋空间巨大。在当前全球经济增速放缓、不确定性增多，我国经济已由高速增长阶段转向高质量发展阶段的大背景下，推动长江经济带高质量发展，必须充分发挥长江黄金水道的独特作用，构建现代化综合交通运输体系，推动沿江产业结构优化升级，培育具有强大竞争力的三大城市群，使之成为引领我国经济高质量发展的排头兵。

2. 实施生态环境系统保护修复的创新示范带

长江是我国重要的生态宝库和生物基因宝库，流域内动植物千姿百态，珍稀水生生物十分宝贵，生物多样性居我国七大流域之首。长江也是我国水量最丰富的河流，年均水资源总量达9 960亿立方米。长江流域森林覆盖率达40%以上，河湖湿地面积约占全国的20%。推动长江经济带高质量发展，必须坚持共抓大保护、不搞大开发，统筹江河湖泊丰富多样的生态要素，构建江湖关系和谐、流域水质优良、生态流量充足、水土保持有效、生物种类多样的生态安全格局，使之成为实施生态环境系统保护修复的创新示范带。

3. 培育新动能引领转型发展的创新驱动带

长江经济带科教资源富集，普通高等院校数量占全国的43%，研发经费支出占全国的46.7%，有效发明专利数占全国的40%以上。长江沿线集聚了2个综合性国家科学中心、9个国家级自主创新示范区、90个国家级高新区、161个国家重点实验室、667个企业技术中心，占据了全国的“半壁江山”。推动长江经济带高质量发展，必须依托区域人才、智力密集优势，坚定不移推进供给侧结构性改革，坚决淘汰落后过剩产能，大力激发创新创业创造活力，实现由要素驱动、投资驱动向创新驱动的转变，使之成为培育新动能引领转型发展的创新驱动带。

4. 创新体制机制推动区域合作的协调发展带

长江经济带上中下游资源、环境、交通、产业基础等发展条件差异较大，中游、上游人均地区生产总值仅分别为下游的60.3%和49.2%，地区间基本公共服务水平差距明显。推动长江经济带高质量发展，必须立足上中下游地区比较优势，创新区域协调发展机制，统筹人口分布、经济布局与资源环境承载能力，打破行政分割和市场壁垒，促进要素跨区域自由流动，提高要素配置效率，激发内生发展活力，使之成为创新体制机制推动区域合作的协调发展带。

二、长三角城市群

（一）基本概况

长三角城市群在上海市、江苏省、浙江省、安徽省范围内，由以上海为核心、联系紧密的多个城市组成。具体范围包括：上海市，江苏省的南京、无锡、常州、苏州、南通、盐城、扬州、镇江、泰州，浙江省的杭州、宁波、嘉兴、湖州、绍兴、金华、舟山、台州，安徽省的合肥、芜湖、马鞍山、铜陵、安庆、滁州、池州、宣城等26市，总面积为21.17万平方公里。2019年常住人口为1.75亿人，GDP为19.73万亿元。

（二）发展条件

1. 区位优势

长三角城市群处于东亚地理中心和西太平洋的东亚航线要冲，是“一带一路”与长江经济带的重要交汇地带，在国家现代化建设大局和全方位开放格局中具有举足轻重的战略地位。交通条件便利，经济腹地广阔，拥有现代化江海港口群和机场群，高速公路网比较健全，公铁交通干线密度全国领先，立体综合交通网络基本形成。

2. 自然禀赋

长三角城市群滨江临海，环境容量大，自净能力强。气候温和，物产丰富，突发性恶性自然灾害发生频率较低，人居环境优良。平原为主，土地开发难度小，可利用的水资源充沛，水系发达，航道条件基础好，产业发展、城镇建设受自然条件限制和约束小，是我国不可多得的工业化、信息化、城镇化、农业现代化协同并进区域。

3. 综合经济实力

长三角城市群产业体系完备，配套能力强，产业集群优势明显。科教与创新资源丰富，拥有普通高等院校 300 多所、国家工程研究中心和工程实验室等创新平台近 300 家，人力人才资源丰富，年研发经费支出和有效发明专利数均占全国的约 30%。国际化程度高，中国（上海）自由贸易试验区等对外开放平台建设不断取得突破，国际贸易、航运、金融等功能日臻完善，货物进出口总额和实际利用外资总额分别占全国的 32%和 55%。

4. 城镇体系

长三角城市群大中小城市齐全，拥有 1 座超大城市、1 座特大城市、13 座大城市、9 座中等城市和 42 座小城市，各具特色的小城镇星罗棋布，城镇分布密度达到每万平方公里 80 多个，是全国平均水平的 4 倍左右，常住人口城镇化率达到 68%。城镇间联系密切，区域一体化进程较快，省市多层级、宽领域的对话平台和协商沟通比较通畅。

（三）发展定位

长三角城市群的总体定位是顺应时代潮流，服务国家现代化建设大局，从战略高度优化提升打造改革新高地、争当开放新尖兵、带头发展新经济、构筑生态环境新支撑、创造联动发展新模式，建设面向全球、辐射亚太、引领全国的世界级城市群。围绕总体定位，加快在以下发展定位上实现突破：

1. 最具经济活力的资源配置中心

围绕上海国际经济、金融、贸易、航运中心建设以及中国（上海）自由贸易试验区建设，加快制度创新和先行先试，成为资源配置效率高、辐射带动能力强、国际化市场化法制化制度体系完善的资源配置中心。

2. 具有全球影响力的科技创新高地

瞄准世界科技前沿领域和顶级水平，建立健全符合科技进步规律的体制机制和政策法规，最大程度激发创新主体、创业人才的动力、活力和能力，成为全球创新网络的重要枢纽，以及国际性重大科学发展、原创技术发明和高新科技产业培育的重要策源地。

3. 全球重要的现代服务业和先进制造业中心

加快推进产业跨界融合，重点发展高附加值产业、高增值环节和总部经济，加快培育以技术、品牌、质量、服务为核心的竞争新优势，打造若干规模和水平居国际前列的先进制造产业集群，形成服务经济主导、智能制造支撑的现代产业体系。

4. 亚太地区重要国际门户

服务“一带一路”建设，提高开放型经济发展水平，打造在亚太乃至全球有重要影响力的国际金融服务体系、国际商务服务体系、国际物流网络体系，在更高层次参与国际合作和竞争。

5. 全国新一轮改革开放排头兵

加快推进简政放权、放管结合、优化服务改革，统筹综合配套改革试点和开放平台建设，复制推广自由贸易试验区、自主创新示范区等成熟改革经验，在政府职能转变、要素市场一体化建设、公共服务和社会事业合作、体制机制创新等方面先行先试。在提升利用外资质量和水平、扩大服务业对外开放、集聚国际化人才、探索建立自由贸易港区等方面率先突破，加快探索形成可复制可推广的新经验新模式，形成引领经济发展新常态的体制机制和发展方式。

6. 美丽中国建设示范区

牢固树立并率先践行生态文明理念，依托江河湖海丰富多彩的生态本底，发挥历史文化遗产众多、风景资源独特、水乡聚落点多面广等优势，优化国土空间开发格局，共同建设美丽城镇和乡村，共同打造充满人文魅力和水乡特色的国际休闲消费中心，形成青山常在、绿水长流、空气常新的生态型城市群。

（四）重点发展方向

1. 加快产业优化升级

在经济全球化背景下，区域参与国际分工越来越多地表现为以若干大的城市群通过资源整合和产业协作来发挥整体竞争优势。但目前长三角第二产业仍然占据主导地位，第三产业发展不足。今后，长三角要坚定不移地坚持“三二一”产业发展方针，正确处理好现代服务业与现代制造业的相互关系，加速产业结构调整步伐，以现代服务业拉动相关产业的发展，把长三角地区打造成全球重要的服务外包基地和世界级先进制造业基地。

2. 推进区域一体化进程

目前，长三角区域一体化态势日趋明显，在整体布局上呈现出以下三方面的基本特征：一是基本形成了长三角城市群布局的基础设施体系，“同城效应”日益凸显。二是农村人口向城镇转移趋势加大，区域城市化水平逐步提高。三是在城市体系布局上呈现特大及大城市偏少的扁平结构。目前，长三角城市群体制机制一体化仍然存在诸多障碍，主要表现在过度竞争依然存在、合作交流不够充分、行政协调管理职能薄弱三个方面。今后，长三角要进一步加快基础设施一体化建设，加速形成长三角地区各主要城市交通“同城化”。加速统一、开放的市场体系建设，保持区域内资本、技术、劳动力等要素市场的开放性，实现以企业为主体、以市场为纽带的区域合作。

3. 以上海为核心，构建“多轴线、多中心、网络化”框架

产业结构高级化是多轴线、多中心、网络化的主要动力。国际经验表明，一方面，传统劳动密集型和资本密集型制造业从城市中心区向外扩散；另一方面，需要大量信息和交流、联系的生产性服务业在城市进一步集聚。在布局上，呈现出“大区域集中、小区域分散”的“集中式分散”的“多轴线、多中心、网络化”基本态势。今后，长三角要进一步加强长三角城市群网络化的内部循环联系，提升交通、通信、金融、商贸、物流等设施平台的服务功能，提高城市间生产与交易效率，优化基于网络的城市协调功能。各城市应注重发展横向多边关系，实现多中心协同发展，中小城市要增强与整体网络的联系，积极参与国际和区域分工，对分散的资源、要素、企业和经济部门在城市群网络中进行跨区域整合，发挥群体协作产生的正向溢出效应。

三、长江中游城市群

（一）基本概况

长江中游城市群是以武汉城市圈、环长株潭城市群、环鄱阳湖城市群为主体形成的特大型城市群，具体范围包括：湖北省武汉市、黄石市、鄂州市、黄冈市、孝感市、咸宁市、仙桃市、潜江市、天门市、襄阳市、宜昌市、荆州市、荆门市，湖南省长沙市、株洲市、湘潭市、岳阳市、益阳市、常德市、衡阳市、娄底市，江西省南昌市、九江市、景德镇市、鹰潭市、新余市、宜春市、萍乡市、上饶市以及抚州市、吉安市的部分县（区），总面积达 32.61 万平方公里。2019 年常住人口为 1.31 亿人，GDP 为 9.38 万亿元。

武汉城市圈在经济、金融、科技、教育及交通等方面表现较为突出，由于是湖北省的核心发展区域，集全省之力优先发展该地域。其中心城市武汉作为经济增长极的效用逐渐显现，在过去多年中，已经在生物医药与智能制造等多个行业领域形成了战略性新兴产业集群。

环长株潭城市群生态气候条件较为优越，水资源丰富，坐拥长江中下游平原以及洞庭湖平原的良好地理资源，形成了较为发达的农业。该城市群本身就属于老工业基地，产业基础非常扎实。长株潭一体化城市交通网络不断完善，初步建成了半小时通勤圈，形成了高铁、城铁、高速、城际快速道以及公交、航道共同构建的立体交通网络。

环鄱阳湖城市群紧挨着珠三角、长三角这两大经济发展全国领先的区域以及闽东南经济发达地区，还有国家重点生态保护区——鄱阳湖。此外，工业基础雄厚，集中了全省的支柱产业，航空制造、锂电新能源、电子信息等为其主导行业，经济外向度较高，拥有丰富的自然风景旅游资源与红色旅游资源。虽然鄱阳湖城市群区位优势明显，城镇建设发展较快，但经济水平则相对滞后，整体提升空间较大。

（二）发展条件

1. 具有特殊的历史渊源

长江中游城市群山水相连、人文相亲，自古以来就有着特殊的文化渊源，经贸往来非常密切，具有发展成为跨区域特大型城市群的深厚基础。

2. 交通条件优越

长江中游城市群临江达海，经济腹地广阔，拥有一批现代化港口群、区域枢纽机场以及铁路、公路交通干线，基本形成了密集的立体化交通网络，综合交通枢纽建设取得积极进展，在全国综合交通网络中具有重要的战略地位。

3. 经济实力较强

长江中游城市群人口众多、资源丰富，农业特别是粮食生产优势明显，工业门类较为齐全，形成了以装备制造、汽车及交通运输设备制造、航空、冶金、石油化工、家电等为主导的现代产业体系，战略性新兴产业和服务业发展迅速。

4. 城镇化基础良好

以武汉、长沙、南昌为中心的武汉城市圈、环长株潭城市群、环鄱阳湖城市群发展迅速，形成了一批各具特色的中小城市和小城镇，生态环境容量较大，城乡区域发展趋于协调。

5. 合作交流密切

区域内跨省交流合作平台已达 30 多个，自 2012 年初签订长江中游城市群战略合作框架协议以来，基础设施、产业、市场、社会事业等重点领域合作迅速展开，各省会城市先后签署了《武汉共识》《长沙宣言》等协议，咸（宁）岳（阳）九（江）小三角、九江与黄冈跨江跨区合作开发、新（余）宜（春）萍（乡）与长株潭合作等重点地区一体化发展积极推进。

（三）发展定位

1. 中国经济新增长极

加快转变经济发展方式，实施创新驱动发展战略，发展壮大先进制造业，提升现代服务业发展水平，积极培育战略性新兴产业，大力发展现代农业，把长江中游城市群建设成为具有全球影响力的现代产业基地和全国重要创新基地，提升城市群综合实力和竞争力，打造长江经济带发展重要支撑，带动中西部地区加快发展，构建中国经济新的增长极。

2. 中西部新型城镇化先行区

不断完善城市群融合发展的体制机制，推动城市群集约集聚发展，调整城镇行政区设置，优化城市空间形态和空间布局，提高城镇综合承载能力，促进城镇发展与产业支撑、转移就业和人口集聚相统一，建设与山脉水系相融合的宜居宜业城市，打造农业转移人口就近城镇化典范，促进城乡融合互动，推动建立城市群一体化发展模式。

3. 内陆开放合作示范区

以长江黄金水道和重要交通通道为纽带，依托中心城市和产业基地，畅通内外联系，加强与长三角、珠三角、成渝等地区合作互动，构建统一开放的市场体系和高水平的对外开放平台，深化全球合作和国际交流，打造内陆地区全方位、多层次开放合作的先行示范区。

4. “两型”社会建设引领区

加快资源节约型与环境友好型社会建设，推动形成绿色低碳的生产生活方式和城市建设管理模式，建立跨区域生态建设和环境保护的联动机制，扩大绿色生态空间，打造具有重要影响力的生态型城市群，为全国“两型”社会和生态文明建设积累新经验、提供典型示范。

（四）重点发展方向

1. 推进一体化发展进程

编制长江中游城市群一体化发展规划，并将推进长江中游城市群一体化发展作为国家战略纳入“十四五”发展规划纲要。借鉴粤港澳大湾区建设、长三角一体化发展和成渝地区双城经济圈建设中的经验做法，在国家层面成立长江中游城市群一体化发展领导小组，加强对一体化建设的领导，统筹推进一体化发展战略的实施。

2. 发挥武汉的核心城市作用

建议进一步增强武汉作为中心城市、长江经济带核心城市的能级和辐射带动能力，在“十四五”期间，加大对武汉重大科研项目、重点产业、重大基础设施建设的布局力度，在武汉建设综合性国家科学中心、国家（中部）科技创新中心，批准设立国家级武汉长江新区。

3. 构建长江中游科技创新共同体

一是提升区域原始创新能力。支持三省共同设立联合科研基金与联合创新团队项目、三省重点高校结合自身优势学科和当地发展需求跨省开展合作办学和研发。二是充分发挥政府在科技创新中的基础性和引导性作用，提升资源共享与转化活力。探索建立区域创新收益共享机制，加快科技资源共享服务平台优化升级，推动科技资源合理开放与流动，促进科技成果的本地转化。三是发挥企业在科技创新中的主体作用，支持三省龙头企业组建创新联合体，引导地方产业集群高端化和专业化。

4. 构建合理高效的区域产业空间布局

加强政策引导，规划若干战略性产业发展走廊，强化区域产业联动和协作，形成差异分工、协作互补的产业发展格局。支持国家信息光电子创新中心、国家数字化设计与制造创新中心等建设，鼓励具备条件的地市开展汽车电子领域关键技术研发和平台建设，积极引导开展超高清视频协同中心建设，聚焦电子信息、工程机械、轨道交通等优势产业领域，培育有国际竞争力的先进制造业集群。开展核心城市与周边城市的产业合作和基础设施联通，加快形成城际资源共享、优势互补的格局。

5. 加强基础设施互联互通

加大区域性大型交通设施项目布局力度，协调高铁、城际、高速和水运航线的跨省布局，有计划地引导要素向沿线城市集聚；支持加开省会间高铁直达班次，打造 1 小时交通圈。

6. 加强生态建设省际合作

支持搭建省际生态合作平台和机制。依托洞庭湖、鄱阳湖、幕阜山等省际生态资源，成立一体化生态合作示范区，构建统一的“总体规划—单元规划—详细规划”三级国土空间规划体系，制定统一的生态保护、城乡建设、全域旅游等专项规划和年度计划，联合打造高品质的生态文旅高地。支持建立三省财政共同投入机制，设立一体化示范区投资开发基金，建立土地使用权、排污权、用能权、产权、技术等要素综合交易平台，并在条件成熟时扩大到全域范围。

四、成渝城市群

（一）基本概况

成渝城市群包括重庆市的渝中、万州、黔江、涪陵、大渡口、江北、沙坪坝、九龙坡、南岸、北碚、綦江、大足、渝北、巴南、长寿、江津、合川、永川、南川、潼南、铜梁、荣昌、璧山、梁平、丰都、垫江、忠县等 27 个区（县）以及开县、云阳的部分地区，四川省的成都、自贡、泸州、德阳、绵阳（除北川县、平武县）、遂宁、内江、乐山、南充、眉山、宜宾、广安、达州（除万源市）、雅安（除天全县、宝兴县）、资阳等 15 个市，总面积达 18.5 万平方公里。2019 年常住人口为 9 600 万人，GDP 为 6.3 万亿元。

（二）空间格局

1. “两圈、两群、三带”的分布格局

“两圈”：重庆都市圈和成都都市圈。重庆都市圈指以重庆主城区为中心的1小时经济圈，包括渝中、江北、沙坪坝等区县。成都都市圈以成都主城区为中心，包括周围的几个县级市。该地区生产总值占到了全省的三分之一，人口和产业在此高度集中。

“两群”：川东北城市群和川南城市群。川东北城市群主要包括南充、达州等市。其中，南充作为四川省第二大城市，凭借优越的地理位置，已发展成为川东北交通枢纽和区域经济中心，与重庆、成都构成黄金三角后，其发展必然会带动整个川东北地区的发展。川南城市群包括宜宾、自贡、内江、泸州四市，经济总量占四川省的五分之一左右。该区域经济基础好，发展潜力大，是川滇渝交界区新的经济增长极。

“三带”：三个发展带在空间上呈斜“工”字形分布。其一是以成都为中心，沿宝成、成昆一线；其二是沿成遂渝铁路一线；其三是沿长江干流一线。

2. 城镇沿交通轴线分布

成渝城市群城镇主要分布在重要交通设施沿线及长江和主要支流沿岸。这样的分布格局虽然有利于沿线的城镇发展，但也给沿线城镇的空间开发带来了一定的自然限制。例如内江等城市，虽然处于铁路交通干线上，但城镇建设和扩张受到铁路的影响。在成都和重庆之间的几大交通轴线附近，部分市县并没有随着交通设施的建设而兴起。

3. 经济发展与产业结构

（1）经济增长迅速，在全国的地位不断提升。

成渝城市群是中国西部人口数量最密集的区域，也是西部地区工农业生产最为发达的区域，是西部大开发的重要支撑点。作为西南地区重要的科技、经济和商贸中心，成渝城市群是国家高新技术产业扩散的首选区域。

（2）产业以第二产业为主，处于快速工业化发展时期。

成渝城市群产业结构呈现典型的“二三一”模式，第二产业主导经济发展，占比稳定，第三产业占比逐渐上升，第一产业持续下降。

4. 综合交通状况

在公路方面，公路运输在各种运输方式中占主导地位，主要承担短途运输功能。成渝城市群已基本形成以重庆、成都为中心，由高速公路、国家干线公路、国道、省道为骨架的公路网。

在铁路方面，铁路主要承担长途客货运输。

在航运方面，内河运输承担着一定的长、中、短途客货运输，尤其是集装箱及大件运输。

在航空方面，航空运输发展迅速。成渝城市群已经构建起以重庆、成都两个枢纽机场为主，绵阳、南充等次级机场为辅，辐射全国的干线、支线运输网络。

（三）发展定位

立足西南、辐射西北、面向欧亚，高水平建设现代产业体系，高品质建设人居环境，高层次扩大对内对外开放，培育引领西部开发开放的国家级城市群，强化对长江经济带发展、西部大开发等国家战略以及“一带一路”建设的支撑作用。围绕上述总体定位，加快在以下发展定位上实现突破：

1. 全国重要的现代产业基地

加快推进新型工业化进程，培育壮大新动能，加快发展新经济，实施“互联网+”行动计划，创新承接产业转移，发展壮大先进制造业和现代服务业，打造全国重要的先进制造业和战略性新兴产业基地，建设世界级文化旅游目的地、全国重要的商贸物流中心、长江上游地区金融中心等现代服务业高地，建成产业链完善、规模效应明显、核心竞争力突出、支撑作用强大的现代产业基地。

2. 西部创新驱动先导区

充分发挥重庆、成都国家创新型城市和绵阳国家科技城等创新资源优势，聚焦重点领域和关键技术，促进创新资源综合集成，加快区域创新平台建设，推进全面创新改革试验，健全技术创新市场导向机制，激发企业、大学和科研机构创新活力，强化科研成果转化，推动军民融合发展，建设成为西部创新驱动先导区。

3. 内陆开放型经济战略高地

充分发挥长江上游开放高地优势，依托长江黄金水道强化对内合作，依托西南西北通道强化对外开放。完善开放体系，健全开放平台，创新内陆开放模式，建成西南地区国际交往中心、国家向西开放战略支点，打造推动长江经济带与丝绸之路经济带联动发展的战略性枢纽。

4. 统筹城乡发展示范区

深化重庆、成都全国统筹城乡综合配套改革试验区建设，重点突破农业转移人口市民化、农村产权流转交易、新型农业经营体系构建、城乡要素自由流动、城乡统筹规划、农村基层治理创新等方面的体制机制障碍，总结推广行之有效的经验做法，全域推进城乡统筹发展，形成以工促农、以城带乡、工农互惠、城乡一体的新型工农、城乡关系。

5. 美丽中国的先行区

推进生态文明建设，优化国土开发空间，构建生态安全格局，打造长江上游生态屏障。依托江河湖泊丰富多样的生态要素，发挥历史文化遗存和风景资源丰富、山水聚落独特的优势，建设显山露水、透绿见蓝的区域开敞空间，建设有历史记忆、文化脉络、地域风貌、民族特点的美丽城市，形成城在绿中、道在林中、房在园中、人在景中的山水城市群。

（四）重点发展方向

坚持走新型城镇化道路，充分发挥大中小城市和小城镇的比较优势，发挥核心城市的辐射带动力，增强区域性中心城市的综合承载力，激发中小城市和小城镇的发展活力，强化分工协作，提升区域整体竞争力，形成等级合理、功能明确、互补联动的城镇体系。

1. 提升核心城市辐射带动功能

增强重庆和成都高端要素集聚能力，发挥科技创新、文化引领和综合服务功能，优化功能分区和产业布局，构建轨道上的都市圈。优先发展高端服务业，大力提高自主创新能力。增强文化软实力，提升城市综合竞争力，提高辐射带动能力。增强两江新区和天府新区高端要素服务功能，突出金融、科技创新等重点领域，推进全方位、多层次、宽领域的对内对外开放，努力改善营商环境，打造以现代制造业为主、高端服务业集聚、宜业宜商宜居的国际化现代新城区。

2. 壮大轴带上的节点城市

进一步增强轴带上节点城市综合承载能力，合理确定发展规模，完善城市功能，加快产业和人口集聚，提高要素集聚、科技创新、文化引领和综合服务功能，推动产业转型升级，支撑区域整体发展。支持南充中心城区强化交通枢纽功能、商贸物流功能和金融中心功能，壮大城市规模，增强辐射带动能力。提高宜宾、泸州、绵阳、涪陵、合川等城市的发展质量，加快发展特色优势产业和战略性新兴产业，大力发展现代服务业，完善服务功能，增强就业吸纳能力，建设 150 万人口以上大城市。加快发展德阳、乐山、内江、自贡、遂宁、广安、眉山、资阳、永川、南川等城市，加大基础设施和配套服务设施建设力度，依托各类园区加快产业发展，建设 100 万人口大城市。

3. 加快县级市和县城发展

发挥县级市和县城的集聚和辐射带动能力，尽快培育发展一批经济基础较好、人口规模较大、资源环境承载力较强的县城，充分发挥其对城市群发展的重要支撑作用。加快发展大城市周边卫星城，发挥区位优势，支持重庆、成都两个大都市周边县城发展，加强统筹规划与功能配套，注重分工协作，适度增加建设用地供给，推动中心城区部分功能向卫星城疏散，改善人居环境，鼓励引导农村居民进入县城居住和创业，建设产城融合、城乡融合、富有地方特色的宜居城市。

4. 有重点地发展小城镇

重视发展小城镇，要发挥小城镇功能和连接大中城市的区位优势，支持经济实力雄厚、竞争力较强、发展空间较大的重点镇加快发展，因地制宜地发展各类综合性或专业性商品批发市场，建设农副产品的生产、加工和销售基地，充分利用风景名胜及人文景观，发展观光旅游业，努力打造一批特色鲜明的工业镇、商贸镇、旅游镇，完善重点镇基础设施，增强重点镇公共服务能力，鼓励农村新办企业向镇区集中，鼓励大中城市的工商企业到小城镇发展。

五、滇中城市群

（一）基本概况

滇中城市群包括昆明市、曲靖市、玉溪市、楚雄州全境及红河州北部 7 个县、市，共 49 个县、市、区，总面积达 11.14 万平方公里。2018 年常住人口为 2 127 万人，GDP 为 1.02 万亿元，2019 年 GDP 为 1.41 万亿元。

（二）发展条件

1. 区位条件

滇中位于中国西南，地处东亚大陆、南亚次大陆和中南半岛的交接区域，是“中国—南亚—东南亚”三大区域的几何中心。地理条件独特，拥有参与多边外向区域合作的区位优势。

2. 自然资源

滇中城市群是云南省坝区相对集中的区域，拥有全省 2/3 的坝区资源。气候优越、环境优质，矿产丰富、经济价值较高，生物资源种类繁多，是全省综合自然地理条件与资源禀赋较优越的地区。

3. 经济基础

滇中城市群产业门类较为齐全，经济总量占全省的 60%以上。近年产业结构不断优化，经济活力不断增强，形成以烟草、有色金属冶炼、装备制造业等为主的增长点，具有较强的区域竞争力。

4. 城镇化水平

滇中城市群处于城镇化快速发展阶段，“十三五”时期城镇化率年均提高了 1.54 个百分点，形成了由 1 个大城市、1 个中等城市、8 个小城市、27 个县城组成的城镇体系，成为全省新型城镇化的主体形态和现代化建设的重要载体。基础设施建设成效突出，以昆明为中心的现代化综合交通网络初步成型，各级城镇之间联系日趋紧密。

（三）发展定位

发挥区位优势，引领云南现代化建设，构筑生态文明建设新支撑，推进民族团结进步新发展，构建改革开放新格局，开启边疆繁荣稳定新征程，建设面向南亚东南亚开放的门户城市群。围绕总体定位，加快在以下发展定位上实现突破：

1. 面向南亚东南亚辐射中心的核心区

全面推进互联互通，加强面向南亚东南亚的开放平台和开发开放功能区建设，打造具有区域影响力的国际贸易、国际物流、金融服务网络体系，增强文化、教育、医疗等公共服务辐射能力，将滇中城市群建成我国西南沿边开发开放高地。

2. 通达南亚东南亚及印度洋的综合枢纽

以现代化立体客货运枢纽体系和综合交通运输通道建设为重点，增强能源供应、信息数据等的服务支撑能力，全面提升门户枢纽功能，建设现代高效的衔接南亚东南亚地区和印度洋周边经济圈的综合枢纽。

3. 西部地区重要经济增长极

坚持开放型、创新型和绿色化、信息化、高端化“两型三化”产业发展方向，加快传统产业转型升级及现代服务业发展，培育战略性新兴产业集群，构建现代产业体系，打造区域性开放型经济和战略性新兴产业高地、西部现代服务业基地和先进制造业基地。

4. 实现现代化的强大引擎

充分发挥滇中城市群资源环境与产业基础优势，转变发展方式、优化经济结构，加强创新体系建设、强化科技力量支撑、增强辐射带动作用，建设云南最具竞争优势和发展活力的经济高地。

5. 高原生态宜居城市群

践行绿水青山就是金山银山的理念，推进绿色发展，保护高原湖泊和江河流域生态环境，发展大健康产业集群，优化城乡人居环境，打造全球范例性健康生活目的地，形成布局合理、功能互补、城乡融合、山清水秀、特色鲜明的高原生态宜居城市群。

（四）重点发展方向

1. 推进民族团结进步

民族文化特色更加鲜明，各民族共同团结奋斗，共同繁荣发展，民族地区尤其人口较少民族地区经济发展成效显著，社会保障与基础设施配套基本完善，成为全国民族聚居地区新型城镇化建设的示范。

2. 建设生态文明

以主体功能区划为基础的国土空间开发格局基本形成，“三江”“六湖”区域生态环境优良，集约节约开发模式成为主导，产业转型升级成效显著，区域生态环境得到有效保护，为生态文明建设排头兵建设提供有力支撑。

3. 形成辐射新内核

面向南亚东南亚开放的门户地位更加突出，开放平台与国际大通道建设水平进一步提升，国际化贸易与服务网络基本形成，与国内腹地的联系更加紧密，经济外向度显著提高，成为新兴的具有明显区域影响力的门户城市群。

4. 构建城市群发展新机制

阻碍要素自由流动的行政壁垒和体制机制障碍基本消除，合作共赢、高度协同的市场机制基本建立，基础设施互联互通、基本公共服务均等共享、生态环境联防联治的机制基本建立，形成城市群一体化发展机制。

六、黔中城市群

（一）基本概况

黔中城市群包括贵阳市南明区、云岩区、白云区、花溪区、乌当区、观山湖区、清镇市、修文县、息烽县、开阳县，遵义市红花岗区、汇川区、播州区、绥阳县、仁怀市，安顺市西秀区、平坝区、普定县、镇宁县，毕节市七星关区、大方县、黔西县、金沙县、织金县，黔东南州凯里市、麻江县，黔南州都匀市、福泉市、贵定县、瓮安县、长顺县、龙里县、惠水县，共计 33 个县（市、区），总面积达 5.38 万平方公里。

（二）发展条件

1. 区位交通状况

从区位上看，黔中城市群地处我国西南内陆腹地的长江、珠江上游地区，背靠成渝经济区，面向东部发达地区，临近东南亚地区，区位优势十分明显。黔中城市群地处全国“两横三纵”城市化战略格局中的沿长江通道横轴和包昆通道纵轴交汇地带，地理位置相当重要。区域内有国家规划的多条高速铁路，加之正在建设的多条高速公路，整个区域将逐步形成较为完善的交通路网。

2. 自然资源状况

贵州矿产资源丰富。境内矿产资源种类繁多，分布广泛，门类齐全，储量丰富，且成矿地质条件好，是著名的矿产资源大省。截至 2002 年底，全省已发现矿产 110 多种，其中有 76 种探明了储量，有多种资源保有储量排在全国前列，在国内占有重要地位。

3. 经济发展水平

黔中城市群的工业化和城镇化发展水平均滞后于全国平均发展水平。到目前为止，黔中多数城市的工业发展仍处于粗放式增长阶段。黔中地区的工业结构中，轻重工业发展不平衡，冶金、化工等高耗能产业比重较大、环保设施体系发展较为滞后。工业总体发展层次较低，资源开采和简单加工行业比重较大，产业链条短，加工深度、综合利用程度和创造的附加值都比较低。

4. 城市发展程度

黔中地区拥有一定规模与数量的城市和城镇。黔中地区城市密度大，是贵州经济发展的精华所在，具有发展城市群的良好条件。贵阳、遵义、安顺、都匀、凯里等城市及众多小城市和小城镇，构成了黔中地区城市群发展的基础，但这也造成了黔中地区城市发展结构不合理的局面。除贵阳市是一个特大城市外，中间缺少大城市，第二大城市遵义市离大城市的人口标准还较远。中等城市也只有两个，其余都是小城市和建制镇。同时城乡收入差距较大。

（三）发展定位

1. 西部地区新的经济增长极

加快转变经济发展方式，走以新型工业化、信息化带动新型城镇化的道路，全面实施“互联网＋”行动计划，积极承接产业转移，大力发展先进制造业和大数据、大健康、大旅游、大生态产业，培育先进产业集群，增强产业核心竞争力，促进城市间产业分工协作，建设成为国家大数据综合试验区的先导区，山地特色旅游基地，大健康产业基地，西部地区重要的先进制造业基地和商务会展中心，以及西南地区重要的金融、商贸物流中心和交通枢纽。

2. 山地特色新型城镇化先行示范区

提升大中城市综合承载能力，发展各具特色的小城镇，推进安顺市、都匀市、贵安新区、播州区等国家新型城镇化综合试点，加快凯里中小城市综合改革试点，加大农业转移人口市民化、绿色集约高效城镇建设、城乡区域协调发展体制机制改革创新的力度，率先在城市群中走出一条符合贵州山地特色的融合、集约、高效、生态、多元型的城镇化道路，形成与全国其他省份不同的山地特色城市群培育发展的新模式和新路径。

3. 内陆开放型经济新高地

加快推进内陆开放型经济试验区建设，深度对接和融入“一带一路”、长江经济带、京津冀协同发展、泛珠三角合作等，高水平建设国家级新区、高新区、经开区、综合保税区等开放平台，加强与全国重点区域及周边省份的合作，注重“引进来”与“走出去”双向着力，构建立体开放通道体系，扩大开放领域，全面提升贸易投资便利化水平，培育贸易竞争新优势，为全省对外开放水平迈入中西部前列发挥重要支撑带动作用。

4. 绿色生态宜居城市群

把生态文明建设放在突出地位，着力推进生态环境共建共保，优化生产生活生态空间结构，因地制宜发展绿色经济，扩大绿色生态空间，发挥气候环境优势，依托特有的山、水、林、田自然景观和丰富的历史人文景观，营造山水城市，打造绿色小镇，建设美丽乡村，构建和谐社区，塑造一批山地特色景观和建筑群落，构筑山城相融、城在林中、园在城中、水在园中、村在景中的宜居宜业宜游绿色家园。

（四）重点发展方向

围绕贵州努力建设成为一个创新能力较强、产业链群比较完备、要素有序流动、城镇体系不断优化、开放程度较高、生态环境宜居的城市群。

1. 增强综合发展实力

经济发展质量和效益明显提高，传统产业成功实现转型升级，新产业、新业态高速成长，大数据、大旅游、大健康、高端装备制造、优势特色轻工等支撑作用愈加明显，制造业与服务业实现深度融合，形成西部地区极具竞争力的新兴产业集群，城市间产业协作不断深化，区域整体竞争力得到大幅提升，对贵州的引领作用更加强劲。

2. 形成城镇体系结构新格局

贵阳核心城市和贵安新区对周边地区的辐射带动作用凸显，核心圈层建设成效显著，区域性中心城市迅速成长，对周边区域的辐射能力增强，功能完备、布局合理、大中小城市和小城镇协调发展的城镇体系不断优化，有效衔接大中小城市和小城镇的多层次快速交通运输网络形成，通信、能源、水利设施保障能力明显提升，对外通道建设取得明显进展，城镇综合承载力得到有效增强。

3. 创新开放能力

支撑大众创业、万众创新的创新环境更加优化，全社会创业创新活力增强，科技创新能力得到不断提升，对经济发展的支撑作用大幅增强，创新平台和开放平台建设取得重大进展，创新型、开放型经济体系基本形成，“引进来”与“走出去”步伐加快，内陆开放型经济新高地基本建成。

4. 构筑生态环境建设新优势

资源利用更加高效，融合、集约的开发模式成为主导，环境污染得到有效治理，绿色产业、绿色生活和绿色城市建设探索出新模式和新路径，生态系统服务价值不断提升，生态产品市场化供给能力和水平得到提高，生态红利得到充分释放，生态安全格局基本形成，生态优势不断转化为经济后发优势。

5. 建立体制机制改革新支撑

阻碍生产要素自由流动的行政壁垒和体制机制障碍基本消除，市场化配置要素和资源的能力不断提升，区域基础设施共建、公共服务共享、生态环境共保、产业发展共兴、创新资源共用、多规合一的机制基本建立，城市群成本共担和利益共享机制不断创新，重点跨界地区一体化、同城化步伐加快。

关键术语

湾区经济　粤港澳大湾区　长江经济带

思考题

1. 论述湾区经济的基本内涵和形成机制。
2. 分析和阐述我国湾区经济的发展态势和愿景。
3. 深刻分析长江经济带在我国经济发展的重要作用。

主要参考文献

[1] 刘艳霞. 国内外湾区经济发展研究与启示. 城市观察，2014 (3).

[2] 张日新，谷卓桐. 粤港澳大湾区的来龙去脉与下一步. 改革，2017 (5).

[3] 杜昕然. 湾区经济发展的历史逻辑与未来趋势. 国际贸易，2020 (12).

[4] 王旭阳，黄征学. 湾区发展：全球经验及对我国的建议. 经济研究参考，2017 (24).

[5] 马忠新，伍凤兰. The Characterization of Bay Area Economy and Its Open Mechanism. 改革，2016 (9).

[6] 王宏彬. 湾区经济与中国实践. 中国经济报告，2014 (11).

[7] 雷佳. 湾区经济的分析与研究. 特区实践与理论，2015 (2).

[8] 俞少奇. 国内外发展湾区经济的经验与启示. 福建金融，2016 (6).

[9] 李睿. 国际著名“湾区”发展经验及启示. 港口经济，2015 (9).

[10] 申勇，马忠新. 构筑湾区经济引领的对外开放新格局——基于粤港澳大湾区开放度的实证分析. 上海行政学院学报，2017，18 (1).

[11] 冯邦彦. 共建粤港澳大湾区的四个关键问题. 新经济，2017 (1).

[12] 邴綨纶，毛艳华. 港澳台与广东省地缘经济关系匹配研究. 现代管理科学，2017 (4).

[13] 杨素梅. 环珠江口湾区经济发展路径研究. 港口经济，2014 (8).

[14] 张锐. 世界湾区经济的建设经验与启示. 中国国情国力，2017 (5).

[15] 邓志新. 粤港澳大湾区：珠三角发展的新引擎. 广东经济，2017 (5).

[16] 胡琼琼，张谦. 产业结构转型升级与优化促粤港澳大湾区经济高质量发展. 环渤海经济瞭望，2021 (1).

[17] 曾懿粲. 绿色金融促进粤港澳大湾区经济高质量发展的机制分析. 山西农经，2021 (12).

[18] 陈昭，梁淑贞. 粤港澳大湾区科技创新协同机制研究. 科技管理研究，2021，41 (19).

［19］盛朝迅．新时期推动湾区经济发展的思考与建议．全球化，2019（4）．

［20］中国生态文明研究与促进会．蓝绿交汇演绎什么样的生态逻辑？——关于我国重点湾区生态文明建设的报告．中国生态文明，2016（2）．

［21］汪彬，杨露．世界一流湾区经验与粤港澳大湾区协同发展．理论视野，2020（5）．

［22］牟盛辰．浙江大湾区发展策略研究．城乡建设，2019（21）．

［23］卢昌彩．扎实推进浙江大湾区建设研究．决策咨询，2019（5）．

［24］潘毅刚．浙江大湾区建设“四题”．浙江经济，2018（11）．

［25］马宏欣，徐士元．浙江大湾区功能定位与实践举措．中国经贸导刊（理论版），2018（32）．

第十二章

21 世纪区域经济发展的创新模式——“一带一路”

重点问题

- “一带一路”基本内涵和主要内容
- “一带一路”基本框架
- “一带一路”理论研究
- “一带一路”典型案例

第一节 “一带一路”概述

一、“一带一路”基本内涵

“一带一路”（英文：The Belt and Road；缩写：B&R；汉语全拼：yidaiyilu）是“丝绸之路经济带”和“21 世纪海上丝绸之路”的简称。2013 年 9 月和 10 月习近平主席分别提出了共同建设“丝绸之路经济带”和“21 世纪海上丝绸之路”的合作倡议。“一带一路”不是一个实体和机制，而是合作发展的理念和倡议，是充分依靠中国与有关国家既有的双多边机制，借助既有的、行之有效的区域合作平台，借用古代“丝绸之路”的历史符号，高举和平发展的旗帜，积极主动地发展中国与沿线国家的经济合作伙伴关系，共同打造政治互信、经济融合、文化包容的利益共同体、责任共同体和命运共同体。“一带一路”建设不仅不会与上海合作组织、欧亚经济联盟、中国-东盟（10＋1）等既有合作机制产生重叠或竞争，还会为这些机制注入新的内涵和活力。

二、共建“一带一路”基本原则

共建“一带一路”旨在促进经济要素有序自由流动、资源高效配置和市场深度融合，推动沿线各国实现经济政策协调，开展更大范围、更高水平、更深层次的区域合作，共同打造开放、包容、均衡、普惠的区域经济合作架构；符合国际社会的根本利益，彰显人类社会共同理想和美好追求，是国际合作以及全球治理新模式的积极探索，将为世界和平发展增添新的正能量。

针对共建“一带一路”，中方具体提出了五项原则。

一是恪守联合国宪章的宗旨和原则。遵守和平共处五项原则，即尊重各国主权和领土完整、互不侵犯、互不干涉内政、和平共处、平等互利。

二是坚持开放合作。“一带一路”相关国家基于但不限于古代丝绸之路的范围，各国和国际、地区组织均可参与，让共建成果惠及更广泛的区域。

三是坚持和谐包容。倡导文明宽容，尊重各国发展道路和模式的选择，加强不同文明之间的对话，求同存异、兼容并蓄、和平共处、共生共荣。

四是坚持市场运作。遵循市场规律和国际通行规则，充分发挥市场在资源配置中的决定性作用和各类企业的主体作用，同时发挥好政府的作用。

五是坚持互利共赢。兼顾各方利益和关切，寻求利益契合点和合作最大公约数，体现各方智慧和创意，各施所长，各尽所能，把各方优势和潜力充分发挥出来。

三、“一带一路”形成背景

2015 年 3 月发布的《推动共建丝绸之路经济带和 21 世纪海上丝绸之路的愿景与行动》阐述了“一带一路”倡议的形成背景：时代背景，全球背景，地区背景，国内背景。在全球层面上，世界经济复苏缓慢，发展不均衡现象严重，需要探讨全球治理新模式；在区域层面上，深度一体化要求的复合型互联互通网络尚未建立，区域合作需要新的突破以支持区域各国合作共赢；对中国自身来说，近 40 年的改革开放历程使中国经济与世界经济深度融合，但要实现“两个一百年”奋斗目标，需要中国继续坚持对外开放，继续深化与世界各国的合作。

（一）时代背景

2013 年 4 月 7 日，习近平主席在出席博鳌亚洲论坛年会时发表了题为《共同创造亚洲和世界的美好未来》的主旨演讲，他指出：“中国将加快同周边国家的互联互通建设，积极探讨搭建地区性融资平台，促进区域内经济融合，提高地区竞争力。”

2013 年 9 月 6—8 日，习近平主席对哈萨克斯坦进行国事访问。9 月 7 日，他在哈萨克斯坦纳扎尔巴耶夫大学发表重要演讲。他在演讲中说：“为了使我们欧亚各国经济联系更加紧密、相互合作更加深入、发展空间更加广阔，我们可以用创新的合作模式，共同建设‘丝绸之路经济带’。这是一项造福沿途各国人民的大事业。”这是习近平主席首次提出“丝绸之路经济带”的概念。

2013 年 10 月 2—3 日，习近平主席对印度尼西亚进行国事访问。其间他在印度尼西亚国会发表重要演讲时指出：“东南亚地区自古以来就是‘海上丝绸之路’的重要枢纽，中国愿同东盟国家加强海上合作，使用好中国政府设立的中国-东盟海上合作基金，发展好海洋合作伙伴关系，共同建设 21 世纪‘海上丝绸之路’。”这是习近平主席首次提出“21 世纪海上丝绸之路”的概念。

（二）全球背景

《推动共建丝绸之路经济带和21世纪海上丝绸之路的愿景与行动》指出：“当今世界正发生复杂深刻的变化，国际金融危机深层次影响继续显现，世界经济缓慢复苏、发展分化，国际投资贸易格局和多边投资贸易规则酝酿深刻调整，各国面临的发展问题依然严峻。”“共建‘一带一路’顺应世界多极化、经济全球化、文化多样化、社会信息化的潮流，秉持开放的区域合作精神，致力于维护全球自由贸易体系和开放型世界经济”。“共建‘一带一路’符合国际社会的根本利益，彰显人类社会共同理想和美好追求，是国际合作以及全球治理新模式的积极探索，将为世界和平发展增添新的正能量。”

进入21世纪以来，以中国、印度等金砖国家为主的广大发展中国家经济发展水平大幅提高。尤其是中国，在不到40年的时间里通过改革开放促进创新发展，经济规模就迅速提升到世界第2位。伴随着发展中国家国际地位的提升，发达国家则相对衰落——曾经的巨大优势不断缩小。面对相对衰落，美国开始转向保守主义，包括退出《跨太平洋伙伴关系协定》（TPP）、重新谈判北美自由贸易区等，引起了国际社会的普遍担忧。反全球化势头也因此高涨，这种变化对战后形成的国际投资贸易格局和多边投资贸易规则带来的挑战是不言而喻的。基于自身的发展实践，中国认为维护多边贸易体系符合广大发展中国家的利益，因此“一带一路”倡议首先是开放型世界经济体系的维护力量。

不仅如此，第二次世界大战后世界经济发展的另一个特点是，在共同发展的进程中，广大发展中国家与发达国家的发展差距并未真正缩小，在当前发达国家进入低速增长的情况下，很多发展中国家经济面临挑战。中国作为全球最大的发展中国家，在近40年的实践中探索形成了具有鲜明特色的发展模式，在当前多样化的世界经济中，中国希望能以中国的经验为世界各国的发展提供一种新的模式选择。当然中国不会强迫别国学习中国模式，因为中国也从不接受别人强加给中国的模式。

（三）地区背景

尽管“一带一路”倡议不乏国际视野和全球关怀，但是，从习近平主席提出“一带一路”倡议的演讲可以看出，区域合作是“一带一路”倡议更为直接的追求。在哈萨克斯坦，习近平主席谈道：“为了使我们欧亚各国经济联系更加紧密、相互合作更加深入、发展空间更加广阔，我们可以用创新的合作模式，共同建设‘丝绸之路经济带’。”在印度尼西亚，习近平提出：“东南亚地区自古以来就是‘海上丝绸之路’的重要枢纽，中国愿同东盟国家加强海上合作……共同建设21世纪‘海上丝绸之路’。中国愿通过扩大同东盟国家各领域务实合作，互通有无、优势互补，同东盟国家共享机遇、共迎挑战，实现共同发展、共同繁荣。”但对于广大发展中国家来说，特别是中国力图推动合作以实现共赢的周边国家，我们发现它们普遍面临基础设施建设落后的局面，互联互通成为其深化合作的重要制约瓶颈。而长期以来以制度化建设为主要目标的区域一体化路径在这些地区没能有效发挥其福利效应。因此在实践中，这些地区的经济联系主要是面向外部的，尤其是市场发达且资金充裕的发达国家和地区，地区内部各国之间的横向联系相对较弱，这种状况限制了它们通过区域合作实现发展的潜力，同时也使那些互联互通水平落后的地区经济发展长期滞后，造成这些地区长期存在发展不平衡的状况。习近平主席因此提出要加强政策沟通、道路联通、贸易畅通、货币流通和民心相通，就是看到了发展中国家开展区域合作面临的互联互通制约。对此，2015 年发布的《推动共建丝绸之路经济带和 21 世纪海上丝绸之路的愿景与行动》文件做了如下表述："共建'一带一路'致力于亚欧非大陆及附近海洋的互联互通，建立和加强沿线各国互联互通伙伴关系，构建全方位、多层次、复合型的互联互通网络，实现沿线各国多元、自主、平衡、可持续的发展。"

（四）国内背景

"一带一路"倡议是中国认知世界的产物，但中国的决策从来都是根植于中国的现实的。它基于"中国的发展离不开世界，世界的发展也需要中国"这一清醒的认识。换句话说，中国的"一带一路"倡议是追求合作共赢的平台，它是服务中国经济长期稳定发展、服务中国人民追求美好生活这个大目标的。当然，在中国发展的同时，"一带一路"明确把构建人类命运共同体作为追求目标。

中国自改革开放以来取得的成就举世瞩目。确实，中国从"一穷二白"开始，在中国共产党的带领下从人均 GDP 只有几百美元，发展到目前超过 1 万美元，GDP 更是迅速超过多数发达国家而接近美国。但中国自上而下在为改革开放取得的伟大成就自豪的同时，对未来发展面临的挑战也有客观清醒的认识。尽管人均 GDP 超过 1 万美元，但与发达国家相比，中国的发展水平仍然是相对落后的，中国仍是一个发展中国家，是一个发展中大国。与广大发展中国家一样，中国还需要继续保持相对较高的经济增长来创造就业以及缩小与发达国家的差距。与一般发展中国家不同，由于规模的因素，相似的问题在中国就比在其他发展中国家更不容易解决，同样的发展成就会产生不同的国际影响并因此引发完全不同的国际反应。

从发展角度看，中国面临的最大压力是从"世界工厂"向"世界市场"的转变。改革开放以来中国通过引进外部直接投资带动了产业发展，并在制造业领域形成了巨大优势，成为制造业大国和"世界工厂"。但中国庞大的生产能力需要相应的市场来消化其产品，在发达国家经济下行的时候，"新常态"对中国来说不仅面临着市场压力，与其他发展中国家在第三方市场也存在一定的竞争。因此，经济水平提升后的中国必然要从"世界工厂"向"世界市场"转变，通过为世界各国提供新的产品消费市场对世界经济增长做出贡献。目前，中国的进口能力正在不断增长。但中国向"世界市场"的转变必然要经历一个很长的时期，在这个过程中，中国一方面要加快改革步伐，逐步优化产业结构，同时要尽力使经济增长维持在中高增速以创造就业。这需要与广大发展中国家开展积极有效的产能合作，一方面拓展发展中国家市场，另一方面推动产业转移。因此，推进"一带一路"建设既是中国扩大和深化对外开放的需要，也是加强和亚欧非及世界各国互利合作的需要。

第二节　“一带一路”主要内容

“一带一路”是促进共同发展、实现共同繁荣的合作共赢之路，是增进理解信任、加强全方位交流的和平友谊之路。中国政府倡议，秉持和平合作、开放包容、互学互鉴、互利共赢的理念，全方位推进务实合作，打造政治互信、经济融合、文化包容的利益共同体、责任共同体和命运共同体。由于“一带一路”沿线各国资源禀赋各异，经济互补性较强，彼此合作的潜力和空间很大。“一带一路”建设的重点是推进以“五通”为主要内容的合作，即政策沟通、设施联通、贸易畅通、资金融通、民心相通。

一、政策沟通

政策沟通是“一带一路”建设的重点内容，是“五通”中的首要内容。2015年3月，国务院授权，国家发展改革委、外交部、商务部三部委联合发布的《推动共建丝绸之路经济带和21世纪海上丝绸之路的愿景与行动》将政策沟通、设施联通、贸易畅通、资金融通、民心相通作为“一带一路”的合作重点。加强政策沟通是“一带一路”建设的重要保障。加强政府间合作，积极构建多层次政府间宏观政策沟通交流机制是政策沟通的主要手段；深化利益融合，促进政治互信，达成合作新共识是政策沟通的主要目标；沿线各国就经济发展战略和对策进行充分交流对接，共同制定推进区域合作的规划和措施，协商解决合作中的问题，共同为务实合作及大型项目实施提供政策支持是政策沟通的主要原则。

“一带一路”作为一个全球性的发展倡议，参与建设的国家在政治制度、经济发展水平、历史文化、宗教信仰等诸多方面存在巨大差异，形成政治互信、达成合作发展的共识对“一带一路”倡议的实施和长远发展至关重要。政策沟通就是要通过不同层次的对话机制和制度安排始终与参与“一带一路”建设的国家保持良性沟通，充分尊重不同国家的发展特点、发展阶段，充分挖掘各个国家的发展潜力，在不断的思想碰撞和政策协商中弥合分歧，创新合作方式，寻求发展的最大公约数。在世界多极化、经济全球化、文化多样化、社会信息化的大潮流下，各个国家之间只有通过充分、及时和持续的政策沟通，才能够跟上时代的步伐，形成发展的共识，积聚发展的合力，共同推动“一带一路”建设。

政策沟通是一个建立政治互信、推动战略对接、完成制度融合、实现经济共赢的国家间互动过程。政策沟通的首要任务是排除各方面干扰，确立政治互信，聚焦发展议题，通过顶层设计在发展理念、发展模式、发展方向等方面达成共识。其次是以共识为基础，在坚持多样性、包容性、尊重各国国情的前提下推动各国发展战略与“一带一路”倡议对接，并以战略对接为契机，建立起全方位、多层次、宽领域的合作机制，推动制度融合的深化和广化。最后，制度融合的目标是降低贸易和投资成本，健全贸易和投资的法律法规，挖掘参与“一带一路”建设的各个国家的市场潜能，提高经济合作的效率和效益，真正实现共商、共享、共建和共赢的良性循环。

政策沟通的主体是国家，“一带一路”参与国的广大人民群众、各类企业和投融资机构是政策沟通的实施者和政策沟通效果的检验者，因而，作为“一带一路”的合作重点，政策沟通既要不忘初心，更要与时俱进，既要落实绿色发展、可持续发展和共赢发展，以务实之举让更广泛的国家和人民分享发展的红利，又要不断革新政策沟通的方式、方法和理念，以建设人类命运共同体为崇高使命，推动“一带一路”实现更加宏伟的目标。

二、设施联通

基础设施通常包括交通、邮电、供水供电、商业服务、科研与技术服务、园林绿化、环境保护、文化教育、卫生事业等市政公用工程设施和公共生活服务设施等。基础设施互联互通是“一带一路”建设的重点方向，也是“一带一路”建设的优先领域。《推动共建丝绸之路经济带和 21 世纪海上丝绸之路的愿景与行动》提出：“在尊重相关国家主权和安全关切的基础上，沿线国家宜加强基础设施建设规划、技术标准体系的对接，共同推进国际骨干通道建设，逐步形成连接亚洲各次区域以及亚欧非之间的基础设施网络。”

互联互通不只是修路、架桥等这种平地化和单线条的联通，而应该是基础设施、制度规章、人员交流三位一体，更应该是政策沟通、设施联通、贸易畅通、资金融通、民心相通五大领域齐头并进。其中，基础设施的互联互通是五大领域的基础，也是目前制约沿线国家深化合作的最为薄弱的环节。通过优先打通缺失路段，畅通瓶颈路段，提升道路的通达水平，逐步形成连接亚洲各区域以及亚非欧之间的交通运输网络，有利于发展沿线双边和多边经济合作。

基础设施建设强调绿色低碳化建设，突破传统生态保护的局限性，在区域层面、地区层面和社区层面综合建设与运营，实现生态、社会、经济的协调和可持续发展。基础设施的绿色低碳化建设是一个能够带来多种利益的复杂系统，体现了人类对绿色人居环境的新理念。水电、风电、太阳能和核电等清洁能源的科学合理利用将有助于基础设施建设维护生物多样性和生态环境。参与基础设施建设的企业应担负社会责任，按照山水林田湖系统保护的要求，在进行建设的同时，也要对各类生态系统实施保护和监管，增强生态保护的系统性、协同性。

在交通基础设施建设中，关键通道和关键节点的建设有利于畅通瓶颈路段，从而起到盘活整个交通网络的作用。因此，交通基础设施建设将抓住涉及关键通道的重点工程，优先打通缺失路段，提升道路通达水平。另外，便利的跨国运输协调机制也是交通基础设施建设中必不可少的制度保障。要通过统一的全程运输协调机制，实现不同运输方式的高效且有机的衔接，建立畅通的跨国运输网络。

能源资源合作是基础设施互联互通的重要载体。能源是社会发展和经济增长的基础，基础设施建设离不开能源通道的建设，能源基础设施是现代经济和现代物流体系、工业体系、社会服务体系的基础。“一带一路”沿线国家能源资源禀赋各异，导致能源供给与需求增长潜力巨大。参与“一带一路”建设的国家可以共同维护输油、输气管道等交通通道安全，推动跨境电网的互联与升级，从而降低各国能源供给的成本，优化各国的能源结构，提高能源安全的保障程度。

电信事业是人类社会进步和经济发展的主要引擎之一，“一带一路”倡议将有助于全面提高电信发展水平。尽管全球电信事业发展取得了重大成就，但区域发展水平不平衡，国际通信互联互通水平仍有很大提升空间。“一带一路”倡议将有助于区域跨境电缆等通信干线网络建设，规划建设洲际海底光缆项目，完善卫星信息通道，更好地促进全球信息交流与合作。

三、贸易畅通

贸易畅通是“一带一路”建设的重点内容。《推动共建丝绸之路经济带和21世纪海上丝绸之路的愿景与行动》提出：“宜着力研究解决投资贸易便利化问题，消除投资和贸易壁垒，构建区域内和各国良好的营商环境，积极同沿线国家和地区共同商建自由贸易区，激发释放合作潜力，做大做好合作‘蛋糕’。”

在“一带一路”建设中，贸易畅通的实现离不开“一带一路”参与国家发挥丝绸之路精神，需要通过合作与共赢来推动贸易投资自由化与便利化，努力走向贸易均衡与协调的可持续发展道路。中国已经向超过60个国家和国际组织共同发出推进“一带一路”建设的贸易畅通合作倡议。中国的“一带一路”建设的贸易畅通合作倡议将有利于提升“一带一路”参与国家的对外贸易规模与水平，更加坚定地抵制贸易保护主义风潮，改善全球市场需求疲软局面，进而推动全球贸易复苏与增长。

为了推进“一带一路”贸易畅通倡议，中国将“着眼于畅通、高效、共赢、发展”，并提出了五项重要举措。第一，中国将通过举办中国国际进口博览会，扩大进口海外商品，同时构建多边公共平台，让世界各国企业参与展览，提供增加交流与经济合作的机会。第二，中国将继续推动双边和多边自由贸易协定谈判，扩大对外开放水平，探索自由贸易机制化安排。第三，中国将同有意愿的国家签署经贸合作协议，实施贸易投资促进项目，维护多边贸易体制。第四，中国将与有意愿的国家共同建立经贸产业合作区，通过这些合作区带动地区就业，辐射区域经济发展，实现规模经济。以产业园区的方式推进国际制造业合作，是“一带一路”倡议的贸易畅通的主要抓手之一。中国支持以世界贸易组织为基石的多边贸易体制，强调探索创新投资合作模式，共建经贸产业合作区，开展国际产能合作。第五，中国将积极帮助“一带一路”参与国家加强经济发展能力，通过培训相关国家人员和派遣中国经贸专家等方式来支持“一带一路”参与国家与地区的经济发展，共同推动落实《联合国2030年可持续发展议程》，支持世界贸易组织和联合国相关机构的贸易投资促进安排。

四、资金融通

资金融通作为“一带一路”合作重点之一，是“一带一路”建设的重要支撑。《推动共建丝绸之路经济带和21世纪海上丝绸之路的愿景与行动》从金融合作和金融稳定两个方面对资金融通进行了详细阐述。

（1）深化金融合作。第一，扩大“一带一路”沿线国家双边本币互换、结算的范围和规模，推动签署双边本币结算和合作协议，鼓励通过对话加强金融合作，规避金融风险。以人民币国际化为重要依托，通过推动支付体系合作和普惠金融等途径，促进金融市场相互开放和互联互通。第二，加强和壮大“一带一路”相关投融资机构，共同推进亚洲基础设施投资银行、金砖国家新开发银行筹建，有关各方就建立上海合作组织融资机构开展磋商，加快丝路基金组建运营；深化中国-东盟银行联合体、上海合作组织银行联合体务实合作，以银团贷款、银行授信等方式开展多边金融合作，引导商业性股权投资基金和社会资金共同参与重点项目建设，为“一带一路”沿线国家基础设施建设提供融资保障。第三，鼓励金融机构在有关国家和地区设立分支机构，支持沿线国家政府和信用等级较高的企业以及金融机构在中国境内发行人民币债券，符合条件的中国境内金融机构和企业可以在境外发行人民币债券和外币债券，鼓励沿线国家使用所筹资金。

（2）加强金融稳定。第一，在强化监管合作和抵御金融风险方面，推动签署双边监管合作谅解备忘录，逐步在区域内建立高效监管协调机制，完善风险应对和危机处置制度安排，构建区域性金融风险预警系统，形成应对跨境风险和危机处置的交流合作机制。第二，在规范投融资环境方面，推进亚洲货币稳定体系、投融资体系和信用体系建设，推动亚洲债券市场的开放和发展，为投融资构建法律法规健全的资本环境。第三，在构建信用体系方面，加强征信管理部门、征信机构和评级机构之间的跨境交流与合作，为构建稳定、公平的国际金融体系做出贡献。

五、民心相通

民心相通是“一带一路”建设的社会根基。2015 年 3 月，《推动共建丝绸之路经济带和 21 世纪海上丝绸之路的愿景与行动》提出，将政策沟通、设施联通、贸易畅通、资金融通、民心相通作为“一带一路”的合作重点。民心相通的深远意义在于传承和弘扬丝绸之路友好合作精神，通过广泛开展文化交流、学术往来、人才交流合作、媒体合作、青年和妇女交往、志愿者服务等，为深化双多边合作奠定坚实的民意基础。具体包括以下几个方面：

第一，文化交流与学术往来。扩大“一带一路”参与国之间的留学生规模，开展合作办学，中国每年向沿线国家提供 10 000 个政府奖学金名额。沿线国家间互办文化年、艺术节、电影节、电视周和图书展等活动，合作开展广播影视剧精品创作及翻译，联合申请世界文化遗产，共同开展世界遗产的联合保护工作。深化沿线国家间的人才交流合作。

第二，旅游合作与体育交流。通过互办旅游推广周、宣传月等活动引领旅游趋势、扩大旅游规模，与“一带一路”参与国联合打造具有丝绸之路特色的国际精品旅游线路和旅游产品，提高沿线各国游客签证便利化水平。推动 21 世纪海上丝绸之路邮轮旅游合作。积极开展体育交流活动，支持沿线国家申办重大国际体育赛事。

第三，疾控与医疗合作。强化与周边国家在传染病疫情信息沟通、防治技术交流、专业人才培养等方面的合作，提高合作处理突发公共卫生事件的能力。为有关国家提供医疗援助和应急医疗救助，在妇幼健康、残疾人康复以及艾滋病、结核、疟疾等主要传染病领域开展务实合作，扩大在传统医药领域的合作。

第四，科技合作与人才培养。通过共建联合实验室（研究中心）、国际技术转移中心、海上合作中心，促进科技人员交流，合作开展重大科技攻关，共同提升科技创新能力，扩大技术溢出效应。整合现有资源，积极开拓和推进与沿线国家在青年就业、创业培训、职业技能开发、社会保障管理服务、公共行政管理等共同关心领域的务实合作。

第五，政党、智库双轨交流。充分发挥政党、议会交往的桥梁作用，加强沿线国家之间立法机构、主要党派和政治组织的友好往来。开展城市交流合作，欢迎沿线国家重要城市之间互结友好城市，以人文交流为重点，突出务实合作，形成更多鲜活的合作范例。欢迎沿线国家智库之间开展联合研究、合作举办论坛等。

第六，民间交流与媒体合作。加强沿线国家民间组织的交流合作，重点面向基层民众，广泛开展教育医疗、减贫开发、生物多样性和生态环保等各类公益慈善活动，促进沿线贫困地区生产生活条件改善。加强文化传媒的国际交流合作，积极利用网络平台，运用新媒体工具，塑造和谐友好的文化生态和舆论环境。

第三节　“一带一路”基本框架

“一带一路”贯穿亚欧非大陆，一头是活跃的东亚经济圈，另一头是发达的欧洲经济圈，中间广大腹地国家经济发展潜力巨大。丝绸之路经济带重点畅通中国经中亚、俄罗斯至欧洲（波罗的海）；中国经中亚、西亚至波斯湾、地中海；中国至东南亚、南亚、印度洋。21世纪海上丝绸之路的重点方向是从中国沿海港口过南海到印度洋，延伸至欧洲；从中国沿海港口过南海到南太平洋。

根据“一带一路”的走向，“一带一路”建设陆上依托国际大通道，以沿线中心城市为支撑，以重点经贸产业园区为合作平台，共同打造中蒙俄、新亚欧大陆桥、中国—中亚—西亚、中国—中南半岛等国际经济合作走廊；海上以重点港口为节点，共同建设通畅安全高效的运输大通道。中巴、孟中印缅两个经济走廊与推进“一带一路”建设关联紧密，要进一步推动合作，取得更大进展。

共建“一带一路”致力于亚欧非大陆及附近海洋的互联互通，建立和加强沿线各国互联互通伙伴关系，构建全方位、多层次、复合型互联互通网络，实现沿线各国多元、自主、平衡、可持续的发展。“一带一路”的互联互通项目将推动沿线各国发展战略的对接与耦合，发掘区域内市场的潜力，促进投资和消费，创造需求和就业，增进沿线各国人民的人文交流与文明互鉴，让各国人民相逢相知、互信互敬，共享和谐、安宁、富裕的生活。

一、中蒙俄经济走廊

（一）基本概况

中蒙俄经济走廊是落实对接中国“一带一路”、蒙古国“发展之路”（“草原之路”）和俄罗斯“欧亚经济联盟”三大倡议的共同载体。

2014 年 9 月 11 日，习近平主席在出席中蒙俄三国元首会晤时首次提出，要将“丝绸之路经济带”同俄罗斯“跨欧亚大铁路”、蒙古国“草原之路”倡议进行对接，打造中蒙俄经济走廊。国家发展和改革委员会确定的中蒙俄经济走廊分为两条线路：一是从中国华北地区的京津冀到呼和浩特，再到蒙古国和俄罗斯；二是从中国东北地区的大连、沈阳、长春、哈尔滨到满洲里和俄罗斯的赤塔。两条线路的共同特征是将中国的环渤海经济圈通过中蒙俄经济走廊与欧洲经济圈链接起来，形成一条从亚洲到欧洲的北方通道。

2015 年 5 月 8 日，中俄两国在莫斯科发表了《中华人民共和国与俄罗斯联邦关于丝绸之路经济带建设和欧亚经济联盟建设对接合作的联合声明》。2015 年 7 月 9 日中蒙俄三国元首会晤期间，三国有关部门在乌法签署了《关于编制建设中蒙俄经济走廊规划纲要的谅解备忘录》，明确了三方联合编制《建设中蒙俄经济走廊规划纲要》的总体框架和主要内容。

2016 年 6 月 23 日，中蒙俄三国元首在塔什干共同见证签署了《建设中蒙俄经济走廊规划纲要》，标志着“一带一路”框架下的首个多边合作规划纲要正式启动实施，有效地推动了“一带一路”框架下中蒙俄三国发展战略的对接。

2017 年蒙古国将“草原之路”计划升级为“发展之路”。2017 年 5 月首届“一带一路”国际合作高峰论坛期间，中蒙两国政府签署了《蒙古国“发展之路”计划与中国“一带一路”倡议对接谅解备忘录》，以支持蒙古国发挥连接欧亚大陆的桥梁和纽带作用。蒙古国“发展之路”计划由连接中俄的 997 千米高速公路、1 100 千米电气化铁路，扩展跨蒙古国铁路以及天然气和石油管道等多个项目组成（总投资约 500 亿美元），其合作内容和空间分布均与中蒙俄经济走廊高度契合，与俄罗斯“欧亚经济联盟”框架内的一体化进程也有着许多共同利益和合作空间。

（二）主要项目

（1）中蒙二连浩特—扎门乌德跨境经济合作区。

中蒙跨境经济合作区位于中蒙国界两侧的毗邻接壤区域，紧邻二连浩特—扎门乌德边境口岸，规划总占地面积为 18 平方公里，中蒙双方各 9 平方公里。通过“两国一区、境内关外、封闭运行”模式，打造集国际贸易、物流仓储、进出口加工、电子商务、旅游娱乐及金融服务等功能于一体的综合开放平台。中蒙跨境经济合作区将主要发展加工制造、商贸物流和现代服务业，通过吸引人流、物流、资金流、技术流向合作区聚集，建设面向中国、蒙古国、俄罗斯及国际市场的商品加工生产基地，实行开放的贸易和投资政策。

（2）满洲里综合保税区。

2015 年 3 月 23 日，国务院正式批复设立满洲里综合保税区，成为内蒙古自治区首个综合保税区。满洲里综合保税区规划建设面积为 1.44 平方公里，地处满洲里市公路口岸、铁路口岸和航空口岸三大口岸的中心交汇处，地理位置极为优越，总投资为 4.6 亿元。满洲里综合保税区将以现代物流、保税仓储、国际贸易、保税加工四大产业为重点，逐渐发展成为内蒙古自治区乃至全国重要的生产服务基地、国际物流集散地、大宗商品交易地、制造业加工出口基地和国际展览展示中心，成为服务全国、面向俄蒙、辐射东北亚的重要载体和平台。

（3）策克口岸跨境铁路。

2016年5月26日，策克口岸跨境铁路通道项目正式开工建设。该条铁路建设采用中国标准轨距（1 435毫米），是中国实施“一带一路”倡议后，通往境外的第一条标轨铁路。策克口岸跨境铁路标志着中蒙两国政治互信达到了新的高度，也为不久的将来策克口岸贸易量大幅度提升奠定了坚实的基础。

策克口岸跨境铁路通道项目建成后，将与国内的京新铁路、临策铁路、嘉策铁路及额酒铁路相连，构成南联北开、东西贯通的能源输送网。向东通过乌里亚斯太与北京至莫斯科铁路相连，再往北经斯特口岸与中西伯利亚欧洲铁路相连，最终经鹿特丹港入海，成为中俄蒙经济走廊的西翼和第四条欧亚大陆桥，为中国充分利用境外资源提供有力保障。

（4）中蒙“两山”铁路。

中蒙“两山”铁路是连接中国内蒙古阿尔山市至蒙古国东方省乔巴山市的国际铁路，建成后将形成珲春—长春—乌兰浩特—阿尔山—乔巴山市—俄罗斯赤塔，最后与俄罗斯远东铁路相连的一条新欧亚大陆路桥。

（5）莫斯科—喀山高铁。

作为中俄共建的“俄罗斯（莫斯科）—中国（北京）”欧亚高速运输走廊的重要组成部分，莫斯科—喀山高铁线路全长770千米，穿越俄罗斯的7个地区，全程计划设立15个车站。铁路最高设计时速为400千米，轨距为1 520毫米。

线路经过叶卡捷琳堡、哈萨克斯坦首都阿斯塔纳至中国境内的乌鲁木齐，并最终融入中国“八纵八横”高速铁路网络。中俄高铁合作与习近平主席倡导的丝绸之路经济带建设和普京总统倡导的欧亚经济联盟建设相契合。

（6）乌力吉公路口岸建设项目。

乌力吉口岸位于阿拉善左旗乌力吉苏木西北地区，处于中蒙交接的中心节点，对内辐射西北、华北、华中等地区，并与欧亚大陆桥连通；对外辐射蒙古国巴音洪格尔、南戈壁、前杭盖、后杭盖和戈壁阿尔泰等五个省。优越的地理位置和得天独厚的区位优势使乌力吉口岸将成为中国连通欧亚大陆桥，链接长江经济带，打通中国、蒙古国、俄罗斯之间最便捷的陆路大通道，也是三大欧亚大陆桥和“一带一路”的重要枢纽节点、实现“北开南联”“西进东出”的重要枢纽。

二、新亚欧大陆桥经济走廊

（一）基本概况

新亚欧大陆桥经济走廊，东起中国东部沿海，横贯亚欧大陆，东连充满经济活力的东亚经济圈，西连发达的欧洲经济圈，辐射中东欧、中亚两大区域和“16+1合作”、上海合作组织两大平台。大陆桥途经江苏、安徽、河南、陕西、甘肃、青海、新疆7个省区，到中哈边界的阿拉山口出国境。出国境后可经3条线路抵达荷兰的鹿特丹港。中线与俄罗斯铁路友谊站接轨，进入俄罗斯铁路网，途经斯摩棱斯克、布列斯特、华沙、柏林到达荷兰的鹿特丹港，全长10 900公里，辐射世界30多个国家和地区。

以中欧班列等现代化国际物流体系为依托，以经贸和产能合作为重点，以拓展能源资源合作空间为抓手，以构建畅通高效的区域大市场为目标，新亚欧大陆桥经济走廊将为中国与中亚和中东欧国家合作开辟更广阔的空间，也为亚欧大陆腹地广大国家提供了新的发展机遇。

（二）主要项目

（1）中欧班列。

中欧班列是指按照固定的车次、线路、班期和全程运行时刻开行，往来于中国与欧洲以及“一带一路”沿线各国的集装箱国际线路联运班列。中欧班列具有安全快捷、绿色环保、受自然环境影响小等综合优势，已成为国际物流中陆路运输的骨干方式，为服务中国对外经贸发展，贯通中欧陆路贸易通道，实现中欧间的道路联通、物流畅通，推进国家“一带一路”建设提供了运力保障。

从2011年3月19日重庆首趟“渝新欧”班列开行以来，南昌、成都、郑州、武汉、苏州等16个城市立足本地区域优势、铁路运输条件和产业基础，相继开通了前往德国杜伊斯堡、汉堡，西班牙马德里等12个欧洲城市的集装箱班列。中欧班列的开行有利于推动“一带一路”建设，加快物流网络现代化建设，全面提升我国的对外开放水平；对节约物流成本，提高国际市场竞争力，促进中国经济社会发展具有积极意义。

（2）中哈（连云港）物流合作基地。

2013年9月7日，习近平主席在哈萨克斯坦纳扎尔巴耶夫大学发表重要演讲，提出用创新的合作模式共同建设“丝绸之路经济带”的构想。会后，在中哈两国元首的共同见证下，连云港市政府与哈萨克斯坦国有铁路股份有限公司签署了中哈国际物流合作项目协议，此项目成为“一带一路”建设的首个实体平台。项目总投资超过30亿元，其中一期工程规划建设集装箱堆场22万平方米，拆装箱库2.3万平方米；堆场铁路专用线长3.8公里，日均装卸能力为10.2列，年最大装卸能力为41万标箱，主要经营国际多式联运、拆装箱托运、仓储等国际货物运输业务。

（3）中哈霍尔果斯国际边境合作中心。

中哈霍尔果斯国际边境合作中心是由中国与哈萨克斯坦共同承建的经贸合作项目，是中国与其他国家建立的首个国际边境合作中心，是上海合作组织框架下国家间经贸往来的示范区，是霍尔果斯打造“丝绸之路经济带”的强大引擎。

合作中心总面积达5.28平方公里，其中中方区域为3.43平方公里，哈方区域为1.85平方公里，于2006年开工建设，2012年4月封关试运营。中方区域总投资为234.5亿元，涉及商品展示、餐饮娱乐、商业设施、金融服务等领域的22个重点项目。

三、中国—中亚—西亚经济走廊

（一）基本概况

中国—中亚—西亚经济走廊东起中国，向西至阿拉伯半岛，是中国与中亚和西亚各国之间形成的一个经济合作区域，大致与古丝绸之路范围相吻合。走廊从新疆出发，穿越中亚地区，抵达波斯湾、地中海沿岸和阿拉伯半岛，主要涉及中亚五国（哈萨克斯坦、吉尔吉斯斯坦、塔吉克斯坦、乌兹别克斯坦、土库曼斯坦）和西亚的伊朗、沙特阿拉伯、土耳其等 17 个国家和地区，是丝绸之路经济带的重要组成部分。

这条经济走廊联通中亚、西亚，中亚是欧亚大陆的中心，是“丝绸之路”的枢纽，西亚的霍尔木兹海峡和曼德海峡是沟通大西洋和印度洋的交通纽带，中国—中亚—西亚经济走廊的建立搭建了一条新的横贯欧亚大陆中南部的经济大动脉。这条大动脉与新亚欧大陆桥经济走廊有所不同，新亚欧大陆桥经济走廊的主要优势是铁路交通的便捷，而中国—中亚—西亚经济走廊是一条能源大通道，是中国—中亚石油管道和天然气管道的必经之地。沿线的中亚、西亚许多国家都是重要的能源输出国，中国通过这条经济走廊与中亚、西亚的能源输出国家进行能源合作，并带动其他领域的交流与发展。

（二）主要项目

（1）中国—中亚天然气 D 线管道项目。

中国—中亚天然气管道起于阿姆河右岸的土库曼斯坦和乌兹别克斯坦边境，经乌兹别克斯坦中部和哈萨克斯坦南部，从霍尔果斯进入中国，成为“西气东输二线”。管道全长约 1 万公里，其中土库曼斯坦境内长 188 公里，乌兹别克斯坦境内长 530 公里，哈萨克斯坦境内长 1 300 公里，其余约 8 000 公里位于中国境内。

中国—中亚天然气 D 线管道以土库曼斯坦复兴气田为气源，途经乌兹别克斯坦、塔吉克斯坦、吉尔吉斯斯坦进入中国，止于新疆乌恰的末站。全长 1 000 公里，其中境外段长 840 公里，设计年输气量 300 亿立方米，投资总额约 67 亿美元。

（2）卡姆奇克隧道项目。

卡姆奇克隧道是乌兹别克斯坦安格连—帕普铁路建设的重点和难点工程。隧道全长 19.2 公里，位于乌兹别克斯坦纳曼干州巴比斯科地区，穿越库拉米山、库伊尼德及萨尼萨拉克萨伊河等复杂地质环境，是全长 169 公里的安格连—帕普电气化铁路的“咽喉”。该项目金额为 14.6 亿美元，由中铁隧道集团有限公司承建。

（3）安格连火电厂项目。

乌兹别克斯坦安格连火电厂工程位于塔什干市东偏南 130 公里，建设一台 150 兆瓦燃煤火力发电机组。该工程是中国在乌兹别克斯坦的第一个火电厂施工项目，是哈电国际与乌兹别克斯坦国家能源股份有限公司于 2012 年 9 月 26 日签订的火力发电总承包项目。

（4）安卡拉—伊斯坦布尔高铁二期项目。

安卡拉—伊斯坦布尔高铁（简称安伊高铁）全长 533 公里。2006 年，由中国铁道建筑总公司和中国机械进出口总公司组成的联合体击败欧美多家公司，成功中标安伊高铁二期项目。项目覆盖路段全长158公里，设计时速为250公里，合同金额为12.7亿美元。

（5）瓦赫达特—亚湾铁路项目。

瓦赫达特—亚湾铁路（简称瓦亚铁路）是中国铁建首次在塔吉克斯坦承揽的工程项目，也是中国铁路施工企业首次进入中亚铁路市场。瓦亚铁路全长48.65公里，总投资为7 200万美元。2015年5月15日开工建设，主要工程量包括隧道3座、桥梁5座。2016年3月7日，瓦赫达特—亚湾铁路项目一号隧道顺利贯通。一号隧道全长2公里，是该项目三条隧道任务中最长的一条，也是最后贯通的一条。2016年8月24日，塔吉克斯坦瓦赫达特—亚湾铁路正式建成通车。

（6）杜尚别2号热电厂项目。

塔吉克斯坦能源部与中国新疆特变电工股份有限公司签订了建设杜尚别2号热电厂的合同，并于2012年10月正式动工。2014年9月13日杜尚别2号热电厂一期工程竣工并网发电供热。随后，杜尚别2号热电厂二期开工。

二期工程完成后，全年总发电量达22亿度，可解决整个塔吉克斯坦电力缺口的60%，同时提供430万平方米采暖面积，覆盖杜尚别70%的供热面积。该工程为杜尚别地区四季供电和冬季供暖提供可靠保障，是塔吉克斯坦发展经济、改善民生的重要工程。

四、中国—中南半岛经济走廊

（一）基本概况

中国—中南半岛经济走廊以广西南宁（东线）、云南昆明（西线）为起点，以新加坡为终点，纵贯中南半岛，涵盖越南、老挝、柬埔寨、泰国、马来西亚、新加坡六个东盟主要成员，是中国与东盟进一步扩大合作领域、提升合作层次的重要载体，也是连接海陆丝绸之路、中国与东南亚地区的重要通道和跨国经济走廊。

这条经济走廊将以沿线中心城市为依托，以铁路、公路为载体和纽带，以人流、物流、资金流、信息流为基础，形成优势互补、区域分工、联动开发、共同发展的区域经济体，开拓新的战略通道和战略空间。目前，该走廊在基础设施互联互通、跨境经济合作区建设等方面取得了积极进展。中国—东盟（10+1）合作机制、澜湄合作机制、大湄公河次区域经济合作机制发挥的积极作用越来越明显。

（二）主要项目

（1）雅万高铁建设项目。

雅万高铁一期工程全长142公里，项目投资额为51.35亿美元，连接印度尼西亚首都雅加达和第四大城市万隆，最高设计时速为350公里，建成后雅加达到万隆的车程将由3个多小时缩短至40分钟。2016年3月16日，印度尼西亚交通部与中印尼高铁合资公司签署项目特许经营协议，根据协议，中印尼高铁合资公司获得的雅万高铁特许经营权将从2019年5月31日开始，为期50年。

中国和印度尼西亚全面合作的印度尼西亚雅加达至万隆高铁作为印度尼西亚和东南亚地区的首条高铁，是中国高速铁路从技术标准、勘察设计、工程施工、装备制造、物资供应，到运营管理、人才培训、沿线综合开发等全方位整体“走出去”的第一单，是国际上首个由政府搭台，两国企业对企业进行合作建设、管理、运营的高铁项目，是对接中国提出的建设“21世纪海上丝绸之路”倡议和印度尼西亚“全球海洋支点”构想的重大成果，创造了中国与印度尼西亚务实合作的新纪录，树立了两国基础设施和产能领域合作的新标杆。

(2) 中老铁路建设项目。

中老铁路建设项目北起中国老挝边境磨憨/磨丁，南至老挝首都万象市，途经老挝孟塞、琅勃拉邦、万荣等主要城市，全长418公里，其中60%以上为桥梁和隧道。建设标准为国铁Ⅰ级、单线设计、电力牵引、客货混运，时速为160公里。

中老铁路是泛亚铁路中通道的重要组成部分，对构建印度洋出口新通道，加强中国与老挝、泰国的经贸合作，促进中国与东盟自由贸易区建设，发挥中国铁路整体输出的示范和引领作用，带动沿线地区经济社会发展具有十分重要的意义。中老铁路建设项目也是老挝21世纪的重大政治事件，承载着老挝从内陆“陆锁国”到“陆联国”的转变之梦，将极大地带动当地的经济社会发展。老挝国家“八五”规划将中老铁路建设项目列为国家1号重点项目。

(3) 磨憨—磨丁跨境经济合作区。

2013年10月15日，中国云南省人民政府正式与老挝中央特区管理委员会签署《中国磨憨—老挝磨丁跨境经济合作区框架协议》。2014年6月6日第二届中国-南亚博览会期间，中老两国签署《关于建设磨憨—磨丁经济合作区的谅解备忘录》，标志着磨憨—磨丁经济合作区正式纳入中老两国国家层面项目开启推动。2016年11月28日至12月1日老挝政府总理通伦·西苏访华期间，中老两国签署了《中国老挝磨憨—磨丁经济合作区共同发展总体规划（纲要）》。

五、中巴经济走廊

(一) 基本概况

中巴经济走廊从新疆的喀什出发，越过喀喇昆仑山口，进入巴基斯坦境内，一直到达瓜达尔港。这条经济走廊全长3 000公里，贯通南北丝路关键枢纽，北接“丝绸之路经济带”、南连“21世纪海上丝绸之路”，是一条包括公路、铁路、油气和光缆通道在内的贸易走廊。

在六大经济走廊中，中巴经济走廊属于起步较早、见效较快，具有较强示范性的重点工程。中巴经济走廊的建设将有助于纾解中国的能源安全问题，优化巴基斯坦在南亚作为连接欧亚和非洲大陆的桥梁和纽带的区域优势地位，促进整个南亚的互联互通，更有助于把南亚、中亚、北非、海湾国家等通过经济、能源领域的合作紧密联合在一起，形成经济共振，并不断向外辐射，惠及近30亿人口。

（二）主要项目

（1）中巴跨境光缆项目。

中巴跨境光缆全长 820 千米，南起巴基斯坦伊斯兰堡附近的拉瓦尔品第，北至中巴两国边境的中国红其拉甫口岸，并与中国境内的光缆相连。中巴跨境光缆是连接中国与巴基斯坦的首条跨境直达陆地光缆，也是中巴经济走廊框架下中巴两国通信网络互联互通的重点建设项目。该项目为中巴两国共享数字信息提供了新的路径。实现中巴两国陆路战略通信设施的连通，对于完善巴基斯坦电信基础设施、推动信息技术发展、促进中巴信息互联互通等具有重要意义。

（2）瓜达尔港项目。

2013 年，中国海外港口控股有限公司取得了巴基斯坦瓜达尔港及瓜达尔港自由贸易区的运营权。从 2015 年开始，中国海外港口控股有限公司对瓜达尔港所有重要的组件进行翻新，升级电力系统。当地百姓已从港口建设中直接受益。中国公司安装的日处理能力达 550 万加仑的海水淡化设施，不仅能满足港口内生产和生活的需要，每月还能向附近居民提供免费淡水。2016 年 11 月，瓜达尔港正式开航，首批中国商船从瓜达尔港出海。

2017 年 11 月，由新疆克拉玛依市政府援建的中巴经济走廊首座多要素自动气象站在瓜达尔港建成并投入使用。气象站不仅将为瓜达尔港区提供实时气象服务，还将为后期开展海运、航空、环境等全方位气象服务奠定基础。

（3）交通设施建设项目。

中巴双方陆续合作开展了喀喇昆仑公路升级改造项目、拉合尔轨道交通橙线项目、PKM 高速公路项目、一号干线铁路升级改造项目等交通建设项目。

这些项目为巴方市民的日常出行提供了便利，同时解决了当地的交通拥堵问题。在建设和运营维护阶段还为当地创造了大量的工作岗位和就业机会。项目建成后，将有力改善当地交通状况，促进当地经济社会发展，进一步提升中巴经贸合作。

（4）能源建设项目。

能源短缺始终是困扰巴基斯坦经济发展的重大课题。中方利用自身的技术优势为巴方建设了苏吉吉纳里水电站、卡洛特水电站、萨希瓦尔燃煤电站、巴哈瓦尔布尔 900 兆瓦光伏地面电站、胡布煤电站、卡西姆煤电站、大沃风电站、萨察尔风电站等电力项目，在推动巴基斯坦能源建设和经济社会发展的同时，优化能源结构、助力全球“碳中和”目标的实现。同时，这些项目满足了巴基斯坦 1 000 多万人口的用电需求，填补了巴基斯坦的用电缺口，为缓解巴基斯坦的电力短缺做出了应有的贡献。

六、孟中印缅经济走廊

（一）基本概况

2003 年 5 月，李克强总理访问印度期间，中印达成共识，共同倡议建设孟中印缅经济走廊。2013 年 12 月，孟中印缅经济走廊联合工作组第一次会议在昆明召开，各方签署了会议纪要和孟中印缅经济走廊联合研究计划，正式建立了四国政府推进孟中印缅经济走廊合作的机制。2015 年 5 月，印度总理莫迪访华，中印达成了一系列合作协议，为孟中印缅经济走廊注入了新的活力。

目前，孟中印缅四方在联合工作组框架下共同推进走廊建设，在体制和制度建设、基础设施互联互通、贸易和产业园区合作、国际金融开放合作、人文交流与民生合作等方面规划了一系列重点项目。孟中印缅经济走廊的建立把东亚、东南亚和南亚这三个世界重要经济增长极连接在一起，有助于本地区的经济增长释放更大的能量。

（二）主要项目

（1）中缅油气管道项目。

中缅油气管道由中缅天然气管道和中缅原油管道两条管道组成。天然气管道的起点为缅甸皎漂，原油油管起于缅甸西海湾马德岛，从中国西南边陲瑞丽入境，接入保山后，借由澜沧江跨越工程连接大理，继而经由楚雄进入昆明。

2010 年 6 月，中石油与缅甸国家油气公司签署了一系列协议，明确中国将在缅甸境内建设并经营天然气与原油两条管道，经营期为 30 年。中缅天然气管道干线全长 2 520 公里，缅甸段长 793 公里，中国段长 1 727 公里；原油管道全长 771 公里。天然气管道设计输量为 120 亿立方米/年，原油管道缅甸段设计输量为 2 200 万吨/年。缅甸每年可下载天然气总输量的 20%，以及下载 200 万吨原油。

中缅油气管道每年将为缅甸带来包括税收、投资分红、路权费、过境费、培训基金以及社会经济援助资金等巨大的直接收益，并将带来大量的就业机会。中缅油气管道作为一个多国合作的国际化商业项目，已发展成为中缅两国能源合作的重要平台，成为孟中印缅经济走廊和中国与东盟国家开展互联互通基础设施建设的先导项目。

（2）缅甸皎漂经济特区工业园与深水港项目。

皎漂经济特区位于缅甸西部的若开邦，濒临孟加拉湾，居于连接非洲、欧洲和印度的干线上，是缅甸政府规划兴建的三个经济特区之一。特区内的皎漂港为世界级的天然良港，中缅油气管道的起点就位于这里。2015 年 12 月 30 日，缅甸皎漂特别经济区项目评标及授标委员会宣布中信企业联合体中标皎漂经济特区工业园和深水港项目。工业园项目占地 1 000 公顷，分三期建设。深水港项目包含马德岛和延白岛两个港区，共 10 个泊位，分四期建设。

第四节 “一带一路”理论研究

“一带一路”倡议提出之后，各国政要和国内外学者都予以高度关注，纷纷发表了各自的看法，并加入了“一带一路”的相关研究。随着研究和认识的不断深入，以及实践的推进，“一带一路”的理论研究和探讨的话题不断丰富。这既符合理论研究的规律，也与实践进程的需要相契合。

一、“一带一路”的定位

（一）经济外交新倡议

“一带一路”经济外交具有广泛的新内涵。首先，从对外开放政策对象拓展与内容提升的角度看，“一带一路”从早先主要侧重对发达国家开放，转变为对发达国家与广大发展中国家双重开放并重，并且在大量务实合作领域呈现出对沿线广大发展中国家更为优先的态势。其次，从针对广大发展中国家的经济外交内涵演变的角度看，“一带一路”包含“五通”合作重点，将政策、基建、贸易、投资、金融等方面合作的内容有机结合起来，形成了更为系统与完备的经济外交内容组合与战略架构。最后，针对经济全球化深化与现行国际金融经贸治理结构基本框架不相适应的现实矛盾，依托共建“一带一路”合作发展的务实要求，通过建立亚投行、金砖国家新开发银行等机构，推动对现行国际金融体制架构的增量改革。

（二）全球增长新倡议

进入 21 世纪以来，全球经济增长格局与中国经贸环境的转折性变化集中表现为双重重心转移。一方面，随着中国与广大发展中国家在全球经济增长中相对贡献的历史性提升，全球经济增长重心已经从发达国家转向新兴经济体与发展中国家。另一方面，中国与广大发展中国家的经济联系加强，中国对外经贸增长重心正在从发达国家转向新兴经济体与广大发展中国家。目前很多发展中国家经济持续增长的潜力面临基础设施不足与体制政策局限两方面的瓶颈制约，共建“一带一路”有助于推动中国与沿线国家经济持续较快增长，同时也对全球可持续增长提供新的解决思路和方案。

（三）结构调整新倡议

过去几十年中国改革开放谋发展取得了阶段性巨大成就，人均年收入从 20 世纪 80 年代初 200 多美元的极低水平逐步提升到 2020 年 1 万多美元的国际中等收入国家水平。中国经济未来要实现“双中高”目标，关键在于全面深化改革，健全开放型市场经济体制架构，在此基础上发挥市场机制的决定性作用与政府的引导作用，持续有效推进中国产业结构、技术结构、区域结构的合规律调整。“一带一路”将为中国经济结构调整提供更为广阔的平台与全新的环境，成为未来结构调整新战略的重要内容。

随着要素成本与比较优势结构的演变，中国产业与经济结构调整必将进一步活跃展开，“一带一路”沿线国家依据各自所处发展阶段的不同，也亟须借助资本流动和产能合作推进本国的结构调整与经济发展。共建“一带一路”将扩大中国与沿线国家在不同行业以及特定行业上下游之间的投资范围，推进投资便利化进程，通过共商共建各类产业园与集聚区探索投资合作新模式，从而为中国与沿线国家产能合作和产业结构调整升级提供广阔平台。

二、“一带一路”的重大意义

（一）对国家政治经济安全的意义

一方面，“一带一路”有助于中国的西北“治边”。在丝绸之路经济带的架构下，西北不再是传统意义上被支援的对象，而是极具战略意义的开放前沿和外联核心区。这一角色转换不仅赋予西北经济发展的重大机遇，也将其与中亚、西亚紧密地联结为政治经济安全的“命运共同体”和“利益共同体”。丝绸之路经济带建设不仅可在经济意义上为中国与中亚、西亚的共同发展提供机遇，而且能在文化意义上增进彼此的“民心相通”。同时，这还有助于在政治意义上增进各方的“政策沟通”，在维护彼此的政治经济稳定和安全方面达成广泛共识和深度合作，进而为中国提供一个较为稳定的周边。

另一方面，“一带一路”有助于兼顾陆海。无论是丝绸之路经济带还是21世纪海上丝绸之路，都代表着中国的“西进”，通过向西发展与沿线国家的区域经济一体化合作，能为中国商品的出口提供对冲。更重要的是，通过重点推进六大国际经济走廊的建设，中国有望密切与油气资源丰富的中亚、西亚和俄罗斯的合作，并开拓新的陆海交通运输线，从而确保中国的政治经济安全具有纵深性。

（二）重构全球经贸格局

“一带一路”沿线国家巨大的合作潜力和经济实力将成为亚欧地区乃至世界的贸易增长源，而且“一带一路”这种以线带面的合作模式将进一步提升沿线整体的合作水平，并逐步建立国际经济新秩序和推动全球贸易格局重构。第一，“一带一路”沿线国家经济互补性强，但目前的贸易状况却远未反映出这些国家的真正实力。“一带一路”将促进区域内基础设施的完善、贸易投资的自由化和便利化、供应链和价值链的深度融合，特别是“一带一路”框架下的自贸区战略将从根本上改变区域贸易状况，使沿线区域经贸合作迈上新台阶。第二，“一带一路”沿线的经济凹陷区发展潜力无限。“一带一路”东侧是繁荣的亚太经济圈，西侧是经济发达的欧洲经济圈，中间的中国和泛中亚经济圈形成了一个经济凹陷区域。中亚地处亚欧大陆的心脏地带，是影响世界格局的枢纽地区。借助“一带一路”倡议，中亚国家不仅将打通出海通道，同时还将深度融入世界经贸合作体系，从整体上激发亚欧区域的经贸合作水平。“一带一路”一方面可以促进中国中西部地区及泛中亚经济圈的发展，拉平丝绸之路经济带的凹陷区域，另一方面可以形成区域的新兴增长极。第三，“一带一路”将进一步促进中国与欧盟的经贸往来。目前，中欧之间的经贸合作主要依靠海陆通道。“一带一路”建设将拓展中欧合作的陆路通道，进一步扩大双方的经济贸易往来。

区域合作并不是相关国家经济力量的简单加总，而是通过合作产生协作力使经贸合作以加速度的方式发展。随着“一带一路”建设的推进，世界将形成以亚欧为核心的全球第三大贸易轴心，推动全球贸易重构。而且，中国将位于太平洋和亚欧两大贸易轴心的中间位置，在未来全球贸易格局中发挥引领性作用。

三、“一带一路”面临的挑战

（一）国外方面

（1）一些国家存在疑虑。

在现实中，一些国家是以矛盾的心态看待中国的开放的。总体上，它们期待并肯定中国的扩大开放。一方面，这些国家希望得到更多中国的资金、技术、无偿援助等，希望能将本国的产品出口到中国巨大的消费市场中；另一方面，这些国家又担心本国的进一步开放会造成对中国的依赖。

（2）大国地缘政治博弈带来的全局性挑战。

“一带一路”途经的一些地区是世界自然资源的主要产区，也具有战略上的重要性，因此，这些地区历来是一些西方大国争夺的战略要冲。复杂的宗教与民族问题，动荡不安的地区局势，在一定程度上反映了这些大国在这些地区的激烈博弈。

（3）地区、国家政局动荡蕴藏的潜在风险。

“一带一路”沿线地区的一些国家是所谓“转型国家”，正处于新旧体制转轨期和社会局势动荡期。一些国家政权更替频繁化、政局动荡常态化将对“一带一路”建设构成系统性风险。

（4）历史问题等造成的威胁。

“一带一路”沿线经过几个地缘政治破碎带，历史问题复杂，可能会打乱“一带一路”进程。

（5）内外因素复杂互动带来的经贸投资运营风险。

“一带一路”倡议的推进采取“经济+安全”的双轮驱动模式。在实施过程中，因国内外、诸领域因素交织互动、相互激荡而产生的风险和挑战，也将对有效维护和促进我国国家利益带来较大的压力。近年来，中国海外投资结构呈现多元化趋势，但受外部投资环境和企业自身因素影响，中国企业的海外投资遭遇挫折的案例时有发生、风险加大。

（二）国内方面

（1）内部步调不统一。

“一带一路”倡议提出后不久，国内掀起了一阵接一阵的热潮，一些地区争先提出了融入参与“一带一路”的规划思路，希望抢占先机，抢抓政策红利，为其带来发展新机遇和增长新动力。而构建能够统筹全国跨地域、跨部门的“一带一路”协调机构尚不明确，这对于整体系统推进“一带一路”建设并无益处。

（2）一些企业的参与能力堪忧。

目前中国企业在海外“站住容易站稳难”，主要困难在于：暂时没有形成明确的国际价值共识，对贸易自由化规则缺乏深入了解。金融危机以来，贸易摩擦呈现出常态化、复杂化的趋势。制度建设的国际化是中国企业的一大短板，而一些企业没有问清规则就踏上了“一带一路”，结果是，签约容易获益难，且诉讼难、撤资难。这充分暴露了我国一些企业不善于挖掘实惠，不巧于拓展商机。

（3）潜在的高昂运营成本。

基础设施的建设与投入主要是政府应该承担的责任。基础设施一般具有投资大、周期长、回报率低的特点。因此，虽然它可能带来较大的社会效益，但其建设与运营对一般的企业而言，既缺少承受的能力又缺少推动的动力，即便要引入民间资金参与，也要由政府给予足够的补贴。另外，基建投资往往会在较短时间内产生很大的债务负担，这也理应由政府来承担。政府如果没有承担起这些责任，而仅寄希望于民间，那将极不利于计划的推进。

四、推动“一带一路”高质量发展

中国始终坚持互惠互利原则，秉持构建人类命运共同体理念，与“一带一路”沿线国家开展公平合理、合乎正义的经贸往来合作，让沿线国家发展搭上中国高速发展的列车，提升落后地区和国家的经济发展水平。当前中国经济进入了高质量发展阶段，推动“一带一路”高质量发展既符合中国经济发展阶段的变化，也符合世界经济发展的潮流。

《中华人民共和国国民经济和社会发展第十四个五年规划和2035年远景目标纲要》明确提出，要立足新发展阶段、贯彻新发展理念、构建新发展格局，实行高水平对外开放，推动共建“一带一路”高质量发展。这为依托我国大市场优势，促进国际合作，实现互利共赢，实施更大范围、更宽领域、更深层次对外开放指明了方向。

2021年11月19日，习近平在第三次“一带一路”建设座谈会上讲话时强调，要完整、准确、全面贯彻新发展理念，以高标准、可持续、惠民生为目标，巩固互联互通合作基础，拓展国际合作新空间，扎牢风险防控网络，努力实现更高合作水平、更高投入效益、更高供给质量、更高发展韧性，推动共建“一带一路”高质量发展不断取得新成效。未来中国将在以下几个方面完善“一带一路”体制机制与发展道路，推动共建“一带一路”高质量发展。

（1）坚持“硬联通”“软联通”相辅相成、相互贯通。

深化互联互通，完善陆、海、天、网“四位一体”互联互通布局，深化传统基础设施项目合作，推进新型基础设施项目合作，提升规则标准等“软联通”水平，为促进全球互联互通做增量。推动“一带一路”倡议实现高标准目标，首要条件是增强在基础设施和规则标准上的“软硬联通”。

在“硬联通”方面，经济发展的首要因素是交通网络的打通，为商品流动创造必要条件。“一带一路”沿线国家多为经济规模有限的发展中国家，虽在“一带一路”倡议下，部分发展中国家的交通设施得到改善，但总体上，其国内的基础设施仍存在大量短板，并未接入“一带一路”的国际交通网络。中国将继续发挥自身在基础设施建设领域的优势，积极利用国内的先进技术及经验，为沿线发展中国家建设必要的公路铁路等，同时，也注重包括5G网络等新型基础设施的建设。

在“软联通”方面，规则制定是一个长期的过程，与“硬联通”的建设呈现正相关关系。“一带一路”沿线国家已经形成了一些必要的对话渠道，如“一带一路”国际合作高峰论坛等。但参与到“一带一路”倡议的国家数量巨大，且各国利益诉求不尽相同，现有的对话渠道无法为广泛共识的形成起到决定性作用。中国将继续积极发挥自身正在不断成长的国际影响力，推动对话渠道的全方位拓展及配套机构的建设，增进沿线各国间的相互理解和相互认识，为统一的规则标准制定打好基础。

（2）以绿色建设引领可持续发展。

支持发展中国家能源绿色低碳发展，推进绿色低碳发展信息共享和能力建设，深化生态环境和气候治理合作。应对气候变化逐渐成为一个全球共同治理的议题，世界各国都相继制定了绿色发展规划并做出了部署。“一带一路”倡议涵盖的国家行为体众多，沿线各国的能源结构、排放标准各不相同，但沿线国家普遍存在利用化石能源来维持生产生活的情况。

化石能源的消耗是造成全球气候变暖问题的主要原因之一，通过发展新能源来降低对化石能源的使用，成为应对这一问题的必然出路。换言之，推动“一带一路”倡议实现可持续目标，要大力推动绿色“一带一路”建设，以绿色技术的应用为核心。通过绿色技术的应用，可以有效地在生产端和应用端两个维度降低化石能源使用，中国在高度重视、全力发展的政策环境下，已形成了一批具有代表性的绿色能源企业，从太阳能发电等生产端、新能源汽车制造等应用端都有先进经验，国内各研究机构和高校也都投入到新能源领域的研究过程之中。中国将积极鼓励这些新能源企业“走出去”，将先进经验分享给“一带一路”沿线国家，并推动国内研究机构及高校与其他沿线国家的相关机构进行定期交流，进一步提升“一带一路”整体的绿色科技研发应用水平。

（3）以惠民生夯实社会基础。

民生工程是快速提升共建国家民众获得感的重要途径，要加强统筹谋划，形成更多接地气、聚人心的合作成果。“一带一路”倡议的建设推进，对于惠民生目标的达成目前主要体现在通过大型工程的建设来完善沿线国家的基础设施配套水平、通过项目落地来为沿线各国提供就业岗位等方面。如中国于2018年援建马尔代夫“中马友谊大桥”项目、由中国出资承建的科伦坡莲花电视塔等“大工程”项目，都为当地群众的生活和出行带来了便利，也为当地创造了大量的就业岗位。

中国将继续通过发挥基础设施建设优势来推动“一带一路”倡议实现惠民生目标，充分解决沿线各国由于基础设施不完善而给当地群众带来的出行、生活不便等难题，并在建设实施过程中，充分吸收当地劳动力资源，最大程度上为当地群众提供就业岗位，在“大工程”的层面上继续推进民生建设。“小建设”相较于“大工程”而言，具有资金投入少、时间周期短等优势，可在短时间内让沿线国家群众感受到生活中发生了变化。如中国援助的比什凯克沥青路面修复工程、莫桑比克中非赛赛农业合作项目等“小建设”项目，都在当地获得了较大关注。但相较于“大工程”项目，“小建设”项目的广度及深度都存在一定不足。中国将在“一带一路”倡议实现惠民生目标的过程中，更注重从“小建设”的层面来推进民生工程建设，推动“大工程”与“小建设”相配合。

五、“一带一路”前景展望

在古代丝绸之路沿线，提出类似国际合作倡议的不止中国，但其他倡议大多因该区域地缘政治复杂、宗教文化多样等原因，要么止于概念，要么折戟沉沙，唯有“一带一路”倡议被广泛认可和接受，取得超预期进展。这一方面是由于“一带一路”倡议顺应时势，尊重各国主权，倡导各国平等，符合现实需要；另一方面得益于中国的海陆大国属性和身体力行的引领推动。

展望未来，“一带一路”建设前景光明美好。“一带一路”建设已成为魅力无穷的“集体舞”，不是中国单打独奏。中国已与诸多经济体达成战略对接协议，如欧盟的“容克计划”、哈萨克斯坦的“光明之路”计划、蒙古国的“发展之路”、俄罗斯主导的“欧亚经济联盟”、老挝的“变陆锁国为陆联国”战略、印度尼西亚的“全球海洋支点”发展规划、韩国的“欧亚合作倡议”、澳大利亚的“北部大开发”计划以及英国的“北部经济引擎”计划，等等。战略对接协议的达成将为“一带一路”建设提供更广阔的发展空间，为世界繁荣与和平发展提供更强劲的动力。“一带一路”沿线国家更加渴望紧密合作。

当今世界正面临百年未有之大变局，金融危机、新冠肺炎疫情等“黑天鹅”事件频出、贸易保护主义盛行，尤其是一些发达国家出现了较强的逆经济全球化思潮，国际经济合作面临严峻挑战。而正处于工业化、城镇化中前期的大多数发展中国家急需借助国际资本、技术、人才加快发展进程。在难以依赖发达国家的背景下，诸多发展中国家与中国开展经济合作的期望增强，“一带一路”建设提供的合作平台和制度框架正当其时。许多域外国家和国际组织具有强烈的参与意愿。

二战后由发达国家主导形成的全球治理体系，在维护国际秩序和推动世界经济发展方面曾发挥了重要作用。但随着时代的发展和世界经济格局的变化，现有全球治理理念和治理体系表现出诸多不适应性。比如，一些发达国家的干涉政策扰乱了发展中国家的发展秩序，过度强调自身安全而无视他方安全的联盟扩张模式遭遇强烈抵制，等等。面对这些问题，一些发达国家要么拒绝做出相应改革，要么奉行本国优先战略，逃避国际责任，导致国际矛盾更加突出。而中国坚持和平共处五项原则，坚持亲诚惠容、互利共赢，努力推动经济合作，积极发挥大国作用，受到越来越多域外国家和国际组织的赞赏和拥戴，“一带一路”朋友圈不断扩大。

新技术革命和创业创新活动为“一带一路”建设注入了新的活力。信息技术、物联网和大数据的广泛应用，使大范围、宽领域、远距离精准高效合作成为可能。跨境电子商务、在线支付、私募共享等新型商业模式使商业的渗透力、带动力、影响力显著增强。交通运输技术尤其是高铁技术的出现，为打破“内陆锁定”、实现陆海统筹提供了有力支撑。各领域技术的跨界融合和集成创新将不断催生区域经济合作新模式。

“一带一路”
典型案例

“得道多助，失道寡助。”古代丝绸之路的成就彪炳史册，在繁荣经济、深化友谊、文明互鉴等方面发挥了重要作用。在中国大力推动、各伙伴国及友善国际组织积极参与下，“一带一路”建设将在促进沿线国家繁荣、维护地区稳定、捍卫世界和平及推动人类文明进步等方面发挥更大作用，做出更大贡献，为全人类发展和治理提供中国方案。

关键术语

“一带一路”基本内涵　“一带一路”基本框架　“一带一路”高质量发展

思考题

1. 论述“一带一路”的基本内涵与基本原则。
2. 阐述“一带一路”的主要内容。
3. 收集并介绍“一带一路”的合作成果和典型案例（教材以外的）。

主要参考文献

[1] 国家发展改革委，外交部，商务部（经国务院授权发布）. 推动共建丝绸之路经济带和21世纪海上丝绸之路的愿景与行动. 人民网，2015-03-29.

[2] 赵晋平，罗雨泽. 一带一路建设的理论探索与实践成就. 人民日报，2017-05-11.

[3] 陈文玲. 引领新型经济全球化的重要力量. 人民日报，2017-05-11.

[4] 冯根新. 蒙内铁路合作共赢之路. 人民网，2018-08-21.

[5] 张杰，徐瑞. 试析巴基斯坦对中巴经济走廊的立场及对策. 当代世界，2018 (1).

[6] 李晓，李俊久. “一带一路”与中国地缘政治经济战略的重构. 世界经济与政治. 2015 (10).

[7] 冯宗宪. 中国向欧亚大陆延伸的战略动脉. 人民论坛学术前沿，2014 (4).

[8] 周方银. “一带一路”面临的风险挑战及其应对. 国际观察 . 2015 (4).

[9] 王卫星. 全球视野下的“一带一路”风险与挑战. 人民论坛·学术前沿. 2015 (9).

[10] 韦宗友. 战略焦虑与美国对“一带一路”倡议的认知及政策变化 . 2018 (4).

参考文献

[1] Robert Barro, Jong-Wha Lee. Source of Economic Growth. *Carnegie-Rochester Conference Series on Public Policy*, Vol. 40, June 1994.

[2] Stephen Hills, Belton M. Fleisher. Education and Regional Economic Development in China: The Case of Shanghai. *Comparative Economic Studies*, Vol. 18, 1997.

[3] Ron Martin, Peter Sunley. Slow Convergence? The New Endogenous Growth Theory and Regional Development. *Economic Geography*, Vol. 74, No. 3, July 1998.

[4] Zhiqiang Liu. Earnings, Education and Economic Reforms in Urban China. *Economic Development and Cultural Change*, Vol. 46, No. 4, July 1998.

[5] Shujie Yao, Liwei Zhu. Understanding Income Inequality in China: A Multi-Angle Perspective. *Economics of Planning*, Vol. 31, 1998.

[6] Richard Harris, Aying Liu. Input-Output Modelling of the Urban and Regional Economy: The Importance of External Trade. *Regional Studies*, Vol. 32, 1998.

[7] John Knight, Lina Song. The Spatial Contribution to Income Inequality in Rural China. *Cambridge Journal of Economics*, Vol. 11, 1993.

[8] Shujie Yao, Jirui Liu. Economic Reforms and Spatial Income Inequality in China. *Regional Studies*, Vol. 32, No. 8, 1998.

[9] Jian Chen, Belton M. Fleisher. Regional Income Inequality and Economic Growth in China. *Journal of Comparative Economics*, Vol. 22, 1996.

[10] Gerald Carlino, Robert DeFina. The Differential Regional Effects of Monetary Policy: Evidence from the U.S. States. *Journal of Regional Science*, Vol. 39, No. 2, 1999.

[11] H. 涅克拉索夫. 区域经济学. 北京：东方出版社，1987.

[12] 埃德加·M. 胡佛. 区域经济学导论. 北京：商务印书馆，1990.

[13] 阿瑟·刘易斯. 二元经济论. 北京：北京经济学院出版社，1989.

[14] 艾伯特·赫希曼. 经济发展战略. 北京：经济科学出版社，1991.

[15] 西奥多·舒尔茨. 论人力资本投资. 北京：北京经济学院出版社，1990.

[16] 西蒙·库兹涅茨. 各国的经济增长. 北京：商务印书馆，1985.

[17] H. 钱纳里. 结构变化与发展政策. 北京：经济科学出版社，1991.

[18] H. 钱纳里，等. 工业化和经济增长的比较研究. 上海：上海三联书店，1989.
[19] 方开泰. 实用多元统计分析. 上海：华东师范大学出版社，1989.
[20] 刘树成，等. 中国区域经济发展研究. 北京：中国统计出版社，1988.
[21] 宫占奎，等. 区域经济组织研究. 北京：经济科学出版社，2000.
[22] 刘再兴. 中国区域经济：数量分析与对比研究. 北京：中国物价出版社，1993.
[23] 刘振亚，等. 中国区域经济研究. 北京：中国经济出版社，1991.
[24] 邱东. 多指标综合评价方法的系统分析. 北京：中国统计出版社，1991.
[25] 朱明春. 区域经济理论与政策. 长沙：湖南科学技术出版社，1991.
[26] 陈栋生. 经济地带与经济区划. 技术经济与管理研究，1986 (4).
[27] 陈飞翔. 比较优势理论的发展和现实演变. 经济学动态，1994 (4).
[28] 龚益. 区域经济状态的综合描述. 数量经济技术经济研究，1993 (9).
[29] 胡乃武，等. 区域经济发展差异与中国宏观经济管理. 中国社会科学，1995 (2).
[30] 姜绍华，等. 关于我国地区差距的走势及调控. 经济与管理研究，1996 (5).
[31] 金锡万. 用主分量法进行多指标综合评价. 数量经济技术经济研究，1988 (10).
[32] 李若建. 当代中国发展中的地区差距问题. 国民经济管理与计划，1994 (2).
[33] 林凌. 东西部差距扩大问题分析. 经济研究，1996 (7).
[34] 卢中原. 产业结构对地区经济发展影响的分析. 经济研究，1996 (7).
[35] 陆大道. 东西部差距扩大的原因及西部地区发展之路. 中国软科学，1996 (7).
[36] 孟生旺. 用主成分分析法进行多指标综合评价应注意的问题. 统计研究，1992 (4).
[37] 施祖辉. 测定社会经济发展的综合指标. 统计研究，1991 (2).
[38] 高洪深. 新亚欧大陆桥（中国段）矿产资源开发开放引进 BOT 机制. 中国软科学，1998 (1).
[39] 隗斌贤. 知识经济指标体系及其综合评价. 统计与决策，1999 (3).
[40] 萧金成. 东、中、西的经济差距与中西部的发展. 经济纵横，1999 (9).
[41] 白雪梅. 中国区域经济发展的比较研究. 北京：中国财政经济出版社，1998.
[42] 中国国家统计局国民经济核算司. 中国国内生产总值核算历史资料. 大连：东北财经大学出版社，1997.
[43] 魏后凯. 中国地区发展差异及其协调机制. 经济管理，1997 (3).
[44] 周起业，等. 区域经济学. 北京：中国人民大学出版社，1989.
[45] 梁立明，岳洪江. 我国地区发展状况定量研究方法的比较研究. 中国软科学，1999 (1).
[46] 王一鸣. 中国区域经济政策研究. 北京：中国计划出版社，1998.
[47] 胡乃武，阎衍. 中国经济增长区际差异的制度解析. 经济理论与经济管理，1998 (1).
[48] 黄景贵. 西方发展经济学的成就、挑战与发展. 当代财经，1999 (8).
[49] 厉以宁. 区域发展新思路——中国社会发展不平衡对现代化进程的影响与对策. 北京：经济日报出版社，2002.
[50] 郝寿义，等. 区域经济学. 北京：经济科学出版社，1999.
[51] 卢进勇，朱希彦. 国际经济合作与投资理论和实务. 北京：中国审计出版社，1997.

［52］张敦富. 区域经济开发研究. 北京：中国轻工业出版社，1998.

［53］蔡来兴. 上海：创建新的国际经济中心城市. 上海：上海人民出版社，1995.

［54］赵弘. 论北京发展. 中国创业投资与高科技，2004 (2).

［55］陈德照，等. 世界三大经济圈. 北京：世界知识出版社，1996.

［56］罗清和，等．经济特区转型研究//白永秀．区域经济论丛（8）．北京：中国经济出版社，2009.

［57］高洪深. 知识经济学教程. 4 版. 北京：中国人民大学出版社，2010.

［58］梁双陆，等．国际区域经济一体化理论综述．经济问题探索，2007 (1).

［59］李瑞林．区域经济一体化：内涵、效应与实现途径．经济问题探索，2007 (1).

［60］马强．世界区域经济一体化发展模式、路径及趋势．宏观经济管理，2007 (9).

［61］徐元．世界区域经济一体化发展的新特点．黑龙江对外贸易，2006 (12).

［62］任保平．区域经济理论方法与政策．北京：经济科学出版社，2004.

［63］李国平，等．梯度理论的发展及其意义．经济学家，2002 (4).

［64］丛海彬，等．创意城市与区域产业结构转型升级的关系研究．当代财经，2010 (7).

［65］戴宏伟，等．产业转移与区域产业结构调整的关系分析．当代财经，2008 (2).

［66］杨方东．建立可持续发展城市的经济学假设．经济师，2008 (2).

［67］诸大建．循环经济：21 世纪的新经济．探索与争鸣，2003 (9).

［68］王青云，李金华．关于循环经济的理论辨析．中国软科学，2004 (7).

［69］国家发展和改革委员会综合司．发达国家发展循环经济的主要做法及启示．中国经贸导刊，2004 (17).

［70］冯云廷，等．城市经济学．大连：东北财经大学出版社，2008.

［71］厉敏萍，曾光．城市空间结构与区域经济协调发展理论综述．经济体制改革，2012 (6).

［72］陈柳钦．以城市群战略带动区域经济发展．沈阳师范大学学报（社会科学版），2009 (1).

［73］方创琳，等．2010 中国城市群发展报告．北京：科学出版社，2011.

［74］高洪深．城市经济学．北京：中国人民大学出版社，2011.

［75］国家发展改革委，外交部，商务部（经国务院授权发布）. 推动共建丝绸之路经济带和 21 世纪海上丝绸之路的愿景与行动. 人民网，2015－03－29.

［76］赵晋平，罗雨泽. 一带一路建设的理论探索与实践成就. 人民日报，2017－05－11.

［77］陈文玲. 引领新型经济全球化的重要力量. 人民日报，2017－05－11.

［78］京津冀协同发展领导小组办公室负责人答记者问．人民日报，2015－08－24.

［79］冯根新. 蒙内铁路合作共赢之路. 人民网，2018－08－21.

［80］董雪兵. 推进一带一路基础设施互联互通. 人民日报，2017－11－05.

［81］张杰，徐瑞. 试析巴基斯坦对中巴经济走廊的立场及对策. 当代世界，2018 (1).

［82］刘艳霞. 国内外湾区经济发展研究与启示. 城市观察，2014 (3).

［83］张日新，谷卓桐. 粤港澳大湾区的来龙去脉与下一步. 改革，2017 (5).

［84］杜昕然. 湾区经济发展的历史逻辑与未来趋势. 国际贸易，2020 (12).

［85］王旭阳，黄征学．湾区发展：全球经验及对我国的建议．经济研究参考，2017（24）．

［86］马忠新，伍凤兰．The Characterization of Bay Area Economy and Its Open Mechanism．改革，2016（9）．

［87］王宏彬．湾区经济与中国实践．中国经济报告，2014（11）．

［88］雷佳．湾区经济的分析与研究．特区实践与理论，2015（2）．

［89］俞少奇．国内外发展湾区经济的经验与启示．福建金融，2016（6）．

［90］李睿．国际著名“湾区”发展经验及启示．港口经济，2015（9）．

［91］申勇，马忠新．构筑湾区经济引领的对外开放新格局——基于粤港澳大湾区开放度的实证分析．上海行政学院学报，2017，18（1）．

［92］冯邦彦．共建粤港澳大湾区的四个关键问题．新经济，2017（1）．

［93］邴綨纶，毛艳华．港澳台与广东省地缘经济关系匹配研究．现代管理科学，2017（4）．

［94］杨素梅．环珠江口湾区经济发展路径研究．港口经济，2014（8）．

［95］张锐．世界湾区经济的建设经验与启示．中国国情国力，2017（5）．

［96］邓志新．粤港澳大湾区：珠三角发展的新引擎．广东经济，2017（5）．

［97］胡琼琼，张谦．产业结构转型升级与优化促粤港澳大湾区经济高质量发展．环渤海经济瞭望，2021（1）．

［98］曾懿粲．绿色金融促进粤港澳大湾区经济高质量发展的机制分析．山西农经，2021（12）．

［99］陈昭，梁淑贞．粤港澳大湾区科技创新协同机制研究．科技管理研究，2021，41（19）．

［100］盛朝迅．新时期推动湾区经济发展的思考与建议．全球化，2019（4）．

［101］中国生态文明研究与促进会．蓝绿交汇演绎什么样的生态逻辑？——关于我国重点湾区生态文明建设的报告．中国生态文明，2016（2）．

［102］汪彬，杨露．世界一流湾区经验与粤港澳大湾区协同发展．理论视野，2020（5）．

［103］牟盛辰．浙江大湾区发展策略研究．城乡建设，2019（21）．

［104］卢昌彩．扎实推进浙江大湾区建设研究．决策咨询，2019（5）．

［105］潘毅刚．浙江大湾区建设“四题”．浙江经济，2018（11）．

［106］马宏欣，徐士元．浙江大湾区功能定位与实践举措．中国经贸导刊（理论版），2018（32）．

［107］百度百科“增长极”．

［108］MBA 智库百科“可持续发展理论”．

［109］搜狗百科“粤港澳大湾区”．

［110］搜狗百科“中欧班列”．

［111］搜狗百科“中巴经济走廊”．

图书在版编目（CIP）数据

区域经济学/高洪深，汪彬编著. --6版. --北京：中国人民大学出版社，2022.4

新编21世纪经济学系列教材

ISBN 978-7-300-30467-0

Ⅰ. ①区… Ⅱ. ①高… ②汪… Ⅲ. ①区域经济学-高等学校-教材 Ⅳ. ①F061.5

中国版本图书馆CIP数据核字（2022）第050178号

新编21世纪经济学系列教材

区域经济学（第六版）

高洪深　汪　彬　编著

Quyu Jingjixue

出版发行	中国人民大学出版社		
社　　址	北京中关村大街31号	**邮政编码**	100080
电　　话	010－62511242（总编室）		010－62511770（质管部）
	010－82501766（自营网店）		010－62514148（明德书店）
	010－62511173（销售部）		010－62515275（盗版举报）
网　　址	http://www.crup.com.cn		
经　　销	新华书店		
印　　刷	天津鑫丰华印务有限公司	**版　　次**	2002年8月第1版
开　　本	787 mm×1092 mm　1/16		2022年4月第6版
印　　张	17.5 插页1	**印　　次**	2025年12月第5次印刷
字　　数	397 000	**定　　价**	46.00元

教学支持说明

1. 教辅资源获取方式

为秉承中国人民大学出版社对教材类产品一贯的教学支持，我们将向采纳本书作为教材的教师免费提供丰富的教辅资源。您可直接到中国人民大学出版社官网的教师服务中心注册下载——http://www.crup.com.cn/Teacher。

如遇到注册、搜索等技术问题，可咨询网页右下角在线 QQ 客服，周一到周五工作时间有专人负责处理。

注册成为我社教师会员后，您可长期根据您所属的课程类别申请纸质样书、电子样书和教辅资源，自行完成免费下载。您也可登录我社官网的“教师服务中心”，我们经常举办赠送纸质样书、赠送电子样书、线上直播、资源下载、全国各专业培训及会议信息共享等网上教材进校园活动，期待您的积极参与！

2. 高校教师可加入下述学科教师 QQ 交流群，获取更多教学服务

经济类教师交流群：809471792

财政金融教师交流群：766895628

国际贸易教师交流群：162921240

税收教师交流群：119667851

3. 购书联系方式

销售部电话：010－62511173

自营网店咨询电话：010－82501766

明德书店咨询电话：010－62514148

中国人民大学出版社经济分社

地址：北京市海淀区中关村大街甲 59 号文化大厦 1506 室　100872

电话：010－62515803　010－62516948

传真：010－62514775

E-mail：jjfs@crup.com.cn